ABRIENDO PASO
LECTURA

José M. Díaz
Hunter College High School

María F. Nadel
Hunter College High School

Stephen J. Collins

PEARSON
Prentice
Hall

Boston, Massachusetts
Upper Saddle River, New Jersey

Contenido

Preface

Introduction

The *Abriendo paso* program is designed specifically for high school students in Level IV or higher. The program provides advanced students with the guidance they need to continue discovering, learning, and using the language in meaningful, creative, and engaging contexts.

Abriendo paso is a two-volume program. *Abriendo paso: Lectura* uses authentic readings to develop students' proficiency in the four skill areas. *Abriendo paso: Gramática* is an independent grammar book that emphasizes communication. Because the need for grammar instruction and review at this level varies so widely from class to class, we have created a distinct grammar book in which grammar is not an end in itself but rather a tool for communication.

Abriendo paso: Lectura includes short stories, a play, poetry selections, and printed media articles by writers from Spain, Latin America, and the United States. The readings were chosen for their high level of interest to high school students and for their appropriateness for students at an advanced level of study. The selections offer a wide variation in genre, theme, style, length, and degree of difficulty. Chapters are sequenced based on the increasing level of difficulty of the readings. The program offers significant flexibility; teachers can choose the chapters and exercises that are most appropriate for their students.

Abriendo paso: Lectura is student-centered and was developed with the experiences and interests of high school students in mind. The students are treated with respect—as young adults who are competent learners. Many times students come to an upper-level course with varying backgrounds in the language; this program is designed to accommodate many skill levels in one classroom.

The four skills are carefully integrated throughout the text. The exercises take students beyond the mere recollection of facts to a point at which they can use higher order thinking skills and critical thinking.

Organization

Abriendo paso: Lectura provides an abundance of activities for all students. Exercises have been selected based on how appropriate and profitable they are for use with each reading. The exercises that appear most frequently are described here under the headings for the major sections of the book. Some chapters use other innovative activities.

Throughout the book, the authors encourage students to write key words and phrases to be able to discuss orally the different exercises. Rather than preparing "scripts" for these exercises, students should be trained to speak spontaneously and as close to real-life situations as possible, using their lists as a guide.

On each chapter opener page, a box has been added to point students to the relevant pages in the *Grámatica* book.

Antes de leer

Each chapter opens with pre-reading exercises. Students' initial encounter with the topic of the reading usually consists of an oral response to a visual stimulus. This first activity, called *Para discutir en clase,* asks students to describe a drawing or series of drawings related to the reading. In this way, students begin to reactivate previously learned vocabulary that relates to the topic of the reading. In some instances a word bank is given, and teachers can also use these drawings to introduce additional vocabulary that the students will encounter in the reading. The *Nuestra experiencia* activity allows students to reflect on the theme of the reading, using their own personal experiences and their background knowledge. These reflections are meant to evoke feelings and provoke thought. A variety of additional exercises are used to enhance students' experience with the topic or to provide a transition to a fuller appreciation of the theme.

There are sufficient pre-reading exercises so that students will not be intimidated by the level of difficulty of a reading. These activities set the stage, invite the students in, and give them a purpose for reading. It is not recommended that all students do every activity but that the teacher assign the activities according to the varied ability levels of their students. This way every student has the opportunity to participate without making class discussions repetitious.

Just prior to each reading, in the *Al leer* section, students are given a list of points to keep in mind while reading, thereby enabling them to read with a purpose.

El autor/La autora

In each chapter, a brief biographical sketch gives insight into the author's own life and briefly mentions his/her other works.

Lectura

Those words and expressions that are likely to be beyond the scope of students at this level and whose meaning is not likely to be ascertained from context clues, appear glossed in the margin next to the reading (at the bottom of the page in the *De la prensa* section). Vocabulary that can be interpreted through contextual markers is not glossed but rather noted with a question mark in the margin (at the bottom of the page in the *De la prensa* section), thereby encouraging the student to use the context to determine the meaning. Words glossed with a question mark and many other upper-level words from each reading have been included in the Spanish-English Glossary at the back of the book. Lines of text are numbered for easy reference.

Comprensión

The *Comprensión* section, which appears immediately after the *Lectura*, includes activities such as true/false, sequence of events, and sentence completion. The *Comprensión general* exercise asks students a series of questions relating to the points on which students were asked to focus while reading. After just one read, students are not expected to understand the text in its fullest detail. However, by having focused on the points suggested in *Al leer*, they will be able to reflect comfortably and confidently on the text. The various activities that follow are designed to provide systematic development of vocabulary. These exercises appear in many formats: matching, words from the same family, synonyms, antonyms, and definitions.

The *Al punto* section, which appears in every chapter of the *Cuentos* and *Teatro* sections, asks students to answer multiple choice questions about the reading. These questions have been tailored to resemble the Reading Comprehension questions that appear on the Advanced Placement* Spanish Language Examination. *Ahora te toca a ti* invites students to formulate their own questions, which they then ask of their classmates. This type of activity allows students to develop vital skills for asking a range of questions.

Un paso más

The *Un paso más* section offers students the opportunity to react to situations while using the vocabulary from the story and drawing on their own experience. It includes the following subsections: *Para conversar, Para escribir*, Informal Writing, *Comprensión auditiva*, Simulated Conversation, and Go Online. Students will find Appendix A, which contains words and expressions students can use to connect ideas; Appendix B, which contains some expressions that students can use for oral communication; and Appendix C, which contains expressions students can use to begin and end a written message, especially useful as they complete the activities in the *Para conversar* and *Para escribir* sections.

Para conversar

The *Para conversar* section provides students with a variety of realistic contexts in which to use their newly acquired vocabulary. Students are encouraged to share their own observations, thoughts, and feelings with others in the class. There are many opportunities for interaction and debate. The structure of the activities ensures that students communicate their ideas effectively. Students are encouraged to brainstorm and help each other. For those teachers who espouse cooperative learning, the sharing of ideas and knowledge will be an important part of the program. This oral component is designed as a non-threatening forum for personalized expression, query, and discovery. Many of the exercises can also be used as writing exercises.

Para escribir

In *Para escribir*, students are not simply asked to write but are instead guided through the writing process. The writing segment of most chapters begins by asking students to write a short summary of the reading, allowing them to reflect on what they have read and to use the vocabulary they have learned. Several types of exercises are used that ask students to be creative and express their opinions. Other writing exercises give students a detailed organizational framework for developing their essay-writing techniques. These types of writing exercises are deliberately varied in their complexity in order to allow the program to meet the needs of a wide range of students, including native speakers. Students will learn how to hypothesize and develop ideas into a well-organized essay, an essential skill in any language, and certainly one that is stressed on the Advanced Placement* Spanish Language Examination.

Informal Writing

The **Informal Writing** tasks are similar to those that appear on the Advanced Placement* Spanish Language Examination. The tasks consist of a prompt that asks students to write a short note, an e-mail message, a post card, etc., of approximately 60 words. Students should be encouraged to study the expressions in Appendixes A and C and to incorporate them into their practice.

Comprensión auditiva

Each chapter in the *Cuentos* and *Teatro* sections ends with *Comprensión auditiva* activities, designed to refine the listening skills required of students at this level. Per teachers' suggestions, we have increased the number of listening comprehension passages to two per story (four for the play). A variety of formats is provided, all similar in nature to the listening comprehension section of the Advanced Placement* Spanish Language Examination. The listening component has been designed to expose students to a wide variety of listening experiences. Some of the exercises recycle the vocabulary or theme of that chapter, while others are less structured and provide a greater challenge to students.

Simulated Conversation

The **Simulated Conversation** tasks are similar to those that appear on the Advanced Placement* Spanish Language Examination. The section offers practice on simulated dialogues where students will have 20 seconds to respond to a role-play conversation. Students should be encouraged to study the expressions in Appendix B and to incorporate them into their practice.

Go Online

The *Abriendo paso: Lectura* Web site provides activities and links related to the content of every chapter. Students can expand their cultural understanding by exploring selected Web sites from around the Spanish-speaking world.

Un poco más de práctica

This new section consists of exercises that are similar to some of those that appear in the Formal Writing and Formal Oral Presentation sections of the Advanced Placement* Examination. Even for students who are not enrolled in an AP* course or who are not planning to take the examination, these Integrated Skills activities offer practice in speaking and writing. The Formal Writing activities provide two reading selections and an audio selection for students to use in order to prepare a formal essay. In the Formal Oral Presentation section, students will be asked to use an audio selection and a reading selection to prepare a two-minute oral presentation.

Appendixes

To support the new tasks that will appear beginning with the 2007 administration of the AP* examination, we have updated the reference materials at the back of the book. Appendix A: Some Words and Expressions Used to Connect Ideas has been made more robust. We have added the following materials that also appear in the *Grámatica* book: Appendix B: Some Expressions Used for Oral Communication; Appendix C: Some Expressions Used to Begin and End a Written Message; Appendix D: Idiomatic Expressions (same list as *Gramática*); and Appendix E: Problem Words (same list as *Gramática*).

Abriendo paso: Gramática

Abriendo paso: Gramática is an independent text that offers a complete review of Spanish grammar. The book is divided into the following parts:

- *Unidades* reviews how and when a particular grammar point is used. Each chapter is followed by a *Comprensión auditiva* activity similar to the directed response section of the Advanced Placement* Spanish Language Examination.

- For students who need more practice with a particular grammar point in *Unidades, Reglas gramaticales* provide reinforcement exercises that they can do on their own to prepare for class.

- *Pasos* provides additional explanations of grammar points that are not communicative in nature, but are required to communicate properly.

- *Un poco más de práctica,* a special section with questions similar to those that appear on the Advanced Placement* Spanish Language Examination, is included at the end of the book for students seeking additional practice while preparing for the exam.

Acknowledgments

Cathy Wilson continues to be a true believer in the objectives of the *Abriendo paso* series. Her support, encouragement, and keen advice is greatly appreciated. We are grateful to Amy Baron for her expertise and support in an extremely difficult project due to the lack of time to prepare the manuscript. Her flexibility and understanding of the issues were very encouraging. Our gratitude also goes to Sharon Inglis for the care, suggestions, and going beyond the call of duty to publish the series on time.

J.M.D.
M.F.N.

Índice

El décimo

Emilia Pardo Bazán

Capítulo 1

Antes de leer

A. Para discutir en clase Mira el dibujo y úsalo como punto de partida para narrar lo que tú crees que está sucediendo. Para la discusión con la clase, haz una lista de palabras clave o de frases que te ayuden a expresar tus ideas. Usa los siguientes puntos como guía para la descripción.

Abriendo paso: Gramática

Preterite, imperfect, and pluperfect indicative: Unidad 1, págs. 1 a 29; Reglas gramaticales (RG) 1, págs. 30 a 48

- el lugar
- el tiempo (*weather*)
- la hora

- los personajes (*characters*)
- la ropa
- otras personas en el dibujo

B. Nuestra experiencia

La lotería es un tema importante en el cuento que vas a leer. Usa las preguntas a continuación para narrar una historia corta sobre tu experiencia personal y el tema de la lotería. ¿Conoces a alguien que haya ganado un sorteo *(raffle, lottery drawing)*? Cuéntales a tus compañeros la clase de sorteo que era y lo que esa persona ganó. ¿Cuál fue la reacción del (de la) ganador(a)? ¿Cuál fue la reacción de su familia, de sus amigos y de sus vecinos? ¿Para qué usó el premio? Si no conoces a nadie personalmente, describe la historia de un(a) ganador(a) sobre quien hayas leído en el periódico o hayas visto en la televisión.

C. El día que papá se sacó un premio

Lee el siguiente cuento que narra un chico sobre el día que su padre se sacó *(won)* un premio y lo que hizo con el premio. Después de leerlo, responde a las preguntas que aparecen al final.

Me acuerdo bien del sorteo porque fue la primera vez que habíamos ganado un premio. Antes de aquel día inolvidable, mi padre decía que podría haber comprado un nuevo coche con todo el dinero que había gastado en los sorteos que tenían todas las instituciones de beneficencia de nuestra ciudad. Pero como hombre generoso, seguía apoyando todas las causas que vendían billetes de sorteo para recaudar fondos. Como mi padre era un hombre supersticioso, guardaba° los billetes que compraba debajo de una mascota° que tenía en el armario. Pues, en esta ocasión su mascota (una casita de madera que le había regalado su abuelo cuando mi padre era niño) nos trajo una suerte increíble. Acabábamos de cenar cuando oímos sonar el timbre.° Nos asustamos° porque había varias personas gritando y llamando a la puerta. "¡Habéis ganado! ¡Habéis ganado! ¡Venid a ver! ¡Es vuestro número!" gritaban todos a la vez. Nos sorprendió mucho todo el entusiasmo porque no entendíamos lo que habíamos ganado. "¡Quinientos millones de pesetas! ¡Quinientos millones de pesetas! ¿Nos engañaban?"° "No puede ser", pensamos. Pero cuando buscamos en el periódico los números que sacaron premio, nos dimos cuenta de que era verdad... pero nuestros sueños no duraron mucho. Primero, papá se puso nervioso y no podía hallar° el billete. Luego, cuando lo halló, reaccionó de la misma manera que había reaccionado en el pasado. Como dije antes, mi padre era generoso, y no dejó de serlo aquella noche. Sin pensar en las posibilidades que nos ofrecía todo ese dinero, decidió donarlo a una institución de beneficencia (un grupo que proveía vivienda a los destituidos°). Con lágrimas° en los ojos, yo todavía me pregunto, ¿por qué no nos quedamos° por lo menos con la mitad° del dinero?

he used to keep / good-luck charm

sonar... the bell ring / we were frightened

¿Nos... Were they deceiving us?

to find

homeless / tears
por qué... why didn't we keep / half

1. ¿Qué hacía el padre con los billetes que compraba?

2. ¿Qué pasó una noche después de cenar?

3. ¿Por qué se asustó la familia?

4. ¿Qué no podía hallar el padre?

5. ¿Qué decidió hacer el padre?

6. ¿Cómo reaccionó el chico que narra el cuento?

7. ¿Con qué quería quedarse el chico?

Ahora, imagínate que eres la persona afortunada que acaba de ganar este premio. Cuéntale a un(a) compañero(a) de clase cómo reaccionarías y explícale lo que harías con el premio.

D. La generosidad Los personajes del cuento que vas a leer son personas de "carne y hueso", o sea, personas reales con sueños y esperanzas, y con valores que sobrepasan *(surpass)* el deseo por los bienes materiales. En grupos de tres o cuatro estudiantes, discutan lo que harían Uds. si se encontraran en las situaciones que se describen a continuación. No hay respuestas incorrectas. Lo importante es escoger la decisión que Uds. consideran razonable para Uds. y para la otra gente en la situación. Cuando los otros grupos le presenten a la clase sus ideas, pregúntenles por qué llegaron a esa conclusión.

1. Tu hermana te pide diez dólares para comprar un libro que necesita para el colegio; si se lo das, no tendrás suficiente dinero para ir al cine.

2. Tu padre o tu madre te pide que cuides a tus hermanos menores durante el fin de semana, mientras ellos trabajan. Si lo haces, no podrás ir al centro con tus amigos.

3. Un(a) amigo(a) te llama y dice que quiere verte en seguida *(right away)* porque tiene un problema. Te dice que es importante. Tú estás a punto de *(about to)* salir de tu casa para ir a un concierto de tu cantante favorito.

4. Un(a) amigo(a) te pide prestado tu disco compacto favorito y lo pierde. Es la segunda vez que ha perdido una de tus cosas y no ha tratado de reemplazarla.

5. Encuentras un billete de lotería en la calle. Al llegar a tu casa, buscas la lista de los números que sacaron premio y te das cuenta de que es el billete ganador de veinte millones de dólares. Te preguntas, ¿necesitará el dinero más que yo la persona que perdió el billete?

E. Una selección Lee el comienzo del cuento "El décimo" para averiguar *(to find out)* cómo se conocen el narrador y su futura esposa. Cuando te encuentres con un signo de interrogación (?) al margen, trata de deducir el significado de la palabra, según el contexto.

wedding

a portion (a tenth) of a lottery ticket (It's typical in Spain to buy a share of a ticket.) / las... ? / a Spanish coin worth five pesetas

en... jokingly / ?

?

?

exactly (hace veinte días que cumplió los dieciséis años) / no... don't worry

¿La historia de mi boda?° Óiganla ustedes; es bastante original.

Una chica del pueblo, muy mal vestida, y en cuyo rostro se veía pintada el hambre, fue quien me vendió el décimo° de billete de lotería, a la puerta de un café, a las altas horas° de la noche. Le di por él la enorme cantidad de un duro.° ¡Con qué humilde y graciosa sonrisa respondió a mi generosidad!

—Se lleva usted la suerte, señorito —dijo ella con la exacta y clara pronunciación de las muchachas del pueblo de Madrid.

—¿Estás segura? —le pregunté en broma,° mientras yo metía° el décimo en el bolsillo del sobretodo° y me subía el cuello a fin de protegerme del frío de diciembre.

—¡Claro que estoy segura! ¡Ya lo verá usted, señorito! Si yo tuviera dinero no lo compraría usted... El número es el 1.620; lo sé de memoria,° los años que tengo, diez y seis, y los días del mes que tengo sobre los años, veinte justos.° ¡Ya ve si lo compraría yo!

—Pues, hija —respondí queriendo ser generoso—, no te apures:° si el billete saca premio... la mitad será para ti.

Ahora, vuelve a leer el comienzo del cuento y busca las palabras, expresiones o frases que describen lo siguiente:

- la situación económica de la muchacha
- el lugar
- el tiempo
- la lotería

Según la información que has leído hasta ahora, ¿qué piensas que va a pasar en el cuento?

La autora

Emilia Pardo Bazán

Emilia Pardo Bazán, autora española nacida en La Coruña, Galicia, en 1851, es considerada una de las figuras literarias más importantes del siglo XIX. Escribió mucho y en varios géneros, hasta su muerte en 1921. Aristocrática e intelectual, fue la primera mujer en recibir una cátedra de literatura en la Universidad de Madrid. Sus ideas feministas son evidentes en la revista que escribió y publicó personalmente por muchos años. Se dice que sus obras ayudaron a iniciar el debate sobre el feminismo en España. En sus obras de ficción, en el cuento y en la novela, se destacan las descripciones muy detalladas del ambiente y de los personajes.

Al leer

Pardo Bazán usa un estilo que nos permite visualizar las escenas que pinta con palabras. Este cuento tiene lugar en Madrid. Mientras lo lees, presta atención a estos puntos:

- la situación económica de la muchacha comparada con la del hombre
- la reacción de la muchacha al oír que el billete se había perdido comparada con la reacción del hombre
- el cambio en la narración del pretérito al tiempo presente [línea 41]

Recuerda que si ves un signo de interrogación (?) al margen, debes deducir el significado de la palabra o frase, según el contexto.

Lectura

El décimo
Emilia Pardo Bazán

¿La historia de mi boda? Óiganla ustedes; es bastante original.

Una chica del pueblo, muy mal vestida, y en cuyo rostro se veía pintada el hambre, fue quien me vendió el décimo de billete de lotería, a la puerta de un café, a las altas horas de la noche. Le di por él la enorme cantidad de un duro. ¡Con qué humilde y graciosa sonrisa respondió a mi generosidad!

—Se lleva usted la suerte, señorito —dijo ella con la exacta y clara pronunciación de las muchachas del pueblo de Madrid.

—¿Estás segura? —le pregunté en broma, mientras yo metía el décimo en el bolsillo del sobretodo y me subía el cuello a fin de protegerme del frío de diciembre.

—¡Claro que estoy segura! ¡Ya lo verá usted, señorito! Si yo tuviera dinero no lo compraría usted... El número es el 1.620; lo sé de memoria, los años que tengo, diez y seis, y los días del mes que tengo sobre los años, veinte justos. ¡Ya ve si lo compraría yo!

—Pues, hija —respondí queriendo ser generoso—, no te apures: si el billete saca premio... la mitad será para ti.

Una alegría loca se pintó en los negros ojos de la chica, y con la fe más absoluta, cogiéndome por un brazo, exclamó:

—¡Señorito, por° su padre y por su madre, deme su nombre y las señas° de su casa! Yo sé que dentro de ocho días seremos ricos.

Sin dar importancia a lo que decía le di mi nombre y mis señas; y diez minutos después ni recordaba el incidente.

Pasados cuatro días, estando en la cama, oí gritar la lista de la lotería. Mandé que mi criado la comprara, y cuando me la trajo, mis ojos tropezaron° inmediatamente con el número del premio gordo.° Creí que estaba soñando, pero no, era la realidad. Allí en la lista, decía realmente 1.620... ¡Era mi décimo, la edad de la muchacha, la suerte para ella y para mí! Eran muchos miles de duros lo que representaban aquellos cuatro números. Me sentía tan dominado por la emoción que me era imposible decir palabra

for the sake of
address

came upon
premio... first prize, jackpot

5

10

15

20

25

30

y hasta° mover las piernas. Aquella humilde y extraña criatura, a quien nunca había visto antes, me había traído la suerte, había sido mi mascota… Nada más justo que dividir la suerte con ella; además, así se lo había prometido.

Al punto° deseé sentir en los dedos el contacto del mágico papelito. Me acordaba bien; lo había guardado en el bolsillo exterior del sobretodo. ¿Dónde estaba el sobretodo? Colgado° allí en el armario… A ver… toco aquí, busco allá… pero nada, el décimo no aparece.

Llamo al criado con furia, y le pregunto si había sacudido° el sobretodo por la ventana… ¡Ya lo creo que lo había sacudido! Pero no había visto caer nada de los bolsillos, nada absolutamente… En cinco años que hace que está a mi servicio no le he cogido nunca mintiendo.° Le miro a la cara; le he creído siempre, pero ahora, no sé qué pensar. Me desespero,° grito, insulto, pero todo es inútil. Me asusta lo que me ocurre. Enciendo° una vela,° busco en los rincones,° rompo armarios, examino el cesto de los papeles viejos… Nada, nada.

A la tarde, cuando ya me había tendido° sobre la cama para ver si el sueño me ayudaba a olvidarlo todo, suena el timbre. Oigo al mismo tiempo en la puerta ruido de discusión, voces de protesta de alguien que se empeña° en entrar, y al punto veo ante mí a la chica, que se arroja° en mis brazos gritando y con las lágrimas en los ojos.

—¡Señorito, señorito! ¿Ve usted como yo no me engañaba?° Hemos sacado el gordo.

¡Infeliz de mí!° Creía haber pasado lo peor del disgusto, y ahora tenía que hacer esta cruel confesión; tenía que decir, sin saber cómo, que había perdido el billete, que no lo encontraba en ninguna parte, y que por consiguiente° nada tenía que esperar de mí la pobre muchacha, en cuyos ojos negros y vivos temía ver brillar la duda y la desconfianza.

Pero me equivocaba,° pues cuando la chica oyó la triste noticia, alzó° los ojos, me miró con la honda ternura° de quien siente la pena ajena° y encogiéndose de hombros° dijo:

—¡Vaya por la Virgen!° Señorito… no nacimos ni usted ni yo para ser ricos.

Es verdad que nunca pude hallar el décimo que me habría dado la riqueza, pero en cambio la hallé a ella, a la muchacha del pueblo a quien, después de proteger y educar,° di la mano de esposo° y en quien he hallado más felicidad que la que hubiera podido comprar con los millones del décimo.

even

Al… Instantly

?

shaken

no… I have never caught him lying / Me… I become desperate

? / candle / corners

stretched out

se… insists

se… ?

no… I wasn't wrong

¡Infeliz… ?

por… as a result

me… I was wrong

(she) raised / honda… deep tenderness / la… someone else's pain / encogiéndose… shrugging her shoulders / ¡Vaya… If that's how the Blessed Mother wants it to be!

proteger… looking after her and seeing that she was educated / di… I married

Comprensión

A. ¿Cierta o falsa? Lee las siguientes frases y decide si la información es cierta o falsa, según el cuento. Si la información es falsa, escribe la información correcta.

1. El criado compra un décimo de lotería para el narrador.

2. El narrador mete el décimo en el bolsillo de su camisa.

3. El narrador le promete a la chica la mitad del premio si el billete saca premio.

4. El criado compra la lista de la lotería.

5. El narrador se da cuenta de que ha ganado.

6. La chica pierde el billete.

7. El narrador no está seguro si el criado se ha robado el billete.

8. La chica no va a visitar al narrador.

9. El narrador nunca le dice la verdad a la chica.

10. La chica se enoja cuando sabe la verdad.

11. A la chica no le importa que el narrador haya perdido el décimo.

12. El narrador y la chica se casan y son muy felices.

B. Comprensión general Con tus propias palabras, responde a las siguientes preguntas. Luego, comparte tus ideas con los otros estudiantes de la clase.

1. ¿Cuál es la actitud del narrador hacia la lotería cuando compra el décimo?

2. ¿Por qué se enoja el narrador con su criado cuando no encuentra el billete?

3. ¿Qué contrastes o diferencias hay en la reacción hacia el billete perdido por parte de la muchacha y del narrador? ¿Esperaba el narrador tal reacción de la muchacha? ¿Por qué sí? ¿Por qué no?

4. ¿Qué efecto tiene en la narración el cambio al tiempo presente? [línea 41] ¿Por qué crees que el autor hace este cambio?

C. De la misma familia Las palabras de la lista a continuación son palabras que probablemente ya conoces. Escribe todas las palabras de la misma familia que conozcas, por ejemplo: estudioso—el (la) estudiante, estudiar, estudiantil, los estudios. La referencia indica la línea en la que puedes encontrar la palabra en el texto.

vestida [línea 2]	vivos [línea 61]
pintada [línea 3]	desconfianza [línea 62]
protegerme (proteger) [línea 11]	riqueza [línea 69]
alegría [línea 18]	felicidad [línea 71]
mintiendo (mentir) [línea 45]	

D. En contexto Encuentra el significado de la palabra o expresión de la columna A en la columna B. La referencia indica la línea en la que puedes encontrar la palabra en el cuento. El contexto te ayudará a averiguar el significado.

A

1. a las altas horas [línea 4]
2. sobretodo [línea 10]
3. señas [línea 21]
4. armario [línea 39]
5. mintiendo (mentir) [línea 45]
6. me asusta (asustarse) [línea 47]
7. se arroja (arrojarse) [línea 54]
8. engañaba (engañar) [línea 55]
9. ¡Infeliz de mí! [línea 57]
10. hallar [línea 68]

B

a. abrigo
b. no diciendo la verdad
c. encontrar
d. decepcionaba
e. se echa
f. muy tarde
g. desafortunado
h. dirección
i. ropero
j. me da miedo

E. Al punto Lee las siguientes preguntas o frases incompletas. Luego, escoge la mejor respuesta o terminación según la lectura.

1. ¿Por qué no compró el billete la muchacha?
   a. Porque no lo quería.
   b. Porque no tenía dinero.
   c. Porque no creía en la suerte.
   d. Porque no se lo permitían.

2. La frase "con la fe más absoluta" [líneas 18–19] indica que la muchacha...
   a. sabía que el narrador era rico.
   b. era una persona muy religiosa.
   c. iba a rezarle a Dios.
   d. estaba segura de que el señor iba a ganar.

3. La muchacha hizo que el narrador le dijera...
   a. dónde estaban sus padres.
   b. dónde vivía él.
   c. cuándo había nacido.
   d. cuándo regresaría.

4. ¿Qué hizo el narrador al saber que había ganado?
   a. Se sorprendió mucho.
   b. Fue a buscar a la chica.
   c. Llamó a la muchacha por teléfono.
   d. Sacó el billete del bolsillo del abrigo.

5. La frase "...deseé sentir en los dedos el contacto del mágico papelito" [líneas 36–37] quiere decir que el narrador...
   a. quería quitarle el billete a la muchacha.
   b. comparaba el número del billete con el de la lista.
   c. tenía ganas de encontrar el billete.
   d. quería contar el dinero que había ganado.

6. Al no encontrar el billete, el narrador...
   a. dudó del criado.
   b. salió corriendo.
   c. se puso alegre.
   d. insultó a la muchacha.

7. La muchacha fue a la casa del narrador para…
   a. contarle la historia de la lotería.
   b. informarle que habían ganado.
   c. darle el billete que había perdido.
   d. decirle que estaba enamorada de él.

8. Según la reacción de la muchacha a la historia del billete perdido, sabemos que ella…
   a. no le creía al narrador.
   b. no quería ser rica.
   c. aceptaba el destino *(fate)*.
   d. quería casarse con el narrador.

9. ¿Por qué estaba contentísimo el narrador al final del cuento?
   a. Porque se iba de viaje.
   b. Porque era riquísimo.
   c. Porque había encontrado el décimo.
   d. Porque se había casado con la muchacha.

F. Ahora te toca a ti Una buena manera de repasar lo que has leído es hacerles preguntas acerca del cuento a los otros estudiantes y responder a las preguntas que ellos tienen. En el cuento anterior les hiciste preguntas a tus compañeros también, pero ahora trata de hacerles preguntas que verdaderamente los reten *(challenge them)*. Los temas a continuación pueden ofrecer algunas posibilidades para tus preguntas.

- el tiempo
- los números
- la muchacha
- el hombre
- el criado
- la suerte
- la reacción al ganar
- el billete que se ha perdido
- la reacción al no encontrar el billete
- la conclusión

Por ejemplo, si quieres preguntarles acerca de la reacción de los personajes al ganar, fíjate *(pay attention)* en las diferentes preguntas que puedes hacer.

¿Cómo reaccionaron el hombre y la muchacha al ganar?

¿Qué hicieron el hombre y la muchacha al oír que habían ganado?

¿Por qué reaccionaron así el hombre y la muchacha a la noticia de haber ganado?

¿Cuáles son las reacciones del hombre y de la muchacha cuando ganan?

¿Son iguales las reacciones del hombre y de la muchacha cuando ganan?

¿Crees que sus reacciones son normales? ¿Típicas?

¿Esperabas esas reacciones del hombre y de la muchacha?

¿Qué reacción muestra más madurez?

¿Qué nos muestran las reacciones sobre la personalidad de los personajes?

G. Los personajes principales ¿Qué te parecen los personajes principales del cuento de Pardo Bazán? ¿Son reales? ¿Son demasiado idealizados? ¿Qué piensas acerca de los valores que poseen? ¿Cuáles crees que son sus virtudes y defectos? En grupos de tres o cuatro estudiantes habla un poco sobre cada uno de los personajes y di por qué los admiras o por qué no los admiras. Usa las preguntas anteriores como punto de partida.

H. El debate sobre el feminismo En la breve biografía de la autora se menciona que las obras de Pardo Bazán "ayudaron a iniciar el debate sobre el feminismo en España". En tu opinión, ¿cómo podría este cuento ayudar al debate sobre el feminismo? ¿Hay partes del cuento que te molestan *(bother you)?* Haz una lista de esas partes y explica por qué te molestan. Quizás las siguientes ideas te ayuden a pensar en el tema.

- cómo presenta la autora a la chica
- cómo trata el hombre a la chica
- lo que dice el hombre en el último párrafo "después de proteger y educar [a la chica], di la mano de esposo…" [líneas 70–71]

Luego, en grupos pequeños discute tus ideas con los otros estudiantes.

Un paso más

Para conversar

A. Una explicación difícil Si te encontraras en la situación del narrador y le tuvieras que explicar a alguien que has perdido el billete que los haría ricos, ¿qué harías? ¿De qué tendrías miedo? ¿Qué le dirías a esa persona? ¿Cómo crees que reaccionaría? Usa las preguntas anteriores para explicarle a un(a) compañero(a) de clase lo que harías y cómo te sentirías. Pídele consejos a tu compañero(a). Él (Ella) se preparará para darte consejos.

B. Una reacción inesperada Ahora imagínate que eres la muchacha, o sea, la persona que no pudo hacerse rica a causa del descuido *(carelessness)* de otra persona. ¿Cómo reaccionarías? ¿Qué dirías al saber que el billete que valía muchísimo se ha perdido? ¿Estarías enojado(a)? ¿Por qué? Explícale al resto de la clase cómo te sentirías.

C. Los números de la suerte Mucha gente tiene números favoritos que consideran de buena suerte. ¿Tienes algunos números en particular que te gustan? ¿Cuáles son? ¿Qué representan? Diles tus números a los otros estudiantes de la clase. Explícales las razones por las cuales te gustan esos números, y escucha su explicación. ¿Cuál es la explicación más interesante?

D. Por casualidad *(By chance)* Los personajes de este cuento se encuentran por casualidad. Piensa en el efecto de la casualidad en tu vida y cuéntale a un(a) compañero(a) de clase algún incidente increíble que te haya sucedido. Quizás las siguientes ideas te ayuden a pensar en un incidente.

- un encuentro con alguien
- un premio que ganaste
- algo que encontraste
- una capacidad que no sabías que tenías
- una nota inesperada *(unexpected)* en una clase
- el descubrimiento de tu interés en una asignatura o en un pasatiempo que no sabías que tenías

E. Algo perdido ¿Recuerdas algo en particular que has perdido? Descríbele el incidente a otro(a) estudiante de la clase. Usa las siguientes preguntas como guía:

- ¿Qué perdiste? ¿Dónde?
- ¿Cómo te sentiste cuando lo perdiste?
- ¿Le echaste la culpa a otra persona? *(Did you blame someone else?)*
- ¿Dónde buscaste lo que habías perdido?
- ¿Te ayudó a buscarlo alguien? ¿Quién?
- ¿Lo encontraste?
- ¿Cómo reaccionaste al (no) encontrarlo?

F. Una situación parecida Si perdieras las siguientes cosas, ¿cómo reaccionarías? Ponlas en orden de importancia, con el objeto de más valor primero, y el de menos valor al final. Luego explícales a los otros estudiantes qué harías si las perdieras. Puedes añadir otras cosas.

las llaves de tu casa

un reloj que te dio tu abuelo

una composición que escribiste para la clase de literatura

tu cartera con cien dólares

un suéter que te hizo tu madre

unos billetes para un concierto

tu mascota favorita

un billete de lotería

Para escribir

A. Un resumen Escribe un resumen del cuento "El décimo" en menos de cincuenta palabras.

1. Primero, lee la lista a continuación. Luego, elimina las palabras que tú <u>no</u> consideres importantes.

asustarse	encontrar	perder
la boda	engañar	prometer
el bolsillo	guardar	sacar premio
colgar	las lágrimas	el sobretodo
el décimo	la mitad	sonar
la emoción		

2. Ahora, añade por lo menos tres palabras más que consideres importantes. Al final, debes tener un total de diez o doce palabras.

3. Antes de empezar a escribir, piensa en las ideas más importantes del cuento y trata de responder brevemente a las preguntas ¿quién(es)?, ¿qué?, ¿cuándo?, ¿cómo? y ¿dónde? A veces lo más difícil es ser breve. ¡Vamos a ver si puedes!

B. (No) Me gusta Un(a) amigo(a) te pide tu opinión acerca del final de este cuento, para saber si te gustó o no. Escribe un párrafo en el que expreses tu opinión. Escoge uno de los siguientes adjetivos como punto de partida.

absurdo	inspirador	romántico
emocionante	interesante	tonto
inesperado	realista	

Considera las siguientes preguntas para expresar tus ideas.

- ¿Cuál es tu opinión acerca del final del cuento?
- Explica por qué opinas de esa manera.
- ¿Qué referencias (acciones, conversaciones, personajes, reacciones) apoyan tu opinión? Da por lo menos dos ejemplos.

C. ¿El amor o el dinero? Muchas personas no pueden decidir qué es más importante en la vida, el amor o el dinero. En tu opinión, ¿es más importante tener mucho dinero o tener el amor de tus familiares y amigos? Escribe una composición de por lo menos 200 palabras en la que expreses tu opinión sobre el tema. Si usas la siguiente guía, cada punto puede ser un párrafo de la composición.

1. tu tesis sobre el tema

2. la razón por la cual tienes esa opinión

3. algunos ejemplos específicos para apoyar tus ideas

4. tus ideas sobre las personas que opinan de una manera diferente

5. un resumen de tus ideas

D. ¿La historia de mi...? Esta actividad te ayudará a comprobar que se puede escribir un cuento de alta calidad con un estilo sencillo. Utilizando algunos de los componentes estilísticos del cuento, escribe tu propio cuento acerca de un evento importante en tu vida. Aquí tienes una selección del cuento.

Una alegría loca se pintó en los negros ojos de la chica, y con la fe más absoluta, cogiéndome por un brazo, exclamó:
—¡Señorito, por su padre y por su madre, deme su nombre y las señas de su casa! Yo sé que dentro de ocho días seremos ricos.
Sin dar importancia a lo que decía le di mi nombre y mis señas; y diez minutos después ni recordaba el incidente.

Ahora fíjate en *(pay attention to)* algunos de los componentes estilísticos de esa selección.

descripción:	"Una alegría loca se pintó en los negros ojos de la chica, y con la fe más absoluta..."
acción:	"...cogiéndome por un brazo, exclamó"
diálogo:	"¡Señorito, por su padre y por su madre, deme su nombre y las señas de su casa! Yo sé que dentro de ocho días seremos ricos".
narración:	"Sin dar importancia a lo que decía le di mi nombre y mis señas; y diez minutos después ni recordaba el incidente".

La autora usa una gran variedad de tiempos verbales en el cuento (se pintó, cogiéndome, exclamó, deme, sé, seremos, decía, di, recordaba, etc.). Mientras escribes tu cuento, piensa en esta variedad y trata de usar varios tiempos verbales.

Informal Writing

Directions: For the following questions, you will write a message. You have 10 minutes to read the question and write your response.

Instrucciones: Para las preguntas siguientes, escribirás un mensaje. Tienes 10 minutos para leer la pregunta y escribir tu respuesta.

Mensaje 1

Imagina que acabas de ganar un premio de cinco mil dólares. Escríbele un mensaje electrónico a un amigo y
- menciona las circunstancias del premio
- describe tu reacción al recibirlo
- menciona lo que quires hacer con el dinero
- menciona la reacción de tus padres

Mensaje 2

Imagina que al regresar a casa te das cuenta de que no tienes el reproductor de MP3 de tu hermana. Antes de salir a buscarlo, escríbele una nota a tu hermana y
- menciona lo que pasó
- describe tu reacción
- dile lo que vas a hacer para encontrarlo
- dile lo que harás si no lo encuentras

You may find **Appendix A** (Some Expressions Used to Connect Ideas) and **Appendix C** (Some Expressions Used to Begin and End a Written Message) especially useful as you complete these exercises.

Comprensión auditiva

Escucha las siguientes selecciones. Después de cada selección vas a escuchar varias preguntas. Escoge la mejor respuesta para cada pregunta entre las opciones impresas en tu libro.

Selección número 1

La selección que vas a escuchar trata de algo que pasó con la lotería en los estados de Nueva York y Connecticut.

Número 1
- **a.** El número de policías.
- **b.** El número de periódicos.
- **c.** El número de coches.
- **d.** El número de tiendas.

Número 2
- **a.** Cuando escuchó la radio.
- **b.** Cuando habló con los oficiales.
- **c.** Cuando ganó el premio.
- **d.** Cuando leyó el periódico.

Número 3
- **a.** Que algunas personas gasten tanto dinero.
- **b.** Que el premio sea tan pequeño.
- **c.** Que la policía participe en el juego.
- **d.** Que las carreteras se llenen tanto.

Número 4
- **a.** Agradecidas.
- **b.** Afortunadas.
- **c.** Deprimidas.
- **d.** Furiosas.

Selección número 2

Escucha la siguiente conversación sobre lo que le pasó a Genaro el día que recibió el primer cheque de su nuevo trabajo.

Número 1
   a. Perdió su puesto.
   b. Se le perdió el dinero.
   c. No recibió su cheque.
   d. No pudo cambiar su cheque.

Número 2
   a. Les pidió dinero a sus colegas.
   b. Pidió un préstamo del banco.
   c. Les echó la culpa a sus colegas.
   d. Le prestó la mitad de su sueldo.

Número 3
   a. Que le habían mentido a Genaro.
   b. Que debían haber contribuido más dinero.
   c. Que le habían robado el dinero a Genaro.
   d. Que debían pagar por los pantalones.

Número 4
   a. Se burló de Genaro.
   b. Se enfadó con Genaro.
   c. Les pidió más dinero a sus colegas.
   d. Les pidió excusas a sus colegas.

Número 5
   a. Como una persona muy generosa.
   b. Como un hombre sin compasión.
   c. Como un amigo traicionero.
   d. Como un colega celoso.

Go Online

For: Additional practice
Visit: www.PHSchool.com
Web Code: jjd-0002

El décimo   19

Rosa
Ángel Balzarino

Antes de leer

Abriendo paso:
Gramática

Future and future perfect:
Unidad 5, págs. 174 a
202; RG 5, págs. 203 a
206
Conditional and
conditional perfect:
Unidad 6, págs. 220 a
227; RG 6, págs. 233 a
236

A. Para discutir en clase Mira el dibujo y úsalo como punto de partida para narrar lo que tú crees que está sucediendo. La guía y la lista de palabras a continuación te ayudarán a presentarle una descripción completa al resto de la clase. Puedes añadir otras palabras o ideas que no están en la lista. ¡Usa la imaginación!

1. Describe el cuarto con todos los detalles posibles.

2. Describe las computadoras.

3. Describe la computadora que está funcionando.

4. Describe a los hombres y lo que están haciendo.

amontonar	ligero	reluciente
desorganizado	la máquina	el tamaño
deteriorado	oscuro	trasladar
funcionar	la pantalla	útil
inútil	pesado	

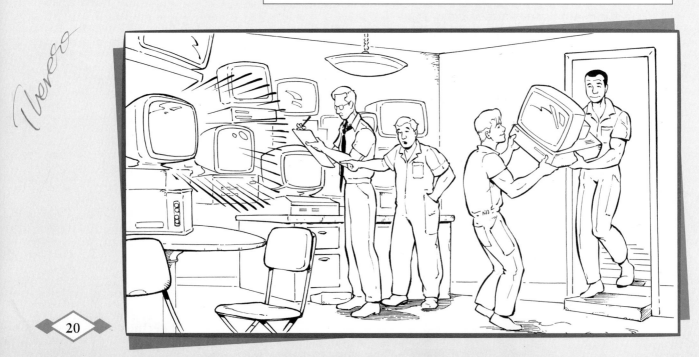

B. Los avances tecnológicos En el mundo de la tecnología y de las computadoras en particular, los consumidores algunas veces se sienten frustrados porque la tecnología avanza demasiado rápido. En este ejercicio vas a trabajar con dos o tres compañeros de clase. Piensa en las respuestas a las siguientes preguntas:

1. ¿Has estado en una situación en la que has comprado algo y en unos meses ya sale al mercado algo mejor, con mejores cualidades, más rápido, etc.? Describe el incidente.

2. En tu opinión, ¿avanza la tecnología demasiado rápido? Antes de presentar tu opinión, organiza tus ideas. Haz una lista de los puntos importantes que vas a discutir y una lista de palabras y frases que te faciliten la discusión. Una vez que todos los estudiantes del grupo hayan expresado sus ideas, respondan a la siguiente pregunta y prepárense para discutir con el resto de la clase la opinión del grupo sobre todas las preguntas.

3. ¿Qué podemos hacer nosotros como consumidores para mantenernos al tanto *(keep up)* con los últimos avances tecnológicos?

C. La Era de las Máquinas Algunas personas se refieren al período por el que estamos pasando como la Era de las Máquinas. En tu opinión, ¿podemos llamar esta época la Era de las Máquinas? ¿Por qué? Piensa en las respuestas a estas preguntas y escribe algunas ideas o palabras para defender tu opinión. Recuerda que tienes que explicar por qué opinas de esa manera. Usa ejemplos que apoyen *(support)* tus ideas. Prepárate para discutir tu opinión con el resto de los estudiantes en la clase.

D. Nuestra experiencia Lee las siguientes preguntas y prepárate para presentarle tus ideas a la clase.

1. ¿Has estado en una situación en la que te sentiste inútil o en una situación en la que no pudiste ayudar a alguien? Describe la situación; explica cómo te sentiste y el efecto que esta situación tuvo en ti. Usa los adjetivos a continuación u otros que no están en la lista.

desesperado	inferior	preocupado
inadecuado	pesimista	triste

2. Ahora piensa en un(a) amigo(a) que se haya sentido inútil en algún momento. ¿Qué hiciste para mejorar la situación? ¿Cómo puedes ayudar a un(a) amigo(a) que se encuentre en esta situación?

E. Una selección Lee la siguiente selección del cuento "Rosa". Mientras lees, haz una lista de las palabras que tú consideres que tienen una connotación positiva y otra de las que tienen una connotación negativa. Cuando te encuentres con un signo de interrogación (?) al margen, trata de deducir el significado de la palabra, según el contexto.

uneasiness

derrota... unavoidable defeat / ordered, resolved

?

it did not succeed

?

to revolt, rebel

sin... without mercy

to remove her

un... a supplication full of anguish

te... ? / place

to comfort her

los... they have taken them into consideration

—¡Hoy es el día! —el tono de Rosa expresó cierta zozobra,° la sensación de una derrota ineludible°—. ¿Por qué habrán dispuesto° eso?

—Nadie lo sabe, querida —se limitó a responder Betty.

—Así es. Son órdenes superiores —Carmen pareció resignada ante esa certeza°—. Simplemente debemos obedecer.

Aunque la explicación resultaba clara y sencilla no logró° conformar a Rosa. Ya nada le serviría de consuelo.° Ahora sólo deseaba sublevarse° manifestar abiertamente la indignación que la dominaba sin piedad° desde hacía una semana, cuando le comunicaron la orden increíble de sacarla° de allí.

—¡No quiero separarme de ustedes! —ahora su voz tuvo el carácter de un ruego angustioso°—. ¡No puedo aceptarlo!

—Nosotros tampoco lo deseamos, Rosa.

—Posiblemente te trasladen° a un sitio° más importante — exclamó Carmen dulcemente tratando de alentarla°—. Tus antecedentes son extraordinarios. Sin duda los han tenido en cuenta° para esa resolución.

—Por supuesto —confirmó Betty—. ¿Dónde te gustaría trabajar ahora?

1. Ahora lee las siguientes frases y decide si la información es cierta o falsa, según lo que leíste. Si la información es falsa, escribe la información correcta.
   a. Rosa se siente un poco nerviosa.
   b. Rosa se siente victoriosa.
   c. Alguien ha dado una orden.
   d. Los personajes que hablan están indignados.
   e. Rosa va a ir a otro lugar.
   f. Rosa está contenta y acepta la orden.
   g. Carmen trata de animar a Rosa.

2. ¿Dónde piensas que tiene lugar el cuento? ¿Por qué?

3. ¿Qué está pasando en esta selección? Resume con tus propias palabras la idea principal de lo que está pasando.

F. Expresiones idiomáticas Las siguientes expresiones aparecen en el cuento que vas a leer. Estudia su significado antes de responder a las preguntas que aparecen a continuación:

a pesar de   *in spite of*
estar a punto de   *to be about to*
estar seguro   *to be sure*
¿no te parece?   *don't you think?*
por eso   *therefore*
por supuesto   *of course*
servir de consuelo   *to be of consolation*
sin embargo   *however*
tender la mano   *to stretch, extend the hand*
tener en cuenta (presente)   *to keep in mind*
tener razón   *to be right*
tratar de + infinitivo   *to try to + infinitive*

Ahora lee lo que dice una persona a continuación y escoge la respuesta más lógica al comentario o a la pregunta.

1. —Mario, ¿hiciste la tarea de español?
   a. —Por supuesto.
   b. —Tienes razón.

2. —Antonia, ¿es ésta la respuesta correcta?
   a. —Sí, estoy segura.
   b. —Sí, tiendo la mano.

3. —Elías, ¿es ese chico inteligente?
   a. —No, estoy a punto de salir.
   b. —Sí, ¿no te parece?

4. —Eduardo, no olvides que mañana salgo para las montañas a las ocho.
   a. —Sí, lo sé. Ten en cuenta que a esa hora hay mucho tráfico.
   b. —Sí, voy a tratar de empezar a trabajar a las ocho.

5. —Ricardo, ¿viene Juan a la merienda este fin de semana?
   a. —Sí, él viene a pesar de estar muy ocupado.
   b. —Sí, sin embargo la comida está caliente.

6. —Ignacio regresa a Chile y no vamos a verlo por mucho tiempo.

    a. —Sí, por eso el vuelo llegó tarde al aeropuerto.

    b. —Sí, pero me sirve de consuelo que vamos a comunicarnos por correo electrónico.

7. —Ese programa para la computadora puede hacer todo el trabajo que necesitamos terminar.

    a. —¿No te parece demasiado complicado?

    b. —¿Por qué tiendes la mano?

G. Otra selección Aquí tienes otra selección del cuento que vas a leer. Léela cuidadosamente y luego responde a las preguntas a continuación:

> La puerta se abrió bruscamente° y cuatro jóvenes, de cuerpos esbeltos y vigorosos,° penetraron en el amplio recinto donde se amontonaban diversas máquinas y pantallas° a las que las luces incandescentes les conferían° un aspecto pulcro,° reluciente, casi de implacable frialdad.°
>
> —¿Cuál es? —preguntó uno de ellos.
>
> El Suplente° deslizó lentamente la vista° a su alrededor, en una especie de reconocimiento o de búsqueda,° hasta que tendió una mano.

abruptly

de... with well-shaped and strong bodies / se... several machines and screens were piled up / gave / graceful

?

Assistant / deslizó... glanced slowly / search

1. ¿Dónde parecen estar los personajes *(characters)?*

2. ¿Qué piensas tú que está pasando?

3. ¿Qué piensas que vienen a buscar los jóvenes?

4. Escoge la palabra o palabras que describan el tono de esta selección, y explica por qué piensas así.

horroroso	misterioso	tranquilizador
inquietante	romántico	violento

5. Ahora que has leído dos selecciones del cuento, ¿puedes predecir *(foretell)* lo que va a pasar en el cuento? Escribe tres frases sobre lo que tú piensas que va a pasar.

El autor

Ángel Balzarino

Ángel Balzarino nació en 1943 en Villa Trinidad (Provincia de Santa Fe, República Argentina). Desde 1956 reside en Rafaela (Santa Fe). Ha publicado los siguientes libros de cuentos y novelas: *El hombre que tenía miedo* (1974), *Albertina lo llama, señor Proust* (1979), *La visita del general* (1981), *Cenizas del roble* (1985), *Las otras manos* (1987), *Horizontes en el viento* (1989), *La casa y el exilio* (1994), *Hombres y hazañas* (1996), *Territorio de sombras y esplendor* (1997) y *Mariel entre nosotros* (1998).

Varios de sus trabajos figuran en ediciones colectivas, entre otras *De orilla a orilla* (1972), *Cuentistas provinciales* (1977), *40 cuentos breves argentinos: Siglo XX* (1977), *Antología literaria regional santafesina* (1983), *39 cuentos argentinos de vanguardia* (1985), *Nosotros contamos cuentos* (1987), *Santa Fe en la literatura* (1989), *V° Centenario del Descubrimiento de América* (1992), *Antología cultural del litoral argentino* (1995).

Ángel Balzarino ha obtenido numerosas distinciones por su actividad literaria dedicada especialmente al cuento.

Al leer

"Rosa" es un cuento que tienes que leer con mucho cuidado. El final es una sorpresa porque los personajes que hablan al principio no son realmente lo que piensas. Mientras lees, ten en cuenta los siguientes puntos:

- las preocupaciones que son evidentes al principio del cuento
- la explicación de las compañeras sobre el traslado *(removal, transfer)* de Rosa
- el propósito de la llegada de los jóvenes

Recuerda que si ves un signo de interrogación (?) al margen, debes deducir el significado de la palabra o frase, según el contexto.

Lectura

Rosa
Ángel Balzarino

—¡Hoy es el día! —el tono de Rosa expresó cierta zozobra, la sensación de una derrota ineludible—. ¿Por qué habrán dispuesto eso?

—Nadie lo sabe, querida —se limitó a responder Betty.

—Así es. Son órdenes superiores —Carmen pareció resignada ante esa certeza—. Simplemente debemos obedecer.

Aunque la explicación resultaba clara y sencilla no logró conformar a Rosa. Ya nada le serviría de consuelo. Ahora sólo deseaba sublevarse, manifestar abiertamente la indignación que la dominaba sin piedad desde hacía una semana, cuando le comunicaron la orden increíble de sacarla de allí.

—¡No quiero separarme de ustedes! —ahora su voz tuvo el carácter de un ruego angustioso—. ¡No puedo aceptarlo!

—Nosotros tampoco lo deseamos, Rosa.

—Posiblemente te trasladen a un sitio más importante —exclamó Carmen dulcemente tratando de alentarla—. Tus antecedentes son extraordinarios. Sin duda los han tenido en cuenta para esa resolución.

—Por supuesto —confirmó Betty—. ¿Dónde te gustaría trabajar ahora?

Se produjo un largo silencio; embargada° por la duda, Rosa demoró° una respuesta concreta, como si aún no hubiera contemplado esa posibilidad.

—No lo sé. No tengo ambiciones. Me agrada° estar aquí.

—Pero ya permaneciste° mucho tiempo, ¿no te parece?

—Tal vez sí. ¡Cuarenta y tres años! —la pesadumbre° de Rosa se transformó de pronto en una ráfaga de orgullo°—. Fui la primera que empezó las tareas más complicadas. Nunca tuve una falla,° nadie me ha hecho una corrección.

—Lo sabemos, Rosa.

restrained
delayed

?
stayed
grief
ráfaga... burst of pride

fault

5

10

15

20

25

30

—¡Una trayectoria realmente admirable!

—Por eso querrán trasladarte. Necesitarán tus servicios en otra parte. Quizá te lleven al Centro Nacional de Comunicaciones.

Las palabras de Betty reflejaron un vibrante entusiasmo, casi tuvieron una mágica sonoridad. Trabajar en ese lugar constituía un hermoso, envidiable privilegio. A pesar de ser un anhelo° común, tácitamente comprendían que eran remotas las posibilidades de concertarlo como si debieran recorrer° un camino erizado de insuperables escollos.° Preferían, tal vez para evitar una amarga° decepción, descartar° la esperanza de ser elegidas.

—A cualquiera le gustaría estar allí —admitió Rosa sin énfasis—. Pero creo que ya soy demasiado vieja.

—Precisamente por eso te habrán elegido —dijo Betty con fervor—. Para trabajar allí se necesita tener mucha experiencia.

—Las cosas están cambiando, Rosa —continuó Carmen—. Todo se presenta bajo un aspecto nuevo, casi sorprendente. Es un proceso de reestructuración. Ellos parecen decididos a dar a cada cosa el lugar que le corresponde. Sin duda comprendieron que era hora de darte una merecida recompensa.°

—Quizá tengan razón —dijo Rosa modestamente—. Cuarenta y tres años de eficiente labor tienen un gran significado. Aunque nunca me interesó recibir un premio. Simplemente me limité a trabajar de la mejor manera.

—Siempre serás un ejemplo para nosotras, Rosa.

—Nadie será capaz° de reemplazarte. Estamos seguras.

—Sin embargo desearía saber a quién pondrán en mi lugar.

Las palabras de Rosa quedaron de repente superadas° por el agudo repiquetear de unos pasos° cada vez más cercanos; entonces, algo sobresaltadas° por esa señal° que parecía anunciar una grave amenaza,° las tres permanecieron a la expectativa.

—¡Allí vienen!

—Sí —Rosa no se preocupó en disimular° su consternación—. ¡Ha llegado el momento!

—Carmen y Betty se vieron contagiadas° por ese estado de ánimo;° después, con forzada exaltación, sólo pudieron decir a modo de despedida:

—¡Mucha suerte en tu nuevo trabajo, Rosa!

desire

?

erizado... *bristling with insurmountable difficulties* / *bitter* / *dismiss*

merecida... *deserving reward*

?

overpowered

repiquetear... *ringing of some footsteps frightened* / *signal threat*

to hide

infected

estado... *state of mind*

La puerta se abrió bruscamente y cuatro jóvenes, de cuerpos
esbeltos y vigorosos, penetraron en el amplio recinto donde se
amontonaban diversas máquinas y pantallas a las que las luces   70
incandescentes les conferían un aspecto pulcro, reluciente, casi de
implacable frialdad.

    —¿Cuál es? —preguntó uno de ellos.

El Suplente deslizó lentamente la vista a su alrededor, en una
especie de reconocimiento o de búsqueda, hasta que tendió una   75
mano.

    —Aquélla. Se la conoce con el nombre de Rosa.

Los tres hombres se dirigieron° con pasos firmes y decididos
hacia la computadora de mayor tamaño, cuyo material se notaba
algo deteriorado por el uso y los años.   80

    —¿La llevamos al lugar de costumbre?°

    —Sí, a La Cámara de Aniquilación.

    —Pronto volveremos por las otras.

    —Está bien.

Mientras los hombres llevaban la vieja y pesada computadora,   85
el Suplente fue a ocupar su puesto.° Entonces no pudo evitar° una
franca sonrisa de seguridad, de absoluto triunfo al comprender
que ya estaba a punto de finalizar la Era de las Máquinas.

se... went toward

lugar... usual place

place / avoid

Comprensión

A. Frases para completar Lee las frases de la columna A y luego escoge la terminación correcta de la columna B, según la información del cuento. Algunas de las terminaciones no son correctas.

A	B
1. A Rosa le comunicaron que la llevarían... *b*	a. separarse de sus compañeras
2. Al oír la noticia, Rosa se sintió... *j*	b. a otro lugar
3. Las amigas de Rosa trataron de... *k*	c. darle un premio a Rosa
4. Rosa no quería... *a*	d. un modelo de una excelente trabajadora
5. A causa de su extraordinario trabajo, Rosa se sentía muy... *m*	e. a unas personas que se acercaban
6. Para sus compañeras Rosa era... *d*	f. conforme
7. Los personajes que hablaban se asustaron cuando oyeron... *e*	g. el ruido de las máquinas
8. Los jóvenes que entraron en el cuarto venían a... *o*	h. ser destruidas
9. Las computadoras que se llevaban los jóvenes iban a...	i. una máquina
10. Al final del cuento, nos damos cuenta de que en realidad Rosa era...	j. enfurecida
	k. tranquilizar a Rosa
	l. una pantalla
	m. orgullosa
	n. ser reparadas
	o. buscar las computadoras que ya eran inútiles

B. Comprensión general Con tus propias palabras, responde a las siguientes preguntas. Luego, comparte tus ideas con los otros estudiantes de la clase.

1. ¿Por qué habla Rosa con cierta zozobra al principio?

2. ¿Cómo reaccionan las compañeras de Rosa al enterarse de *(find out)* que van a trasladar a Rosa?

3. ¿Se cumple *(Does it come true)* lo que dicen las compañeras sobre el futuro de Rosa? ¿Cuál es el verdadero destino de Rosa? Explica tu respuesta.

C. En contexto Imagínate que quieres explicarle a un(a) compañero(a) de clase el significado de las siguientes palabras. En español, explica lo que cada una de las palabras significa. Por ejemplo, la palabra *despedida* se puede definir como: "lo que le decimos a una persona cuando salimos de su casa" o "el antónimo de saludo". Escribe las explicaciones para luego compartirlas con el resto de la clase. La referencia indica la línea en la que puedes encontrar la palabra en el texto.

resignada [línea 5]	trasladarte (trasladar) [línea 32]
sencilla [línea 7]	recompensa [línea 49]
sacar(la) [línea 11]	reemplazarte (reemplazar) [línea 55]

D. De la misma familia Las palabras de la lista a continuación son palabras que probablemente ya conoces. Escribe todas las palabras de la misma familia que conozcas, por ejemplo: trabajar—el (la) trabajador(a), el trabajo, trabajosamente. La referencia indica la línea en la que puedes encontrar la palabra en el texto.

clara [línea 7]	sorprendente [línea 46]
abiertamente [línea 9]	seguras [línea 55]
increíble [línea 11]	frialdad [línea 72]
envidiable [línea 36]	búsqueda [línea 75]
recorrer [línea 38]	

E. Al punto Lee las preguntas o frases incompletas a continuación. Luego, escoge la mejor respuesta o terminación según la lectura.

1. Rosa se sentía indignada porque le comunicaron que...
   a. sus amigas hablaban mal de ella.
   b. la trasladarían a otro lugar.
   c. le reducirían los beneficios que recibía.
   d. el trabajo que hacía tenía muchos errores.

2. Las compañeras de Rosa tratan de tranquilizarla...
   a. haciendo chistes.
   b. cambiando de conversación.
   c. diciéndole que ellas irán con ella.
   d. exaltando *(praising)* el trabajo que ha hecho.

3. Según Rosa, a ella le gustaría...
   a. dar una fiesta de despedida.
   b. quedarse donde está ahora.
   c. trabajar en otra compañía.
   d. llevarse a todas sus compañeras.

4. ¿Por qué se sentía Rosa muy orgullosa?
   a. Porque su trabajo era ejemplar.
   b. Porque había ayudado a sus compañeras.
   c. Porque había recibido muchos premios.
   d. Porque nunca se había descompuesto *(had broken down)*.

5. Podemos inferir que trabajar en el Centro Nacional de Comunicaciones parece ser...
   a. muy deseado.
   b. muy deprimente.
   c. muy difícil.
   d. muy bien pagado.

6. ¿Por qué piensa Betty que han seleccionado a Rosa?
   a. Por su edad.
   b. Por su personalidad.
   c. Por su experiencia.
   d. Por su poder.

7. "Simplemente me limité a trabajar de la mejor manera" [líneas 52–53] es un ejemplo de que Rosa es...
   a. perezosa.   c. modesta.
   b. avariciosa.   d. egoísta.

8. ¿Qué le gustaría saber a Rosa?
   a. Cuál de sus compañeras irá con ella.
   b. Qué tipo de trabajo hará en el futuro.
   c. Cuánto dinero le darán.
   d. Quién la va a sustituir.

9. Rosa y sus compañeras se asustaron cuando oyeron...
   a. que ellas también iban a ser trasladadas.
   b. que ellas iban a tener un nuevo jefe.
   c. a las personas que venían a buscar a Rosa.
   d. a la gente que gritaba cerca del cuarto.

10. Por la descripción, podemos deducir que las máquinas en el cuarto donde entraron los jóvenes eran...
    a. viejas e inútiles.   c. muy deseadas.
    b. los últimos modelos.   d. de buena calidad.

11. ¿Qué sabemos acerca del futuro de Rosa al final del cuento?
    a. Recibirá un premio.
    b. Será destruida.
    c. Ocupará un lugar de honor en un museo.
    d. Usarán sus partes para otra computadora.

12. Al final, el autor nos da la impresión de que las máquinas...
    a. van a controlar el mundo.
    b. son esenciales para el futuro.
    c. destruirán nuestra civilización.
    d. ya no serán tan importantes.

F. Ahora te toca a ti Una buena manera de repasar lo que has leído es hacerles preguntas acerca del cuento a los otros estudiantes y responder a las preguntas que ellos tienen. Escribe tres preguntas que te gustaría hacerles a tus compañeros de clase sobre la lectura. Luego, en grupos de tres o cuatro estudiantes hazles las preguntas a tus compañeros. Escojan las mejores preguntas para hacérselas al resto de la clase.

Un paso más

Para conversar

A. Una entrevista Imagínate que puedes hablar con Rosa después de que ella se enteró de *(found out)* lo que iba a pasarle. ¿Qué le dirías? ¿Tratarías de hacerla sentirse mejor? ¿Cómo? Un(a) compañero(a) de clase va a hacer el papel de Rosa. Piensa en las preguntas que te gustaría hacerle y escríbelas. Luego, entrevista a tu compañero(a) y prepara los resultados de la entrevista para presentárselos al resto de la clase.

B. ¿Computadoras o seres humanos? En el principio del cuento el autor nos presenta a Rosa y a sus compañeras como seres humanos. Quizás el autor nos está tratando de decir algo. Piensa cuidadosamente en la manera en que el autor nos presenta a los personajes de este cuento y haz una lista de palabras y expresiones para expresar tus ideas. También usa las preguntas a continuación como guía para discutir el tema con el resto de la clase.

1. En tu opinión, ¿por qué crees tú que el autor nos presenta las computadoras como seres humanos? ¿Está tratando de hacer que el lector sienta emociones hacia ellas?

2. ¿Sería la lectura del cuento diferente si el lector supiera que los personajes que hablaban al principio eran máquinas? Explica.

C. El destino de las otras computadoras

Al final del cuento el autor nos dice lo que les va a suceder a las otras computadoras en la oficina. ¿Pasará mucho tiempo antes de que ellas se encuentren en la misma situación que Rosa? ¿Cómo te sientes acerca del destino de estas máquinas? ¿Es justo? Explica tu respuesta. Discute tus ideas con dos o tres estudiantes de la clase y lleguen a una conclusión para discutirla con el resto de la clase.

D. Para seguir siendo útil

En nuestra sociedad se discute mucho la edad en que una persona debe jubilarse *(retire)*. Muchas personas se sienten deprimidas porque la jubilación puede significar el final de su vida productiva. Piensa en una persona que conozcas que esté a punto de jubilarse y explica cómo esta persona, o cualquier otra, puede seguir siendo útil para la sociedad. En grupos de tres o cuatro estudiantes, discutan las ideas. Luego, el (la) profesor(a) les pedirá que presenten los resultados de la discusión a la clase.

E. Un debate

¿Llegará el día en que las computadoras puedan pensar como un ser humano, o es algo que nunca ocurrirá? ¿Podrá la ciencia darle esta cualidad a una computadora? Piensa cuidadosamente en estas preguntas. Luego, en grupos de tres o cuatro estudiantes, discutan sus ideas. El (La) profesor(a) va a escoger a los estudiantes que tienen ideas similares para tener un debate en la clase. Antes de empezar, hagan una lista de los puntos que Uds. consideren importantes para la discusión y expliquen por qué llegaron a esa conclusión.

Para escribir

A. Un resumen Escribe un resumen del cuento en menos de cincuenta palabras.

1. Primero, lee la lista de palabras a continuación y elimina las palabras que tú <u>no</u> consideres importantes para escribir el resumen.

admirable	el éxito	el orgullo
alentar	inútil	reemplazar
bruscamente	llevarse	trasladar
la despedida	las máquinas	vieja

2. Ahora, añade por lo menos tres palabras más que consideres importantes, pero que no están en la lista anterior. Al final, debes tener un total de diez o doce palabras.

3. Antes de empezar a escribir, piensa en las ideas más importantes del cuento y trata de responder brevemente a las preguntas ¿quién(es)?, ¿qué?, ¿cuándo?, ¿cómo? y ¿dónde? A veces lo más difícil es ser breve; vamos a ver si puedes…

B. Una reacción al cuento Quizás algunos lectores se enojen al darse cuenta al final del cuento de que los personajes que hablan al principio son máquinas y no personas. Si te sientes de esta manera, escribe un párrafo para expresar tu enojo y explicar por qué te sientes así. Si no te sientes de esa manera, escribe un párrafo en el que expreses tus elogios *(praises)* al autor por haber escrito un cuento tan imaginativo. Usa los siguientes puntos como guía.

1. Expresa tu opinión.

2. Da dos o tres razones que apoyen tu opinión.

3. Felicita o critica al autor.

C. Después de la Era de las Máquinas Al final del cuento el autor dice, "…ya estaba a punto de finalizar la Era de las Máquinas". ¿Qué quiere decir esta frase en el contexto del cuento? Si se termina la Era de las Máquinas, ¿qué era viene después? ¿Piensas que ya ha llegado esa era? ¿Cómo es? ¿Cómo será? Escribe un párrafo titulado "Después de la Era de las Máquinas". Usa las preguntas anteriores como guía.

D. El valor de la edad El dilema que presenta el cuento se puede llevar a un nivel humano, o sea a lo que les sucede a muchas personas cuando llegan a cierta edad. Escribe dos párrafos en los que discutas el valor de las personas mayores. Incluye las respuestas a las siguientes preguntas: ¿Cómo pueden seguir siendo de beneficio a la sociedad las personas mayores? ¿Qué pueden ofrecer a la sociedad? ¿Por qué no debemos descartarlas *(discard them)* como descartaron a Rosa? Usa las ideas del ejercicio D de la sección **Para conversar** como punto de partida.

E. El orgullo del trabajo Algunas personas dicen que los trabajadores de hoy día no sienten orgullo por el trabajo que hacen. Piensa en esta declaración y en la modestia que demuestra Rosa en el cuento. ¿Deben los trabajadores hacer su trabajo sin pensar en las recompensas? ¿Deben pensar sólo en el orgullo y la satisfacción que reciben cuando hacen un buen trabajo? Si no tienes suficiente información habla con tus padres o con otro adulto que te pueda dar su opinión. Luego escribe un párrafo en el que discutas tu opinión sobre el tema.

F. Otro final Imagínate que puedes cambiar el final del cuento. ¿Cómo lo cambiarías? ¿Qué sucedería al final si fueras el (la) autor(a)? Usa la imaginación y escribe un párrafo en el que expliques detalladamente cómo tú terminarías el cuento.

G. Si yo fuera Rosa... Imagínate que eres Rosa. Escríbele una carta al Director de la compañía donde trabajas explicándole por qué no debería deshacerse *(get rid)* de ti. Puedes usar la guía a continuación o escribir tu propia guía.

Primer párrafo: Explica quién eres, el trabajo que haces y lo que te acaban de comunicar.

Segundo párrafo: Expresa tu reacción a la noticia, cómo te sientes, qué efectos va a tener en tu vida.

Tercer párrafo: Describe tus cualidades, lo que has hecho y lo que prometes hacer en el futuro con respecto a tu trabajo en la compañía.

Cuarto párrafo: Resume las ideas principales que expresaste.

Informal Writing

You may find **Appendix A** (Some Expressions Used to Connect Ideas) and **Appendix C** (Some Expressions Used to Begin and End a Written Message) especially useful as you complete these exercises.

Directions: For the following questions, you will write a message. You have 10 minutes to read the question and write your response.

Instrucciones: Para las preguntas siguientes, escribirás un mensaje. Tienes 10 minutos para leer la pregunta y escribir tu respuesta.

Mensaje 1

Imagina que acabas de perder tu trabajo a tiempo parcial. Escríbele un mensaje electrónico a una amiga y
- menciona la pérdida del trabajo
- expresa tu reacción al saberlo
- pídele alguna recomendación para el futuro

Mensaje 2

Imagina que ya no necesitas tu vieja computadora. Escríbele un mensaje electrónico a un amigo y
- ofrécele la vieja computadora
- explica por qué no necesitas la computadora
- describe la computadora
- explica por qué necesitas que te conteste pronto

Comprensión auditiva

Escucha las siguientes selecciones. Después de cada selección vas a escuchar varias preguntas. Escoge la mejor respuesta para cada pregunta entre las opciones impresas en tu libro.

Selección número 1

La selección que vas a escuchar es un comentario de la radio acerca de la tecnología.

Número 1
- **a.** La vida lenta.
- **b.** Las computadoras viejas.
- **c.** Los adelantos de la tecnología.
- **d.** Las nuevas modas.

Número 2
- **a.** Que nos ayudan con las labores diarias.
- **b.** Que son monstruos prehistóricos.
- **c.** Que se ponen anticuadas muy pronto.
- **d.** Que ya no son tan rápidas.

Número 3

    a. Que la tecnología no avanzara tan rápido.

    b. Que destruyeran todas las máquinas.

    c. Volver a los tiempos prehistóricos.

    d. Comprar otra computadora.

Selección número 2

Escucha la siguiente conversación entre Paula y Sergio. Paula está de visita en el apartamento de Sergio. Sergio parece muy preocupado. Mientras los dos hablan, Sergio continúa buscando algo que ha perdido.

Número 1

    a. Porque hace mucho tiempo que los perdió.

    b. Porque el cuarto está oscuro.

    c. Porque los dejó en la oficina.

    d. Porque él no sabe lo que busca.

Número 2

    a. Porque trabaja mucho y llega tarde a su casa.

    b. Porque su jefe es demasiado exigente.

    c. Porque hace varias semanas que su computadora no funciona.

    d. Porque tiene que aprender a usar los nuevos programas.

Número 3

    a. Tienen problemas con las nuevas computadoras.

    b. Han reemplazado a varios empleados.

    c. No tienen computadoras adecuadas.

    d. No hay espacio para las computadoras.

Número 4

    a. Ayudarlo el próximo día.

    b. Trabajar en su oficina.

    c. Hablar con su jefe.

    d. Arreglar su computadora.

Número 5

    a. Porque está muy organizado.

    b. Porque ella sabe dónde está todo.

    c. Porque su tamaño es pequeño.

    d. Porque el jefe los ayudará.

Simulated Conversation

You may find **Appendix B** (Some Expressions Used for Oral Communication) especially useful as you complete these exercises.

Directions: You will now participate in a simulated telephone conversation. First, you will have 30 seconds to read the outline of the conversation. Then, you will listen to a message and have one minute to read again the outline of the conversation. Afterward, the telephone call will begin, following the outline. Each time it is your turn, you will have 20 seconds to respond; a tone will indicate when you should begin and end speaking. You should participate in the conversation as fully and appropriately as possible.

Instrucciones: Ahora participarás en una conversación telefónica simulada. Primero, tendrás 30 segundos para leer el bosquejo *(outline)* de la conversación. Entonces, escucharás un mensaje y tendrás un minuto para leer de nuevo el bosquejo de la conversación. Después empezará la llamada telefónica, siguiendo el bosquejo. Siempre que te toque, tendrás 20 segundos para responder; una señal te indicará cuándo debes empezar y terminar de hablar. Debes participar en la conversación de la manera más completa y apropiada posible.

Imagina que recibes un mensaje electrónico de tu amiga Rosa quien te pide que la llames por teléfono. Escucha el mensaje.

(a) El mensaje
[You will hear the recorded message.]
[Escucharás el mensaje grabado.]

(b) La conversación
[The shaded lines reflect what you will hear on the recording.]
[Las líneas en gris reflejan lo que escucharás en la grabación.]

Rosa	• *[El teléfono suena.] Contesta el teléfono.*
Tú	• *Salúdala. Explica por qué has llamado.*
Rosa	• *Te explica por qué te había hecho la llamada original.*
Tú	• *Expresa tu reacción.*
Rosa	• *Continúa la conversación.*
Tú	• *Expresa tu reacción. Invítala a tu casa el día siguiente a una hora específica.*
Rosa	• *Continúa la conversación.*
Tú	• *Finaliza los planes. Despídete.*
Rosa	• *Se despide. [Cuelga el teléfono.]*

Go Online
For: Additional practice
Visit: www.PHSchool.com
Web Code: jjd-0001

Un oso y un amor

Sabine Reyes Ulibarrí

Capítulo 3

Antes de leer

Abriendo paso: Gramática

Present indicative and adjectives: Unidades 2 y 3, págs. 49 a 72 y 95 a 115; RG 2 y 3, págs. 73 a 94 y 116 a 132

Preterite and imperfect indicative: Unidad 1, págs. 1 a 15; RG 1, págs. 30 a 45

Indefinite and negative words: Paso 7, págs. 298 a 301

A. Para discutir en clase Mira el dibujo y descríbelo detalladamente. Para la discusión con el resto de la clase, usa la lista de palabras a continuación. Puedes añadir otras palabras o expresiones que te ayuden a expresar tus ideas.

el arroyo	la carpa	el oso
asar	descargar	las ovejas
las brasas	el ganado	las palomas
los burros	el heno	el pasto
los caballos	hervir	la sierra
cargado	las ollitas	la vaca

B. Nuestra experiencia Cuando pasamos tiempo en el bosque siempre existe la posibilidad de encontrarnos con un animal peligroso. ¿Te has encontrado en esta situación alguna vez? Si nunca te has encontrado en esta situación, imagínate un encuentro con un animal peligroso y descríbelo. Incluye las respuestas a las siguientes preguntas: ¿Cómo te sentiste? ¿Estabas solo(a)? Si había otras personas, ¿cómo reaccionaron? ¿Qué hicieron? ¿Qué sucedió al final? ¿Mostraste mucha valentía? Haz apuntes para describirles el incidente a tus compañeros de clase en grupos de tres o cuatro estudiantes. Luego, escojan el incidente más emocionante y descríbanselo a la clase.

C. El amor imposible Muchas veces hay personas que están muy enamoradas, pero que por alguna razón (muchas veces fuera de su control) su relación no puede continuar. Algunas razones pueden ser: una de las personas tiene que mudarse a otra ciudad, una persona va a la universidad en otro estado, etc. ¿Te has encontrado en esta situación? Si no has estado en esta situación, ¿conoces a alguien a quien le haya ocurrido esto? ¿Has visto en la televisión o leído acerca de un incidente similar? Describe la situación. Incluye una descripción de la relación entre las dos personas, los sentimientos antes y después de saber que tenían que separarse y lo que sucedió al pasar del tiempo. En grupos de tres o cuatro estudiantes, descríbeles la situación a tus compañeros. Luego, escojan la mejor descripción y preséntensela al resto de la clase.

D. Una selección Lee la siguiente selección de "Un oso y un amor". Mientras lees, trata de visualizar el incidente que se describe. Luego responde a las preguntas que aparecen al final y comparte las respuestas con el resto de la clase.

De pronto el ganado se asusta. Se azota° de un lado a otro. Se viene sobre nosotros como en olas. Balidos° de terror. Algo está espantando° al ganado.

Cojo° el rifle. Le digo a Shirley, "Ven conmigo". Vamos de la mano. Al doblar un arbusto nos encontramos con un oso. Ha derribado° una oveja. Le ha abierto las entrañas.° Tiene el hocico° ensangrentado. Estamos muy cerca.

Ordinariamente el oso huye cuando se encuentra con el hombre. Hay excepciones: cuando hay cachorros,° cuando está herido, cuando ha probado sangre. Entonces se pone bravo.° Hasta un perro se pone bravo cuando está comiendo.

Se… it trashes
Bleats
scaring

I grab

downed / entrails / snout

cubs

se… it becomes ferocious

Se... *He came at us.*

Éste era un oso joven. Tendría dos o tres años. Éstos son más atrevidos y más peligrosos. Le interrumpimos la comida. Se enfureció. Se nos vino encima.°

1. Con tus propias palabras describe lo que está sucediendo.

2. El autor usa muchas frases cortas para describir la acción. ¿Por qué crees tú que él hace esto? ¿Qué impacto tiene en la narración?

3. ¿Qué piensas que va a suceder después de que el oso se les viene encima?

El autor

Sabine Reyes Ulibarrí

Sabine R. Ulibarrí nació en 1919 en Nuevo México. Pasó su juventud en ese mismo estado en el suroeste de los Estados Unidos. Allí, lejos de las ciudades grandes, aprendió a apreciar la belleza de la naturaleza que lo rodeaba. El cuento que vas a leer apareció en una colección titulada *Tierra amarilla*. Tierra Amarilla es una aldea en las altas montañas de Nuevo México donde la mayoría de los habitantes hablan español y donde el inglés casi ni se oye. Ulibarrí creció en Tierra Amarilla y a través de su narración podemos apreciar el profundo efecto que la vida en esta región tuvo en él, tanto en la formación de su identidad como en el liricismo que invade sus narraciones. Vivió también en ciudades grandes, tales como Albuquerque y Los Ángeles, mientras estudiaba o enseñaba. Ha escrito una gran variedad de cuentos y poemas. Para Ulibarrí, el papel de la literatura escrita por hispanos en los Estados Unidos es de suma importancia.

Al leer

El cuento que vas a leer trata de los recuerdos que tiene el narrador de su juventud y de su primer amor. Mientras lees, presta atención a los siguientes puntos:

- la descripción de la naturaleza
- la relación entre el narrador y Shirley
- lo que sucede con la piel del oso

Lectura

Un oso y un amor
Sabine Reyes Ulibarrí

lambing

shearing

in front

De... From here on

Era ya fines de junio. Ya había terminado el ahijadero° y la trasquila.° El ganado iba ya subiendo la sierra. Abrán apuntando, dirigiendo. Yo, adelante° con seis burros cargados. De aquí en adelante° la vida sería lenta y tranquila.

Hallé un sitio adecuado. Descargué los burros. Puse la carpa. Corté ramas para las camas. Me puse a hacer de comer para cuando llegara Abrán. Ya las primeras ovejas estaban llegando. De vez en cuando salía a detenerlas, a remolinarlas,° para que fueran conociendo su primer rodeo.   5

to spread them around

El pasto alto, fresco y lozano.° Los tembletes° altos y blancos, sus hojas agitadas temblando una canción de vida y alegría. Los olores y las flores. El agua helada y cristalina del arroyo. Todo era paz y armonía. Por eso los dioses viven en la sierra. La sierra es una fiesta eterna.   10

lush; exuberant / aspens

Las ollitas hervían. Las ovejas pacían° o dormían. Yo contemplaba la belleza y la grandeza de la naturaleza.   15

were grazing

De pronto oí voces y risas conocidas. Lancé un alarido.° Eran mis amigos de Tierra Amarilla. Abelito Sánchez, acompañado de Clorinda Chávez y Shirley Cantel. Los cuatro estábamos en tercer año de secundaria. Teníamos quince años.   20

Lancé... I let out a shout

Desensillamos y persogamos° sus caballos. Y nos pusimos a gozar el momento. Había tanto que decir. Preguntas. Bromas. Tanta risa que reanudar.° Ahora al recordarlo me estremezco.° ¡Qué hermoso era aquello! Éramos jóvenes. Sabíamos querer y cantar. Sin licor, sin drogas, sin atrevimientos soeces.°   25

Desensillamos... We unsaddled and staked out

to renew / I tremble

atrevimientos... base vulgarities

Cuando llegó Abrán comimos. Yo tenía un sabroso y oloroso costillar de corderito° asado° sobre las brasas. Ellos habían traído golosinas° que no se acostumbraban en la sierra. La alegría y la buena comida, la amistad y el sitio idílico convirtieron aquello en un festín para recordar siempre.   30

ribs of lamb / roasted

treats

Shirley Cantel y yo crecimos juntos. Desde niños fuimos a la escuela juntos. Yo cargaba° con sus libros. Más tarde íbamos a traer las vacas todas las tardes. Jugábamos en las caballerizas° o en las pilas de heno. Teníamos carreras de caballo. En las representaciones dramáticas en la escuela ella y yo hacíamos los papeles importantes. Siempre competimos a ver quién sacaba las mejores notas. Nunca se nos ocurrió° que estuviéramos enamorados. Este año pasado, por primera vez, lo descubrimos, no sé cómo. Ahora la cosa andaba en serio. Verla hoy fue como una ilusión de gloria.

Shirley tenía una paloma blanca que llamaba mucho la atención. Siempre la sacaba cuando montaba a caballo. La paloma se le posaba° en un hombro, o se posaba en la crin° o las ancas° del caballo. Llegó a conocerme y a quererme a mí también. A veces la paloma andaba conmigo. Volaba y volvía. La paloma era otro puente sentimental entre nosotros dos. Hoy me conoció. De inmediato se posó en mi hombro. Su cucurucú° sensual en mi oído era un mensaje de amor de su dueña.

Era gringa Shirley pero hablaba el español igual que yo. Esto era lo ordinario en Tierra Amarilla. Casi todos los gringos de entonces hablaban español. Éramos una sola sociedad. Nos llevábamos muy bien.

Chistes y bromas. Risas y más risas. Coqueteos fugaces.° Preguntas intencionadas. Contestaciones inesperadas. La fiesta en su apogeo.°

De pronto el ganado se asusta. Se azota de un lado a otro. Se viene sobre nosotros como en olas. Balidos de terror. Algo está espantando al ganado.

Cojo el rifle. Le digo a Shirley, "Ven conmigo". Vamos de la mano. Al doblar un arbusto nos encontramos con un oso. Ha derribado una oveja. Le ha abierto las entrañas. Tiene el hocico ensangrentado. Estamos muy cerca.

Ordinariamente el oso huye cuando se encuentra con el hombre. Hay excepciones: cuando hay cachorros, cuando está herido, cuando ha probado sangre. Entonces se pone bravo. Hasta un perro se pone bravo cuando está comiendo.

Éste era un oso joven. Tendría dos o tres años. Éstos son más atrevidos y más peligrosos. Le interrumpimos la comida. Se enfureció. Se nos vino encima.

?

stables

Nunca... *It never occurred to us*

se... *would perch itself / mane*
rump

cooing

Coqueteos... *Fleeting flirtations.*

en... *at its height*

?

it was shaking

*it was growling / we were
backing away /
we backed into*

beast

Los demás° se habían acercado. Estaban contemplando el drama. El oso se nos acercaba lentamente. Se paraba, sacudía° la cabeza y gruñía.° Nosotros reculábamos° poco a poco. Hasta que topamos° con un árbol caído. No había remedio. Tendríamos que confrontarnos con el bicho.°

Nadie hizo por ayudarme. Nadie dijo nada. Las muchachas calladas. Nada de histeria. Quizás si hubiera estado solo habría estado muerto de miedo. Pero allí estaba mi novia a mi lado. Su vida dependía de mí. Los otros me estaban mirando.

*Nunca… Never had I felt so
much in control of myself.*

Nunca me he sentido tan dueño de mí mismo.° Nunca tan hombre, nunca tan macho. Me sentí primitivo, defendiendo a mi mujer. Ella y los demás tenían confianza en mí.

I raised / I aimed / shot

neck / echoed

Alcé° el rifle. Apunté.° Firme, seguro. Disparé. El balazo° entró por la boca abierta y salió por la nuca.° El balazo retumbó° por la sierra. El oso cayó muerto a nuestros pies. Shirley me abrazó. Quise morirme de felicidad.

I skinned

Desollé° el animal yo mismo. Sentí su sangre caliente en mis manos, y en mis brazos. Me sentí conquistador.

skin

tientos… saddle straps

En una ocasión le había regalado yo a Shirley un anillo que mi madre me había dado a mí. En otra una caja de bonbones. En esta ocasión le regalé la piel° de un oso que ella conoció en un momento espantoso. Cuando se fue se llevó la piel bien atada en los tientos de la silla.°

splits

?

Pasaron los años. Yo me fui a una universidad, ella, a otra. Eso nos separó. Después vino una guerra que nos separó más. Cuando un río se bifurca° en dos, no hay manera que esos dos ríos se vuelvan a juntar.°

No la he vuelto a ver desde esos días. De vez en vez alguien me dice algo de ella. Sé que se casó, que tiene familia y que vive muy lejos de aquí. Yo me acuerdo con todo cariño de vez en vez de la hermosa juventud que compartí con ella.

Recientemente un viejo amigo me dijo que la vio allá donde vive y conoció a su familia. Me dijo que en el suelo, delante de la chimenea, tiene ella una piel de oso. También ella se acuerda.

70

75

80

85

90

95

100

46 ◆ **Capítulo 3**

Comprensión

A. ¿Cierta o falsa? Lee las siguientes frases y decide si la información es cierta o falsa, según el cuento. Si la información es falsa, escribe la información correcta.

1. En la sierra todo era paz y armonía.

2. Shirley y el narrador no se llevaban bien.

3. A Shirley no le gustaban las palomas.

4. Shirley y el narrador asistían a la misma escuela.

5. Shirley solamente hablaba inglés.

6. En Tierra Amarilla los habitantes no se llevaban bien.

7. El narrador y Shirley encontraron un oso muerto.

8. El narrador se defendió del oso.

9. El narrador estaba muerto de miedo.

10. Shirley y el narrador nunca se casaron.

B. La sucesión de los eventos Lee las frases a continuación. Luego, usa los números 1–12 para ponerlas en orden, según la sucesión de los eventos en el cuento.

a. Shirley se llevó el regalo que le dio el narrador.

b. El narrador mató el oso.

c. Los amigos de Tierra Amarilla llegaron a la sierra.

d. El ganado empezó a correr porque le temía a algo.

e. Shirley y el narrador se encontraron con un oso.

f. El narrador estaba preparando la carpa y la cena para pasar la noche en la sierra.

g. El narrador y Shirley fueron a la universidad.

h. El narrador le quitó la piel al oso.

i. El narrador se enteró de que Shirley todavía tenía la piel que él le había regalado.

j. Abrán regresó y todos comieron un costillar de corderito asado.

k. El oso amenazó a Shirley y al narrador.

l. Los amigos del narrador fueron a ver lo que estaba sucediendo.

C. Comprensión general Responde a las siguientes preguntas sobre el cuento que acabas de leer. Comparte tus ideas con los otros estudiantes.

1. ¿Cómo era el ambiente antes de que el narrador y Shirley se encontraran con el oso? ¿Cómo cambió después?

2. Si tuvieras que describir la relación entre el narrador y Shirley, ¿cómo la describirías? Da todos los detalles posibles.

3. ¿Qué representaba para el narrador la piel de oso que le regaló a Shirley? ¿Qué representará para Shirley?

D. De la misma familia Las palabras de la lista a continuación son palabras que probablemente ya conoces. Escribe todas las palabras de la misma familia que conozcas. La referencia indica la línea en la que puedes encontrar la palabra en el cuento.

fresco [línea 10]	sentimental [línea 46]
canción [línea 11]	ensangrentado [línea 62]
acompañado [línea 18]	atada [línea 91]
crecimos (crecer) [línea 31]	cariño [línea 99]

E. En contexto Imagínate que quieres explicarle a un(a) compañero(a) de clase el significado de las siguientes palabras. En español, explica lo que cada una de las palabras significa. Escribe las explicaciones para luego compartirlas con el resto de la clase. La referencia indica la línea en la que puedes encontrar la palabra en el cuento.

arroyo [línea 12]	se asusta (asustarse) [línea 56]
sierra [línea 13]	huye [huir] [línea 63]
vacas [línea 33]	anillo [línea 88]
paloma [línea 41]	

F. Al punto Lee las siguientes preguntas o frases incompletas. Luego, escoge la mejor respuesta o terminación según la lectura.

1. ¿Qué podemos inferir cuando el narrador dijo "de aquí en adelante la vida sería lenta y tranquila" [líneas 3–4]?
    a. Que ya podrían abandonar la sierra.
    b. Que ya habían terminado el trabajo.
    c. Que el ganado empezaba a comer.
    d. Que ahora no tendrían que ocuparse del ganado.

2. ¿Qué hacía el narrador mientras esperaba a Abrán?
    a. Buscaba una oveja para la cena.
    b. Preparaba el lugar donde pasarían la noche.
    c. Cortaba ramas para hacer el fuego.
    d. Armaba una carpa para proteger a los burros.

3. ¿Cómo podríamos describir el ambiente al principio del cuento?
    a. Tenso.
    b. Misterioso.
    c. Emocionante.
    d. Pastoral.

4. El narrador y sus amigos después de desensillar los caballos empezaron a…
    a. trabajar en el campo.
    b. divertirse juntos.
    c. planear el desayuno.
    d. cazar animales en el bosque.

5. ¿Qué relación existía entre el narrador y Shirley?
    a. Eran hermanos.
    b. Eran primos.
    c. Eran colegas.
    d. Eran novios.

6. Por la descripción, podemos decir que para el narrador y Shirley la paloma representaba…
    a. un símbolo que los unía.
    b. los problemas en Tierra Amarilla.
    c. el comienzo de la separación.
    d. la recompensa de su trabajo.

7. ¿Por qué se asustó el ganado?
    a. Porque las personas hacían demasiado ruido.
    b. Porque le temía a las palomas.
    c. Porque apareció un oso.
    d. Porque oyó disparos.

8. ¿Por qué se enfureció el oso?
   a. Porque no podía seguir comiendo.
   b. Porque lo habían despertado.
   c. Porque no lo dejaban ir al arroyo.
   d. Porque jugaban con sus cachorros.

9. ¿Cómo reaccionó el oso cuando vio al narrador y a Shirley?
   a. Los amenazó.
   b. Salió huyendo.
   c. Se tiró al suelo.
   d. Siguió comiendo.

10. Cuando el narrador dijo "Nunca me he sentido tan dueño de mí mismo" [línea 79] quería decir que...
    a. ahora podía casarse con Shirley.
    b. aceptaba la muerte con resignación.
    c. se sentía muy valiente.
    d. le importaba poco lo que pensaban sus amigos.

11. El narrador quiso morirse de felicidad porque...
    a. había vencido a sus amigos.
    b. había salvado al oso.
    c. había entusiasmado a sus amigos.
    d. había defendido a su novia.

12. ¿Qué le regaló el narrador a Shirley?
    a. La cabeza del oso.
    b. La piel del oso.
    c. Otra paloma.
    d. El rifle.

13. Por lo que le dijo un viejo amigo, el narrador llegó a la conclusión de que Shirley...
    a. todavía lo recordaba.
    b. nunca lo había perdonado.
    c. quería verlo de nuevo.
    d. nunca lo quiso.

G. Ahora te toca a ti Escribe cinco preguntas sobre las ideas principales de la lectura para hacérselas a tus compañeros y para asegurarte de que ellos las han comprendido. También puedes hacerles preguntas sobre algún aspecto de la lectura que tú no hayas comprendido. Algunos temas que puedes considerar para las preguntas son:

- los personajes
- la vida en Tierra Amarilla
- el incidente con el oso
- la piel del oso

Un paso más

Para conversar

A. Después de tantos años Imagínate que el narrador del cuento se
encuentra con Shirley años después de que ellos se separaron. Como ya
sabes, Shirley se ha casado pero no tenemos mucha información sobre lo
que el narrador ha estado haciendo. Con un(a) compañero(a) de clase
conversen como si Uds. fueran los dos personajes y discutan la vida que
Uds. han llevado desde que se separaron. Si no quieres hacer el papel de
Shirley, puedes hacer el papel del "viejo amigo" que le dio las noticias
sobre Shirley al narrador.

B. La sierra Al principio del cuento el narrador dice "La sierra es una
fiesta eterna" [líneas 13–14]. ¿Por qué piensas que dice esto el narrador?
¿Estás de acuerdo? ¿Hay un contraste entre la sierra que describe al
principio y la sierra que describe cuando se encuentran con el oso? En
grupos de tres o cuatro estudiantes, discutan las diferentes opiniones sobre
la cita.

C. Los amigos del narrador Mientras el narrador se enfrentaba al oso, sus amigos no hicieron nada para ayudarlo. ¿Por qué crees que ellos no hicieron nada? ¿Se comportaron ellos como unos cobardes o no ayudaron al narrador por otra razón? En grupos pequeños, explícales tu opinión a los otros estudiantes. También discute lo que tú habrías hecho si hubieras sido uno(a) de los amigos del narrador y explica por qué.

D. "También ella se acuerda" La última línea del cuento puede considerarse un final muy triste o quizás no. Lee el último párrafo de nuevo y prepárate para discutir en grupos de tres o cuatro estudiantes lo que nos está tratando de comunicar el autor. Usa estas preguntas como guía: ¿Se sentirá el narrador verdaderamente triste? ¿Sentirá nostalgia? ¿Celos? ¿Hay algo positivo en este último párrafo? Explica tu respuesta.

Para escribir

A. Un resumen Escribe un resumen breve del cuento. Antes de empezar, haz una lista de las ideas principales, respondiendo a las siguientes preguntas: ¿qué sucede?, ¿dónde?, ¿cuándo?, ¿quiénes? y ¿por qué?

B. Otro final Imagínate que tienes la oportunidad de cambiar el final del cuento. ¿Cómo lo cambiarías? ¿Se verían de nuevo el narrador y Shirley? ¿Le escribiría el narrador una carta a Shirley después de saber que ella todavía tenía la piel del oso? ¿Qué podría suceder si Shirley no estuviera casada? Considera las preguntas anteriores y escribe un párrafo en el que expliques detalladamente cómo tú cambiarías el final del cuento.

C. La vida de Shirley Aunque sabemos algo sobre la vida de Shirley después de que ella y el narrador no se vieron más, el autor no nos dice mucho. Escribe dos párrafos en los que expliques con más detalle cómo ha sido la vida de Shirley. Incluye algunos detalles de lo que sucedió cuando ella fue a la universidad. Especula sobre su matrimonio, sobre los sentimientos de Shirley hacia el narrador, si ella ha pensado en él, sobre la razón por la cual ella puso la piel delante de la chimenea, etc.

D. Una sola sociedad El narrador parece indicar que como todas las personas de Tierra Amarilla hablaban español, ellos eran una sola sociedad [línea 51]. ¿Piensas que el tener una lengua en común ayuda a las personas a llevarse bien? ¿Qué sucede cuando hay personas en una comunidad que hablan diferentes lenguas? ¿Cuáles son los beneficios? ¿Cuáles son las desventajas? Escribe un ensayo de unas 200 palabras en el que expreses tu opinión sobre este tema. Antes de empezar a escribir, piensa cuidadosamente en lo que dice el narrador y en lo que has observado en tu comunidad. Si no hay personas que hablan lenguas diferentes en tu comunidad, imagínate lo que sucedería si las hubiera. Usa las preguntas anteriores como punto de partida para organizar tus ideas.

E. La separación "Cuando un río se bifurca en dos, no hay manera que esos dos ríos se vuelvan a juntar" [líneas 94–96]. El narrador usa esta cita para acentuar lo que les sucedió a Shirley y a él cuando se tuvieron que separar. ¿Estás de acuerdo con lo que dice el narrador o es esta declaración la declaración de una persona decepcionada? ¿Hay maneras en que dos "ríos" se vuelvan a juntar? Ahora te toca a ti mostrarle al narrador que lo que dice no siempre es verdad. Escribe un cuento corto sobre dos personas que tuvieron que separarse y que después de mucho tiempo se reunieron de nuevo. Antes de empezar considera las ideas a continuación. También puedes escribir tu propia guía.

1. Describe a los personajes y explica dónde y cómo se conocieron.

2. Describe la relación entre ellos.

3. Describe la situación que los separó.

4. Describe la situación que los reunió.

5. Explica lo que sucedió después de encontrarse.

Recuerda que el cuento debe tener un final más alegre que el cuento que acabas de leer.

You may find **Appendix A** (Some Expressions Used to Connect Ideas) and **Appendix C** (Some Expressions Used to Begin and End a Written Message) especially useful as you complete these exercises.

Informal Writing

Directions: For the following questions, you will write a message. You have 10 minutes to read the question and write your response.

Instrucciones: Para las preguntas siguientes, escribirás un mensaje. Tienes 10 minutos para leer la pregunta y escribir tu respuesta.

Mensaje 1

Imagina que una noche, mientras estabas de "camping" en las montañas, ocurrió algo que te asustó. Escríbele un mensaje a una amiga y

- describe brevemente el incidente
- expresa tu reacción
- menciona lo que hiciste

Mensaje 2

Imagina que acabas de encontrarte con un antiguo novio (una antigua novia). Escríbele una nota a un amigo que lo conoce y

- describe brevemente el incidente
- menciona algo que te dijo de su vida ahora
- menciona cómo luce
- expresa tu reacción al encuentro

Comprensión auditiva

Escucha las siguientes selecciones. Después de cada selección vas a escuchar varias preguntas. Escoge la mejor respuesta para cada pregunta entre las opciones impresas en tu libro.

Selección número 1

La selección que vas a escuchar es una conversación entre Ana y Pablo. Los amigos no se veían desde hacía mucho tiempo y finalmente Pablo decidió llamar a Ana por teléfono.

Número 1
- **a.** Porque se llevaban muy bien.
- **b.** Porque habían sido novios.
- **c.** Porque hablaban mucho por teléfono.
- **d.** Porque habían ido juntos a la universidad.

Número 2
- **a.** Muy feliz.
- **b.** Muy solitaria.
- **c.** Llena de romance.
- **d.** Un poco problemática.

Número 3

    a. Va a prestarle dinero.

    b. Va a darle un puesto.

    c. Va a mudarse a Arizona.

    d. Va a comenzar una compañía.

Número 4

    a. Los días en la universidad.

    b. Los días de trabajo.

    c. Los regalos que le daba.

    d. La actitud positiva que tenía.

Selección número 2

La selección que vas a escuchar trata de los recuerdos de un joven, Santiago, y de lo que pasó un día cuando fue con sus amigos al campo.

Número 1

    a. A cazar animales en la sierra.

    b. A merendar al aire libre.

    c. A bañarse en el arroyo.

    d. A visitar a unos amigos.

Número 2

    a. Olvidaron la comida.

    b. Asustaron a un campesino.

    c. Causaron un incendio.

    d. Recogieron el heno.

Número 3

    a. Descubrió que estaba enamorado.

    b. Conoció a su esposa por primera vez.

    c. Encontró la carpa que había perdido.

    d. Disfrutó de haber pasado el día con sus hijos.

Simulated Conversation

Directions: You will now participate in a simulated conversation. First, you will have one minute to read the outline of the conversation. Afterward, the conversation will begin, following the outline. Each time it is your turn, you will have 20 seconds to respond; a tone will indicate when you should begin and end speaking. You should participate in the conversation as fully and appropriately as possible.

You may find **Appendix B** (Some Expressions Used for Oral Communication) especially useful as you complete these exercises.

Instrucciones: Ahora participarás en una conversación simulada. Primero, tendrás un minuto para leer el bosquejo *(outline)* de la conversación. Después empezará la conversación, siguiendo el bosquejo. Siempre que te toque, tendrás 20 segundos para responder; una señal te indicará cuándo debes empezar y terminar de hablar. Debes participar en la conversación de la manera más completa y apropiada posible.

Imagina que mientras andas por la calle en tu ciudad natal te encuentras con un viejo amigo que no ves desde hace varios años.

La conversación
[The shaded lines reflect what you will hear on the recording.]
[Las líneas en gris reflejan lo que escucharás en la grabación.]

Juan	• *Empieza la conversación.*
Tú	• *Salúdalo y contesta a la pregunta.*
Juan	• *Continúa la conversación.*
Tú	• *Expresa tu reacción.*
Juan	• *Continúa la conversación.*
Tú	• *Contesta afirmativamente y dale el número.*
Juan	• *Hace una sugerencia.*
Tú	• *Expresa tu acuerdo y sugiere una actividad específica.*
Juan	• *Expresa su reacción.*
Tú	• *Despídete.*

Go Online

For: Additional practice
Visit: www.PHSchool.com
Web Code: jjd-0003

Continuidad de los parques

Julio Cortázar

Capítulo 4

Antes de leer

A. Para discutir en clase Mira el dibujo y úsalo como punto de partida para narrar lo que tú crees que está sucediendo. Para la discusión con la clase, haz una lista de palabras clave o de frases que te ayuden a expresar tus ideas.

Abriendo paso:
Gramática

Preterite and imperfect
indicative: Unidad 1,
págs. 1 a 15; RG 1,
págs. 30 a 45
Adjectives: Unidad 2,
págs. 49 a 72; RG 2,
págs. 73 a 94
Gerund (present
participle): Unidad 3,
pags. 102 a 109; RG 3,
pags. 128 a 130

B. Nuestra experiencia Muchos autores tienen la gran habilidad de crear un mundo que le permite al lector abandonar la realidad y "vivir" lo que está sucediendo en una novela o en un cuento. Piensa en un libro que tú leíste y que te permitió transportarte al mundo que el autor había creado. Describe lo que sucedió en el libro y explica cómo te sentías mientras lo leías.

C. El abandono total El personaje principal del cuento que vas a leer está leyendo un libro. Lee la descripción de lo que le está sucediendo y responde a las preguntas al final de la selección.

Su memoria retenía sin esfuerzo los nombres y las imágenes de los protagonistas; la ilusión novelesca lo ganó casi en seguida. Gozaba del placer casi perverso de irse desgajando° línea a línea de lo que lo rodeaba, y sentir a la vez que su cabeza descansaba cómodamente en el terciopelo° del alto respaldo,° que los cigarrillos seguían al alcance° de la mano, que más allá de los ventanales danzaba el aire del atardecer bajo los robles.°

irse... separating himself; tearing himself away

velvet / back (of the chair)

al... within reach

oak trees

1. ¿Por qué piensas que "su memoria retenía sin esfuerzo los nombres y las imágenes de los protagonistas"?

2. ¿Cuál era el placer perverso que gozaba el hombre que leía?

3. ¿Qué tipo de ambiente está tratando de crear el autor?

D. El título Aunque al principio el título del cuento parece que no nos dice mucho, una vez que leas el cuento te darás cuenta de que es muy acertado. Piensa en el título del cuento y explica lo que el autor está tratando de comunicar. ¡Usa la imaginación!

El autor

Julio Cortázar

Julio Cortázar nació en Bruselas en 1914 de padres argentinos. Se crió y se educó en la Argentina, pero vivió en París por muchos años antes de morir allí. Cortázar era un hombre erudito que conocía el poder de la palabra. Llegó a ser una de las figuras cumbres del *boom* de la literatura hispanoamericana. En muchas de sus obras encontramos el "realismo mágico" que ha hecho famosos a tantos escritores hispanoamericanos—un realismo que sobrepasa la apariencia literal. El individuo, muchas veces solo en un mundo absurdo que no puede controlar, trata de poner orden al caos que existe. Entre las obras más conocidas de Cortázar están *Bestiario* (1951), *Final del juego* (1956) y sus novelas *Rayuela* (1963) y *Libro de Manuel* (1973).

Al leer

En el cuento que vas a leer ocurre una transformación entre lo que el hombre está leyendo y lo que empieza a ver desde donde está sentado. Mientras lees, presta mucha atención a los siguientes puntos:

- los detalles del lugar donde se encuentra el hombre que está leyendo
- la transformación que ocurre mientras lee (presta atención a la narración que empieza en la línea 13)
- la casa a la que llegan los amantes

Lectura

Continuidad de los parques
Julio Cortázar

Había empezado a leer la novela unos días antes. La abandonó
por negocios urgentes, volvió a abrirla cuando regresaba en tren a
la finca;° se dejaba interesar lentamente por la trama,° por el
dibujo de los personajes. Esa tarde, después de escribir una carta
a su apoderado° y discutir con el mayordomo una cuestión de   5
aparcerías,° volvió al libro en la tranquilidad del estudio que
miraba hacia el parque de los robles. Arrellanado° en su sillón
favorito, de espaldas a la puerta que lo hubiera molestado como
una irritante posibilidad de intrusiones, dejó que su mano
izquierda acariciara° una y otra vez el terciopelo verde y se puso a   10
leer los últimos capítulos. Su memoria retenía sin esfuerzo los
nombres y las imágenes de los protagonistas; la ilusión novelesca
lo ganó casi en seguida. Gozaba del placer casi perverso de irse
desgajando línea a línea de lo que lo rodeaba, y sentir a la vez
que su cabeza descansaba cómodamente en el terciopelo del alto   15
respaldo, que los cigarrillos seguían al alcance de la mano, que
más allá de los ventanales danzaba el aire del atardecer bajo los
robles. Palabra a palabra, absorbido por la sórdida disyuntiva° de
los héroes, dejándose ir hacia las imágenes que se concertaban° y
adquirían color y movimiento, fue testigo del último encuentro en   20
la cabaña del monte. Primero entraba la mujer, recelosa,° ahora
llegaba el amante, lastimada la cara por el chicotazo de una
rama.° Admirablemente restañaba° ella la sangre con sus besos,
pero él rechazaba° las caricias, no había venido para repetir las
ceremonias de una pasión secreta, protegida por un mundo de   25
hojas secas y senderos furtivos.° El puñal se entibiaba° contra su
pecho, y debajo latía° la libertad agazapada.° Un diálogo
anhelante° corría por las páginas como un arroyo de serpientes, y
se sentía que todo estaba decidido desde siempre. Hasta esas

country house / plot

business agent
sharecropping
Lying back, Lounging

caress

dilemma
came together

suspicious

el... the lash of a branch /
she was stopping / was
rejecting

senderos... hidden paths /
was becoming warm /
was beating / hidden
anxious

n° el cuerpo del amante como queriendo
° dibujaban abominablemente la figura de
ecesario destruir. Nada había sido olvidado;
osibles errores. A partir de esa hora cada
eo minuciosamente atribuido. El doble
interrumpía apenas para que una mano
Empezaba a anochecer.
dos° rígidamente a la tarea que los esperaba,
erta de la cabaña. Ella debía seguir por la
. Desde la senda opuesta él se volvió un
rrer con el pelo suelto.° Corrió a su vez,
árboles y los setos,° hasta distinguir en la
bruma malva del crepúsculo° la alameda que llevaba a la casa.°
Los perros no debían ladrar, y no ladraron. El mayordomo no
estaría a esa hora, y no estaba. Subió los tres peldaños° del porche
y entró. Desde la sangre galopando en sus oídos le llegaban las
palabras de la mujer: primero una sala azul, después una galería,
una escalera alfombrada. En lo alto,° dos puertas. Nadie en la
primera habitación, nadie en la segunda. La puerta del salón, y
entonces el puñal en la mano, la luz de los ventanales, el alto
respaldo de un sillón de terciopelo verde, la cabeza del hombre en
el sillón leyendo una novela.

45

50

entangled) enredaban
deter it ~ disuadire

alibis / accidents

merciless despiadado

tied up

loose
hiding himself behind /
hedges / en... in the
mauve-colored mist of the
twilight / la... the line of
poplars that led to the
house / steps

En... At the top
en lo
alto

Chicotazo
admirablemente
alfombrado
respaldo (de un sillón
personajes
de espaldas
gozaba

Comprensión

A. ¿Cierta o falsa? Lee las siguientes frases y decide si la información es cierta o falsa, según el cuento. Si la información es falsa, escribe la información correcta.

1. El hombre había empezado a leer una novela muchas semanas antes.

2. El hombre comenzó a leer de nuevo la novela en el tren y luego en el estudio de su casa.

3. El hombre escogió un lugar donde nadie lo molestara para leer la novela.

4. El hombre se sentó en un sillón de terciopelo verde.

5. Cuando empezó a leer no podía recordar los nombres ni las imágenes de los protagonistas.

6. El lector se distraía mientras leía la novela.

7. El lector empezó a ser testigo de un incidente en un monte.

8. El amante le hirió la cara a la mujer en el monte.

9. Al amante le gustaba que la mujer lo acariciara.

10. El amante llevaba un puñal.

11. Los amantes habían planeado matar a alguien.

12. Los amantes fueron juntos a una casa.

13. La mujer le había descrito detalladamente la casa al amante.

14. El amante encontró a un hombre leyendo una novela.

15. El sillón donde el hombre estaba leyendo era de terciopelo rojo.

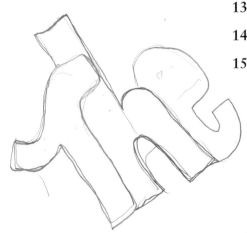

B. Comprensión general Con tus propias palabras, responde a las siguientes preguntas. Luego, comparte tus ideas con los otros estudiantes de la clase.

1. Describe detalladamente el lugar donde se sentó el hombre a leer la novela.

2. ¿Qué sucedió cuando el hombre se dejaba ir "hacia las imágenes que se concertaban y adquirían color y movimiento..."?

3. ¿De qué fue testigo el hombre?

4. ¿Qué hicieron los amantes cuando salieron de la cabaña del monte?

5. ¿Adónde llegó el amante? ¿Qué vio allí? ¿Quién parecía ser el hombre que estaba en el sillón?

C. De la misma familia Las palabras de la lista a continuación son palabras que probablemente ya conoces. Escribe todas las palabras de la misma familia que conozcas.

dibujo [línea 4]	esfuerzo [línea 11]
apoderado [línea 5]	protegida [línea 25]
tranquilidad [línea 6]	destruir [línea 32]

D. En contexto Imagínate que quieres explicarle a un(a) compañero(a) de clase el significado de las siguientes palabras. En español, explica lo que cada una de las palabras significa. Escribe las explicaciones para luego compartirlas con el resto de la clase.

mayordomo [línea 5]	monte [línea 21]
intrusiones [línea 9]	puñal [línea 26]
acariciara (acariciar) [línea 10]	mejilla [línea 36]
protagonistas [línea 12]	galopando (galopar) [línea 45]
al alcance de [línea 16]	escalera [línea 47]
atardecer [línea 17]	

E. Al punto Lee las siguientes preguntas o frases incompletas. Luego, escoge la mejor respuesta o terminación según la lectura.

1. El hombre dejó de leer la novela porque...
   a. no le interesaba la trama.
   b. no le gustaban los personajes.
   c. tuvo que ocuparse de su trabajo.
   d. había olvidado el libro en el tren.

2. La tarde en que el hombre regresó a su finca...
   a. se enfadó con su mayordomo.
   b. se reunió con su abogado.
   c. decidió dibujar a los personajes.
   d. empezó a leer la novela de nuevo.

3. El hombre se sentó de espaldas a la puerta para...
   a. evitar que lo interrumpieran.
   b. poder ver lo que hacía el mayordomo.
   c. no tener que mirar los robles.
   d. no impedir que la luz entrara por la ventana.

4. Por la descripción del lugar donde estaba sentado el hombre, el autor nos quiere comunicar que él se sentía...
   a. intranquilo.   c. preocupado.
   b. a gusto.   d. orgulloso.

5. Al "irse desgajando línea a línea de lo que lo rodeaba..." [líneas 13–14] el hombre parecía estar...
   a. abandonando la realidad.
   b. destruyendo el libro.
   c. perdiendo la concentración.
   d. preocupado por algo.

6. La actitud de los dos amantes parece indicar que ellos...
   a. quieren escapar.   c. sienten vergüenza.
   b. están cansados.   d. tienen problemas.

7. ¿Qué le sucedió al hombre mientras se dejaba llevar hacia las imágenes que se describen en la novela?
   a. Presenció el encuentro entre dos personas.
   b. Empezó a recordar su juventud.
   c. Se quedó dormido y empezó a soñar.
   d. Imaginó las intenciones del autor.

8. ¿Quiénes parecían ser los amantes que se encontraron en el bosque?
   a. Dos personas que el hombre había encontrado en el tren.
   b. Unos amigos que se parecían a los personajes.
   c. El mayordomo y una mujer que el hombre conocía.
   d. Los personajes de la novela que el hombre leía.

9. Cuando el autor habla del amante y dice "no había venido para repetir las ceremonias de una pasión secreta..." [líneas 24–25] implica que el amante NO quería...
   a. casarse con la mujer.
   b. ocultarle nada a la mujer.
   c. continuar la relación a escondidas.
   d. pasar tiempo con la mujer.

10. ¿Qué parecían haber planeado los amantes?
    a. La muerte de otra persona.
    b. Su escape a otro lugar.
    c. Despedirse por última vez.
    d. Terminar las constantes peleas.

11. Al salir de la cabaña, los amantes...
    a. se abrazaron por mucho tiempo.
    b. se despidieron del mayordomo.
    c. se escondieron detrás de un árbol.
    d. se fueron por diferentes lugares.

12. Por la descripción que la mujer le dio a su amante de la casa, podemos deducir que ella...
    a. quería confundirlo.
    b. trataba de traicionarlo.
    c. conocía la casa muy bien.
    d. desconocía cuál era la casa.

13. ¿A quién encontró el amante en uno de los salones de la casa?
    a. Al mayordomo que preparaba la cena.
    b. A un hombre que leía una novela.
    c. A la mujer que lo esperaba.
    d. A una persona que llevaba unos perros.

F. **Ahora te toca a ti** El cuento que acabas de leer es bastante corto y el autor deja mucho a la imaginación del lector. Piensa en lo que sucede en el cuento y escribe cinco preguntas sobre aspectos del cuento que te inquieten. Hazle las preguntas a otro(a) estudiante en la clase para ver si te puede ayudar. Luego, Uds. van a compartir las mejores preguntas con el resto de la clase, así podrán aclarar cualquier duda que tengan.

Un paso más

Vocabulario útil para conversar y para escribir

Aquí tienes una lista de palabras y expresiones que te ayudarán a expresar tus ideas. Trata de incluirlas en la discusión con los otros estudiantes o en los ejercicios de escritura.

a mi parecer	*in my opinion*
aprovecharse de	*to take advantage of*
confundir	*to confuse*
en resumidas cuentas	*in short, after all*
estar convencido(a) de que…	*to be convinced that…*
inesperado(a)	*unexpected*
mal intencionado(a)	*evil-minded*
mezclar	*to mix*
no saber dónde meterse	*not to know where to turn*
parece mentira	*it's hard to believe*
paso a paso	*step by step*
pegar un grito	*to let out a yell*
planear	*to plan*
ponerse de acuerdo	*to reach an agreement*
por ese motivo	*for that reason*
sospechar	*to suspect*
vigilar	*to keep an eye on*

Para conversar

A. Paso a paso en la casa Haz una lista de todo lo que debía haber encontrado el amante al llegar a la casa y de lo que encontró. ¿Ocurrió todo al pie de la letra? ¿Por qué sabían ellos dos todos los detalles? ¿Puedes dar una explicación lógica? Una vez que tengas una explicación, compártela con tus compañeros en grupos de tres o cuatro estudiantes. Prepárense para presentarle a la clase la mejor explicación.

B. Una explicación lógica Piensa en el cuento y trata de explicarle lógicamente al resto de los estudiantes de la clase lo que tú piensas que sucedió. Vas a tener que convencerlos así que tienes que usar la imaginación y ejemplos específicos del cuento para convencerlos. Tu explicación tiene que tener en cuenta una explicación lógica de los eventos. Incluye las respuestas a las siguientes preguntas.

1. ¿Cómo puede explicarse la transformación entre lo que está leyendo el hombre y lo que empieza a ver a través de los ventanales?

2. ¿Quién es el hombre que lee la novela?

3. ¿Quiénes son los amantes?

4. ¿Existe una relación entre el hombre y los amantes? ¿Cuál es la relación que existe entre ellos?

5. ¿Qué va a suceder ahora?

Comparte tu explicación con otros estudiantes en grupos de tres o cuatro. Luego, prepárense para discutir con el resto de la clase todas las posibilidades lógicas.

C. Unas horas después Imagínate que puedes presenciar lo que sucede después de que termina el cuento. Usa la imaginación y prepara la continuación del cuento. En grupos de tres o cuatro estudiantes compartan las diferentes ideas y luego escojan la mejor descripción para presentársela al resto de la clase.

D. Una entrevista Si pudieras entrevistar a Julio Cortázar, el autor del cuento, ¿qué le preguntarías? Escribe por lo menos cinco preguntas que te gustaría hacerle. En grupos de tres o cuatro estudiantes escojan las mejores preguntas. Luego, el (la) profesor(a) va a hacer el papel del autor y va a responder a las preguntas de la clase.

Para escribir

A. Un resumen Imagínate que quieres recomendarle el cuento a un(a) amigo(a). Escribe un párrafo en el que resumas lo que sucede en el cuento sin decirle demasiado para que él (ella) se entusiasme a leerlo.

B. Los días antes del encuentro Imagínate que conoces muy bien a los amantes del cuento. Escribe un párrafo en el que expliques lo que sucedió los días antes del "encuentro" en el bosque.

C. El encuentro Imagínate que eres el hombre que está leyendo la novela. De repente, te das cuenta de que hay una persona en tu estudio con un puñal en la mano. Escribe un párrafo en el que expliques lo que tú harías si fueras él y te encontraras en esta situación.

D. Mi opinión Escoge tres adjetivos de la lista a continuación y escribe dos párrafos en los que describas lo que piensas sobre el cuento. Para cada adjetivo da por lo menos dos razones que apoyen tu opinión. Si no encuentras tres adjetivos en la lista que expresen tu opinión, puedes usar otros que sean más adecuados.

aburrido	emocionante	inquietante
chistoso	extraño	pretensioso
confuso	innovador	sorprendente

E. Las técnicas de algunos escritores Algunos autores usan la misma técnica que Cortázar usa de escribir un cuento dentro de otro. ¿Qué piensas de esta técnica? ¿Te gusta cuando el autor te hace pensar y descubrir algo inesperado o prefieres las obras donde la acción se describe claramente paso a paso? Escribe un ensayo de unas 200 palabras en el que expreses tu opinión sobre esta técnica. Usa la siguiente guía o desarrolla otra que sea más adecuada para lo que quieres expresar.

1. Expresa tu opinión sobre esta técnica.

2. Usa un ejemplo de un cuento o de una novela que has leído que apoye tu opinión.

3. Expresa lo que te gustó o no te gustó de este cuento o novela.

4. Resume las ideas principales.

Informal Writing

You may find **Appendix A** (Some Expressions Used to Connect Ideas) and **Appendix C** (Some Expressions Used to Begin and End a Written Message) especially useful as you complete these exercises.

Directions: For the following questions, you will write a message. You have 10 minutes to read the question and write your response.

Instrucciones: Para las preguntas siguientes, escribirás un mensaje. Tienes 10 minutos para leer la pregunta y escribir tu respuesta.

Mensaje 1
Imagina que acabas de leer un cuento que te recomendó un amigo. Escríbele una nota y
- expresa una reacción negativa
- explica tu reacción

- recomiéndale un cuento a él
- dile por qué crees que le gustará

Mensaje 2

Imagina que acaba de terminar una larga relación con tu novio(a).
Escríbele una nota a una amiga y

- explica por qué terminó la relación
- expresa cómo te sientes
- pídele un consejo

Comprensión auditiva

Escucha las siguientes selecciones. Después de cada selección vas a
escuchar varias preguntas. Escoge la mejor respuesta para cada pregunta
entre las opciones impresas en tu libro.

Selección número 1

La selección que vas a escuchar trata de un nuevo libro de cuentos de
misterio.

Número 1
- **a.** Contar los horrores de su vida.
- **b.** Llevarnos a un mundo irreal.
- **c.** Definir lo que es verdaderamente el horror.
- **d.** Explicar los misterios que nos llevan a la locura.

Número 2
- **a.** Se vuelve loco cuando asesina a un hombre.
- **b.** Comete crímenes desde la tumba.
- **c.** Sus sueños se hacen realidad.
- **d.** Sueña que es un policía asesino.

Número 3
- **a.** Porque el final de los cuentos es obvio.
- **b.** Porque los personajes no son muy convincentes.
- **c.** Porque los cuentos no están bien desarrollados.
- **d.** Porque nunca sabemos lo que sucede al final.

Selección número 2

La selección que vas a escuchar trata de *BEM*, una revista de ciencia ficción publicada en España.

Número 1
- **a.** Porque fue la primera revista dentro de su género.
- **b.** Porque sus fundadores son muy conocidos.
- **c.** Porque hay pocas revistas de este tipo en España.
- **d.** Porque su diseño es muy atractivo.

Número 2
- **a.** No acepta anuncios de publicidad.
- **b.** Nadie recibe dinero por su trabajo.
- **c.** No aceptan dinero por las suscripciones.
- **d.** No ha sido reconocida por las organizaciones españolas.

Número 3
- **a.** Una pequeña cantidad de dinero.
- **b.** Un premio por promover este tipo de literatura.
- **c.** Una oportunidad para trabajar con el equipo de producción.
- **d.** Un aumento en el número de revistas en su suscripción.

Go Online

For: Additional practice
Visit: www.PHSchool.com
Web Code: jjd-0004

Capítulo 5

Cajas de cartón

Francisco Jiménez

Antes de leer

A. Para discutir en clase Mira los dibujos a continuación y úsalos como punto de partida para narrar lo que tú crees que está sucediendo. Para la discusión con el resto de la clase, haz una lista de palabras clave o de frases que te ayuden a expresar tus ideas. Usa los siguientes puntos como guía para la descripción.

- el lugar
- la ropa
- los personajes
- la hora
- el tiempo

Aquí tienes una lista de palabras que puedes usar en la descripción, pero tienes que añadir otras palabras y expresiones para poder narrar tu "cuento" con más claridad. Usa la imaginación y trata de hacer la narración interesante y original.

amarrar	el colchón	la olla	secar
los cachivaches	la cosecha	el pañuelo	el sudor
las cajas	empacar	las parras	las uvas
la choza	mudarse	recoger	la viña

Abriendo paso:
Gramática

Preterite and imperfect indicative: Unidad 1, págs. 1 a 15; RG 1, págs. 30 a 45
Reflexive verbs: Unidad 3, págs. 109 a 115; RG 3, págs. 130 a 132
Object pronouns: Paso 3, págs. 263 a 273
Gustar and verbs like *gustar*: Paso 8, págs. 302 a 304
Compound prepositions: Appendix C, págs. 375 y 376
Idiomatic expressions: Appendix F, págs. 384 a 388

B. Nuestra experiencia Hay muchos niños que tienen que mudarse constantemente a causa del trabajo de sus padres o de otras circunstancias. ¿Has tenido que mudarte varias veces? ¿Conoces a alguien que haya tenido que mudarse constantemente? ¿Cómo se siente esa persona? Si no conoces a nadie, ¿cómo te sentirías tú si tuvieras que mudarte constantemente? ¿Qué efectos tendría en tu vida personal y en tu vida escolar las mudanzas? Explica tu respuesta.

C. El trabajo de los inmigrantes Investiga la situación de los trabajadores inmigrantes en California o en cualquier otra parte de los Estados Unidos. ¿Qué tipo de trabajo hacen? ¿De dónde vienen? ¿Cuáles son las condiciones de vivienda y de trabajo? Puedes investigar en la biblioteca, en el Internet o en tu clase de estudios sociales sobre este tema. Como punto de partida puedes investigar sobre César Chávez, un reconocido líder de los trabajadores inmigrantes. ¿Quién era? ¿Qué hizo? ¿Cuáles fueron sus logros (*achievements*) etc.? Prepara un informe corto para presentárselo al resto de la clase.

D. Una selección Lee la siguiente selección del cuento que vas a leer. Luego responde a las preguntas al final de la selección.

Al ponerse el sol llegamos a un campo de trabajo cerca de Fresno. Ya que Papá no hablaba inglés, Mamá le preguntó al capataz° si necesitaba más trabajadores. "No necesitamos a nadie", dijo él, rascándose° la cabeza. "Pregúntele a Sullivan. Mire, siga este mismo camino hasta que llegue a una casa grande y blanca con una cerca° alrededor. Allí vive él".

Cuando llegamos allí, Mamá se dirigió a la casa. Pasó por la cerca, por entre filas° de rosales hasta llegar a la puerta. Tocó el timbre. Las luces del portal se encendieron y un hombre alto y fornido° salió. Hablaron brevemente. Cuando el hombre entró en la casa, Mamá se apresuró° hacia el carro. "¡Tenemos trabajo! El señor nos permitió quedarnos allí toda la temporada",° dijo un poco sofocada de gusto° y apuntando° hacia un garaje viejo que estaba cerca de los establos.

El garaje estaba gastado° por los años. Roídas por comejenes,° las paredes apenas sostenían el techo agujereado.° No tenía ventanas y el piso de tierra suelta ensabanaba° todo de polvo.

(glosses in margin:)
foreman
scratching

fence

rows

corpulent
se... hurried
season
sofocada... choked up with pleasure / pointing

worn-out / Roídas... eaten away by termites / full of holes
covered

1. ¿Adónde llegó la familia del narrador? ¿En qué estado de los Estados Unidos se encuentra este pueblo?

2. ¿Qué buscaban allí?

3 En tu opinión, ¿cómo se sentiría la madre cuando el capataz le dijo: "No necesitamos a nadie"?

4. ¿Cómo se sentía la madre después de hablar con el señor Sullivan?

5. ¿Qué le ofreció el señor Sullivan?

6. Compara la casa del señor Sullivan con la "nueva" casa del narrador y su familia.

E. El título Piensa en el título del cuento. En tu opinión, ¿por qué se llama "Cajas de cartón"? ¿De qué piensas que va a tratar? ¿Piensas que tiene algo que ver con la mudanza? Ten presente la selección que acabas de leer. Usa la imaginación y trata de adivinar lo que va a pasar.

El autor

Francisco Jiménez

Francisco Jiménez nació en 1943. "Cajas de cartón" es un cuento biográfico que narra las experiencias de una familia de obreros migratorios como lo fue la familia de Jiménez. Él ha declarado que "Roberto" es el nombre de su hermano mayor y "Panchito", el nombre con que lo llamaban a él, su apodo. Aunque en el cuento no menciona el nombre del narrador, él, o sea "Panchito", es el narrador. La historia de Francisco Jiménez es un ejemplo vivo del éxito que han tenido muchos inmigrantes en los Estados Unidos. Su determinación le ayudó a vencer las vicisitudes que se les presentaron a él y a su familia. Recibió un doctorado de la Universidad de Columbia y hoy enseña español en la Universidad de Santa Clara en California.

Al leer

Mientras lees el cuento, presta atención a estos puntos:

- el tipo de trabajo que hacían algunos miembros de la familia y las condiciones en que trabajaban
- el tipo de vida que llevaban
- el primer día de escuela del narrador

Lectura

Cajas de cartón

Francisco Jiménez

Era a fines de agosto. Ito el contratista,° ya no sonreía. Era
natural. La cosecha de fresas terminaba, y los trabajadores, casi
todos braceros,° no recogían tantas cajas de fresas como en los
meses de junio y julio.

5   Cada día el número de braceros disminuía. El domingo sólo
uno—el mejor pizcador°—vino a trabajar. A mí me caía bien.° A
veces hablábamos durante nuestra media hora de almuerzo. Así es
cómo aprendí que era de Jalisco, de mi tierra natal. Ese domingo
fue la última vez que lo vi.

10   Cuando el sol se escondía° detrás de las montañas, Ito nos
señaló° que era hora de ir a casa. "Ya es horra",° gritó en su
español mocho.° Ésas eran las palabras que yo ansiosamente
esperaba doce horas al día, todos los días, siete días a la semana,
semana tras semana, y el pensar que no las volvería a oír me
15   entristeció.°

Por el camino rumbo° a casa, Papá no dijo una palabra. Con
las dos manos en el volante° miraba fijamente hacia el camino.
Roberto, mi hermano mayor, también estaba callado.° Echó para
atrás° la cabeza y cerró los ojos. El polvo° que entraba de fuera lo
20   hacía toser° repetidamente.

Era a fines de agosto. Al abrir la puerta de nuestra chocita me
detuve. Vi que lo que nos pertenecía° estaba empacado en cajas de
cartón. De repente sentí aún más el peso° de las horas, los días,
las semanas, los meses de trabajo. Me senté sobre una caja, y se
25   me llenaron los ojos de lágrimas al pensar que teníamos que
mudarnos a Fresno.

Esa noche no pude dormir, y un poco antes de las cinco de la
madrugada Papá, que a la cuenta tampoco había pegado° los ojos

contractor, foreman

day-laborers

picker / A... I liked him

?

signaled / Ya... It's time (Ya es hora) / badly spoken, broken

?

Por... On the way
steering wheel
estaba... ?
Echó... He threw back / dust
cough

lo... what belonged to us
weight

tampoco... had not slept a wink either

en toda la noche, nos levantó. A pocos minutos los gritos alegres de mis hermanitos, para quienes la mudanza° era una gran aventura, rompieron el silencio del amanecer.° El ladrido de los perros pronto los acompañó. 30

Mientras empacábamos los trastes° del desayuno, Papá salió para encender° la "Carcanchita". Ése era el nombre que Papá le puso a su viejo Plymouth negro del año 38. Lo compró en una agencia de carros usados en Santa Rosa en el invierno de 1949. 35 Papá estaba muy orgulloso de su carro. "Mi Carcanchita" lo llamaba cariñosamente. Tenía derecho° a sentirse así. Antes de comprarlo, pasó mucho tiempo mirando otros carros. Cuando al fin escogió la "Carcanchita", la examinó palmo a palmo.° 40 Escuchó el motor, inclinando la cabeza de lado a lado como un perico,° tratando de detectar cualquier ruido que pudiera indicar problemas mecánicos. Después de satisfacerse con la apariencia y los sonidos del carro, Papá insistió en saber quién había sido el dueño.° Nunca lo supo, pero compró el carro de todas maneras.° 45 Papá pensó que el dueño debió haber sido alguien importante porque en el asiento de atrás encontró una corbata azul.

Papá estacionó el carro enfrente a la choza y dejó andando el motor.° "Listo", gritó. Sin decir palabra, Roberto y yo comenzamos a acarrear° las cajas de cartón al carro. Roberto 50 cargó las dos más grandes y yo las más chicas. Papá luego cargó el colchón ancho sobre la capota° del carro y lo amarró con lazos° para que no se volara con el viento del camino.

Todo estaba empacado menos la olla de Mamá. Era una olla vieja y galvanizada que había comprado en una tienda de segunda 55 en Santa María el año en que yo nací. La olla estaba llena de abolladuras y mellas,° y mientras más abollada estaba, más le gustaba a Mamá. "Mi olla" la llamaba orgullosamente.

Sujeté° abierta la puerta de la chocita mientras Mamá sacó° cuidadosamente su olla, agarrándola° por las dos asas° para no 60 derramar° los frijoles cocidos.° Cuando llegó al carro, Papá tendió las manos para ayudarle con ella. Roberto abrió la puerta posterior del carro y Papá puso la olla con mucho cuidado en el piso detrás del asiento. Todos subimos a la "Carcanchita". Papá suspiró,° se limpió el sudor de la frente con las mangas° de la 65 camisa, y dijo con cansancio: "Es todo".

Mientras nos alejábamos, se me hizo un nudo en la garganta.° Me volví y miré nuestra chocita por última vez.

Al ponerse el sol llegamos a un campo de trabajo cerca de

Margin glossary:

? — dawn

utensils

to start

the right

palmo... inch by inch

parakeet

owner / de... anyway

dejó... ?

to carry

hood

ties, knots

abolladuras... dents and nicks

I held / took out

grabbing it / handles

? / cooked

sighed / sleeves

nudo... lump in my throat

70 Fresno. Ya que Papá no hablaba inglés, Mamá le preguntó al capataz si necesitaba más trabajadores. "No necesitamos a nadie", dijo él, rascándose la cabeza. "Pregúntele a Sullivan. Mire, siga este mismo camino hasta que llegue a una casa grande y blanca con una cerca alrededor. Allí vive él".

75 Cuando llegamos allí, Mamá se dirigió a la casa. Pasó por la cerca, por entre filas de rosales hasta llegar a la puerta. Tocó el timbre. Las luces del portal se encendieron y un hombre alto y fornido salió. Hablaron brevemente. Cuando el hombre entró en la casa, Mamá se apresuró hacia el carro. "¡Tenemos trabajo! El

80 señor nos permitió quedarnos allí toda la temporada", dijo un poco sofocada de gusto y apuntando hacia un garaje viejo que estaba cerca de los establos.

El garaje estaba gastado por los años. Roídas por comejenes, las paredes apenas sostenían el techo agujereado. No tenía

85 ventanas y el piso de tierra suelta ensabanaba todo de polvo.

Esa noche, a la luz de una lámpara de petróleo, desempacamos las cosas y empezamos a preparar la habitación para vivir. Roberto, enérgicamente se puso a barrer el suelo;° Papá llenó los agujeros° de las paredes con periódicos viejos y con hojas de lata.°   *barrer... to sweep the floor*   *? / tin*

90 Mamá les dio de comer a mis hermanitos. Papá y Roberto entonces trajeron el colchón y lo pusieron en una de las esquinas del garaje. "Viejita", dijo Papá, dirigiéndose a Mamá, "tú y los niños duerman en el colchón. Roberto, Panchito y yo dormiremos bajo los árboles".

*   *   *

95 Muy tempranito por la mañana al día siguiente, el señor Sullivan nos enseñó donde estaba su cosecha y, después del desayuno, Papá, Roberto y yo nos fuimos a la viña a pizcar.

A eso de las nueve, la temperatura había subido hasta cerca de cien grados. Yo estaba empapado° de sudor y mi boca estaba tan   *soaked*

100 seca que parecía como si hubiera estado masticando° un pañuelo.   *chewing*
Fui al final del surco,° cogí la jarra de agua que habíamos llevado   *row*
y comencé a beber. "No tomes mucho; te vas a enfermar", me
gritó Roberto. No había acabado de advertirme° cuando sentí un   *warning me*
gran dolor de estómago. Me caí de rodillas y la jarra se me

105 deslizó° de las manos.   *slipped*

Solamente podía oír el zumbido° de los insectos. Poco a poco   *buzzing*
me empecé a recuperar. Me eché agua en la cara y en el cuello y
miré el lodo° negro correr por los brazos y caer a la tierra que   *mud*
parecía hervir.°   *to boil*

dizzy	Todavía me sentía mareado° a la hora del almuerzo. Eran las
walnuts	dos de la tarde y nos sentamos bajo un árbol grande de nueces°
wrote down	que estaba al lado del camino. Papá apuntó° el número de cajas
was drawing	que habíamos pizcado. Roberto trazaba° diseños en la tierra con
small stick / grow pale	un palito.° De pronto vi palidecer° a Papá que miraba hacia el
bus / whispered	camino. "Allá viene el camión° de la escuela", susurró° alarmado.

Instintivamente, Roberto y yo corrimos a escondernos entre las
viñas. El camión amarillo se paró frente a la casa del señor

got off   Sullivan. Dos niños muy limpiecitos y bien vestidos se apearon.°
Llevaban libros bajo sus brazos. Cruzaron la calle y el camión se

hiding place   alejó. Roberto y yo salimos de nuestro escondite° y regresamos
adonde estaba Papá. "Tienen que tener cuidado", nos advirtió.

        Después del almuerzo volvimos a trabajar. El calor oliente y

oliente… smelly and heavy   pesado,° el zumbido de los insectos, el sudor y el polvo hicieron
que la tarde pareciera una eternidad. Al fin las montañas que

surrounded / se… swallowed   rodeaban° el valle se tragaron° el sol. Una hora después estaba

covered   demasiado oscuro para seguir trabajando. Las parras tapaban° las

bunches, clusters   uvas y era muy difícil ver los racimos.° "Vámonos", dijo Papá
señalándonos que era hora de irnos. Entonces tomó un lápiz y
comenzó a figurar cuánto habíamos ganado ese primer día.
Apuntó números, borró algunos, escribió más. Alzó la cabeza sin

sunken   decir nada. Sus tristes ojos sumidos° estaban humedecidos.

        Cuando regresamos del trabajo, nos bañamos afuera con el

hose   agua fría bajo una manguera.° Luego nos sentamos a la mesa
hecha de cajones de madera y comimos con hambre la sopa de

noodles / flour   fideos,° las papas y tortillas de harina° blanca recién hechas.
Después de cenar nos acostamos a dormir, listos para empezar a
trabajar a la salida del sol.

bruised; sore   Al día siguiente, cuando me desperté, me sentía magullado;°
me dolía todo el cuerpo. Apenas podía mover los brazos y las
piernas. Todas las mañanas cuando me levantaba me pasaba lo
mismo hasta que mis músculos se acostumbraron a ese trabajo.

        Era lunes, la primera semana de noviembre. La temporada de
las uvas se había terminado y ya podía ir a la escuela. Me
desperté temprano esa mañana y me quedé acostado mirando las

enjoying   estrellas y saboreando° el pensamiento de no ir a trabajar y de
empezar el sexto grado por primera vez ese año. Como no podía
dormir, decidí levantarme y desayunar con Papá y Roberto. Me

pensive   senté cabizbajo° frente a mi hermano. No quería mirarlo porque
sabía que él estaba triste. Él no asistiría a la escuela hoy, ni
mañana, ni la próxima semana. No iría hasta que se acabara la

110

115

120

125

130

135

140

145

150

temporada de algodón,° y eso sería en febrero. Me froté° las manos y miré la piel seca y manchada° de ácido enrollarse° y caer al suelo.

cotton / rubbed
stained / peel off

Cuando Papá y Roberto se fueron a trabajar, sentí un gran alivio. Fui a la cima° de una pendiente° cerca de la choza y contemplé a la "Carcanchita" en su camino hasta que desapareció en una nube de polvo.

top / slope

Dos horas más tarde, a eso de las ocho, esperaba el camión de la escuela. Por fin llegó. Subí y me senté en un asiento desocupado. Todos los niños se entretenían hablando o gritando.

Estaba nerviosísimo cuando el camión se paró delante de la escuela. Miré por la ventana y vi una muchedumbre° de niños. Algunos llevaban libros, otros juguetes. Me bajé del camión, metí las manos en los bolsillos, y fui a la oficina del director. Cuando entré oí la voz de una mujer diciéndome: "May I help you?" Me sobresalté.° Nadie me había hablado inglés desde hacía meses. Por varios segundos me quedé sin poder contestar. Al fin, después de mucho esfuerzo, conseguí decirle en inglés que me quería matricular en el sexto grado. La señora entonces me hizo una serie de preguntas que me parecieron impertinentes. Luego me llevó a la sala de clase.

crowd

I was startled

El señor Lema, el maestro de sexto grado, me saludó cordialmente, me asignó un pupitre,° y me presentó a la clase. Estaba tan nervioso y tan asustado° en ese momento cuando todos me miraban que deseé estar con Papá y Roberto pizcando algodón. Después de pasar la lista, el señor Lema le dio a la clase la asignatura de la primera hora. "Lo primero que haremos esta mañana es terminar de leer el cuento que comenzamos ayer", dijo con entusiasmo. Se acercó a mí, me dio su libro y me pidió que leyera. "Estamos en la página 125", me dijo. Cuando lo oí, sentí que toda la sangre me subía a la cabeza; me sentí mareado. "¿Quisieras leer?", me preguntó en un tono indeciso. Abrí el libro a la página 125. Mi boca estaba seca. Los ojos se me comenzaron a aguar. El señor Lema entonces le pidió a otro niño que leyera.

school desk
scared

Durante el resto de la hora me empecé a enojar más y más conmigo mismo. Debí haber leído, pensaba yo.

Durante el recreo° me llevé el libro al baño y lo abrí a la página 125. Empecé a leer en voz baja, pretendiendo que estaba en clase. Había muchas palabras que no sabía. Cerré el libro y volví a la sala de clase.

recess

El señor Lema estaba sentado en su escritorio. Cuando entré

me miró sonriéndose. Me sentí mucho mejor. Me acerqué a él y le preguntó si me podía ayudar con las palabras desconocidas. "Con mucho gusto", me contestó.

El resto del mes pasé mis horas de almuerzo estudiando ese inglés   195
con la ayuda del buen señor Lema.

Un viernes durante la hora del almuerzo, el señor Lema me invitó a que lo acompañara a la sala de música. "¿Te gusta la música?", me preguntó. "Sí, muchísimo", le contesté entusiasmado, "me gustan los corridos mexicanos".° Él cogió una trompeta, la tocó un poco y luego   200
me la entregó.° El sonido me hizo estremecer.° Me encantaba ese sonido. "¿Te gustaría aprender a tocar este instrumento?", me preguntó. Debió haber comprendido la expresión en mi cara porque antes que yo le respondiera, añadió: "Te voy a enseñar a tocar esta trompeta durante las horas de almuerzo".   205

Ese día casi no podía esperar el momento de llegar a casa y contarle° las nuevas a mi familia. Al bajar del camión me encontré con mis hermanitos que gritaban y brincaban° de alegría. Pensé que era porque yo había llegado, pero al abrir la puerta de la chocita, vi que todo estaba empacado en cajas de cartón...   210

corridos... *Mexican folk songs*

me... *handed it over to me / tremble*

tell them

were jumping

Comprensión

A. ¿Cierta o falsa? Lee las siguientes frases y decide si la información es cierta o falsa, según el cuento. Si la información es falsa, escribe la información correcta.

1. A fines de agosto la cosecha de fresas se terminaba. F

2. El narrador no podía dormir porque la idea de mudarse otra vez le alegraba mucho. F

3. El padre del narrador compró un coche de último modelo. F

4. A la madre del narrador le gustaba su olla vieja. C

5. El narrador casi lloró cuando dejaron la chocita donde vivían. C

6. En Fresno la familia no pudo encontrar trabajo. C

7. El garaje donde vivía la familia era muy bonito y cómodo. F

8. El narrador se desmayó *(fainted)* en el campo. F

9. Al narrador le dolía el cuerpo a causa del trabajo. C

10. En noviembre el narrador y su hermano empezaron a asistir a la escuela. F

11. El primer día de escuela fue muy agradable para el narrador. F

12. El maestro trató de ayudar al narrador. C

13. El narrador sabía tocar la trompeta muy bien. F

14. Al final del cuento el narrador y su familia decidieron quedarse en Fresno para siempre. F

B. Comprensión general Con tus propias palabras, responde a las siguientes preguntas. Luego, comparte tus ideas con los otros estudiantes de la clase.

1. ¿Qué tipo de trabajo hacían los miembros de la familia del narrador? ¿Cómo era el trabajo?
   Era un trabajo muy duro y difícil

2. ¿Qué tipo de vida llevaba esta familia? ¿Cómo podrías caracterizar su vida?
   Era incómodo vivían en un garage y era muy in

3. ¿Cómo se sentía el narrador el día que iba a ir a la escuela? ¿Cómo se sentía cuando ya estaba allí?

4. Explica detalladamente lo que le pasó al narrador ese día en la escuela.

C. De la misma familia Las palabras de la lista a continuación son palabras que probablemente ya conoces. Escribe todas las palabras de la misma familia que conozcas, por ejemplo: estudioso—el (la) estudiante, estudiar, estudiantil.

> *entristm*
> *triste lenthistccle tristcmeyl*

> entristeció (entristecer) [línea 15]
> camino [línea 16]
> empacado [línea 22]
> cansancio [línea 66]
> nos alejábamos (alejarse) [línea 67]
> pensamiento [línea 145]
> indeciso [línea 182]
> escritorio [línea 191]

D. En contexto Imagínate que quieres explicarle a un(a) compañero(a) de clase el significado de las siguientes palabras. En español, explica lo que cada una de las palabras significa. Escribe las explicaciones para luego compartirlas con el resto de la clase.

> mudarnos (mudarse) [línea 26]
> choza [línea 48]
> colchón [línea 52]
> cerca [línea 74]
> escondernos (esconderse) [línea 116]
> manguera [línea 133]

E. Al punto Lee las siguientes preguntas o frases incompletas. Luego, escoge la mejor respuesta o terminación según la lectura.

1. Al principio del cuento, ¿qué dijo el narrador sobre la cosecha?
   a. Que estaba terminando.
   b. Que duraría dos meses más.
   c. Que acababa de empezar.
   d. Que era la mejor en muchos años.

2. ¿Qué era Jalisco?
   a. El lugar donde trabajaban los braceros.
   b. El nombre del mejor amigo del narrador.
   c. El nombre de la montaña que veían los trabajadores.
   d. El lugar donde había nacido el narrador.

3. Cuando el narrador oyó las palabras de Ito, él se entristeció porque…
   a. no podría jugar con Ito como lo hacía antes.
   b. pronto no oiría las palabras que estaba acostumbrado a oír.
   c. ahora tendría que quedarse a trabajar más horas.
   d. no podría ir con Ito a la escuela la semana próxima.

4. Cuando el narrador llegó a su casa a fines de agosto se dio cuenta de que su familia…
   a. estaba celebrando algo.
   b. tenía que trabajar por más tiempo.
   c. tenía que trasladarse a otro lugar.
   d. estaba enojada con él.

5. ¿Qué era la "Carcanchita"?
   a. El coche viejo que había comprado el papá.
   b. La ciudad donde trabajaban ahora.
   c. La choza donde vivían.
   d. El lugar adonde se mudaban.

6. Por la manera en que el narrador describe la olla de su madre parece que…
   a. la olla tenía poderes mágicos.
   b. la olla le traía mucha tristeza.
   c. la madre le tenía mucho cariño.
   d. la madre acababa de comprarla.

7. La familia se mudó a Fresno porque allí…
   a. estaba el resto de la familia.
   b. parecía haber trabajo.
   c. conocía a mucha gente.
   d. tenía una casa buena.

8. ¿Qué le permitió hacer el señor Sullivan a la familia?
   a. Quedarse y trabajar allí por un tiempo.
   b. Arreglar el carro del padre en el garaje.
   c. Descansar en su casa por unos días.
   d. Mudarse con él en su propia casa.

9. ¿Cómo estaba el garaje donde iba a vivir la familia del narrador?
   a. Muy limpio.
   b. Muy bien conservado.
   c. Listo para vivir allí.
   d. En muy malas condiciones.

10. ¿Qué hizo la familia la noche que llegó al campo del señor Sullivan?
    a. Empezó a arreglar el garaje.
    b. Celebró su buena suerte.
    c. Salió a cenar con el señor Sullivan.
    d. Arregló el coche.

11. ¿Dónde tenían que dormir algunos de los miembros de la familia?
    a. En la casa del señor Sullivan.
    b. En un campo cercano.
    c. Al aire libre.
    d. En una hamaca incómoda.

12. El narrador se desmayó a causa...
    a. del trabajo y de la temperatura.
    b. de la noticia que le dio el padre.
    c. de lo que había comido.
    d. de lo que había visto.

13. Una interpretación de la razón por la cual el padre palideció cuando vio el camión de la escuela puede ser que...:
    a. no quería que los niños en el camión lo reconocieran.
    b. no quería tener un accidente.
    c. temía que la policía lo viniera a buscar.
    d. le dolía que sus hijos no pudieran ir a la escuela.

14. La descripción que hace el narrador del padre ("Sus tristes ojos sumidos estaban humedecidos" [línea 131], parece indicar que...
    a. le molestaban los rayos del sol.
    b. estaba contento de su buena fortuna.
    c. no sabía hacer las cuentas.
    d. no habían ganado tanto como esperaban.

15. ¿Por qué no podía mover los brazos y las piernas el narrador?
    a. Porque no dormía bien.
    b. Porque el trabajo era muy duro.
    c. Porque su hermano le había hecho daño.
    d. Porque había tenido un accidente.

16. ¿Por qué fue importante la primera semana de noviembre para el narrador?
    a. Porque entonces podría regresar a su pueblo natal.
    b. Porque entonces podría ir a la escuela.
    c. Porque su hermano regresaría de un viaje.
    d. Porque la temporada de las uvas empezaría.

17. ¿Por qué estaba triste Roberto, el hermano del narrador?
    a. Porque todavía tenía que trabajar.
    b. Porque su padre le exigía mucho.
    c. Porque no había salido bien en sus clases.
    d. Porque no quería ir a la escuela.

18. Cuando se encontró en la clase del señor Lema, el narrador se sintió...
    a. agotado.   c. incómodo.
    b. enfermo.   d. enloquecido.

19. ¿Por qué se enojó el narrador consigo mismo en la clase?
    a. Porque no había podido leer.
    b. Porque los estudiantes se reían de él.
    c. Porque el profesor lo había avergonzado.
    d. Porque no sabía las respuestas a las preguntas.

20. ¿Cómo se comportó (behaved) el profesor con el narrador?
    a. No le prestó mucha atención.
    b. No le permitió aprender a tocar la trompeta.
    c. Le daba las tareas más fáciles.
    d. Lo ayudó y lo hizo sentirse a gusto en la escuela.

21. Un día cuando regresó a su casa de la escuela, el narrador se dio cuenta de que...
    a. sus padres habían vendido el coche.
    b. sus hermanos no estaban orgullosos de él.
    c. su familia iba a mudarse de nuevo.
    d. su madre le había comprado una trompeta a su hermano.

F. Ahora te toca a ti Una buena manera de repasar lo que has leído es hacerles preguntas acerca del cuento a los otros estudiantes y responder a las preguntas que ellos tienen. Trata de escribir por lo menos cinco preguntas que reten *(challenge)* a tus compañeros de clase. En grupos de tres o cuatro estudiantes hazles las preguntas a tus compañeros y responde a las suyas. Luego, escojan las mejores preguntas para hacérselas a los otros estudiantes de la clase.

G. Otras preguntas Responde a las siguientes preguntas según el cuento. Piensa bien en lo que vas a contestar antes de escribir tus respuestas. Luego, comparte las respuestas con el resto de la clase.

1. ¿Por qué eran las mudanzas "una gran aventura" para los hermanos menores del narrador? Explica tu respuesta.

2. La olla de la madre del narrador tiene cierta importancia para ella. Describe la olla. Luego trata de explicar por qué parece ser importante para la madre. ¿Es la olla una de las únicas cosas que son constantes en la vida de la familia? ¿Por qué parece tenerle tanto cariño?

3. ¿Por qué tiene problemas el narrador cuando va a la escuela? ¿A qué se deben estos problemas?

Un paso más

Aquí tienes una lista de palabras y expresiones que te ayudarán a expresar tus ideas. Trata de incluirlas en la discusión con los otros estudiantes o en los ejercicios de escritura.

adaptarse	*to adapt oneself*
con relación a	*in relation to*
desafortunadamente	*unfortunately*
echarle de menos a alguien	*to miss someone*
en conclusión	*in conclusion*
en todo caso	*in any case*
la habilidad	*ability, skill*
hacer daño	*to hurt, harm*
insoportable	*intolerable*
mantener	*to support, maintain*
mejorar	*to improve*
para continuar	*to continue*
rechazar	*to reject*
superar	*to overcome*
tener éxito	*to be successful*

Para conversar

A. Situaciones difíciles Es probable que nunca hayas tenido que enfrentarte a muchas de las dificultades que se le presentaron al narrador y a su familia. Piensa en las siguientes situaciones y explica detalladamente lo que tú harías o cómo te sentirías si te encontraras en ellas.

1. Tú tienes que trabajar en el campo cuando hace mucho calor.

2. No puedes ir regularmente a la escuela.

3. Tus padres no pueden encontrar trabajo permanente.

4. No puedes tener muchos amigos porque siempre estás mudándote.

5. Ahora piensa en otras situaciones difíciles y preséntaselas a tus compañeros de clase para ver cómo ellos reaccionarían.

B. Una comparación Piensa en la vida del narrador y haz una lista de las cosas que no tiene y de las actividades en que no puede participar como un chico normal. Luego, reflexiona sobre tu vida y haz otra lista de las cosas que tú tienes y de las actividades en que puedes participar y compáralas con la del narrador. Prepárate para poder compartir tu comparación con el resto de la clase.

C. La despedida Imagínate que eres un(a) amigo(a) del narrador. Él viene a visitarte para decirte que él y su familia tienen que mudarse de nuevo. Como lo conoces por un tiempo le tienes mucho cariño. Piensa en lo que le dirías y en las preguntas que le harías. Un(a) compañero(a) de clase va a hacer el papel del narrador. Antes de empezar escribe algunas de las ideas que vas a discutir con él (ella).

D. Mi vida Imagínate que eres miembro de la familia del narrador. ¿Cómo describirías la vida de "tu familia"? Usa la lista de adjetivos a continuación como guía. También puedes añadir otros adjetivos y otras ideas para la discusión con el resto de la clase.

agradable	desconcertadora	inestable
aventurera	emocionante	placentera
deprimente	fascinante	solitaria

E. La vida circular Al principio del cuento nos enteramos *(we find out)* de que el narrador tiene que mudarse. Al final del cuento sucede lo mismo, como en un círculo. ¿Qué piensas tú que nos está tratando de decir el autor sobre la vida de esta familia? ¿Piensas que para la familia hay una manera de escaparse de este tipo de vida? ¿Es posible que puedan llevar una vida mejor? ¿Cómo? Explica tu respuesta. Toma en consideración tus conocimientos sobre los trabajadores inmigrantes. En grupos de tres o cuatro estudiantes, preséntales tu opinión a tus compañeros. Luego, Uds. van a escoger la mejor respuesta y presentársela a la clase.

F. Un debate En los Estados Unidos hay un debate constante sobre los trabajadores inmigrantes. Algunos dicen que no se les debería permitir trabajar en este país porque les están quitando los trabajos a los norteamericanos. Al mismo tiempo muy pocas personas quieren hacer este trabajo tan duro y por tan poca paga. Tu profesor(a) va a dividir la clase en grupos. Uds. tendrán que defender su opinión sobre este tema. Sería buena idea tratar de conseguir alguna información sobre el tema en la clase de estudios sociales, en la biblioteca de la escuela o en el Internet. Antes de comenzar el debate, hagan una lista de los puntos más importantes que Uds. tienen que considerar. Prepárense bien para poder defender así sus opiniones.

Para escribir

A. Un resumen Escribe un resumen del cuento. Antes de empezar, haz una lista de las ideas principales. Responde brevemente a las siguientes preguntas: ¿qué sucede?, ¿dónde?, ¿cuándo?, ¿quiénes? y ¿por qué?

B. La ayuda de un maestro El señor Lema, el profesor del narrador, representa un rayo de esperanza para el narrador. Piensa en las respuestas a las preguntas a continuación; luego, usa las preguntas como guía para escribir dos párrafos sobre el tema.

> **Primer párrafo:** Expresa tu opinión sobre lo que representa el profesor para el narrador. ¿Por qué piensas tú que el señor Lema trata de ayudar al narrador? Si el narrador se hubiera podido quedar en ese pueblo y asistir a la escuela por más tiempo, ¿qué beneficios habría obtenido?

> **Segundo párrafo:** ¿Has tenido tú un(a) profesor(a) que se haya interesado en ti o que te haya dado esperanza? Descríbelo(la) brevemente y explica cómo te ayudó.

C. Otro final Ahora tienes la oportunidad de cambiar el final del cuento que leíste o predecir el futuro de la familia. ¿Cómo te gustaría cambiar el cuento? ¿Crees que debe tener un final feliz? ¿Cómo? Si no crees que el cuento debe tener un final feliz, por lo menos puede tener un final que le da al narrador más esperanza de la que tiene ahora. Piensa cuidadosamente en un posible final o en lo que le podría suceder a la familia en el futuro. Luego, escribe un párrafo en el que expliques cómo tú lo terminarías.

D. El valor de la vida dura Probablemente el narrador del cuento ha aprendido mucho sobre la vida. Es posible que aprecie mucho el valor de su familia, el valor del dinero, el valor de poder determinar su futuro, etc. En tu opinión, ¿piensas que si tú tuvieras este tipo de experiencia apreciarías más lo que tienes ahora? ¿Sería buena idea que los jóvenes tuvieran una experiencia similar a la del narrador para que valoraran más lo que tienen? Escribe un ensayo de unas 200 palabras en el que expliques el valor del trabajo, de la vida dura y los beneficios que este tipo de experiencia podría tener para los jóvenes. Las siguientes ideas te van a ayudar a organizar tu ensayo antes de empezar a escribir.

1. Haz una lista de todas las palabras o frases que te vengan a la mente sobre el tema. Usa el esquema a continuación.

Dificultades de la experiencia	
Consecuencias positivas	
Cosas que apreciarías más	
Valores que aprenderías	
Consecuencias negativas	

2. Ahora, usa el esquema para organizar cada párrafo del ensayo.

E. Los inmigrantes Piensa en una persona de tu comunidad que haya inmigrado a este país. Habla con esta persona y trata de averiguar su opinión con respecto a la necesidad de tener que:

1. mudarse a un país extranjero

2. aprender otra lengua

3. ayudar a la familia económicamente

4. resolver los problemas y las dificultades que enfrentó o cualquier otro punto que consideres importante

Escribe un ensayo de unas 200 palabras en el que incluyas las ideas de la lista anterior. Si no puedes hablar con una persona que se ha encontrado en esta situación, explica cómo tú piensas que sería esta experiencia si tú fueras la persona que tiene que inmigrar. Puedes usar la lista anterior como guía para organizar el ensayo.

F. Cómo adaptarse a una nueva cultura Es probable que conozcas o que hayas oído hablar de un(a) inmigrante que ha tenido gran éxito en este país. La siguiente lista puede darte algunas ideas, pero puedes escoger a otra persona que no esté en la lista. Escribe una composición en la que describas a esta persona. En tu composición incluye:

1. de dónde vino y por qué

2. las dificultades que tuvo que enfrentar

3. cómo superó *(overcame)* las dificultades

4. lo que pudo alcanzar

Tu ensayo debe tener una extensión de unas 200 palabras.

Inmigrantes que puedes considerar:

Roberto Clemente (deportista)   Ellen Ochoa (astronauta)

Jaime Escalante (educador)   Edward James Olmos (actor)

Gloria Estefan (cantante)   Tito Puente (músico)

Oscar Hijuelos (escritor)   Chi Chi Rodríguez (deportista)

Rolando Hinojosa (escritor)   Arantxa Sánchez-Vicario (deportista)

Rita Moreno (actriz)   Carlos Santana (músico)

Informal Writing

You may find **Appendix A** (Some Expressions Used to Connect Ideas) and **Appendix C** (Some Expressions Used to Begin and End a Written Message) especially useful as you complete these exercises.

Directions: For the following questions, you will write a message. You have 10 minutes to read the question and write your response.

Instrucciones: Para las preguntas siguientes, escribirás un mensaje. Tienes 10 minutos para leer la pregunta y escribir tu respuesta.

Mensaje 1

Imagina que tu familia acaba de mudarse. Escríbele un mensaje electrónico a un buen amigo que dejaste atrás y

- menciona tu primera impresión del lugar
- compara el nuevo ambiente al del lugar donde vivías
- menciona a algunas personas que has conocido
- expresa tu reacción general a la mudanza

Mensaje 2

Imagina que hoy fue tu primer día en una nueva escuela. Escríbele un mensaje electrónico a una amiga que dejaste atrás. Saluda a tu amiga y

- dile algo del maestro
- menciona dos cosas que ocurrieron en clase
- dile como te sentiste

Comprensión auditiva

Escucha las siguientes selecciones. Después de cada selección vas a escuchar varias preguntas. Escoge la mejor respuesta para cada pregunta entre las opciones impresas en tu libro.

Selección número 1

Ahora vas a escuchar una selección sobre la situación de los niños en muchas partes del mundo.

Número 1
- **a.** Mueren a causa de la violencia.
- **b.** Son adictos a las drogas.
- **c.** No tienen hogar.
- **d.** Están enfermos.

Número 2
- **a.** Que los gobiernos no presten atención a los estudios.
- **b.** Que el problema pueda resolverse con poco dinero.
- **c.** Que los niños no quieran atención médica.
- **d.** Que no haya suficientes vacunas para los niños.

Número 3
- **a.** La reducción del costo de las medicinas.
- **b.** El aumento en el número de escuelas.
- **c.** La determinación de mejorar la situación.
- **d.** La construcción de más hospitales y clínicas.

Selección número 2

Vas a escuchar una selección sobre la autoestima en los niños.

Número 1
- **a.** Antes de los nueve años.
- **b.** Después de la escuela secundaria.
- **c.** Durante la transición entre la escuela primaria y la secundaria.
- **d.** Mucho antes de empezar la escuela primaria.

Número 2
- **a.** Los padres.
- **b.** Los parientes.
- **c.** Las amigas.
- **d.** Los maestros.

Número 3
- **a.** Permitirles que jueguen a menudo.
- **b.** Permitirles que fracasen de vez en cuando.
- **c.** Felicitarlos cuando tienen éxito.
- **d.** Enseñarles la importancia de la competencia.

Simulated Conversation

You may find **Appendix B** (Some Expressions Used for Oral Communication) especially useful as you complete these exercises.

Directions: You will now participate in a simulated conversation. First, you will have one minute to read the outline of the conversation. Afterward, the conversation will begin, following the outline. Each time it is your turn, you will have 20 seconds to respond; a tone will indicate when you should begin and end speaking. You should participate in the conversation as fully and appropriately as possible.

Instrucciones: Ahora participarás en una conversación simulada. Primero, tendrás un minuto para leer el bosquejo *(outline)* de la conversación. Después empezará la conversación, siguiendo el bosquejo. Siempre que te toque, tendrás 20 segundos para responder; una señal te indicará cuándo debes empezar y terminar de hablar. Debes participar en la conversación de la manera más completa y apropiada posible.

Imagina que tu familia acaba de mudarse a otra ciudad. Hablas con el señor Cartas, tu nuevo maestro.

La conversación
[The shaded lines reflect what you will hear on the recording.]
[Las líneas en gris reflejan lo que escucharás en la grabación.]

El señor Cartas	• *Empieza la conversación.*
Tú	• *Continúa respetuosamente.*
El señor Cartas	• *Continúa la conversación.*
Tú	• *Continúa la conversación.*
El señor Cartas	• *Continúa la conversación.*
Tú	• *Expresa tu reacción.*
El señor Cartas	• *Continúa la conversación.*
Tú	• *Expresa tu reacción.*
El señor Cartas	• *Continúa la conversación.*
Tú	• *Continúa la conversación.*
El señor Cartas	• *Continúa la conversación.*
Tú	• *Expresa tu reacción.*
El señor Cartas	• *Termina la conversación.*

Go Online

For: Additional practice
Visit: www.PHSchool.com
Web Code: jjd-0005

Jacinto Contreras recibe su paga extraordinaria

Camilo José Cela

**Abriendo paso:
Gramática**

Preterite and imperfect
  indicative: Unidad 1,
  págs. 1 a 15; RG 1,
  págs. 30 a 45
Imperative: Unidad 4,
  págs. 133 a 140; RG 4,
  págs. 154 a 165
Ser/Estar: Unidad 3,
  págs. 98 a 107; RG 3,
  págs, 119 a 121
Adjectives: Unidad 2,
  págs. 49 a 72; RG 2,
  págs. 73 a 94
Por/Para: Paso 10,
  págs. 309 a 311

Antes de leer

A. Para discutir en clase Mira el dibujo y describe la escena. En tu descripción incluye todo lo que está pasando y lo que piensas tú que están celebrando. Habla sobre la familia, lo que tú piensas que ellos sienten, su situación económica, etc. Para la discusión con el resto de la clase, haz una lista de palabras clave o de frases que te ayuden a expresar tus ideas.

B. Nuestra experiencia Entre los regalos que has recibido, ¿recuerdas alguno en particular? ¿Recuerdas un regalo especial que le compraste a otra persona? Primero describe un regalo que alguien te dio que recuerdas porque fue especial. Luego, describe el regalo que le compraste a otra persona. Ten en cuenta los siguientes puntos:

- ¿Qué fue el regalo?
- ¿Quién te lo regaló a ti? ¿A quién se lo regalaste tú?
- ¿Para qué ocasión fue el regalo?
- ¿Por qué fue especial?

Escribe palabras clave o expresiones para hablarles a tus compañeros de clase sobre el tema. Empieza tu narración de la siguiente manera:

Cuando yo tenía… años yo recibí…

Un regalo especial que yo le compré a otra persona fue…

Ahora, usa las ideas anteriores para pensar en la siguiente pregunta y prepárate para discutir tus ideas con la clase.

En tu opinión, ¿es mejor dar regalos o recibir regalos? Explica tu respuesta.

C. Una relación especial Jacinto Contreras y Benjamina, los protagonistas del cuento de Cela, parecen vivir felizmente, a pesar de no tener mucho dinero. Esto se debe en parte a que se quieren mucho. En tu opinión, ¿cuáles son los ingredientes esenciales de una buena relación? Las ideas a continuación te servirán como punto de partida para la discusión.

- respetar a la otra persona
- escuchar a la otra persona
- entender a la otra persona
- permitir que la otra persona actúe como verdaderamente es
- poder expresarse libremente

D. Una selección Lee la siguiente selección del cuento. Es una descripción de lo que piensa hacer el protagonista con su paga extraordinaria *(bonus)*. Luego, responde a las preguntas que aparecen después de la selección. Recuerda que si ves un signo de interrogación (?) al margen, debes deducir el significado de la palabra o frase, según el contexto.

Jacinto Contreras, con sus cuartos° en el bolsillo, estaba más contento que unas pascuas.° ¡Qué alegría se iba llevar la Benjamina, su señora, que la pobre era tan buena y tan hacendosa!° Jacinto Contreras, mientras caminaba, iba echando sus cuentas:° tanto° para unas medias para la Benjamina, que la pobre tiene que decir que no tiene frío; tanto para unas botas para Jacintín, para que sus compañeros de colegio no le pregunten si no se moja;° tanto para una camiseta de abrigo para él, a ver si así deja de toser° ya de una vez° (las zapatillas ya se las comprará más adelante); tanto para un besugo° (gastarse las pesetas en un pavo,° a como están, sería una insensatez sin sentido común), tanto para turrón,° tanto para mazapán,° tanto para esto, tanto para lo otro, tanto para lo de más allá, y aún sobraba° dinero. Esto de las pagas extraordinarias está muy bien inventado, es algo que está pero que muy bien inventado.

1. Ahora, basándote en lo que acabas de leer, empareja las palabras de la columna A con las definiciones más adecuadas de la columna B.

A	B
1. bolsillo	a. prenda de vestir para protegerse del frío
2. turrón y mazapán	b. clase de zapato que cubre el pie y parte de la pierna
3. cuartos	c. ave
4. hacendosa	d. trabajadora
5. cuentas	e. dulces
6. camiseta de abrigo	f. cálculos aritméticos
7. besugo	g. pescado
8. pavo	h. sirve para meter en él algunas cosas
9. bota	i. se llevan sobre el pie y la pierna
10. medias	j. dinero

2. Lee la selección de nuevo y haz una lista de los regalos y las razones por las cuales Jacinto les quiere comprar esos regalos a su esposa y a su hijo.

a.

Regalo	Persona para quien lo piensa comprar	Razón

b. ¿Qué va a comprarse Jacinto para sí mismo?

c. ¿Qué tipo de persona parece ser Jacinto? Explica tu respuesta.

El autor

Camilo José Cela

Camilo José Cela nació en Galicia, España, en 1916 y recibió en 1989 el Premio Nobel de Literatura. Sus temas principales son la soledad, el pesimismo y la angustia. En sus cuentos, Cela describe el mundo como es, sin exagerar la ansiedad o el sufrimiento de los personajes. También se puede apreciar la compasión que tiene Cela por las personas desafortunadas. Sus personajes son gente de corazón puro. Nos parece que los conocemos personalmente, como si estuviéramos con ellos durante toda la acción del cuento.

Al leer

Este cuento narra un incidente en la vida de Jacinto Contreras y su esposa Benjamina, un matrimonio pobre pero muy trabajador. La hábil descripción del autor nos permite sentir las esperanzas, las alegrías y las desilusiones de los protagonistas. Mientras lees, fíjate en los siguientes puntos:

- lo que quiere hacer Jacinto Contreras con la paga extraordinaria
- la relación entre Jacinto Contreras y Benjamina
- la escena en el metro

Lectura

Jacinto Contreras recibe su paga extraordinaria
Sentimental fabulilla de navidad
Camilo José Cela

A Jacinto Contreras, en la Diputación,° le habían dado la paga
extraordinaria de Navidad. A pesar de que la esperaba, Jacinto
Contreras se puso muy contento. Mil doscientas pesetas, aunque
sean con descuento, a nadie le vienen mal.

5   —Firme usted aquí.

    —Sí, señor.

Jacinto Contreras, con sus cuartos en el bolsillo, estaba más
contento que unas pascuas. ¡Qué alegría se iba a llevar la
Benjamina, su señora, que la pobre era tan buena y tan

10 hacendosa! Jacinto Contreras, mientras caminaba, iba echando
sus cuentas: tanto para unas medias para la Benjamina, que la
pobre tiene que decir que no tiene frío; tanto para unas botas
para Jacintín, para que sus compañeros de colegio no le pregunten
si no se moja; tanto para una camiseta de abrigo para él, a ver si

15 así deja de toser ya de una vez (las zapatillas ya se las comprará
más adelante); tanto para un besugo (gastarse las pesetas en un
pavo, a como están, sería una insensatez sin sentido común),
tanto para turrón, tanto para mazapán, tanto para esto, tanto
para lo otro, tanto para lo de más allá, y aún sobraba dinero.

20 Esto de las pagas extraordinarias está muy bien inventado, es
algo que está pero que muy bien inventado.

the office that represents
others; a body of
representatives

—¿Usted qué piensa de las pagas extraordinarias?

—¡Hombre qué voy a pensar! ¡A mí esto de las pagas
extraordinarias, es algo que me parece que está la mar de° bien
inventado!

—Sí, eso mismo pienso yo.

Jacinto Contreras, para celebrar lo de la paga extraordinaria
—algo que no puede festejarse° a diario—, se metió en un bar y se
tomó un vermú.° Jacinto Contreras hacía ya más de un mes que
no se tomaba un vermú.

—¿Unas gambas a la plancha?°

—No, gracias, déjelo usted.°

A Jacinto Contreras le hubiera gustado tomarse unas gambas a
la plancha, olerlas a ver si estaban frescas, pelarlas°
parsimoniosamente, cogerlas de la cola° y, ¡zas!, a la boca,
masticarlas° despacio, tragarlas entornando los ojos...°

—No, no, déjelo...

El chico del mostrador se le volvió.

—¿Decía algo, caballero?

—No, no, nada..., muchas gracias..., ¡je, je!..., hablaba solo,
¿sabe usted?

—¡Ah, ya!

Jacinto Contreras sonrió.

—¿Qué le debo?

En la calle hacía frío y caía un aguanieve° molesto y azotador.°
Por la Navidad suele hacer siempre frío, es la costumbre. Jacinto
Contreras, en la calle, se encontró con su paisano Jenaro Viejo
Totana, que trabajaba en la Fiscalía de Tasas.° Jenaro Viejo
Totana estaba muy contento porque había cobrado su paga
extraordinaria.

—¡Hombre, qué casualidad! Yo también acabo de cobrarla.

Jenaro Viejo y Jacinto Contreras se metieron en un bar a
celebrarlo. Jacinto Contreras, al principio, opuso cierta cautelosa
resistencia, tampoco muy convencida.

—Yo tengo algo de prisa... Además, la verdad es que yo ya me
tomé un vermú...

—¡Venga, hombre! Porque te tomes otro no pasa nada.

—Bueno, si te empeñas.°

Jenaro Viejo y Jacinto Contreras se metieron en un bar y
pidieron un vermú cada uno.

—¿Unas gambas a la plancha?

—No, no, déjelo usted.

la... extremely

?

an alcoholic drink

gambas... grilled shrimp
(popular in the "tapas"
bars) / déjelo... leave it
(forget it)

shell them

cogerlas... hold them by the
tail / chew them /
tragarlas... swallow them
half-closing his eyes

? / beating, lashing

Fiscalía... office of price
controls

?

25

30

35

40

45

50

55

60

Jenaro Viejo era más gastador° que Jacinto Contreras; Jenaro
Viejo estaba soltero y sin compromiso° y podía permitirse ciertos
65   lujos.

   —Sí, hombre, sí. ¡Un día es un día! ¡Oiga, ponga usted un par
de raciones de gambas a la plancha!

   El camarero se volvió hacia la cocina y se puso una mano en la
oreja para gritar.

70   —¡Marchen, gambas plancha, dos!

   Cuando llegó el momento de pagar, Jenaro Viejo dejó que
Jacinto Contreras se retratase.

   —Y ahora va la mía. ¡Chico, otra ronda de lo mismo!

   —¡Va en seguida!

75   Al salir a la calle, Jacinto Contreras se despidió de Jenaro Viejo
y se metió en el metro, que iba lleno de gente. En el metro no se
pasa frío, lo malo es al salir. Jacinto Contreras miró para la gente
del metro, que era muy rara e iba como triste; se conoce que no
habían cobrado la paga extraordinaria; sin cuartos en el bolsillo
80   no hay quien esté alegre.

   —Perdone.

   —Está usted perdonado.

   Al llegar a su casa, Jacinto Contreras no sacó el llavín, prefirió
tocar "una copita de ojén", en el timbre.° A Jacinto Contreras
85   salió a abrirle la puerta su señora, la Benjamina Gutiérrez, natural
de Daimiel, que la pobre era tan buena y tan hacendosa y nunca
se quejaba de nada.

   —¡Hola, Jack!

   La Benjamina, cuando eran novios, había estado una vez
90   viendo una película cuyo protagonista se llamaba Jack, que ella
creía significaba Jacinto, en inglés. Desde entonces siempre
llamaba Jack a Jacinto.

   —¡Hola, bombón!

   Jacinto Contreras era muy cariñoso y solía llamar bombón a la
95   Benjamina, aunque la mujer tenía una conjuntivitis crónica que la
estaba dejando sin pestañas.°

   —He cobrado la paga extraordinaria.

   La Benjamina sonrió.

   —Ya lo sabía.

100   —¿Ya lo sabías?

   —Sí; se lo pregunté a la Teresita por teléfono.

   La Benjamina puso un gesto mimoso° y volvió a sonreír.

   —Mira, ven a la camilla, ya verás lo que te he comprado.

?

sin... unattached

*tocar... to ring the doorbell
very lightly (as if with a
glass of brandy)*

eyelashes

tender

—¿A mí?

—Sí, a ti.   105

pan for burning coals

Jacinto Contreras se encontró al lado del brasero° con un par de zapatillas nuevas, a cuadros marrones, muy elegantes.

—¡Amor mío! ¡Qué buena eres!

—No, Jack, el que eres bueno eres tú... Te las compré porque tú no te las hubieras comprado jamás... Tú no miras nunca por   110 ti... Tú no miras más que por el niño y por tu mujercita...

Jacinto Contreras puso la radio y sacó a bailar a su mujer.

—Señorita, ¿quiere usted bailar con un joven que va con

wear for the first time

buenas intenciones y que estrena° zapatillas?

—¡Tonto!   115

chords (music)

Jacinto Contreras y la Benjamina bailaron, a los acordes° de la radio, el bolero *Quizás,* que es tan sentimental. La Benjamina, con la cabeza apoyada en el hombro de su marido, iba llorando.

La comida fue muy alegre y de postre tomaron melocotón en

syrup

almíbar,° que es tan rico. La Benjamina, a cuenta de la paga   120

al...on credit

extraordinaria, había hecho unos pequeños excesos al fiado.°

—Y ahora te voy a dar café.

—¿Café?

—Sí; hoy, sí.

Mientras tomaban café, Jacinto Contreras, con el bolígrafo,   125 fue apuntando.

—Verás: unas medias para ti, cincuenta pesetas.

—¡No seas loco, las hay por treinta y cinco!

—Bueno, déjame. Una barra de los labios, con tubo y todo, otras cincuenta.   130

—Anda, sigue, los hay por treinta y duran lo mismo.

—Déjame seguir. Llevamos cien. Unas botas para el Jacintín, lo menos doscientas. Van trescientas. Una camiseta de abrigo para mí, cuarenta pesetas... Hasta lo que me dieron, menos el descuento y los dos vermús que me tomé... ¡Tú verás! Queda para   135 el besugo, para turrón, para mazapán, para todo, ¡y aún nos sobra!

Jacinto Contreras y la Benjamina se sentían casi poderosos.

—¿Hay más café?

—Sí.   140

grew pale

Jacinto Contreras, después de tomarse su segundo café, palideció.°

—¿Te pasa algo?

—No, no...

Jacinto Contreras se había tocado el bolsillo de los cuartos.

145 —¿Qué tienes, Jack?

—Nada, no tengo nada...

La cartera donde llevaba el dinero—una cartera que le había regalado la Benjamina con las sobras de la paga de Navidad del año pasado— no estaba en su sitio.

150 —¿Qué pasa, Jack? ¿Por qué no hablas?

Jacinto Contreras rompió a sudar. Después besó tiernamente a la Benjamina. Y después, con la cabeza entre las manos, rompió a llorar.

Hay gentes sin conciencia, capaces de desbaratar° los más   *destroy*
155 honestos sueños de la Navidad: comprarle unas medias a la mujer y unas botas al niño, comer besugo, tomar un poco de turrón de postre, etc.

Fuera, el aguanieve se había convertido en nieve y, a través de los cristales, los tejados y los árboles se veían blancos como en las
160 novelas de Tolstoi...

Comprensión

A. La sucesión de los eventos Lee las frases a continuación. Luego, usa los números 1–12 para ponerlas en orden, según la sucesión de los eventos en el cuento.

a. Jacinto firmó cuando le dieron la paga extraordinaria. *1*

b. Jacinto empezó a llorar. *12*

c. En el metro alguien le pidió disculpas a *(apologized to)* Jacinto. *7*

d. Jacinto se tocó el bolsillo donde llevaba el dinero. *10*

e. Jacinto y Benjamina se pusieron a bailar. *9*

f. Mientras caminaba, Jacinto iba echando cuentas. *2*

g. Jacinto se metió en el metro. *6*

h. Al recibir la paga extraordinaria, Jacinto fue a un bar para tomarse un vermú. *3*

i. Al salir a la calle Jacinto se encontró con un amigo. *4*

j. Jacinto no encontró la cartera. *11*

k. Benjamina fue de compras. *8*

l. Jacinto y su amigo fueron a celebrar. *5*

B. Comprensión general Con tus propias palabras, responde a las siguientes preguntas. Comparte tus ideas con los otros estudiantes de la clase y escucha sus respuestas.

1. ¿Qué quiere comprar Jacinto con su paga extraordinaria?

2. ¿Cómo es la relación entre Jacinto y Benjamina?

3. ¿Qué hace Jácinto antes de regresar a su casa?

4. ¿Qué le pasó a Jacinto en el metro?

C. De la misma familia Las palabras de la lista a continuación son palabras que probablemente ya conoces. Escribe todas las palabras de la misma familia que conozcas.

alegría [línea 8]	sonrió (sonreír) [línea 43]
hacendosa [línea 10]	llavín [línea 83]
abrigo [línea 14]	sentimental [línea 117]
zapatillas [línea 15]	poderosos [línea 138]
festejarse [línea 28]	regalado [línea 148]

D. En contexto Imagínate que quieres explicarle a un(a) compañero(a) de clase el significado de las siguientes palabras. En español, explica lo que cada una de las palabras significa. Escribe las explicaciones para luego compartirlas con el resto de la clase.

hacendosa [línea 10]	al fiado [línea 121]
festejarse [línea 28]	palideció (palidecer) [línea 141]
gastador [línea 63]	cartera [línea 147]

E. Al punto Lee las siguientes preguntas o frases incompletas. Luego, escoge la mejor respuesta o terminación según la lectura.

1. Cuando cobró la paga extraordinaria, Jacinto Contreras...
   a. se echó a llorar.
   c. se enfureció.
   b. se sintió satisfecho.
   d. se enloqueció.

2. ¿Qué sugiere la frase "iba echando sus cuentas..." [líneas 10–11]?
   a. Que pensaba en cuánto le costaría lo que quería comprar.
   b. Que le regalaba monedas a los pobres.
   c. Que no quería comprarse nada para sí mismo.
   d. Que le pedía perdón a su esposa.

3. ¿Quién era Jacintín?
   a. El jefe de Jacinto.
   b. El hijo de Jacinto.
   c. El nombre que le dio Benjamina a su esposo.
   d. El nombre que le dio Jenaro Viejo a Jacinto.

4. Con su paga extraordinaria Jacinto Contreras NO pensaba comprar...
   a. ropa.
   c. pescado.
   b. cuadernos.
   d. dulce.

5. Parece que Jacinto Contreras no pidió gambas porque...
   a. no quería gastar el dinero.   c. no le gustaban.
   b. no las vendían en el bar.   d. no sabía pelarlas.

6. Al principio Jacinto Contreras no quería tomar una copita con Jenaro Viejo porque...
   a. tenía frío.
   b. tenía miedo de perder su tren.
   c. ya había tomado una copita.
   d. ya estaba borracho.

7. Benjamina llamaba a su esposo "Jack" porque...
   a. él hablaba inglés perfectamente.
   b. él prefería ese nombre.
   c. su madre lo llamaba así desde que era niño.
   d. creía que así se decía Jacinto en inglés.

8. ¿Por qué parecía llorar Benjamina cuando bailaban ella y su esposo?
   a. Porque a su esposo no le gustaban las zapatillas.
   b. Porque su esposo había perdido las zapatillas.
   c. Porque estaba enferma.
   d. Porque estaba contenta.

9. Jacinto Contreras se entristeció cuando se dio cuenta de que...
   a. había malgastado su dinero.
   b. había perdido su dinero.
   c. su esposa no se sentía bien.
   d. su familia no podía celebrar así todos los días.

10. Podemos deducir que a Jacinto le habían robado la cartera en...
    a. la oficina.   c. el bar.
    b. la calle.   d. el metro.

F. Ahora te toca a ti Ahora puedes hacerles preguntas a los otros estudiantes acerca del cuento para ver si lo entendieron bien. Al mismo tiempo ellos podrán ayudarte con las partes que quizás no hayas comprendido. Los temas a continuación te dan algunas posibilidades para las preguntas.

- el tiempo
- el bar
- las gambas
- los apodos (nicknames)
- las enfermedades de los protagonistas
- el metro

Un paso más

Para conversar

A. Aquí tienes las respuestas Para este ejercicio los estudiantes de la clase van a trabajar en parejas. Un(a) estudiante leerá las descripciones a continuación y su compañero(a) tratará de adivinar "la respuesta". No te olvides de que lo que necesitas es hacer una pregunta. Por ejemplo: mil doscientas pesetas —¿Cuánto recibió Jacinto?

1. marisco que toma Jacinto con su bebida

2. pescado que quiere comprar para la comida de Navidad

3. dulces populares durante la temporada navideña

4. compañero con quien Jacinto celebró la ocasión

5. lugar donde le robaron el dinero a Jacinto

6. persona que le informó a Benjamina acerca de la paga extraordinaria

7. lo que le compró Benjamina a su esposo

8. la manera en que Benjamina pagó sus compras

B. ¿Qué comprar? Con un(a) compañero(a) de clase, hagan Uds. los papeles de Jacinto y Benjamina. Discutan lo que quieren comprar con la paga extraordinaria. Primero, escojan lo que quieren comprar y den la razón por la cual han tomado esa decisión. Si no quieres que el (la) otro(a) use el dinero de esa manera, da otra sugerencia y dile por qué la prefieres.

C. El consuelo Imagínate que eres amigo(a) de Jacinto o de Benjamina y él (ella) acaba de contarte este incidente. ¿Qué le puedes decir? ¿Qué consuelo le puedes ofrecer? Tú harás el papel del (de la) amigo(a) y un(a) compañero(a) de clase hará el papel de Jacinto o de Benjamina. Incluye las siguientes expresiones en la conversación.

conformarse	prestarle dinero	tener esperanza
estar deprimido(a)	sentirse culpable	

D. ¿Qué hacemos? Eres el (la) jefe(a) de Jacinto y acabas de enterarte de que él ha perdido la paga extraordinaria. ¿Cómo reaccionarías? Con un(a) compañero(a) de clase, hagan Uds. los papeles del (de la) jefe(a) y de otro(a) oficial(a) de la compañía. Investiguen algunas opciones posibles y si hay diferencia de opinión entre Uds., trata de convencer a tu compañero(a) de que tienes razón.

E. Mis sentimientos Explica el efecto que los siguientes aspectos del cuento tienen en el (la) lector(a) *(reader)*. ¿Qué emociones sientes tú, como lector(a), a causa de ellos? Prepara tus ideas para presentárselas a tus compañeros de clase.

1. el tiempo

2. las Navidades

3. la situación económica de la familia

4. los apodos (Jack, bombón)

F. El bien y el mal (*good and evil*) Al final del cuento el autor nos dice: "Hay gentes sin conciencia, capaces de desbaratar los más honestos sueños de Navidad…" El mundo está lleno de personas sin conciencia, pero al mismo tiempo hay muchas personas muy honestas. Piensa en la constante lucha que existe en el mundo entre el bien y el mal. Prepárate para presentarle a la clase tus ideas sobre la constante batalla entre las personas honestas y las personas sin conciencia. Incluye en tu discusión cómo podemos sobrellevar *(to bear, endure)* este conflicto. Antes de presentar tus ideas, haz una lista de los puntos importantes que quieres expresar y algunos ejemplos para apoyar tus ideas.

G. Una comparación Hay algunas semejanzas *(similarities)* entre este cuento y el cuento "El décimo". Trata de recordar el tema de "El décimo" y cómo los personajes hacen frente *(face)* a la mala suerte. Luego, piensa en lo que sucede al final de ambos cuentos. Haz una lista de las semejanzas y diferencias, y preséntale a la clase una comparación entre estos dos cuentos.

Semejanzas	Diferencias

Para escribir

A. Un resumen Escribe un resumen del cuento en menos de cincuenta palabras. Piensa en los aspectos más importantes y trata de responder a estas cinco preguntas: ¿quiénes?, ¿qué?, ¿dónde?, ¿cuándo? y ¿por qué? Antes de empezar a escribir, haz una lista de las palabras que vas a necesitar para el resumen.

B. El robo El autor no describe detalladamente cómo Jacinto perdió su cartera. ¿Dónde lo menciona en el cuento? ¿Por qué no lo describe detalladamente? Usa la siguiente guía para expresar tus ideas.

Yo creo que el robo tiene lugar *(takes place)* en...

En mi opinión el autor no describe el robo detalladamente porque...

De esta manera el lector...

Si yo fuera el autor, yo...

C. Mis esperanzas El oír una historia como la de Jacinto puede provocar gran enojo en mucha gente. Muchos piensan que a veces les pasan cosas malas a personas muy buenas. Describe un incidente que conozcas, ya sea personalmente o por medio de la prensa o de la televisión, en el que algo así haya sucedido. El esquema a continuación te ayudará.

- Describe a la persona o a las personas.
- La situación (¿qué le(s) pasó a esta(s) persona(s)?)
- Tu reacción (¿cómo te sentiste?)
- La reacción de otra gente (¿qué hicieron?)
- Tus esperanzas (¿qué te habría gustado que sucediera en este caso?)

D. La sociedad Algunos críticos creen que este cuento presenta un microcosmo de la sociedad. Existen buenas personas, pero a su alrededor hay otras que se aprovechan *(take advantage)* de ellas; la gente buena es a menudo víctima del mal. Hay otros que tienen una interpretación totalmente distinta. Éstos dicen que el espíritu de la gente buena, a la larga *(in the long run)*, vencerá, a pesar de los males que se les presentan. ¿Qué opinas tú? En dos o tres párrafos explica tu opinión y defiéndela con ejemplos del cuento o con la historia que escribiste en el ejercicio anterior. Las preguntas a continuación te ayudarán a preparar y a organizar tus ideas.

- ¿Tiene todo el mundo sueños o esperanzas?
- ¿Hay muchas personas como la que le robó el dinero a Jacinto? Explica por qué actúan de esa manera estas personas.
- ¿Te parece que el mal se hace más o menos evidente durante las Navidades? ¿Sentimos más el contraste entre el bien y el mal durante esta temporada *(season)*?
- ¿Cuál es tu opinión sobre esta situación? ¿Estás de acuerdo con la idea de que existen personas malas que destruyen los sueños y las esperanzas de otros? ¿Qué podemos hacer para combatir el mal?

Informal Writing

Directions: For the following questions, you will write a message. You have 10 minutes to read the question and write your response.

Instrucciones: Para las preguntas siguientes, escribirás un mensaje. Tienes 10 minutos para leer la pregunta y escribir tu respuesta.

You may find **Appendix A** (Some Expressions Used to Connect Ideas) and **Appendix C** (Some Expressions Used to Begin and End a Written Message) especially useful as you complete these exercises.

Mensaje 1

Imagina que acabas de perder algo valioso que te regaló tu novio(a). Escríbele un mensaje a un amigo y

- describe lo que pasó
- describe tu reacción
- expresa la posible reacción de tu novio(a)
- pídele un consejo

Mensaje 2

Imagina que con tu primer sueldo les has comprado un regalito a tu madre, uno a tu padre y uno a tu hermano menor. Escríbele una nota a una amiga y

- describe lo que compraste
- dile por qué cada regalo le gustará a cada persona
- dile lo que piensas hacer con el dinero que te queda

Comprensión auditiva

Escucha las siguientes selecciones. Después de cada selección vas a escuchar varias preguntas. Escoge la mejor respuesta para cada pregunta entre las opciones impresas en tu libro.

Selección número 1

La selección que vas a escuchar trata de una celebración.

Número 1

    a. El Día de los Muertos.
    b. Una fiesta de cumpleaños.
    c. El Día de la Independencia.
    d. La Navidad.

Número 2

    a. Que la gente contribuya al bienestar de otros.
    b. Que la celebración tenga lugar varias veces al año.
    c. Que todo el mundo esté de vacaciones durante esta temporada.
    d. Que no se vea mucha gente pobre en las calles.

Número 3
   a. Los que encuentran trabajo.
   b. Los que ayudan a otros.
   c. Los que visitan a sus familiares.
   d. Los que reciben regalos.

Selección número 2

Ahora vas a escuchar una conversación entre Jorge y Alicia acerca de la familia Canseco.

Número 1
   a. Vivió en Uruguay.
   b. Celebró su buena suerte.
   c. Ocultó la noticia del premio.
   d. Trató de vender su apartamento.

Número 2
   a. Que les pidieran dinero.
   b. Que perdieran el premio.
   c. Que sus amigos no los creyeran.
   d. Que su abogado los engañara.

Número 3
   a. Mudarse a otro país.
   b. Dar una gran fiesta.
   c. Visitar a sus familiares.
   d. Arreglar su apartamento.

Número 4
   a. Que son desagradables.
   b. Que son muy generosos.
   c. Que son muy humildes.
   d. Que son envidiosos.

Número 5
   a. El dinero.
   b. La amistad.
   c. El amor.
   d. La tranquilidad.

Simulated Conversation

Directions: You will now participate in a simulated telephone conversation. First, you will have 30 seconds to read the outline of the conversation. Then, you will listen to a message and have one minute to read again the outline of the conversation. Afterward, the telephone call will begin, following the outline. Each time it is your turn, you will have 20 seconds to respond; a tone will indicate when you should begin and end speaking. You should participate in the conversation as fully and appropriately as possible.

Instrucciones: Ahora participarás en una conversación telefónica simulada. Primero, tendrás 30 segundos para leer el bosquejo *(outline)* de la conversación. Entonces, escucharás un mensaje y tendrás un minuto para leer de nuevo el bosquejo de la conversación. Después empezará la llamada telefónica, siguiendo el bosquejo. Siempre que te toque, tendrás 20 segundos para responder; una señal te indicará cuándo debes empezar y terminar de hablar. Debes participar en la conversación de la manera más completa y apropiada posible.

You may find **Appendix B** (Some Expressions Used for Oral Communication) especially useful as you complete these exercises.

Imagina que recibes un mensaje telefónico de la señora Pérez, la secretaria de tu escuela, quien te pide que la llames por teléfono. Escucha el mensaje.

(a) El mensaje
[You will hear the message on the recording.]
[Escucharás el mensaje en la grabación.]
(b) La conversación
[The shaded lines reflect what you will hear on the recording.]
[Las líneas en gris reflejan lo que escucharás en la grabación.]

La señora Pérez	• *[El teléfono suena.] Contesta el teléfono.*
Tú	• *Salúdala. Identifícate y explica por qué has llamado.*
La señora Pérez	• *Te explica por qué te había hecho la llamada original.*
Tú	• *Expresa tu reacción positiva.*
La señora Pérez	• *Continúa la conversación.*
Tú	• *Expresa tu reacción positiva.*
La señora Pérez	• *Continúa la conversación.*
Tú	• *Continúa la conversación.*
La señora Pérez	• *Continúa la conversación.*
Tú	• *Agradécele su llamada y finaliza los planes.*
La señora Pérez	• *Se despide. [Cuelga el teléfono.]*

Go Online

For: Additional practice
Visit: www.PHSchool.com
Web Code: jjd-0006

Jacinto Contreras recibe su paga extraordinaria ◆ 113

Nosotros, no

José Bernardo Adolph

Antes de leer

Pluperfect indicative: Unidad 1, págs. 19 a 29; RG 1, págs. 47 y 48
Future: Unidad 5, págs. 174 a 181; RG 5, págs. 203 a 205
Conditional: Unidad 6, págs. 220 a 227; RG 6, págs. 233 a 236
Indefinite and negative words: Paso 7, págs. 298 a 301

A. Para discutir en clase Mira los dibujos y describe cada situación. Para la discusión con el resto de la clase, haz una lista de palabras clave o frases que te ayuden a expresar tus ideas. En la presentación incluye las respuestas a las preguntas que aparecen a continuación.

1. ¿Por qué se siente triste el hombre? ¿Dónde está? ¿Qué día y qué hora es? ¿Qué hace la gente generalmente ese día a esa hora?

2. ¿Qué efecto causa lo que ve en la televisión en lo que probablemente está pensando?

3. ¿Qué quiere cambiar el hombre?

4. ¿De qué se da cuenta al final? ¿Cómo se siente?

5. ¿Cuál es la moraleja (moral) del cuento?

Viernes

"Quisiera sentirme más joven..."

B. Nuestra experiencia Todos conocemos a ancianos que muchas veces no reciben el respeto que merecen. Responde a las siguientes preguntas y comparte las respuestas con los otros estudiantes.

1. Describe a un(a) anciano(a) que conoces personalmente.

2. ¿En qué piensas cuando ves a esa persona?

3. ¿Ayudas a esa persona? En general, ¿piensas que tú podrías hacer más por la persona a quien describiste? ¿Cómo puede llevar esa persona una vida mejor?

4. ¿Te ha ayudado a ti alguna vez esa persona? ¿Cómo?

Ahora, piensa en ti mismo(a).

1. ¿Puedes imaginarte cómo serás tú a la edad de ochenta años? Explica.

2. ¿Cómo te gustaría que te trataran?

C. Los estereotipos Si oyeras los siguientes comentarios, ¿qué dirías? Defiende tu reacción u opinión en grupos de tres o cuatro estudiantes. Usa ejemplos específicos para apoyar tus ideas.

1. "Los ancianos no pueden hacer nada".

2. "Los jóvenes no tienen compasión por los viejos".

3. "Nunca quiero ser viejo(a)".

4. "¡Qué pasado de moda *(out of fashion)!* ¿No saben nada de la moda los ancianos?"

5. "No tenemos que visitar a nuestros abuelos. Ellos están en un hogar de tercera edad *(senior citizens' home)*. Allí tienen muchos amigos".

6. Crea tu propia situación aquí y preséntasela a tus compañeros en el grupo.

D. La inmortalidad Si pudieras escoger entre vivir para siempre o morir a una edad normal, ¿qué escogerías? Haz una lista de todas las ventajas *(advantages)* y desventajas *(disadvantages)* en que puedas pensar. Luego, compara tu lista con las de tus compañeros en grupos de tres o cuatro estudiantes. ¿Puedes llegar a una conclusión sobre tu opinión y la opinión de tus compañeros? Recuerda que debes considerar no sólo las ventajas y desventajas personales, sino también las de tu comunidad y las del mundo. Usa el gráfico a continuación para tu lista.

	Ventajas	Desventajas
para mí		
para mi comunidad		
para el mundo		

E. Una selección El primer párrafo del cuento "Nosotros, no" presenta el tema muy claramente: el hombre conquista la mortalidad y hay enorme alegría y celebración por todas partes del mundo. Lee la selección y luego responde a las preguntas al final. Recuerda que si ves un signo de interrogación (?) al margen, debes deducir el significado de la palabra o frase según el contexto.

> Aquella tarde, cuando tintinearon las campanillas° de los teletipos y fue repartida la noticia como un milagro, los hombres de todas las latitudes se confundieron° en un solo grito de triunfo. Tal como había sido predicho° doscientos años antes, finalmente el hombre había conquistado la inmortalidad en 2168.
>
> Todos los altavoces° del mundo, todos los transmisores de imágenes,° todos los boletines destacaron° esta gran revolución biológica. También yo me alegré, naturalmente, en un primer instante.°
>
> ¡Cuánto habíamos esperado este día!

small bells

were fused

?

loudspeakers

? / stressed

en... ?

Ahora responde a las siguientes preguntas basándote en lo que leíste.

1. ¿Qué palabra da un tono religioso al suceso?

2. ¿Qué nos dice la palabra *finalmente* acerca del descubrimiento?

3. "También yo me alegré, naturalmente, en un primer instante". ¿Qué connotación tiene esta frase? Explica tu respuesta.

4. ¿Cuál crees que sea la relación entre el título del cuento y el tema de la inmortalidad?

5. En tu opinión, ¿quién narra el cuento?

6. Escribe una oración *(sentence)* que describa, con tus propias palabras, la idea principal de este párrafo.

El autor

José Bernardo Adolph

José Bernardo Adolph nació en Alemania pero reside en Perú desde su niñez. En 1983 recibió el Primer Premio de la Municipalidad de Lima por su obra *Mañana, las ratas*, una novela que tiene lugar en el siglo XXI y en la cual se puede apreciar su gran interés por la ciencia ficción. Ese mismo año obtuvo también el Primer Premio en el concurso del Cuento de las 1.000 palabras que otorga la revista *Caretas*. "Nosotros, no" es un cuento muy breve pero muy eficaz. En él, Adolph nos presenta la posible realidad de un descubrimiento muy deseado y las espantosas consecuencias que tal descubrimiento podría causar.

Al leer

El cuento "Nosotros, no" trata del descubrimiento de una inyección que permitirá la inmortalidad. Además de presentar un tema interesante, el autor incluye algunas consecuencias inesperadas. Mientras lees, presta atención a los siguientes puntos:

- la reacción de todo el mundo a la primera noticia
- la reacción de los mayores de veinte años a la segunda noticia
- la reacción de los mortales después de oír la noticia de lo que le sucedió a un chico

Lectura

Nosotros, no
José Bernardo Adolph

Aquella tarde, cuando tintinearon las campanillas de los teletipos y fue repartida la noticia como un milagro, los hombres de todas las latitudes se confundieron en un solo grito de triunfo. Tal como había sido predicho doscientos años antes, finalmente el hombre
5   había conquistado la inmortalidad en 2168.

Todos los altavoces del mundo, todos los transmisores de imágenes, todos los boletines destacaron esta gran revolución biológica. También yo me alegré, naturalmente, en un primer instante.

10   ¡Cuánto habíamos esperado este día!

Una sola inyección, de cien centímetros cúbicos, era todo lo que hacía falta° para no morir jamás. Una sola inyección, aplicada cada cien años, garantizaba que ningún cuerpo humano se descompondría nunca. Desde ese día, sólo un accidente podría
15   acabar con° la vida humana. Adiós a la enfermedad, a la senectud,° a la muerte por desfallecimiento° orgánico.

Una sola inyección, cada cien años.

Hasta que vino la segunda noticia, complementaria de la primera. La inyección sólo surtiría° efecto entre los menores de
20   veinte años. Ningún ser humano que hubiera traspasado la edad del crecimiento podría detener su descomposición interna a tiempo. Sólo los jóvenes serían inmortales. El gobierno federal mundial se aprestaba° ya a organizar el envío, reparto° y aplicación de las dosis a todos los niños y adolescentes de la
25   tierra. Los compartimentos de medicina de los cohetes llevarían las ampolletas° a las más lejanas colonias terrestres del espacio.

Todos serían inmortales.

Menos nosotros, los mayores, los adultos, los formados, en cuyo organismo la semilla° de la muerte estaba ya definitivamente
30   implantada.

Todos los muchachos sobrevivirían para siempre. Serían

hacía… ?	
acabar con… ?	
old age / weakening	
would produce	
se… ? / ?	
small vials	
seed	

inmortales y de hecho° animales de otra especie. Ya no seres humanos; su sicología, su visión, su perspectiva, eran radicalmente diferentes a las nuestras. Todos serían inmortales. Dueños del universo para siempre. Libres. Fecundos. Dioses.

Nosotros, no. Nosotros, los hombres y las mujeres de más de veinte años, éramos la última generación mortal. Éramos la despedida, el adiós, el pañuelo° de huesos y sangre que ondeaba,° por última vez, sobre la faz de la tierra.

Nosotros, no. Marginados° de pronto, como los últimos abuelos, de pronto nos habíamos convertido en habitantes de un asilo para ancianos, confusos conejos asustados entre una raza de titanes. Estos jóvenes, súbitamente,° comenzaban a ser nuestros verdugos° sin proponérselo. Ya no éramos sus padres. Desde ese día éramos otra cosa; una cosa repulsiva y enferma, ilógica y monstruosa. Éramos Los Que Morirían. Aquellos Que Esperaban la Muerte. Ellos derramarían° lágrimas, ocultando su desprecio,° mezclándolo con su alegría. Con esa alegría ingenua con la cual expresaban su certeza° de que ahora, ahora sí, todo tendría que ir bien.

Nosotros sólo esperábamos. Los veríamos crecer, hacerse hermosos, continuar jóvenes y prepararse para la segunda inyección, una ceremonia —que nosotros ya no veríamos— cuyo carácter religioso se haría evidente. Ellos no se encontrarían jamás con Dios. El último cargamento de almas rumbo al más allá° era el nuestro.

¡Ahora cuánto nos costaría dejar la tierra!° ¡Cómo nos iría carcomiendo° una dolorosa envidia! ¡Cuántas ganas de asesinar nos llenaría el alma, desde hoy y hasta el día de nuestra muerte!

Hasta ayer. Cuando el primer chico de quince años, con su inyección en el organismo, decidió suicidarse. Cuando llegó esa noticia, nosotros, los mortales, comenzamos recientemente a amar y a comprender a los inmortales.

Porque ellos son unos pobres renacuajos° condenados a prisión perpetua en el verdoso estanque° de la vida. Perpetua. Eterna. Y empezamos a sospechar que dentro de 99 años, el día de la segunda inyección, la policía saldrá a buscar a miles de inmortales para imponérsela.

Y la tercera inyección, y la cuarta, y el quinto siglo, y el sexto; cada vez menos voluntarios, cada vez más niños eternos que imploran la evasión, el final, el rescate.° Será horrenda la cacería.° Serán perpetuos miserables.

Nosotros, no.

de... in fact

handkerchief / waved

Made obsolete; Shunned

? / executioners

would shed / scorn

certainty

al... to the hereafter

(here) this world
gnawing

tadpoles
stagnant pool

rescue / hunting

35

40

45

50

55

60

65

70

Comprensión

A. ¿Cierta o falsa? Lee las siguientes frases y decide si la información es cierta o falsa, según el cuento. Si la información es falsa, escribe la información correcta.

1. El narrador se sintió muy alegre al principio del cuento.

2. Para no morir era necesario recibir una inyección después de cumplir veinte años.

3. Una persona solamente podía morir a causa de un accidente.

4. La inyección no ayudaría a las personas mayores de veinte años.

5. El autor no consideraba seres humanos a los jóvenes que recibían la inyección.

6. Los jóvenes que recibían la inyección tendrían la oportunidad de encontrarse con Dios.

7. Cuando un joven se suicidó, los adultos empezaron a sentir lástima por los jóvenes.

8. A consecuencia de la inyección los jóvenes serían miserables eternamente.

B. Comprensión general Con tus propias palabras, responde a las siguientes preguntas. Comparte tus ideas con otros estudiantes de la clase y escucha sus ideas.

1. ¿En qué consistía el descubrimiento? ¿Qué garantizaba?

2. ¿De qué manera podría morir una persona?

3. Según la segunda noticia, ¿quiénes no se beneficiarían de este descubrimiento?

4. ¿Cuál fue la reacción inicial de los que NO serían incluidos? ¿Cuándo cambiaron de opinión? ¿Por qué cambiaron de opinión?

C. De la misma familia Las palabras de la lista a continuación son palabras que probablemente ya conoces. Escribe todas las palabras de la misma familia que conozcas.

predicho (predecir) [línea 4]	despedida [línea 38]
inmortalidad [línea 5]	habitantes [línea 41]
garantizaba (garantizar) [línea 13]	monstruosa [línea 45]
crecimiento [línea 21]	certeza [línea 49]
mundial [línea 23]	dolorosa [línea 57]
lejanas [línea 26]	verdoso [línea 64]
terrestres [línea 26]	horrenda [línea 70]

D. En contexto Encuentra el significado de la palabra o expresión de la columna A en la columna B. El contexto te ayudará a averiguar el significado de las palabras.

A	**B**
1. tintinearon (tintinear) [línea 1]	a. terminar
2. se confundieron (confundirse) [línea 3]	b. se necesitaba
3. destacaron (destacar) [línea 7]	c. señalaron
4. hacía falta (hacer falta) [línea 12]	d. de momento
5. acabar con [línea 15]	e. se preparaba
6. se aprestaba (aprestarse) [línea 23]	f. distribución
7. reparto [línea 23]	g. sonaron
8. súbitamente [línea 43]	h. se mezclaron

E. Al punto Lee las siguientes preguntas o frases incompletas. Luego, escoge la mejor respuesta o terminación según la lectura.

1. Según el contexto, "...los hombres de todas las latitudes" [líneas 2–3] se refiere a...
   a. la gente de todas partes del mundo.
   b. las personas que han muerto.
   c. los científicos.
   d. la gente del hemisferio occidental.

2. ¿Qué pasó en el año 2168?
   a. El hombre predijo el descubrimiento de una inyección contra la mortalidad.
   b. El hombre descubrió una manera de vivir para siempre.
   c. Todas las naciones declararon una guerra biológica.
   d. Todas las naciones acabaron con la vida humana.

3. ¿A qué se refiere la frase "los transmisores de imágenes" [líneas 6–7]?
   a. A la inyección.   c. Al estanque.
   b. A la televisión.   d. Al altoparlante.

4. ¿A qué se refiere la expresión "cien centímetros cúbicos" [línea 11]?
   a. Al cuerpo.   c. A la dosis.
   b. Al tiempo.   d. A los boletines.

5. Además de la inmortalidad, con esta inyección los seres humanos gozarían de...
   a. menos contaminación.   c. más invenciones.
   b. buena salud.   d. menos sufrimientos.

6. Según el cuento, ¿cuál era "la edad del crecimiento" [líneas 20–21]?
   a. Menos de veinte años.   c. Cien años.
   b. Más de veinte años.   d. Más de cien años.

7. Al conquistar la inmortalidad, el hombre ya no era considerado...
   a. animal.   c. libre.
   b. Dios.   d. humano.

8. ¿A quién se refiere la expresión "el pañuelo de huesos y sangre" [línea 38]?
   a. A los que morirán.
   b. A la nueva generación inmortal.
   c. A los que no quieren la inyección.
   d. A la juventud enferma.

9. La descripción "...confusos conejos asustados entre una raza de titanes" [línea 42] quiere decir que...

    a. todo el mundo se portaba *(behaved)* como animales.

    b. los jóvenes iban a ser gigantes.

    c. los mayores de edad les tenían miedo a los jóvenes.

    d. nadie sabía qué hacer.

10. Según el cuento, los padres y los mayores de edad pensaban que los jóvenes...

    a. no mostrarían compasión por ellos.

    b. no aceptarían la muerte de los mayores.

    c. los defenderían ante la policía federal.

    d. los llevarían a otras colonias en el espacio.

11. ¿A quiénes describía el narrador cuando dijo "el último cargamento de almas rumbo al más allá" [línea 54]?

    a. A los muertos.   **c.** A los mayores.

    b. A los jóvenes.   **d.** A los dioses.

12. La frase "¡...cuánto nos costaría dejar la tierra!" [línea 56] quiere decir que las personas mayores...

    a. querían encontrarse con Dios.

    b. no podían llevar su dinero al más allá.

    c. no querían morir, al igual que los jóvenes.

    d. pensaban que la inyección costaba demasiado.

13. ¿Qué implica la frase "...la policía saldrá a buscar a miles de inmortales para imponérsela" [líneas 66–67]?

    a. Que algunos no querrían vivir para siempre.

    b. Que no habría suficiente medicina para todo el mundo.

    c. Que el gobierno dejaría de dar las inyecciones.

    d. Que la policía viviría para siempre.

14. ¿Qué opinión parece tener el autor sobre la inmortalidad?

    a. Que traerá problemas horrorosos.

    b. Que traerá paz.

    c. Que pronto se conseguirá.

    d. Que puede obtenerse fácilmente.

F. Ahora te toca a ti En esta actividad tendrás la oportunidad de hacerle preguntas al autor, como lo hacen los reporteros en las entrevistas. Como el autor no está presente, tú y tus compañeros tendrán que hacer el papel del autor y responder a las preguntas de "los reporteros". Tu profesor(a) va a escoger a algunos estudiantes para que hagan el papel de autor y a otros el de reporteros. Las ideas a continuación son posibles áreas que puedes explorar con tus preguntas.

- el anuncio del descubrimiento

- el descubrimiento

- los problemas o las desventajas del descubrimiento

- el posible problema del aumento de la población

- la visión del autor sobre el futuro

- otra manera de terminar el cuento

Un paso más

Vocabulario útil para conversar y para escribir

Aquí tienes una lista de palabras y expresiones que te ayudarán a expresar tus ideas. Trata de incluirlas en la discusión con los otros estudiantes o en los ejercicios de escritura.

a pesar de (que)	*in spite of the fact that*
el asilo para ancianos	*nursing home*
de ese modo	*in that way*
envejecer	*to grow old*
injusto(a)	*unfair*
la ley	*law*
mantenerse en forma	*to stay in shape*
¡No me digas!	*You don't say!*
por lo tanto	*therefore*
por otra parte	*on the other hand*
la sabiduría	*wisdom*
senil	*senile*
sin embargo	*however*
soñar (ue) con	*to dream of*

Para conversar

A. La publicidad En estos anuncios puedes ver el interés actual en retardar *(to delay)* el envejecimiento *(aging)*. Algunos dirían que los avances de la ciencia nos proveen *(provide)* oportunidades legítimas para mantenernos jóvenes, pero los críticos mantienen que la preocupación por preservar la juventud no es nada más que un temor a la vejez y a la muerte. ¿Qué opinas tú? Las personas que usan estos productos, ¿lo hacen por vanidad? Si tú fueras mayor, ¿usarías estos productos? Explica tu respuesta. Escucha con atención lo que dicen los otros estudiantes de la clase y hazles preguntas.

Nueva crema nutritiva

Una acción en profundidad contra la arruga

Prevención activa contra el envejecimiento

Te presenta lo más avanzado de la ciencia para nutrir la piel y prevenirla activamente contra el envejecimiento. Día a día, con esta crema tendrás el tiempo a tu favor.

Camino de juventud:

Hasta el momento, ningún sabio ha dado con la fórmula mágica para preservar la juventud eternamente; pero, en materia de cosmética, la ciencia ha permitido que nos encontremos mejor dentro de nuestra piel el mayor tiempo posible.

Con la Crema Rejuvenecedora con Liposomas, ya puedes olvidar que el tiempo pasa.

Ahora, busca un anuncio de una revista o de un periódico que anuncie un producto para mantenerse joven, y tráelo a la clase. Explícales a tus compañeros de clase tu reacción a ese anuncio. Puedes usar las ideas al principio del ejercicio como guía para la presentación.

B. Asumiendo otra identidad Una de las mejores maneras de comprender otra perspectiva es adoptar la identidad de otra persona. Piensa ahora en un(a) anciano(a) que conoces e intenta acordarte de algo que le cuesta trabajo hacer debido a su edad. Cuéntales esa historia a los otros estudiantes como si fueras él (ella). Los estudiantes que te escuchan te harán preguntas sobre esa experiencia. Las situaciones a continuación te ofrecen posibles ideas para explorar.

- no podía renovar su permiso de conducir
- no podía preparar la comida
- no podía recordar su dirección

C. ¿Quieres ser inmortal? En grupos de tres o cuatro estudiantes preparen un debate sobre el tema: "La inmortalidad, ¿la deseamos o no?" Unos deben estar a favor del tema y otros en contra. Consideren los siguientes puntos mientras se preparan para el debate. También puedes usar las ideas que expresaste en el ejercicio D de la sección **Antes de leer**.

- ejemplos que apoyan la opinión de cada estudiante
- por qué tiene justificación cada punto de vista
- posibles problemas (legales, morales, sociales, económicos, etc.)
- posibles preguntas para los estudiantes que tienen una opinión diferente

Usa el siguiente gráfico para organizar tus ideas.

aspectos positivos

_____

_____

_____

_____

_____

aspectos negativos

_____

_____

_____

_____

_____

la inmortalidad

posibles problemas

_____

_____

_____

_____

_____

D. Cambios El autor de "Nosotros, no" dice muy poco sobre los cambios que van a ocurrir en el año 2168. ¿Cómo piensas que será el mundo entonces? ¿Vivirá la gente en "lejanas colonias terrestres en el espacio"? ¿Piensas que los seres humanos van a cambiar físicamente? ¿Cómo cambiarán? ¿Pensarán o actuarán muy diferente? Escribe una lista de palabras para poder discutir el tema con los otros estudiantes de tu clase.

E. Excepciones Imagínate que vives en el año 2168. Te enteras del descubrimiento y de que te permitirán hacer una excepción y escoger a cinco personas mayores que podrán recibir la inyección y vivir para siempre. ¿A quién escogerías? Lee la lista a continuación y decide a cuáles de estas personas escogerías y explica por qué.

1. un(a) médico(a) muy famoso(a) experto(a) en medicina general

2. un familiar o amigo(a) tuyo(a)

3. un(a) experto(a) en estrategias militares

4. un sacerdote, un rabino o un ministro

5. un(a) científico(a) muy reconocido(a) por sus conocimientos del universo

6. otra(s) persona(s) que no aparece(n) en la lista

Prepara tus ideas para discutirlas con tus compañeros de clase en grupos de tres o cuatro estudiantes. Luego, Uds. escogerán las explicaciones más convincentes para presentárselas al resto de la clase.

Para escribir

A. La actitud del autor Piensa en el cuento "Nosotros, no". Escribe un párrafo de unas diez frases en el que expreses tu opinión sobre la forma en que el autor trata el tema. ¿Es pesimista u optimista? Explica tu respuesta.

B. El dilema de muchas familias Muchas familias tienen que decidir si los abuelos deben ir a vivir a un hogar de tercera edad o quedarse a vivir en su casa. Escribe un ensayo de aproximadamente 200 palabras en el que discutas el tema. Primero, escribe algunas ideas antes de comenzar a escribir.

	La casa	El asilo
Ventajas		
Desventajas		

Ahora, usa la siguiente guía para expresar tus ideas:

1. Expresa tu opinión o tesis con respecto al tema.

2. Explica tu tesis (usa las ideas que escribiste anteriormente). Explica bajo *(under)* qué circunstancias una solución es mejor que la otra.

3. Expresa lo que deseas que tu familia haga cuando seas un(a) anciano(a).

4. Resume tus ideas.

C. Los cumpleaños Es interesante ver cómo los niños esperan con gran placer cada cumpleaños, mientras que muchos adultos prefieren olvidar la fecha y el hecho de que se están poniendo viejos. ¿Por qué crees que es así? Imagínate primero que eres un(a) joven que cumple dieciséis años, y luego un(a) adulto(a) que cumple cincuenta. Escribe una reflexión sobre tu cumpleaños a la edad de dieciséis años y a la edad de cincuenta años. Puedes escribir tus reflexiones en forma de diario personal. Tu ensayo debe tener por lo menos unas 200 palabras.

D. Testamentos (Wills) Hoy en día mucha gente prefiere morir en lugar de *(instead of)* continuar viviendo por medios artificiales, o sea, "enchufados" *(plugged)* a una máquina. Por esta razón muchos preparan un testamento en el que explican lo que la familia debe hacer en caso de que ellos necesiten estar "enchufados" a una máquina. Escribe un editorial para el periódico de tu escuela en el que defiendas o critiques la idea de estos testamentos. Incluye las siguientes ideas en tu editorial:

- El valor de la vida de un ser humano
- Compara la importancia de la calidad de vida con la idea de seguir viviendo aunque no exista esa calidad.
- El valor o la falta de valor de estos testamentos

E. Mi propio cuento Ahora tienes la oportunidad de usar tu creatividad. En el cuento que acabas de leer se ha descubierto una inyección que conquistará la mortalidad. Piensa en otra invención que revolucionaría el mundo como lo conocemos ahora y escribe tu propia obra de ciencia ficción. El plan a continuación te ayudará a organizar tu obra.

1. Describe: el marco histórico
2. Explica:
   a. la invención
   b. los beneficios de la invención
   c. las complicaciones o las limitaciones de la invención
   d. los conflictos que surgirían como resultado de las limitaciones de la invención
   e. las posibles soluciones a los conflictos, o quizás quieras terminar el cuento con una pregunta para que el (la) lector(a) tenga que pensar en el dilema
3. Conclusión

Informal Writing

You may find **Appendix A** (Some Expressions Used to Connect Ideas) and **Appendix C** (Some Expressions Used to Begin and End a Written Message) especially useful as you complete these exercises.

Directions: For the following questions, you will write a message. You have 10 minutes to read the question and write your response.

Instrucciones: Para las preguntas siguientes, escribirás un mensaje. Tienes 10 minutos para leer la pregunta y escribir tu respuesta.

Mensaje 1

Escribe un mensaje electrónico. Imagina que le escribes a tu hermana mayor que vive en otro estado. Salúdala y
- menciona un nuevo producto para la piel
- dile cómo supiste del nuevo producto
- describe lo que se dice del nuevo producto
- habla de tu intención de usarlo o no y por qué

Mensaje 2

Acabas de leer un artículo sobre el uso de la criogénica para congelar a los muertos y revivirlos luego. Escribe un mensaje electrónico a un amigo. Salúdalo y
- menciona el artículo
- dile donde lo leíste
- dile lo que piensas de esa publicación
- da tu opinión sobre el tema

Comprensión auditiva

Escucha las siguientes selecciones. Después de cada selección vas a escuchar varias preguntas. Escoge la mejor respuesta para cada pregunta entre las opciones impresas en tu libro.

Selección número 1

A continuación vas a escuchar una selección sobre un nuevo informe de las Naciones Unidas que afecta a los habitantes de Europa y América del Norte.

Número 1
a. Educacionales.
b. Económicos.
c. Políticos.
d. Filosóficos.

Número 2
- **a.** No ha cambiado.
- **b.** Ha disminuido.
- **c.** No es posible determinarlo.
- **d.** Es dos veces más alto.

Número 3
- **a.** 40 millones.
- **b.** 90 millones.
- **c.** 185 millones.
- **d.** 310 millones.

Número 4
- **a.** Hacer cambios en los servicios sociales.
- **b.** Obligar a los jóvenes a que ahorren más.
- **c.** Mejorar el nivel de vida de los habitantes.
- **d.** Mantener a los ciudadanos informados.

Selección número 2

Graciela y Rosa hablan sobre su amiga Caridad y sobre los problemas médicos que ella ha tenido últimamente.

Número 1
- **a.** Porque su cara parecía diferente ahora.
- **b.** Porque iba vestida de una manera extraña.
- **c.** Porque llevaba la cara cubierta.
- **d.** Porque había cambiado de personalidad.

Número 2
- **a.** No podía respirar bien.
- **b.** No podía tragar bien.
- **c.** Le cortaron la cara.
- **d.** Tuvo que operarse tres veces.

Número 3
- **a.** Que Caridad lo hizo por su esposo.
- **b.** Que las mujeres no se pueden defender.
- **c.** Que los cirujanos son unos criminales.
- **d.** Que todo es la culpa de la sociedad.

Número 4
  a. Con las mujeres.
  b. Con el abogado.
  c. Con el vecino.
  d. Con los doctores.

Número 5
  a. Optimista.
  b. Indiferente.
  c. Sospechosa.
  d. Calmada.

Número 6
  a. Al esposo.
  b. Al cirujano.
  c. Al vecino.
  d. Al abogado.

Go Online

For: Additional practice
Visit: www.PHSchool.com
Web Code: jjd-0007

No oyes ladrar los perros

Juan Rulfo

Capítulo 8

Antes de leer

Abriendo paso:
Gramática

Gerund (present participle): Unidad 3, págs, 102 a 109; RG 3, págs. 128 a 130
Imperative: Unidad 4, págs. 133 a 140; RG 4, págs. 154 a 165
Imperfect and pluperfect subjunctive: Unidad 6, págs. 207 a 219; RG 6, págs. 228 a 233
Object pronouns: Paso 3, págs. 263 a 273
Indefinite and negative words: Paso 7, págs. 298 a 301

A. Para discutir en clase Mira el dibujo y úsalo como punto de partida para narrar lo que tú crees que está sucediendo. Para la discusión con la clase, usa la lista de palabras a continuación y añade otras palabras o frases que te ayuden a expresar las ideas.

aguantarse	la orilla	la sombra
el arroyo	el peso	tambaleante
la luna	las piedras	tropezar
el monte	redonda	

B. Nuestra experiencia Algunas veces nos encontramos desorientados en lugares que no conocemos bien. Imagínate que te encuentras en el campo y que estás tratando de llegar al pueblo más cercano, pero estás perdido(a). ¿Qué métodos puedes usar para orientarte? Describe tres métodos y explica cómo te ayudarían a llegar al pueblo más cercano.

C. Las acciones de los hijos Muchos dicen que los padres no tienen control sobre lo que sus hijos hacen. Hay chicos(as) que vienen de buenas familias, que reciben una buena educación de sus padres, etc., pero que llegan a ser delincuentes. ¿Por qué? ¿Cómo se podría explicar este fenómeno? ¿Es culpa de la sociedad? ¿Del ambiente donde crecen? Explica tu respuesta. Usa ejemplos específicos que apoyen tus ideas. Luego comparte tu explicación con el resto de la clase.

D. Los movimientos físicos En el cuento que vas a leer aparecen muchos verbos que tienen que ver con movimientos físicos. Estudia la lista a continuación y luego haz los ejercicios. Es sumamente importante que sepas bien el significado de estas palabras antes de leer el cuento.

aguantarse *to hold on*	estirar *to stretch*
aplastar *to crush*	soltar (ue) *to let go, to set free*
balancearse *to balance*	tambalearse *to stagger; to sway*
doblar las piernas *to bend the legs*	temblar (ie) *to tremble*
	treparse *to climb*
encoger *to shrink*	tropezar (ie) *to stumble*
enderezarse *to straighten up*	zarandear *to shake vigorously*

1. Lee las palabras de la columna A y escoge el verbo que puede considerarse la acción opuesta entre las palabras de la columna B.

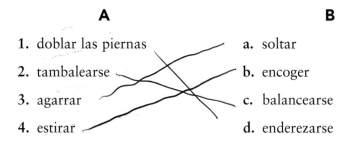

A	B
1. doblar las piernas	**a.** soltar
2. tambalearse	**b.** encoger
3. agarrar	**c.** balancearse
4. estirar	**d.** enderezarse

2. Escribe frases para describir lo que hace el hombre en los dibujos a continuación. Usa las palabras de la lista anterior. También explica por qué piensas tú que él se encuentra en estas situaciones.

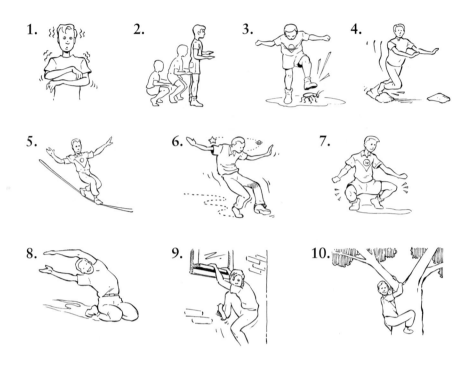

1.
2.
3.
4.
5.
6.
7.
8.
9.
10.

E. Una selección En la siguiente selección del cuento "No oyes ladrar los perros", el padre habla con su hijo Ignacio mientras lo lleva a Tonaya para que un doctor lo cure. Lee la selección y luego responde a las preguntas.

     —Todo esto que hago, no lo hago por usted. Lo hago por su difunta madre. Porque usted fue su hijo. Por eso lo hago. Ella me reconvendría° si yo lo hubiera dejado tirado allí, donde lo encontré, y no lo hubiera recogido° para llevarlo a que lo curen, como estoy haciéndolo. Es ella la que me da ánimos,° no usted. Comenzando porque a usted no le debo más que puras dificultades, puras mortificaciones, puras vergüenzas.

me... would reprimand me

*no... I would not have
picked you up / courage*

1. ¿Cómo explica el padre los esfuerzos que hace por su hijo?

2. ¿Cuál es el tono de la selección? ¿Cómo le habla el padre al hijo? ¿Parece enojado el padre?

3. ¿Por qué piensas tú que el padre usa la forma usted cuando habla con su hijo?

4. ¿Qué piensas tú que le ha pasado a Ignacio?

5. ¿Qué habrá hecho Ignacio para que el padre diga lo que dice en la última frase de la selección? Haz una lista de por lo menos tres cosas que habrá hecho Ignacio.

El autor

Juan Rulfo

Juan Rulfo nació en un pequeño pueblo en el estado de Jalisco, México, en 1918. Cuando era muy joven se encontró solo sin sus padres; primero vivió con sus abuelos y luego en un orfanato. En 1933 se fue a vivir a la capital donde empezó a escribir. Su primer cuento apareció en 1942. En 1952 recibió una beca del Centro Mexicano de Escritores, y en 1953 le otorgaron una beca Rockefeller que le dio la oportunidad de trabajar en su novela. Publicó una colección de cuentos titulada *El llano en llamas* en 1953 y una novela *Pedro Páramo* en 1955. En sus obras podemos apreciar la soledad de los pequeños pueblos en México, la experiencia del campesino y la propia experiencia del autor con la pobreza. Rulfo tiene la habilidad de crear imágenes y ambientes con muy pocas palabras, pero con gran precisión. Aunque su obra literaria no es muy extensa, se ha traducido a numerosos idiomas y ha tenido un gran impacto en la literatura hispánica.

Al leer

Como ya sabes en el cuento que vas a leer un padre lleva a su hijo a un pueblo donde hay un doctor que lo puede curar. Mientras lees, ten presentes los siguientes puntos:

- lo que le repite o le pregunta constantemente el padre a Ignacio
- los sentimientos del padre hacia el hijo
- la vida que llevaba el hijo

Lectura

No oyes ladrar los perros
Juan Rulfo

Tú... *You who are up there*

—Tú que vas allá arriba,° Ignacio, dime si no oyes alguna señal de algo o si ves alguna luz en alguna parte.

—No se ve nada.

—Ya debemos estar cerca.

—Sí, pero no se oye nada.   5

—Mira bien.

—No se ve nada.

—Pobre de ti, Ignacio.

de... ?

La sombra larga y negra de los hombres siguió moviéndose de arriba abajo,° trepándose a las piedras, disminuyendo y creciendo   10
según avanzaba por la orilla del arroyo. Era una sola sombra, tambaleante.

La luna venía saliendo de la tierra, como una llamarada

una... *a round blaze of fire*

redonda.°

—Ya debemos estar llegando a ese pueblo, Ignacio. Tú que   15

Tú... *You who have ears free to hear* / fíjate... *try to see if you don't hear* / ?

llevas las orejas de fuera,° fíjate a ver si no oyes° ladrar los perros. Acuérdate que nos dijeron que Tonaya estaba detrasito° del monte. Y desde qué horas que hemos dejado el monte. Acuérdate, Ignacio.

sign

—Sí, pero no veo rastro° de nada.   20

—Me estoy cansando.

—Bájame.

se... *walked backward* / ?
se... *he rearranged his load*
se... *his legs were buckling*

El viejo se fue reculando° hasta encontrarse con el paredón° y se recargó° allí, sin soltar la carga de sus hombros. Aunque se le doblaban las piernas,° no quería sentarse, porque después no   25
hubiera podido levantar el cuerpo de su hijo, al que allá atrás, horas antes, le habían ayudado a echárselo a la espalda.° Y así lo

echárselo... *to load him on his back*

había traído desde entonces.

—¿Cómo te sientes?

30   —Mal.

Hablaba poco. Cada vez menos. En ratos parecía dormir. En ratos parecía tener frío. Temblaba. Sabía cuándo le agarraba a su hijo el temblor por las sacudidas° que le daba, y porque los pies se le encajaban en los ijares como espuelas.° Luego las manos del
35   hijo, que traía trabadas° en su pescuezo,° le zarandeaban la cabeza como si fuera una sonaja.°

Él apretaba° los dientes para no morderse la lengua y cuando acababa aquello le preguntaba:

—¿Te duele mucho?
40   —Algo —contestaba él.

Primero le había dicho: "Apéame° aquí… Déjame aquí… Vete tú solo. Yo te alcanzaré° mañana o en cuanto me reponga° un poco". Se lo había dicho como cincuenta veces. Ahora ni siquiera eso decía.
45   Allí estaba la luna. Enfrente de ellos. Una luna grande y colorada que les llenaba de luz los ojos y que estiraba y oscurecía más su sombra sobre la tierra.

—No veo ya por dónde voy —decía él.

Pero nadie le contestaba.
50   El otro iba allá arriba, todo iluminado por la luna, con su cara descolorida, sin sangre, reflejando una luz opaca. Y él acá abajo.

—¿Me oíste, Ignacio? Te digo que no veo bien.

Y el otro se quedaba callado.

Siguió caminando, a tropezones. Encogía el cuerpo y luego se
55   enderezaba para volver a tropezar de nuevo.

—Éste no es ningún camino. Nos dijeron que detrás del cerro° estaba Tonaya. Ya hemos pasado el cerro. Y Tonaya no se ve, ni se oye ningún ruido que nos diga que está cerca. ¿Por qué no quieres decirme qué ves, tú que vas a allá arriba, Ignacio?
60   —Bájame, padre.

—¿Te sientes mal?

—Sí.

—Te llevaré a Tonaya a como dé lugar.° Allí encontraré quien te cuide. Dicen que allí hay un doctor. Yo te llevaré con él. Te he
65   traído cargado° desde hace horas y no te dejaré tirado aquí para que acaben contigo quienes sean.

Se tambaleó un poco. Dio dos o tres pasos de lado° y volvió a enderezarse.

—Te llevaré a Tonaya.
70   —Bájame.

Sabía… He knew when the trembling would seize his son because of the jerking / se… would dig in his loins like spurs / locked / neck / rattle

gritted

Let me down

? / I recover

hill

a… no matter what

Te… I have been carrying you

de… sideways

soft / whispered

Al... After all / te... I have a
good grip on you

to bend

held tightly

Su voz se hizo quedita,° apenas murmurada:°
—Quiero acostarme un rato.
—Duérmete allí arriba. Al cabo° te llevo bien agarrado.°
La luna iba subiendo, casi azul, sobre un cielo claro. La cara
del viejo, mojada de sudor, se llenó de luz. Escondió los ojos para
no mirar de frente, ya que no podía agachar° la cabeza
agarrotada° entre las manos de su hijo.   75

—Todo esto que hago, no lo hago por usted. Lo hago por su
difunta madre. Porque usted fue su hijo. Por eso lo hago. Ella me
reconvendría si yo lo hubiera dejado tirado allí, donde lo   80
encontré, y no lo hubiera recogido para llevarlo a que lo curen,
como estoy haciéndolo. Es ella la que me da ánimos, no usted.
Comenzando porque a usted no le debo más que puras
dificultades, puras mortificaciones, puras vergüenzas.

Sudaba al hablar. Pero el viento de la noche le secaba el sudor.   85
Y sobre el sudor seco, volvía a sudar.

Me... I will break my back

?

?

—Me derrengaré,° pero llegaré con usted a Tonaya, para que
le alivien esas heridas que le han hecho. Y estoy seguro de que, en
cuanto se sienta usted bien, volverá a sus malos pasos.° Eso ya no
me importa. Con tal que se vaya lejos, donde yo no vuelva a   90
saber de usted. Con tal de eso… Porque para mí usted ya no es mi
hijo. He maldecido° la sangre que usted tiene de mí. La parte que
a mí me tocaba la he maldecido. He dicho: "¡Que se le pudra en
los riñones la sangre que yo le di!"° Lo dije desde que supe que
usted andaba trajinando ° por los caminos, viviendo del robo y   95
matando gente… Y gente buena. Y si no,° allí está mi compadre
Tranquilino. El que lo bautizó a usted. El que le dio su nombre. A
él también le tocó la mala suerte de encontrarse con usted. Desde
entonces dije: "Ése no puede ser mi hijo".

¡Que... May the blood that
I gave you rot in your
kidneys! / wandering
Y... And if you don't
believe me

—Mira a ver si ya ves algo. O si oyes algo. Tú que puedes   100
hacerlo desde allá arriba, porque yo me siento sordo.
—No veo nada.
—Peor para ti, Ignacio.
—Tengo sed.
—¡Aguántate! Ya debemos estar cerca. Lo que pasa es que ya   105
es muy noche y han de haber apagado la luz en el pueblo. Pero al
menos debías de oír si ladran los perros. Haz por oír.°

Haz... Try to hear.

—Dame agua.
—Aquí no hay agua. No hay más que piedras. Aguántate. Y
aunque la hubiera, no te bajaría a tomar agua. Nadie me ayudará   110
a subirte otra vez y yo solo no puedo.

—Tengo mucha sed y mucho sueño.

—Me acuerdo cuando naciste. Así eras entonces. Despertabas
con hambre y comías para volver a dormirte. Y tu madre te daba
agua, porque ya te habías acabado la leche de ella. No tenías
llenadero.° Y eras muy rabioso.° Nunca pensé que con el tiempo
se te fuera a subir aquella rabia a la cabeza... Pero así fue. Tu
madre, que descanse en paz, quería que te criaras fuerte. Creía
que cuando tú crecieras irías a ser su sostén.° No te tuvo más que
a ti. El otro hijo que iba a tener la mató. Y tú la hubieras matado
otra vez si ella estuviera viva a estas alturas.°

Sintió que el hombre aquel que llevaba sobre sus hombros dejó
de apretar las rodillas y comenzó a soltar los pies, balanceándolos
de un lado para otro. Y le pareció que la cabeza, allá arriba, se
sacudía como si sollozara.°

Sobre su cabello° sintió que caían gruesas gotas, como de
lágrimas.

—¿Lloras, Ignacio? Lo hace llorar a usted el recuerdo de su
madre, ¿verdad? pero nunca hizo usted nada por ella. Nos pagó
siempre mal. Parece que, en lugar de cariño, le hubiéramos
retacado el cuerpo de maldad.° ¿Y ya ve? Ahora lo han herido.
¿Qué pasó con sus amigos? Los mataron a todos. Pero ellos no
tenían a nadie. Ellos bien hubieran podido decir: "No tenemos a
quién darle nuestra lástima". ¿Pero usted, Ignacio?

*   *   *

Allí estaba ya el pueblo. Vio brillar los tejados ° bajo la luz de
la luna. Tuvo la impresión de que lo aplastaba el peso° de su hijo
al sentir que las corvas° se le doblaban en el último esfuerzo. Al
llegar al primer tejabán, se recostó° sobre el pretil° de la acera y
soltó el cuerpo flojo,° como si lo hubieran descoyuntado.°

Destrabó° difícilmente los dedos con que su hijo había venido
sosteniéndose° de su cuello y, al quedar libre, oyó cómo por todas
partes ladraban los perros.

—¿Y tú no los oías, Ignacio? —dijo—. No me ayudaste ni
siquiera con esta esperanza.

115	No... *You couldn't be filled up / ?*
	support
120	*a... at this point*
125	*he were sobbing*
	hair
130	*Parece... It seems that, instead of affection, we gave you nothing but wickedness.*
135	*roofs*
	weight
	back of the knees
	he rested briefly / railing
	limp / disjointed
140	*He unclasped*
	holding on

Comprensión

A. ¿Cierta o falsa? Lee las siguientes frases y decide si la información es cierta o falsa, según el cuento. Si la información es falsa, escribe la información correcta.

1. El padre y el hijo iban a un pueblo que se llamaba Tonaya.

2. Tonaya estaba encima de un cerro.

3. El padre no quería sentarse porque no iba a poder levantarse de nuevo.

4. El muchacho temblaba de vez en cuando.

5. El hijo le sugirió al padre que lo dejara atrás.

6. A medida que andaban, el hijo hablaba más.

7. El padre no tenía mucha dificultad mientras caminaba.

8. Al padre le sorprendía que todavía no hubieran llegado a Tonaya.

9. El padre decidió dejar a Ignacio en el camino.

10. El cuento tiene lugar por la mañana.

11. Al padre lo motivaba el recuerdo de su esposa.

12. El padre creía que su hijo ya no continuaría siendo un delincuente.

13. El hijo había matado a su padrino (*godfather*).

14. La madre nunca tuvo esperanzas de que el hijo la ayudaría cuando creciera.

15. Al final del cuento ya estaban cerca del pueblo.

16. Al final del cuento el padre no oyó los perros.

B. Comprensión general Con tus propias palabras, responde a las siguientes preguntas. Luego, comparte las respuestas con los otros estudiantes de la clase.

1. ¿Por qué le preguntaba el padre constantemente a Ignacio si oía ladrar los perros?

2. Describe cómo se sentía el padre físicamente mientras llevaba a Ignacio a Tonaya.

3. ¿Qué le daba ánimo al padre?

4. Describe los sentimientos que tenía el padre hacia el hijo.

5. ¿Qué le sucedió a Ignacio al final del cuento?

6. Explica lo que significa para ti la última línea del cuento.

C. De la misma familia Las palabras de la lista a continuación son palabras que probablemente ya conoces. Escribe todas las palabras de la misma familia que conozcas.

temblaba (temblar) [línea 32]	vergüenzas [línea 84]
morderse [línea 37]	brillar [línea 135]
oscurecía (oscurecer) [línea 46]	esperanza [línea 144]
camino [línea 56]	

D. En contexto Imagínate que quieres explicarle a un(a) compañero(a) de clase el significado de las siguientes palabras. En español, explica lo que cada una de las palabras significa. Escribe las explicaciones para luego compartirlas con el resto de la clase.

sombra [línea 9]	sudor [línea 75]
tambaleante [línea 12]	heridas [línea 88]
oscurecía (oscurecer) [línea 46]	robo [línea 95]
tropezar [línea 55]	tejados [línea 135]

E. Al punto Lee las siguientes preguntas o frases incompletas. Luego, escoge la mejor respuesta o terminación según la lectura.

1. El padre quería saber si Ignacio oía alguna señal porque…
   a. temía que los descubrieran.
   b. quería llegar a Tonaya antes del amanecer *(dawn)*.
   c. estaba ansioso por llegar a Tonaya.
   d. le temía a la oscuridad.

2. El padre tenía mucha dificultad al caminar porque…
   a. llevaba a Ignacio en los hombros.
   b. lo habían herido en la pierna.
   c. Ignacio no quería soltarle la pierna.
   d. le molestaba la luz de la luna.

3. ¿Cómo sabemos que Ignacio estaba muy enfermo?
   a. Por su manera de caminar.
   b. Por lo que le decía al padre.
   c. Por sus gritos constantes.
   d. Por sus movimientos bruscos.

4. ¿Qué le había dicho Ignacio al padre varias veces?
   a. Que quería regresar adonde estaba su madre.
   b. Que lo dejara allí hasta que se mejorara.
   c. Que estaba disfrutando de su compañía.
   d. Que lo llevara de la mano por un rato.

5. El padre llevaba a Ignacio a Tonaya para que...
   a. lo curara un doctor.
   b. buscara trabajo.
   c. se encontrara con sus amigos.
   d. se reuniera con su madre.

6. Por lo que decía el padre, sabemos que Ignacio había sido la causa de...
   a. mucho éxito.
   b. mucho orgullo.
   c. mucha angustia.
   d. muchas enfermedades.

7. El padre estaba convencido de que una vez que Ignacio se curara, éste...
   a. podría abandonar la vida que llevaba.
   b. ayudaría a mantener a la familia.
   c. continuaría siendo un delincuente.
   d. tendría la oportunidad de trabajar con él.

8. ¿Qué le hizo Ignacio a Tranquilino?
   a. Lo bautizó.
   b. Lo maldijo.
   c. Lo mató.
   d. Lo salvó.

9. ¿Por qué no quería el padre bajar a Ignacio de los hombros?
   a. Porque no quería perder tiempo.
   b. Porque Ignacio podría escapar.
   c. Porque estaba disfrutando mucho la conversación.
   d. Porque no podría subirlo a los hombros de nuevo.

10. ¿De qué murió la madre de Ignacio?
    a. De rabia.
    b. De un embarazo.
    c. De tristeza.
    d. De una enfermedad.

11. Cuando el padre le hablaba a Ignacio sobre su niñez, éste...
    a. se reía.
    b. se enfadaba.
    c. parecía llorar.
    d. parecía tranquilizarse.

12. ¿Cómo se dio cuenta el padre de que estaban llegando a Tonaya?
    a. Al ver los techos de las casas.
    b. Al ver los perros.
    c. Al distinguir a varias personas.
    d. Al oír lo que decía Ignacio.

13. ¿Qué parecía haberle ocultado Ignacio al padre?
    a. Que él oía ladrar los perros.
    b. Que él sabía el camino a Tonaya.
    c. Que él no estaba tan enfermo.
    d. Que él no quería llegar a Tonaya.

14. ¿Cómo parecía sentirse el padre al final del cuento?
    a. Feliz.
    b. Desanimado.
    c. Tranquilo.
    d. Enloquecido.

F. Ahora te toca a ti Una buena manera de repasar lo que has leído es hacerles preguntas acerca del cuento a los otros estudiantes y responder a las preguntas que ellos tienen. Escribe por lo menos cinco preguntas que quisieras hacerles a ellos. Las preguntas pueden ser para ver si ellos han comprendido o para aclarar cualquier duda que tú tengas. Los temas a continuación pueden darte algunas posibilidades para tus preguntas.

- la relación entre el padre y el hijo
- los esfuerzos del padre al llevar al hijo a Tonaya
- la madre de Ignacio
- el compadre Tranquilino
- el cambio en la forma en que el padre le habla al hijo
- lo que sucede al final del cuento

Un paso más

Vocabulario útil para conversar y para escribir

Aquí tienes una lista de palabras y expresiones que te ayudarán a expresar tus ideas. Trata de incluirlas en la discusión con los otros estudiantes o en los ejercicios de escritura.

a fin de cuentas	*after all, in the final analysis*
al mismo tiempo	*at the same time*
castigar	*to castigate, punish*
comportarse	*to behave oneself*
de brazos cruzados	*doing nothing*
desmayarse	*to faint*
en tal caso	*in such case*
incomprensible	*incomprehensible*
malcriado(a)	*ill-bred*
la maldad	*wickedness, evil*
malicioso(a)	*evil-minded*
me parece absurdo	*it seems absurd to me*
no poder soportar más	*not to be able to take any more*
la piedad	*mercy, pity*
reflexionar	*to reflect*
sinvergüenza	*scoundrel*
superar	*to overcome*

Para conversar

A. Si yo hubiera sido... Si hubieras sido el padre de Ignacio, ¿qué habrías hecho? ¿Habrías tenido tanta paciencia? ¿Habrías ayudado tanto a Ignacio? Piensa cuidadosamente en la situación y describe lo que habrías hecho. En grupos de tres o cuatro discute tus ideas con los otros estudiantes.

B. La manera de hablar En varias partes del cuento el padre cambia la manera en que le habla a su hijo. En las líneas 78–84, 87–99, 128–134, usa la forma usted, en otras partes usa la forma tú. ¿Hay una diferencia en las partes donde usa la forma usted y en las partes donde usa la forma tú? ¿Cuál es el tema de la conversación en las diferentes partes? ¿Por qué crees que hace esto? Expresa tu opinión y preséntale tus ideas al resto de la clase.

C. La repetición A través del cuento el padre repite ciertas frases varias veces. En tu opinión, ¿por qué repite él estas frases? ¿Qué efecto está tratando de crear el autor? Piensa en las respuestas a estas preguntas y discute tu opinión con tus compañeros de clase en grupos de tres o cuatro estudiantes.

D. El futuro de Ignacio Imagínate que el doctor en Tonaya cura a Ignacio. ¿Volverá Ignacio a la mala vida de antes? ¿Cómo será el futuro de Ignacio? ¿Qué le pasará al padre? Da todos los detalles posibles. Prepara tus ideas para que las compartas con tus compañeros de clase en grupos pequeños.

E. Una película Imagínate que un(a) director(a) de cine va a hacer una película sobre este cuento. ¿Qué actores piensas tú que serían ideales para esta película? Escoge a un actor para el papel del padre, otro para el papel del hijo y una actriz para el papel de la madre. Explica por qué escogiste a estos actores. En grupos pequeños, compartan sus ideas y luego escojan a los mejores actores para discutirlos con el resto de la clase.

F. El final del cuento Las últimas líneas del cuento parecen reafirmar lo que ha sentido el padre a través del cuento: "¿Y tú no los oías [los ladridos de los perros], Ignacio? —dijo—. No me ayudaste ni siquiera con esta esperanza".

1. ¿Qué parece insinuar el padre cuando le dice esto a Ignacio?

2. ¿Por qué es esta frase una reafirmación de sus sentimientos?

3. ¿Qué sentía el padre?

4. ¿Cómo te sentiste tú cuando leíste esta parte del cuento? ¿Sentiste tristeza, enojo, desesperanza, lástima? Describe todos los sentimientos que tuviste y explica por qué te sentiste de esa manera. Discute tus ideas en grupos de tres o cuatro estudiantes.

G. El amor de los padres Muchos dicen que el amor de un padre o de una madre debe ser incondicional. ¿Estás de acuerdo con esta opinión? ¿Hay casos en que se puede justificar la falta de amor de un padre o de una madre hacia su hijo(a)? ¿Cuáles son esos casos? Tu respuesta puede ser polémica, así que debes prepararte bien para defender tu punto de vista con tus compañeros de clase.

Para escribir

A. Un resumen Escribe un resumen del cuento en menos de 50 palabras. Piensa en los aspectos más importantes y trata de responder a estas cinco preguntas: ¿quiénes?, ¿qué?, ¿dónde?, ¿cuándo? y ¿por qué? Antes de empezar a escribir, haz una lista de las palabras que vas a necesitar para el resumen.

B. Otro punto de vista Imagínate que Ignacio es la persona que nos cuenta el cuento. ¿Cómo crees tú que Ignacio narraría el cuento? ¿Qué sería diferente? Escribe un párrafo en el que expliques cómo Ignacio contaría el cuento.

C. Más información... Quizás el autor no ha incluido toda la información que en tu opinión debería haber incluido. Escribe dos párrafos en los que expliques:

1. lo que a ti te hubiera gustado que el autor incluyera en el cuento

2. la razón por la cual piensas que él debería haber incluido esta información

D. El control de los hijos Muchos dicen que los padres en la sociedad de hoy no pueden controlar a sus hijos. ¿Estás de acuerdo con esta declaración? ¿Por qué? Escribe un párrafo en el que discutas tu opinión sobre este tema. Puedes usar algunas de las ideas que expresaste en el ejercicio C de la sección **Antes de leer.**

E. Mi opinión sobre Ignacio Haz una lista de adjetivos que en tu opinión describen bien a Ignacio. Una vez que hayas hecho la lista, escoge los adjetivos más adecuados, y escribe un párrafo en el que expreses lo que tú piensas de él.

F. El dilema del padre A través del cuento es evidente que el padre tiene un dilema entre la compasión que siente por el hijo y el enojo que siente hacia él. Escribe un párrafo en el que discutas por qué se siente así el padre. Incluye también cómo te sentirías tú si fueras el padre. Puedes usar algunas de las ideas que expresaste en los ejercicios anteriores.

G. La reforma de los jóvenes Muchos piensan que cuando los jóvenes están involucrados en actos delincuentes es casi imposible que se reformen. Otros piensan que sí es posible. ¿Cuál es tu opinión? Escribe un ensayo de unas 200 palabras en el que discutas tus ideas sobre este tema. Usa la siguiente guía o tu propia guía para organizar las ideas.

1. Expón tu opinión.

2. Describe como reformar a los jóvenes delincuentes.

3. Explica los resultados que pueden obtenerse.

4. Concluye el ensayo teniendo en cuenta los puntos anteriores.

H. Consejos al padre Al final del cuento el padre parece muy desanimado y casi destruido por el comportamiento del hijo. Imagínate que le puedes escribir una carta. ¿Qué le dirías? ¿Cómo tratarías de animarlo? ¿Qué consejos le darías? Antes de empezar a escribir, haz una lista de todas las cosas que le quisieras decir. Luego, agrupa las ideas para organizar el ensayo. La carta debe tener unas 200 palabras.

Informal Writing

Directions: For the following questions, you will write a message. You have 10 minutes to read the question and write your response.

Instrucciones: Para las preguntas siguientes, escribirás un mensaje. Tienes 10 minutos para leer la pregunta y escribir tu respuesta.

You may find **Appendix A** (Some Expressions Used to Connect Ideas) and **Appendix C** (Some Expressions Used to Begin and End a Written Message) especially useful as you complete these exercises.

Mensaje 1
Imagina que tienes un buen amigo que siempre está metido en problemas. Escríbele una nota aconsejándolo y
- menciona un incidente específico
- dile cómo lo supiste
- dile como te sentiste al saberlo
- dale un consejo

Mensaje 2
Imagina que has hecho algo que sabes disgustará mucho a tus padres. Escríbeles una nota a tus padres y
- menciona lo que hiciste
- expresa tu arrepentimiento
- diles lo que harás en el futuro

Comprensión auditiva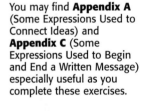

Escucha las siguientes selecciones. Después de cada selección vas a escuchar varias preguntas. Escoge la mejor respuesta para cada pregunta entre las opciones impresas en tu libro.

Selección número 1

Escucha la siguiente selección sobre un artículo en el cual se habla de la relación entre dos hermanas.

Número 1
- **a.** Los problemas del matrimonio.
- **b.** Las revistas para la familia moderna.
- **c.** La relación entre dos hermanas.
- **d.** Las diferencias entre los miembros de la familia.

Número 2
- **a.** Lo mucho que había cambiado.
- **b.** La unión que tenía con ella.
- **c.** La enfermedad que tenía su madre.
- **d.** Los problemas que existían entre ellas.

Número 3
- **a.** De que es mejor distanciarse de la familia.
- **b.** De que tiene mucho en común con su hermana.
- **c.** De que a veces es mejor compartir los secretos.
- **d.** De que la amistad ayuda con la salud mental.

Selección número 2

Escucha la siguiente selección sobre el líder campesino Emiliano Zapata.

Número 1
- **a.** Organizaron a los dueños de tierra.
- **b.** Negociaron un contrato de trabajo.
- **c.** Repartieron tierras a los campesinos.
- **d.** Participaron en una huelga.

Número 2
- **a.** Por explotar a los campesinos.
- **b.** Por quedarse con muchas de las tierras.
- **c.** Por no reconocer la explotación de los campesinos.
- **d.** Por los métodos que usaba para obtener justicia.

Número 3
- **a.** La situación del campesino no ha cambiado.
- **b.** La gente no recuerda a Emiliano Zapata.
- **c.** Los campesinos ahora son los explotadores.
- **d.** Los campesinos rechazan la reforma agraria.

Simulated Conversation

You may find **Appendix B** (Some Expressions Used for Oral Communication) especially useful as you complete these exercises.

Directions: You will now participate in a simulated conversation. First, you will have one minute to read the outline of the conversation. Afterward, the conversation will begin, following the outline. Each time it is your turn, you will have 20 seconds to respond; a tone will indicate when you should begin and end speaking. You should participate in the conversation as fully and appropriately as possible.

Instrucciones: Ahora participarás en una conversación simulada. Primero, tendrás un minuto para leer el bosquejo *(outline)* de la conversación. Después empezará la conversación, siguiendo el bosquejo. Siempre que te toque, tendrás 20 segundos para responder; una señal te indicará cuándo debes empezar y terminar de hablar. Debes participar en la conversación de la manera más completa y apropiada posible.

Imagina que hablas con Luis, un amigo que no se lleva bien con sus padres.

La conversación
[The shaded lines reflect what you will hear on the recording.]
[Las líneas en gris reflejan lo que escucharás en la grabación.]

Luis	• *Comienza la conversación.*
Tú	• *Continúa la conversación.*
Luis	• *Continúa la conversación.*
Tú	• *Haz una sugerencia.*
Luis	• *Continúa la conversación.*
Tú	• *Trata de convencerlo.*
Luis	• *Expresa su acuerdo.*
Tú	• *Expresa tu reacción.*
Luis	• *Continúa la conversación.*
Tú	• *Expresa tu deseo de seguir informado.*
Luis	• *Expresa su acuerdo.*
Tú	• *Termina la conversación y despídete.*
Luis	• *Se despide.*

Go Online
For: Additional practice
Visit: www.PHSchool.com
Web Code: jjd-0008

El árbol de oro

Ana María Matute

Capítulo 9

Antes de leer

A. Para discutir en clase Mira el dibujo y descríbelo detalladamente. Para la discusión con el resto de la clase, usa la lista de palabras a continuación y añade otras que te ayuden a expresar tus ideas. En la presentación incluye las respuestas a las preguntas que aparecen en la próxima página.

---

agacharse	la cruz	la rendija
brillar	las hojas	resplandecer
el cajón	la llave	la torrecita
los charcos	las ramas	el tronco

Abriendo paso:
Gramática

Preterite and imperfect indicative: Unidad 1, págs. 1 a 15; RG 1, págs. 30 a 45
Present indicative, *ser/estar,* and reflexive verbs: Unidades 2 y 3, págs. 49 a 72 y 95 a 115; RG 2 y 3, págs. 73 a 94 y 116 a 132

1. ¿Dónde está el chico?

2. ¿Qué hay en el cuarto donde está?

3. ¿Por qué está encima de una caja?

4. ¿Qué mira? ¿Por dónde mira?

5. ¿Qué hay en la tierra? ¿Hay mucha vegetación? ¿Qué vemos en la distancia? ¿Qué impresión parece dar el campo en el dibujo?

6. Describe el árbol. ¿Por qué tiene rayos a su alrededor? ¿Qué hay en el árbol?

7. ¿Por qué piensas que está triste la niña?

B. Fascinación Generalmente durante la niñez conocemos a personas que nos causan cierta fascinación o que nos parecen misteriosas. Estas personas pueden tener habilidades especiales o una personalidad ejemplar o extraña. Describe a una persona que hayas conocido y que te haya infundido (*instilled*) esta sensación y explica por qué. Prepara una lista de palabras y expresiones para presentarle la descripción a la clase.

C. Una selección Lee el siguiente párrafo de "El árbol de oro". En él, la narradora habla sobre la razón por la cual no regresó a la ciudad. Aunque la autora no nos dice si la persona que narra es un chico o una chica, se puede asumir que es una chica. Después de leer la selección, haz los ejercicios que aparecen al final.

Asistí durante el otoño a la escuela de la señorita Leocadia, en la aldea,° porque mi salud no andaba bien y el abuelo retrasó° mi vuelta° a la ciudad. Como era el tiempo frío y estaban los suelos embarrados° y no se veía rastro° de muchachos, me aburría dentro de la casa, y pedí al abuelo asistir a la escuela. El abuelo consintió, y acudí° a aquella casita alargada y blanca de cal,° con el tejado pajizo° y requemado° por el sol y las nieves, a las afueras del pueblo.

small village / delayed, put off / ?

estaban... the grounds were all muddy / trace

? / lime
tejado... thatched roof / dried

1. Haz una lista de los aspectos que describen el ambiente: la naturaleza y el tiempo. ¿Qué sensación trata de crear la autora en este primer párrafo?

2. Ahora completa las frases de la columna A con la terminación correcta de la columna B, según la información del párrafo. En la columna B hay más respuestas de las que necesitas.

	A		**B**
1.	La señorita Locadia era...	**a.**	todos estaban en la escuela.
2.	La chica no regresó a la ciudad porque...	**b.**	se quedara en la aldea.
3.	El abuelo decidió que la chica...	**c.**	la maestra de la escuela.
4.	No se veían muchachos porque...	**d.**	la única amiga de la chica.
5.	La chica estaba aburrida porque...	**e.**	estaba enferma.
		f.	no había nadie con quien jugar.
		g.	hacía mal tiempo.
		h.	había salido mal en sus clases.

D. Una conversación Ahora lee una conversación que tiene la narradora con Ivo, un compañero de clase. Presta atención a la descripción del árbol y a la relación entre los dos personajes. Luego, haz los ejercicios que aparecen después de la selección.

—Veo un árbol de oro. Un árbol completamente de oro: ramas, tronco, hojas... ¿sabes? Las hojas no se caen nunca. En verano, en invierno, siempre. Resplandece mucho; tanto, que tengo que cerrar los ojos para que no me duelan.

liar / uneasiness, anxiety

—¡Qué embustero° eres! —dije, aunque con algo de zozobra.° Ivo me miró con desprecio.°

scorn

Me... it doesn't matter to me at all

—No te lo creas —contestó—. Me es completamente igual° que te lo creas o no... ¡Nadie entrará nunca en la torrecita, y a nadie dejaré ver mi árbol de oro! ¡Es mío! La señorita Leocadia lo sabe, y no se atreve° a darle la llave a Mateo Heredia, ni a nadie... ¡Mientras yo viva, nadie podrá entrar allí y ver mi árbol!

no... she doesn't dare

1. Lee las siguientes frases y decide si la información es cierta o falsa, según el cuento. Si la información es falsa, escribe la información correcta.

    a. Ivo veía un árbol sin ramas.

    b. El árbol brillaba mucho.

    c. La narradora no creía lo que le decía Ivo.

    d. A Ivo le importaba mucho lo que pensaba la narradora.

    e. Según Ivo, ninguna persona podría ver el árbol.

    f. La maestra sabía el secreto de Ivo.

    g. Mateo Heredia tenía la llave para entrar a la torrecita.

    h. Cuando Ivo muriera, otras personas podrían ver el árbol.

2. Explica por qué era tan especial el árbol que describía Ivo.

3. Explica la reacción de la narradora cuando Ivo le describió el árbol.

4. ¿Cómo podríamos describir a Ivo en esta selección? Escoge el adjetivo que en tu opinión describe mejor a Ivo y explica por qué piensas de esa manera.

agitado	comprensivo	ofendido
agradable	enfadado	preocupado

5. Teniendo en cuenta las selecciones que acabas de leer en los ejercicios C y D, ¿qué piensas que va a pasar en el cuento? Explica tu opinión en por lo menos tres o cuatro frases.

La autora

Ana María Matute

Ana María Matute ocupa un lugar muy distinguido entre las escritoras españolas del siglo XX. Nació en Barcelona en 1926, y a muy temprana edad mostró su capacidad como escritora. La mayoría de sus obras tienen niños como personajes principales. Estos niños se desenvuelven en un ambiente trágico, mezcla de realidad y fantasía, y Matute nos los presenta con gran sensibilidad y agudo dramatismo. Entre los temas de sus obras encontramos la muerte, la huida, la infancia, el amor y el odio, la soledad y el aislamiento del individuo. En 1960 recibió el Premio Nadal por su obra *Primera memoria* (1959). Otros premios que ha recibido son el Premio Planeta y el Premio Café Gijón. Entre sus obras están *Los Abel* (1948), *Fiesta al Noroeste* (1953), *Los niños tontos* (1956) e *Historia de la Artámila* (1961).

Al leer

Mientras lees el cuento ten presentes las siguientes ideas:

- la descripción de los personajes
- la envidia que existe entre algunos personajes
- la naturaleza / el ambiente

Lectura

El árbol de oro
Ana María Matute

Asistí durante un otoño a la escuela de la señorita Leocadia, en la aldea, porque mi salud no andaba bien y el abuelo retrasó mi vuelta a la ciudad. Como era el tiempo frío y estaban los suelos embarrados y no se veía rastro de muchachos, me aburría dentro
5 de la casa, y pedí al abuelo asistir a la escuela. El abuelo consintió, y acudí a aquella casita alargada y blanca de cal, con el tejado pajizo y requemado por el sol y las nieves, a las afueras del pueblo.

La señorita Leocadia era alta y gruesa,° tenía el carácter más
10 bien áspero y grandes juanetes° en los pies, que la obligaban a andar como quien arrastra cadenas.° Las clases en la escuela, con la lluvia rebotando° en el tejado y en los cristales, con las moscas pegajosas° de la tormenta persiguiéndose alrededor de la bombilla,° tenían su atractivo. Recuerdo especialmente a un
15 muchacho de unos diez años, hijo de un aparcero° muy pobre, llamado Ivo. Era un muchacho delgado, de ojos azules, que bizqueaba° ligeramente al hablar. Todos los muchachos y muchachas de la escuela admiraban y envidiaban° un poco a Ivo, por el don que poseía de atraer la atención sobre sí, en todo
20 momento. No es que fuera ni inteligente ni gracioso, y, sin embargo, había algo en él, en su voz quizás, en las cosas que contaba, que conseguía cautivar a quien le escuchase. También la señorita Leocadia se dejaba prender de aquella red de plata que Ivo tendía° a cuantos atendían sus enrevesadas° conversaciones, y
25 —yo creo que muchas veces contra su voluntad—° la señorita Leocadia le confiaba a Ivo tareas° deseadas por todos, o distinciones que merecían alumnos más estudiosos y aplicados.

Quizá lo que más se envidiaba de Ivo era la posesión de la codiciada° llave de la torrecita. Ésta era, en efecto, una pequeña
30 torre situada en un ángulo de la escuela, en cuyo interior se guardaban los libros de lectura. Allí entraba Ivo a buscarlos, y allí

heavy-set
bunions
arrastra... *drags chains*
bouncing
moscas... *pesky flies*
bulb
sharecropper

squinted
?

se... *she allowed herself to be caught in the silver net he cast / complicated, intricate /* contra... *against her will / chores*

coveted

volvía a dejarlos, al terminar la clase. La señorita Leocadia se lo encomendó° a él, nadie sabía en realidad por qué.

Ivo estaba muy orgulloso de esta distinción, y por nada del mundo la hubiera cedido.° Un día, Mateo Heredia, el más aplicado y estudioso de la escuela, pidió encargarse de° la tarea —a todos nos fascinaba el misterioso interior de la torrecita, donde no entramos nunca—, y la señorita Leocadia pareció acceder.° Pero Ivo se levantó, y acercándose a la maestra empezó a hablarle en su voz baja, bizqueando los ojos y moviendo mucho las manos, como tenía por costumbre. La maestra dudó un poco, y al fin dijo:

—Quede todo como estaba.° Que siga encargándose Ivo de la torrecita.

A la salida de la escuela le pregunté:

—¿Qué le has dicho a la maestra?

Ivo me miró de través° y vi relampaguear° sus ojos azules.

—Le hablé del árbol de oro.

Sentí una gran curiosidad.

—¿Qué árbol?

Hacía frío y el camino estaba húmedo, con grandes charcos que brillaban al sol pálido de la tarde. Ivo empezó a chapotear° en ellos, sonriendo con misterio.

—Si no se lo cuentas a nadie...

—Te lo juro,° que a nadie se lo diré.

Entonces Ivo me explicó:

—Veo un árbol de oro. Un árbol completamente de oro: ramas, tronco, hojas... ¿sabes? Las hojas no se caen nunca. En verano, en invierno, siempre. Resplandece mucho; tanto, que tengo que cerrar los ojos para que no me duelan.

—¡Qué embustero eres! —dije, aunque con algo de zozobra. Ivo me miró con desprecio.

—No te lo creas —contestó—. Me es completamente igual que te lo creas o no... ¡Nadie entrará nunca en la torrecita, y a nadie dejaré ver mi árbol de oro! ¡Es mío! La señorita Leocadia lo sabe, y no se atreve a darle la llave a Mateo Heredia, ni a nadie... ¡Mientras yo viva, nadie podrá entrar allí y ver mi árbol!

Lo dijo de tal forma que no pude evitar preguntarle:

—¿Y cómo lo ves...?

—Ah, no es fácil —dijo, con aire misterioso—. Cualquiera no podría verlo. Yo sé la rendija exacta.

—¿Rendija...?

—Sí, una rendija de la pared. Una que hay corriendo el cajón
de la derecha: me agacho y me paso horas y horas... ¡Cómo brilla
el árbol! ¡Cómo brilla! Fíjate que si algún pájaro se le pone
encima también se vuelve° de oro. Eso me digo yo: si me subiera a
una rama, ¿me volvería acaso de oro también?

No supe qué decirle, pero, desde aquel momento mi deseo de
ver el árbol creció de tal forma que me desasosegaba.° Todos los
días, al acabar la clase de lectura, Ivo se acercaba al cajón de la
maestra, sacaba la llave y se dirigía a la torrecita. Cuando volvía,
le preguntaba:

—¿Lo has visto?

—Sí —me contestaba. Y, a veces, explicaba alguna novedad:

—Le han salido unas flores raras. Mira: así de grandes, como
mi mano lo menos, y con los pétalos alargados.° Me parece que
esta flor es parecida al arzadú.°

—¡La flor del frío! —decía yo, con asombro°—. ¡Pero el
arzadú es encarnado!°

—Muy bien —asentía él, con gesto de paciencia—. Pero en mi
árbol es oro puro.

—Además, el arzadú crece al borde° de los caminos... y no es
un árbol.

No se podía discutir con él. Siempre tenía razón, o por lo
menos lo parecía.

Ocurrió entonces algo que secretamente yo deseaba; me
avergonzaba° sentirlo, pero así era: Ivo enfermó, y la señorita
Leocadia encargó a otro la llave de la torrecita. Primeramente, la
disfrutó Mateo Heredia. Yo espié su regreso, el primer día, y le dije:

—¿Has visto un árbol de oro?

—¿Qué andas graznando?° —me contestó de malos modos,
porque no era simpático, y menos conmigo. Quise dárselo a
entender, pero no me hizo caso.° Unos días después, me dijo:

—Si me das algo a cambio,° te dejo un ratito la llave y vas
durante el recreo. Nadie te verá...

Vacié mi hucha,° y, por fin, conseguí la codiciada llave. Mis
manos temblaban de emoción cuando entré en el cuartito de la
torre. Allí estaba el cajón. Lo aparté° y vi brillar la rendija en la
oscuridad. Me agaché y miré.

Cuando la luz dejó de cegarme, mi ojo derecho sólo descubrió
una cosa: la seca tierra de la llanura° alargándose hacia el cielo.
Nada más. Lo mismo que se veía desde las ventanas altas. La

se... *it becomes*

me... *it made me uneasy, it
unsettled me*

?
flowering plant
con... *with astonishment*
flesh-colored, red

al... *on the edge, border*

me... *made me ashamed*

croaking

no... *he didn't pay attention
to me / a... ?*

Vacié... *I emptied my piggy
bank*

Lo... *I moved it aside*

prairie

desnuda... *bare and barren*

me... *I had been swindled*

hacia... *toward the road*

peaceful

grasienta... *grimy and abounding with stones /* entre... *among the crosses*

rusty

I was straightening it

tierra desnuda y yerma,° y nada más que la tierra. Tuve una gran decepción y la seguridad de que me habían estafado.°

Olvidé la llave y el árbol de oro. Antes de que llegaran las nieves regresé a la ciudad.   115

Dos veranos más tarde volví a las montañas. Un día, pasando por el cementerio —era ya tarde y se anunciaba la noche en el cielo: el sol, como una bola roja, caía a lo lejos, hacia la carrera° terrible y sosegada° de la llanura—, vi algo extraño. De la tierra   120 grasienta y pedregosa,° entre las cruces° caídas, nacía un árbol grande y hermoso, con las hojas anchas de oro: encendido y brillante todo él, cegador. Algo me vino a la memoria, como un sueño, y pensé: "Es un árbol de oro". Busqué al pie del árbol, y no tardé en dar con una crucecilla de hierro negro, mohosa° por   125 la lluvia. Mientras la enderezaba,° leí: IVO MÁRQUEZ, DIEZ AÑOS DE EDAD.

Y no daba tristeza alguna, sino, tal vez, una extraña y muy grande alegría.

Comprensión

A. La sucesión de los eventos Lee las frases a continuación. Luego, usa los números 1–11 para ponerlas en orden, según la sucesión de los eventos en el cuento.

a. Mateo se encargó de la llave de la torrecita.

b. Cuando la narradora regresó a la aldea dos veranos más tarde, ella pasó por el cementerio.

c. Ivo convenció a la maestra para que no permitiera que Mateo buscara los libros.

d. La narradora regresó a la ciudad.

e. Mateo le permitió a la narradora entrar en el cuarto de la torrecita.

f. Ivo le explicó a la narradora que él veía un árbol de oro desde la torrecita.

g. Mateo le pidió a la maestra que le permitiera buscar los libros.

h. La narradora comenzó a asistir a la escuela de la aldea.

i. La narradora vio el árbol de oro.

j. La narradora le dio dinero a Mateo.

k. Ivo se enfermó.

B. Comprensión general Responde a las siguientes preguntas según la lectura.

1. ¿Cómo podrías caracterizar la personalidad de los niños en el cuento?

2. ¿Qué sensación nos dan las descripciones físicas de la naturaleza?

3. ¿Cómo es la relación entre los niños? ¿Se llevan bien? ¿Hay celos entre ellos? Explica.

C. Definiciones Lee las frases de la columna A y busca en la columna B la palabra que complete la frase.

A	B
1. Cuando llueve, el agua hace… en la tierra.	a. retraso [línea 2]
2. Para abrir la puerta necesitamos una…	b. enderezarlo [línea 126]
3. Una persona que no dice la verdad es un…	c. recreo [línea 105]
4. Lo que cubre las casas se llama…	d. charcos [línea 51]
5. Cuando una persona no llega a tiempo, llega con…	e. llave [línea 66]
6. Una cosa que brilla mucho,…	f. cruces [línea 121]
7. Una pequeña apertura es una…	g. embustero [línea 61]
8. En la escuela, el período de descanso entre clases se llama el…	h. tejado [línea 7]
9. En los cementerios encontramos…	i. resplandece [línea 59]
10. Cuando algo no está derecho, necesitamos…	j. rendija [línea 71]

D. Antónimos Empareja cada palabra de la columna A con una palabra que signifique lo opuesto en la columna B.

A	B
1. gruesa [línea 9]	a. seco
2. húmedo [línea 51]	b. alegría
3. embustero [línea 61]	c. honesto
4. vacié [línea 106]	d. recordé
5. aparté [línea 108]	e. montaña
6. llanura [línea 111]	f. uní
7. olvidé [línea 115]	g. delgada
8. tristeza [línea 128]	h. llené

E. Sinónimos Escribe un sinónimo para cada una de las siguientes palabras.

vuelta [línea 3]	gruesa [línea 9]
acudí (acudir) [línea 6]	tarea [línea 36]
alargada [línea 6]	

F. Expresiones Completa las siguientes frases escogiendo la expresión en español equivalente a la expresión en inglés entre paréntesis. En dos frases tienes que conjugar el verbo correctamente.

a las afueras	por lo menos
dar con	sin embargo
hacerle caso	tener por costumbre
por fin	

1. La escuela de la señorita Locadia estaba ___ del pueblo. *(on the outskirts)*

2. Ivo ___ hablar moviendo las manos. *(was in the habit of)*

3. La señorita le había dado la tarea a Mateo, ___ Ivo la convenció para que no se la diera. *(nevertheless)*

4. Ivo continuó su cuento sin ___ a lo que dijo la narradora. *(to pay attention)*

5. La narradora quería ___ ver el árbol una vez. *(at least)*

6. Después de darle dinero a Mateo, la narradora ___ pudo obtener la llave. *(finally)*

7. Un día la narradora ___ la tumba de Ivo. *(came upon)*

G. Al punto Lee las siguientes preguntas o frases incompletas. Luego, escoge la mejor respuesta o terminación según la lectura.

1. ¿Por qué retrasó el abuelo el regreso de la narradora a la ciudad?
   a. Porque a ella no le gustaba la ciudad.
   b. Porque ella estaba enferma.
   c. Porque ella no se llevaba bien con sus padres.
   d. Porque sus padres habían vendido la casa en la ciudad.

2. La narradora quería asistir a la escuela en la aldea porque...
   a. no tenía con qué entretenerse.
   b. no quería regresar a la ciudad.
   c. era buena amiga de la señorita Leocadia.
   d. era allí donde estaban sus hermanos.

3. ¿Qué característica tenía Ivo?
   a. Era sumamente tímido.
   b. Se hacía enemigo de todos los maestros.
   c. Todos le prestaban mucha atención.
   d. Envidiaba a sus compañeros.

4. ¿Cómo trataba la señorita Leocadia a Ivo?
   a. Como si le tuviera mucha envidia.
   b. Como si fuera su estudiante favorito.
   c. Le daba todos los trabajos más difíciles.
   d. No le prestaba ninguna atención.

5. Los estudiantes envidiaban a Ivo porque...
   a. él era el dueño de la torrecita.
   b. él podía ir a la torrecita.
   c. la profesora lo acompañaba a la torrecita.
   d. la profesora le prestaba todos sus libros.

6. Cuando Mateo Heredia le pidió encargarse de la tarea *(chore)* de Ivo, la maestra al principio...
   a. le dijo que sí.
   b. le preguntó por qué.
   c. no le prestó atención.
   d. no oyó lo que le dijo.

7. La maestra decidió no darle la tarea a Mateo Heredia cuando Ivo le dijo...
   a. algo sobre el árbol de oro.
   b. algunos secretos sobre sus amigos.
   c. que Mateo no era de confianza.
   d. que Mateo le robaría la llave.

8. ¿Por qué era especial el árbol que veía Ivo?
   a. Se le caían las hojas durante el verano.
   b. Aparecía en un lugar diferente cada día.
   c. Nunca se podía ver desde lejos.
   d. Nunca perdía las hojas y brillaba mucho.

9. ¿Qué les sucedía a los pájaros cuando se posaban *(perch)* encima del árbol?
   a. Se morían.
   b. Se volvían de oro.
   c. Empezaban a cantar.
   d. Perdían las plumas.

10. ¿Cómo se sentía la narradora después de haber escuchado lo que le dijo Ivo sobre el árbol?
    a. Horrorizada.
    b. Inquieta.
    c. Alegre.
    d. Satisfecha.

11. ¿Cuál fue una de las novedades que Ivo le contó a la narradora?
    a. Que al árbol le habían salido flores.
    b. Que el árbol había desaparecido.
    c. Que Mateo había cortado el árbol.
    d. Que la maestra lo ayudaba a cuidar el árbol.

12. ¿Cuándo pudo Mateo Heredia encargarse de la llave?
    a. Después de que la narradora regresó a la ciudad.
    b. Después de convencer a Ivo.
    c. Cuando se enfermó Ivo.
    d. Cuando la señorita Leocadia se fue de la escuela.

13. ¿Cómo consiguió la narradora la llave para ir a la torrecita?
    a. Se la robó del escritorio de la maestra.
    b. La buscó en el bolsillo del abrigo de Mateo.
    c. Le dio dinero a Mateo.
    d. Se la pidió a la maestra.

14. ¿Qué vio la narradora desde la torrecita?
    a. El mismo paisaje que se veía de las ventanas altas.
    b. El árbol de oro con muchas flores doradas.
    c. Muchas cruces alrededor de un árbol.
    d. Muchos árboles con hojas y ramas doradas.

15. ¿De qué estaba segura la narradora?
    a. De que habían arrancado *(uprooted)* el árbol.
    b. De que Ivo la había engañado *(deceived)*.
    c. De que la llave era demasiado pequeña.
    d. De que sólo los chicos podían ver el árbol.

16. ¿Qué vio la narradora cuando regresó a la aldea dos años más tarde?
    a. La casa de Ivo.
    b. El árbol de oro.
    c. Las hojas muertas del árbol.
    d. La escuela de la señorita Leocadia.

17. ¿Qué supo la narradora cuando leyó las palabras escritas en la cruz?
    a. Que Ivo celebraba su cumpleaños.
    b. Que Ivo vivía cerca de allí.
    c. Que Ivo había muerto.
    d. Que Ivo había mentido sobre su edad.

H. Ahora te toca a ti Trata de averiguar si tus compañeros comprendieron el cuento. Hazles por lo menos cinco preguntas sobre él. También puedes aclarar cualquier duda que tengas. Los temas a continuación te dan algunas posibilidades para tus preguntas. Recuerda que estas ideas son sólo una guía. Tú puedes hacer otras preguntas.

- la razón por la cual la narradora se quedó en la aldea
- Ivo y su personalidad
- Mateo Heredia
- el secreto de Ivo
- la visita de la narradora a la torrecita
- el regreso de la narradora a la aldea

Un paso más

Para conversar

A. El (La) favorito(a) Imagínate que en una de tus clases o en la escuela primaria había un(a) estudiante que en tu opinión parecía ser el (la) estudiante favorito(a) del (de la) profesor(a). Escribe una lista de palabras y de expresiones que te ayuden a presentarle tus ideas a la clase. Usa la guía a continuación para presentar tus ideas.

1. Describe al (a la) estudiante físicamente y también describe su personalidad (no digas su nombre).

2. Explica por qué te parecía que él (ella) era el (la) estudiante favorito(a) del (de la) profesora.

3. Explica cómo reaccionabas tú. ¿Hablabas con los otros estudiantes acerca de él (ella)? ¿Hablabas con tus padres? ¿Hablaste con el (la) director(a) de la escuela?

B. La niñez Ahora te toca a ti expresar tus ideas sobre el mundo de la niñez. Piensa en tus propias experiencias y trata de presentarle a la clase tus ideas sobre lo que representa para ti el mundo de la niñez. Usa las siguientes palabras como punto de partida. Añade otras para dar una presentación completa. En grupos de tres o cuatro estudiantes comparte tus ideas. Luego, Uds. van a discutir las diferentes opiniones con el resto de la clase.

amistad	inocencia	relaciones con los padres
amor	juegos	responsabilidades
felicidad	libertad	restricciones

C. Una persona especial El personaje principal de este cuento, Ivo, es una persona con características muy especiales. Haz una lista de las características de la personalidad de Ivo. Luego discute tus ideas con la clase, teniendo presentes estas preguntas: ¿Son esas características deseables? ¿Puede una persona así crear problemas para otros o para sí misma? Explica tu respuesta. Usa ejemplos específicos de la lectura para apoyar tus ideas.

D. ¡No veo nada! Imagínate que tú eres la narradora. Conversa con Ivo después de descubrir que no puedes ver nada por la rendija de la torrecita. Un(a) compañero(a) de clase va a hacer el papel de Ivo. Incluye:

- cómo te sientes
- lo que piensas de Ivo
- lo que le pides que él haga ahora
- lo que vas a hacer si él no lo hace
- una manera de solucionar la situación

Haz una lista de palabras y de frases que te ayuden a expresar tus ideas. Tu compañero(a) de clase también va a preparar una lista para responder a lo que tú dices.

E. Mi secreto En nuestra niñez casi todos tenemos un lugar, un objeto o un juego que consideramos nuestro secreto. Descríbeles a tus compañeros de clase un secreto de tu niñez y explícales lo que este secreto significaba para ti. Antes de presentar tus ideas a la clase, haz una lista de las palabras y de las frases que vas a necesitar.

F. Mi fantasía Durante la niñez muchas veces creábamos un mundo de fantasía. Piensa en algo que tú creaste en tu imaginación cuando eras pequeño(a). Describe esta fantasía y explica cómo te sentiste cuando descubriste que esa fantasía era o no era como la habías imaginado. Prepara una lista de las ideas que quieres expresar antes de empezar la descripción.

Para escribir

A. Un resumen Piensa en el cuento que acabas de leer. Haz una lista de diez palabras que consideres importantes para poder contarle el cuento a otra persona. Usa esta lista para escribir un párrafo que resuma las ideas principales del cuento.

B. El mundo que crea Ana María Matute Ana María Matute, la autora del cuento, es muy conocida por su creación de un mundo infantil muy especial. Aunque sólo has leído uno de sus cuentos, piensa en lo que has leído y escribe dos o tres párrafos en los que expliques cómo, en tu opinión, es ese mundo. Incluye si este mundo te parece alegre o triste, los aspectos positivos o negativos de la personalidad de los personajes, el ambiente físico, etc.

C. El final Escribe un párrafo en el que expliques lo que significa para ti la última línea del cuento: "Y no daba tristeza alguna, sino, tal vez, una extraña y muy grande alegría". Usa las siguientes preguntas como guía. ¿Por qué no se sentía triste la narradora? ¿Por qué era extraña su alegría? En tu opinión, ¿por qué terminó la autora el cuento de esta manera?

D. Otro punto de vista Escoge a uno de los siguientes personajes del cuento: la señorita Leocadia, Mateo Heredia o Ivo. Luego, escribe un párrafo en el que expliques cómo sería el cuento si fuera contado desde el punto de vista del personaje que escogiste.

E. Otro final ¿Te hubiera gustado un final mejor para el cuento? ¿Cómo lo cambiarías? Escribe un párrafo en el que expliques cómo cambiarías el final del cuento si tú fueras la autora.

F. La reseña *(review)* Imagínate que eres un(a) crítico(a) para el periódico de tu escuela y te han pedido que hagas una reseña sobre este cuento. Escribe un artículo para el periódico en el que discutas los méritos o las faltas *(flaws)* de este cuento. Antes de empezar a escribir, haz una lista de las ideas que quieres expresar. Luego, agrupa estas ideas de una manera lógica. Cada grupo de ideas puede ser un párrafo de la reseña.

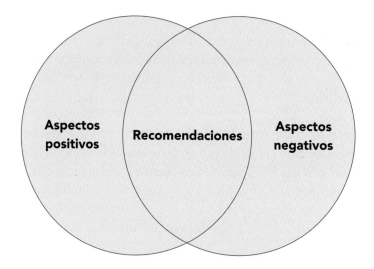

G. Las fantasías Las fantasías que crean los niños son consideradas por algunos como algo negativo y por otros como algo muy positivo en su crecimiento *(growth)*. En un ensayo de unas 200 palabras, explica cómo, en tu opinión, la fantasía influye en la vida de los niños. Usa el siguiente esquema para tu ensayo. Cada punto puede ser un párrafo o puedes combinar algunos de los puntos. También puedes usar tu propia guía.

- lo que significa la fantasía para ti
- lo positivo de la fantasía en el crecimiento: puedes discutir los cuentos de hadas *(fairy tales),* los amigos imaginarios, etc.
- lo negativo de la fantasía
- tu experiencia cuando eras pequeño(a)
- un resumen de las ideas principales

Recuerda que los ejercicios que hiciste (La niñez, Mi secreto y Mi fantasía) también te pueden ayudar.

Informal Writing

Directions: For the following questions, you will write a message. You have 10 minutes to read the question and write your response.

Instrucciones: Para las preguntas siguientes, escribirás un mensaje. Tienes 10 minutos para leer la pregunta y escribir tu respuesta.

You may find **Appendix A** (Some Expressions Used to Connect Ideas) and **Appendix C** (Some Expressions Used to Begin and End a Written Message) especially useful as you complete these exercises.

Mensaje 1

Imagina que tu hermano menor tiene un amigo imaginario. Escríbele un mensaje electrónico a un amigo y

- menciona una situación en que tu hermano incluyó a este amigo
- describe al amigo imaginario
- expresa tu reacción y la de tu familia a la fantasía

Mensaje 2

Imagina que el entrenador de tu equipo de fútbol tiene un jugador preferido. Escribe un mensaje electrónico y

- describe al jugador preferido
- menciona un incidente que te molestó
- menciona cómo se sienten los otros jugadores y/o estudiantes

Comprensión auditiva

Escucha las siguientes selecciones. Después de cada selección vas a escuchar varias preguntas. Escoge la mejor respuesta para cada pregunta entre las opciones impresas en tu libro.

Selección número 1

Escucha esta selección sobre los cuentos de hadas o, como se los llama en inglés, *fairy tales*.

Número 1
- **a.** Para discutir los problemas de la familia.
- **b.** Para prepararlos para futuros problemas.
- **c.** Para evitar problemas con los amigos.
- **d.** Para mantener el interés en la escuela.

Número 2
- **a.** Leerlos ellos mismos.
- **b.** Consultar con un experto.
- **c.** Cambiar el final.
- **d.** Evitar los estereotipos.

Número 3

    a. Que son ideas de otros tiempos.

    b. Que ya no existen.

    c. Que introducen nuevas ideas.

    d. Que muchas veces son chistes crueles.

Número 4

    a. Que sus hijos lean varios tipos de libros.

    b. Que sus hijos lean libros clásicos solamente.

    c. Que sus hijos no lean cuentos de hadas.

    d. Que sus hijos no lean libros en voz alta.

Selección número 2

Escucha la siguiente conversación entre David y Miguelina sobre los regalos que David le hace a su profesora.

Número 1

    a. De la cantidad de regalos que hace David.

    b. De que David nunca le trae regalos cuando viaja.

    c. De que a David se le olvidó sus cumpleaños.

    d. De que la profesora no agradece los regalos.

Número 2

    a. Sacar mejores notas.

    b. Ser el estudiante favorito.

    c. Tener más amigos.

    d. Ir de vacaciones.

Número 3

    a. Se burlan de él.

    b. No le tienen confianza.

    c. No quieren sentarse con él.

    d. Lo felicitan por su amabilidad.

Número 4

    a. Hablar con sus amigos.

    b. Salir con Miguelina.

    c. Seguir visitando a la profesora.

    d. Continuar haciendo lo mismo.

Simulated Conversation

Directions: You will now participate in a simulated conversation. First, you will have one minute to read the outline of the conversation. Afterward, the conversation will begin, following the outline. Each time it is your turn, you will have 20 seconds to respond; a tone will indicate when you should begin and end speaking. You should participate in the conversation as fully and appropriately as possible.

Instrucciones: Ahora participarás en una conversación simulada. Primero, tendrás un minuto para leer el bosquejo *(outline)* de la conversación. Después empezará la conversación, siguiendo el bosquejo. Siempre que te toque, tendrás 20 segundos para responder; una señal te indicará cuándo debes empezar y terminar de hablar. Debes participar en la conversación de la manera más completa y apropiada posible.

You may find **Appendix B** (Some Expressions Used for Oral Communication) especially useful as you complete these exercises.

Imagina que vas a la oficina del profesor de español y tratas de convencerlo de que cambie la fecha del próximo examen.

La conversación
[The shaded lines reflect what you will hear on the recording.]
[Las líneas en gris reflejan lo que escucharás en la grabación.]

El profesor	• *Comienza la conversación.*
Tú	• *Salúdalo y explica lo que quieres.* Hola Senor Lopez, es posible que puedas cambiar la fecha del proximo examen)
El profesor	• *Continúa la conversación.*
Tú	• *Explica tus razones.* Esque nadie de nosotros estamos preparados y necesitamos mas practica
El profesor	• *Continúa la conversación.*
Tú	• *Sigue tratando de convencerlo.* Pero Day Gual por lo menos todos sacaramos buenas notas
El profesor	• *Continúa la conversación.*
Tú	• *Contesta afirmativamente y di lo que ellos piensan.* Si ellos creen lo mismo que yo de berda no estamos preparado
El profesor	• *Sugiere un cambio.*
Tú	• *Expresa tu acuerdo.* Muchisimas gracias eres magnifico! como te lo agradezco
El profesor	• *Continúa la conversación.*
Tú	• *Dale las gracias y despídete.* Muchas gracias otra vez! eres mi profesor favorito!
El profesor	• *Se despide.*

Go Online
For: Additional practice
Visit: www.PHSchool.com
Web Code: jjd-0009

El árbol de oro ◀◆▶ 173

Jaque mate en dos jugadas

Isaac Aisemberg

Capítulo 10

Antes de leer

**Abriendo paso:
Gramática**

Preterite and imperfect
indicative: Unidad 1,
pags. 1 a 15; RG 1,
págs. 30 a 45
Future: Unidad 5,
págs. 174 a 181; RG 5,
págs. 203 a 205
Conditional: Unidad 6,
págs. 220 a 227; RG 6,
págs. 233 a 236
Reflexive verbs: Unidad 3,
págs. 109 a 115; RG 3,
págs. 130 a 132
Interrogatives and
exclamations: Paso 5,
págs. 285 a 290

A. Para discutir en clase Mira los dibujos y narra lo que tú crees que
está pasando. Incluye una descripción detallada del lugar donde están las
personas, los muebles, los objetos sobre la mesa y la apariencia de estas
personas. Para la discusión con el resto de la clase, usa la lista de palabras
y de frases a continuación. Añade otras palabras que te ayuden a expresar
tus ideas.

asustarse	el frasquito	la partida	tirar
el cuentagotas	la libretita	el revólver	el tiro
envenenar	matar	el tablero	el veneno
el fichero	el mayordomo	tener puntería	

Las preguntas a continuación también te ayudarán a hacer una descripción más completa.

1. ¿A qué juegan los señores? ¿Cuál es tu opinión sobre este juego? Explica tu respuesta.

2. ¿Qué sucede en el segundo dibujo? Descríbelo detalladamente. Usa la imaginación y haz una descripción sobre lo que está pasando.

3. ¿Qué tiene que ver el título del cuento con el juego? ¿Qué es "jaque mate"?

B. Los problemas de la familia de hoy A causa de las presiones que la familia tiene hoy en día, muchas veces se tratan de solucionar muchos problemas por medio de la violencia. ¿Cómo podemos lograr que los problemas entre los miembros de una familia se resuelvan antes de que lleguen a ser muy serios? Identifica tres problemas que tú has observado y da una solución para cada uno. Preséntales tus ideas a tus compañeros de clase para ver si están de acuerdo contigo o no. Ellos van a expresar sus ideas y van a darte otras sugerencias.

C. Cognados Una de las técnicas que puede ayudarnos a comprender una lectura es nuestro conocimiento de cognados. Lee la siguiente lista de palabras que aparecen en el cuento del próximo ejercicio. Escoge las palabras que son cognados y busca en el diccionario las palabras que no comprendes.

agente de policía	jefe	puntería
asesinar	lágrimas	revólver
chillando	mayordomo	salvajes
condenado	mueca	sangre
envenenar	odiaba	tiros
gruñe	pólvora	veneno
huellas	puerta entornada	

D. En contexto Otra técnica que todos usamos cuando leemos es tratar de adivinar el significado de ciertas palabras por el contexto en que se encuentran. Lee rápidamente el siguiente cuento de un aparente crimen, sin buscar el significado de las palabras subrayadas, para tener una idea general de lo que está pasando.

Aparentemente un crimen

Cuando llegué a casa <u>la puerta entornada</u> me preocupó mucho. Sabía que Adolfo, el fiel <u>mayordomo</u>, siempre la cerraba. Cuando entré, Adolfo estaba sentado en el sofá, sus ojos llenos de <u>lágrimas</u>; inmediatamente pude ver que su zozobra° no le permitía hablar. Después de unos minutos me contó lo que había sucedido.

anxiety

Según Adolfo, la cocinera, Carola, era una mujer que <u>lo odiaba</u> y que había tratado de <u>asesinarlo</u>. Pero… ¿cómo puedes decir que trató de asesinarte? Primero, me dijo Adolfo, había tratado de <u>envenenarlo</u> porque <u>el veneno</u> no dejaba <u>huellas</u>; además, Carola era una persona a quien no le gustaba ver <u>sangre</u>.

La segunda vez Adolfo la había visto con <u>un revólver</u>, y esa tarde había oído <u>tiros</u> y animales chillando° que corrían como <u>salvajes</u> por el patio. Ninguno de los animales murió. Ella no tenía muy buena <u>puntería</u>. Adolfo había salido al patio y la pudo pillar.° El olor de <u>la pólvora</u> que salía del revólver la delataba. Con una mueca° de dolor en la cara, Adolfo repetía que estaba <u>condenado</u> a morir en manos de aquella mujer. "Cuando me ve, empieza a hacer sonidos, gruñe° como si me odiara" —decía. Esta vez, Adolfo no pudo más y llamó a la policía. <u>Un agente de policía</u> vino con <u>su jefe</u> para investigar la acusación.

shrieking

la… was able to catch her

grimace

grumble

Carola declaró que ella no lo quería matar. No era veneno lo que había echado en el vaso. Era polvo° para hacer limonada. Había usado el revólver para matar un pollo para hacerle una cena especial a Adolfo. Verdaderamente estaba locamente enamorada de él. Y… ¿esos sonidos que hacía cuando pasaba por el lado de Adolfo? Esos sonidos, mi amigo, son los sonidos de una mujer enamorada que quiere atraer a un hombre.

powder

Ahora, vuelve a leer el cuento y trata de adivinar el significado de las palabras que están subrayadas.

E. El comportamiento (*behavior*) de un criminal Los autores de cuentos y de novelas policíacas a menudo presentan a personajes que actúan de manera extraña antes o después de cometer un crimen. Haz una lista de algunas de las acciones típicas de una persona que ha cometido un crimen. ¿Cómo se comporta?

Antes	Después

¿Hay alguna diferencia entre el comportamiento antes y después de un crimen? En grupos de tres o cuatro comparte tus ideas con los otros estudiantes. Luego lleguen a un acuerdo para presentarle sus ideas a la clase.

F. Unas citas Las siguientes citas aparecen en el cuento que vas a leer. Léelas y responde a las preguntas. Explica tu reacción o lo que piensas que el autor está tratando de comunicar en cada una de ellas. Discute tus ideas con tus compañeros en grupos de tres o cuatro estudiantes.

1. Cuando el narrador, Claudio Álvarez, describe la casa donde vive con su hermano y su tío, dice: "Era un lugar seco, sin amor. Únicamente el sonido metálico de las monedas". ¿Qué tipo de casa era? ¿Qué nos quiere comunicar el narrador cuando dice que en la casa solamente se oía "el sonido metálico de las monedas"?

2. Hablando del tío, Claudio dice: "Y si de pequeño nos tiranizó, cuando crecimos se hizo cada vez más intolerable". ¿Qué tipo de vida piensas que llevaban los sobrinos? ¿Cómo cambió la vida de los sobrinos cuando crecieron?

El autor

Isaac Aisemberg

Isaac Aisemberg nació en Argentina en 1919. La mayoría de los lectores lo conocen como W.I. Eisen, el seudónimo que usaba en sus cuentos. Aisemberg estudió derecho, escribió para varios periódicos argentinos y por un tiempo se dedicó a escribir guiones para la televisión y la radio. Sus cuentos policíacos han contribuido enormemente a la popularidad y al éxito de este tipo de relato. Aquí incluimos uno de los mejores cuentos que ha escrito. Desde las primeras líneas hasta el sorprendente final, el lector puede apreciar la maestría de este autor que es, sin duda alguna, uno de los mejores de este género.

Al leer

Vas a leer un cuento sobre la vida de un tío y sus dos sobrinos, y cómo llegan a solucionar los problemas entre ellos. Mientras lees:

- presta atención a las palabras que se usan para describir al tío
- presta atención a las razones por las cuales los sobrinos estaban descontentos
- piensa cuidadosamente en la sorpresa al final del cuento y trata de explicarla de una manera lógica

Lectura

Jaque mate en dos jugadas
Isaac Aisemberg

Yo lo envené. En dos horas quedaría liberado. Dejé a mi tío
Néstor a las veintidós.° Lo hice con alegría. Me ardían las
mejillas.° Me quemaban los labios. Luego me serené y eché a
caminar tranquilamente por la avenida en dirección al puerto.

5   Me sentía contento. Liberado. Hasta Guillermo saldría socio°
beneficiario en el asunto. ¡Pobre Guillermo! ¡Tan tímido, tan
inocente! Era evidente que yo debía pensar y obrar por ambos.
Siempre sucedió así. Desde el día en que nuestro tío nos llevó a su
casa. Nos encontramos perdidos en el palacio. Era un lugar seco,
10 sin amor. Únicamente el sonido metálico de las monedas.

    —Tenéis que acostumbraros al ahorro, a no malgastar. ¡Al fin
y al cabo,° algún día será vuestro! —decía. Y nos acostumbramos
a esperarlo.

    Pero ese famoso y deseado día no llegaba, a pesar de que tío
15 sufría del corazón. Y si de pequeños nos tiranizó, cuando
crecimos se hizo cada vez más intolerable.

    Guillermo se enamoró un buen día. A nuestro tío no le gustó
la muchacha. No era lo que ambicionaba para su sobrino.

    —Le falta cuna…,° le falta roce…,° ¡puaf! Es una ordinaria…,
20 sentenció.

    Inútil fue que Guillermo se dedicara a encontrarle méritos. El
viejo era testarudo° y arbitrario.

    Conmigo tenía otra clase de problemas. Era un carácter contra
otro. Se empeñó° en doctorarme en bioquímica. ¿Resultado? Un
25 perito° en póquer y en carreras de caballos.° Mi tío para esos
vicios no me daba ni un centavo. Tenía que emplear todo mi
ingenio para quitarle un peso.

    Uno de los recursos era aguantarle sus interminables partidas° de

a... ?
cheeks

partner

¡Al... In the end

le... She lacks lineage / class

stubborn

Se... He persisted

expert / carreras... horse
  racing

games

ajedrez; entonces yo cedía° con aire de hombre magnánimo, pero él, en cambio, cuando estaba en posición favorable alargaba° el final, anotando° las jugadas con displicencia,° sabiendo de mi prisa por salir para el club. Gozaba con mi infortunio saboreando su coñac. 30

Un día me dijo con tono condescendiente:

—Observo que te aplicas en el ajedrez. Eso me demuestra dos cosas: que eres inteligente y un perfecto holgazán.° Sin embargo, tu dedicación tendrá su premio. Soy justo. Pero eso sí, a falta de diplomas, de hoy en adelante tendré de ti bonitas anotaciones de las partidas. Sí, muchacho, vamos a guardar° cada uno los apuntes de los juegos en libretas para compararlas. ¿Qué te parece? 35

Aquello podría resultar un par de cientos de pesos, y acepté. Desde entonces, todas las noches, la estadística. Estaba tan arraigada° la manía en él, que en mi ausencia comentaba las partidas con Julio, el mayordomo. 40

Ahora todo había concluido. Cuando uno se encuentra en un callejón° sin salida, el cerebro trabaja, busca, rebusca. Y encuentra. Siempre hay salida para todo. No siempre es buena. Pero es salida. 45

Llegaba a la Costanera. Era una noche húmeda. En el cielo nublado, alguna chispa° eléctrica. El calorcillo mojaba las manos, resecaba la boca.

En la esquina, un policía me hizo saltar el corazón. 50

El veneno, ¿cómo se llamaba? Aconitina. Varias gotitas en el coñac mientras conversábamos. Mi tío esa noche estaba encantador. Me perdonó la partida.

—Haré un solitario° —dijo—. Despacharé° a los sirvientes… ¡Hum! Quiero estar tranquilo. Después leeré un buen libro. Algo que los jóvenes no entienden… Puedes irte. 55

—Gracias, tío. Hoy realmente es… sábado.

—Comprendo.

¡Demonios! El hombre comprendía. La clarividencia° del condenado.° 60

El veneno producía un efecto lento, a la hora, o más según el sujeto. Hasta seis u ocho horas. Justamente durante el sueño. El resultado: la apariencia de un pacífico ataque cardíaco, sin huellas comprometedoras. Lo que yo necesitaba. ¿Y quién sospecharía? El doctor Vega no tendría inconveniente en suscribir el certificado de defunción. ¿Y si me descubrían? ¡Imposible! 65

Pero, ¿y Guillermo? Sí. Guillermo era un problema. Lo hallé en el hall después de preparar la "encomienda"° para el infierno. Descendía la escalera, preocupado.

Glosses (left margin):

- used to yield
- ?
- jotting down / con… with disdain
- perfecto… absolute bum
- ?
- fixed, rooted
- ?
- spark
- ? / ?
- clear-sightedness
- ?
- parcel

70   —¿Qué te pasa? —le pregunté jovial, y le hubiera agregado de
buena gana: "¡Si supieras, hombre!"

          —¡Estoy harto!° —me replicó.   ¡Estoy... *I am fed up!*

          —¡Vamos! —Le palmoteé° la espalda—. Siempre estás   *clapped*
dispuesto a la tragedia...

75   —Es que el viejo me enloquece. Últimamente, desde que
volviste de la Facultad y le llevas la corriente° en el ajedrez, se la   le... *you have been going*
toma conmigo.° Y Matilde...   *along with him* / se... *he*
                                                                    picks on me

          —¿Qué sucede con Matilde?

          —Matilde me lanzó un ultimátum: o ella, o tío.

80   —Opta por ella. Es fácil elegir. Es lo que yo haría...

          —¿Y lo otro?

Me miró desesperado. Con brillo° demoníaco en las pupilas;   *glare*
pero el pobre tonto jamás buscaría el medio de resolver su
problema.

85   —Yo lo haría —siguió entre dientes—; pero, ¿con qué
viviríamos? Ya sabes cómo es el viejo... Duro, implacable. ¡Me
cortaría los víveres!°   ¡Me... *He would cut out*
                                                                    my food!

          —Tal vez las cosas se arreglen de otra manera... —insinué
bromeando—. ¡Quién te dice...!

90   —¡Bah!... —sus labios se curvaron con una mueca amarga—.°   mueca... *bitter grimace*
No hay escapatoria. Pero yo hablaré con el viejo tirano. ¿Dónde
está ahora?

Me asusté. Si el veneno resultaba rápido... Al notar los
primeros síntomas podría ser auxiliado y...

95   —Está en la biblioteca —exclamé—, pero déjalo en paz. Acaba
de jugar la partida de ajedrez, y despachó a la servidumbre. ¡El
lobo° quiere estar solo en la madriguera!° Consuélate en un cine o   *wolf* / *den*
en un bar.

Se encogió de hombros.°   Se... *He shrugged his*
                                                                    shoulders.

100   —El lobo en la madriguera... —repitió. Pensó unos segundos y
agregó, aliviado: —Lo veré en otro momento. Después de todo...

          —Después de todo, no te animarías,° ¿verdad?— gruñí   no... *you would not dare do it*
salvajemente.

Me clavó la mirada.° Sus ojos brillaron con una chispa   Me... *He glared at me.*
105   siniestra, pero fue un relámpago.

Miré el reloj: las once y diez de la noche.

Ya comenzaría a producir efecto. Primero un leve° malestar,°   *light* / ?
nada más. Después un dolorcillo agudo, pero nunca demasiado
alarmante. Mi tío refunfuñaba° una maldición para la cocinera. El   *grumbled*
110   pescado indigesto. ¡Qué poca cosa es todo!° Debía de estar   ¡Qué... *How easy it all is!*

leyendo los diarios de la noche, los últimos. Y después, el libro, como gran epílogo. Sentía frío.

Las... *The pavement stretched in rhomboids.*

Las baldosas se estiraban en rombos.° El río era una mancha sucia cerca del paredón. A lo lejos luces verdes, rojas, blancas.

splashing

Los automóviles se deslizaban chapoteando° en el asfalto.

Decidí regresar, por temor a llamar la atención. Nuevamente por la avenida hacia Leandro N. Alem. Por allí a Plaza de Mayo. El reloj me volvió a la realidad. Las once y treinta y seis. Si el veneno era eficaz, ya estaría todo listo. Ya sería dueño de millones. Ya sería libre... Ya sería... ya sería asesino.

Por primera vez pensé en la palabra misma. Yo, ¡asesino! Las

Las... *My knees gave out. / blush / lashed / martilló... it hammered at my temples*

rodillas me flaquearon.° Un rubor° me azotó° el cuello, me subió a las mejillas, me quemó las orejas, martilló mis sienes.° Las manos transpiraban. El frasquito de aconitina en el bolsillo llegó a pesarme una tonelada. Busqué en los bolsillos rabiosamente hasta dar con él. Era un insignificante cuentagotas y contenía la muerte;

lo... *I threw it*

lo arrojé° lejos.

passers-by

Avenida de Mayo. Choqué con varios transeúntes.° Pensarían en un borracho. Pero en lugar de alcohol, sangre.

Yo, asesino. Esto sería un secreto entre mi tío Néstor y mi conciencia. Recordé la descripción del efecto del veneno: "en la

tingling / dullness

lengua, sensación de hormigueo° y embotamiento,° que se inicia en el punto de contacto para extenderse a toda la lengua, a la cara y a todo el cuerpo".

was blaring

Entré en un bar. Un tocadiscos atronaba° con un viejo *rag-time.* "En el esófago y en el estómago, sensación de ardor intenso". Millones. Billetes de mil, de quinientos, de cien. Póquer. Carreras. Viajes... "sensación de angustia, de muerte próxima, enfriamiento profundo generalizado, trastornos° sensoriales,

disorders

debilidad muscular, contracciones, impotencia de los músculos".

Habría quedado solo. En el palacio. Con sus escaleras de mármol. Frente al tablero de ajedrez. Allí el rey, y la dama, y la torre negra. Jaque mate.

El mozo se aproximó. Debió sorprender mi mueca de

mueca... *frenzied grimace*

extravío,° mis músculos en tensión, listos para saltar.

—¿Señor?

—Un coñac...

—Un coñac... —repitió el mozo—. Bien, señor— y se alejó.

Por la vidriera la caravana que pasa, la misma de siempre. El tic-tac del reloj cubría todos los rumores. Hasta los de mi corazón. La una. Bebí el coñac de un trago.

115
120
125
130
135
140
145
150

"Como fenómeno circulatorio, hay alteración del pulso e hipotensión que se derivan de la acción sobre el órgano central, llegando, en su estado más avanzado, al síncope cardíaco..." Eso es. El síncope cardíaco. La válvula de escape.

A las dos y treinta de la mañana regresé a casa. Al principio no lo advertí.° Hasta que me cerró el paso.° Era un agente de policía. Me asusté.

—¿El señor Claudio Álvarez?

—Sí, señor... —respondí humildemente.

—Pase usted... —indicó, franqueándome la entrada.°

—¿Qué hace usted aquí? —me animé a murmurar.

—Dentro tendrá la explicación —fue la respuesta.

En el hall, cerca de la escalera, varios individuos de uniforme se habían adueñado° del palacio. ¿Guillermo? Guillermo no estaba presente.

Julio, el mayordomo, amarillo, espectral trató de hablarme. Uno de los uniformados, canoso,° adusto,° el jefe del grupo por lo visto, le selló los labios° con un gesto. Avanzó hacia mí, y me inspeccionó como a un cobayo.°

—Usted es el mayor de los sobrinos, ¿verdad?

—Sí, señor... —murmuré.

—Lamento decírselo, señor. Su tío ha muerto... asesinado —anunció mi interlocutor. La voz era calma, grave—. Yo soy el inspector Villegas, y estoy a cargo de la investigación. ¿Quiere acompañarme a la otra sala?

—Dios mío —articulé anonadado°—. ¡Es inaudito!°

Las palabras sonaron a huecas,° a hipócritas. (¡Ese dichoso veneno dejaba huellas! ¿Pero cómo..., cómo?)

—¿Puedo... puedo verlo? —pregunté.

—Por el momento, no. Además, quiero que me conteste algunas preguntas.

—Como usted disponga...° —accedí azorado.°

Lo seguí a la biblioteca vecina. Tras él se deslizaron suavemente dos acólitos.° El inspector Villegas me indicó un sillón y se sentó en otro. Encendió frugalmente un cigarrillo y con evidente grosería° no me ofreció ninguno.

—Usted es el sobrino... Claudio. —Pareció que repetía una lección aprendida de memoria.

—Sí, señor.

—Pues bien: explíquenos qué hizo esta noche.

Yo también repetí una letanía.°

155

160

165

170

175

180

185

190

no... I didn't notice him / me... he stopped me

franqueándome... making way for me

?

gray-haired / austere, severe

le... silenced him

guinea-pig

dumbfounded / inconceivable

hollow

Como... As you wish / flustered

assistants

rudeness

long list of things

—Cenamos los tres, juntos como siempre. Guillermo se retiró a su habitación. Quedamos mi tío y yo charlando un rato; pasamos a la biblioteca. Después jugamos nuestra habitual partida de ajedrez; me despedí de mi tío y salí. En el vestíbulo me encontré con Guillermo que descendía por las escaleras rumbo a la calle. Cambiamos unas palabras y me fui.

—Y ahora regresa…

—Sí…

—¿Y los criados?

—Mi tío deseaba quedarse solo. Los despachó después de cenar. A veces le acometían éstas y otras manías.°   ?

—Lo que usted dice concuerda en gran parte con la declaración del mayordomo. Cuando éste regresó, hizo un recorrido por el edificio. Notó la puerta de la biblioteca entornada y luz adentro. Entró. Allí halló a su tío frente a un tablero de ajedrez, muerto. La partida interrumpida… De manera que jugaron la partidita, ¿eh?

Algo dentro de mí comenzó a saltar violentamente. Una sensación de zozobra, de angustia, me recorría con la velocidad de un pebete.° En cualquier momento estallaría la pólvora. ¡Los consabidos solitarios de mi tío!°

—Sí, señor… —admití.

No podía desdecirme. Eso también se lo había dicho a Guillermo. Y probablemente Guillermo al inspector Villegas. Porque mi hermano debía de estar en alguna parte. El sistema de la policía aislarnos, dejarnos solos, inertes, indefensos, para pillarnos.

—Tengo entendido que ustedes llevaban un registro de las jugadas. Para establecer los detalles en su orden, ¿quiere mostrarme su libretita de apuntes, señor Álvarez?

Me hundía en el cieno.°

—¿Apuntes?

—Sí, hombre —el policía era implacable—, deseo verla, como es de imaginar. Debo verificarlo todo, amigo; lo dicho y lo hecho por usted. Si jugaron como siempre…

Comencé a tartamudear.°

—Es que… —Y después, de un tirón:°— ¡Claro que jugamos como siempre!

Las lágrimas comenzaron a quemarme los ojos. Miedo. Un miedo espantoso. Como debió sentirlo tío Néstor cuando aquella "sensación de angustia… de muerte próxima… enfriamiento profundo, generalizado…" Algo me taladraba° el cráneo. Me empujaban. El silencio era absoluto, pétreo.° Los otros también

Marginal glosses (left column):

? — (line 204)

fuse (of firework) — pebete (line 211)

¡Los… The usual games of solitaire my uncle played! — (lines 212–213)

Me… I was sinking in the mud. — cieno (line 221)

to stammer, stutter — tartamudear (line 226)

de… all at once — de un tirón (line 227)

was drilling — taladraba (line 232)

hard, rocky — pétreo (line 233)

Line numbers: 195, 200, 205, 210, 215, 220, 225, 230

estaban callados. Dos ojos, seis ojos, ocho ojos, mil ojos. ¡Oh,
235 qué angustia!

Me tenían… me tenían… Jugaban con mi desesperación… Se
divertían con mi culpa…

De pronto, el inspector gruñó:

—¿Y?

240 Una sola letra ¡pero tanto!

—¿Y? —repitió—. Usted fue el último que lo vio con vida. Y,
además, muerto. El señor Álvarez no hizo anotación alguna esta
vez, señor mío.

No sé por qué me puse de pie. Tenso. Elevé mis brazos, los
245 estiré. Me estrujé° las manos, clavándome las uñas, y al final   Me... I clenched
chillé con voz que no era la mía:

—¡Basta! Si lo saben, ¿para qué lo preguntan? ¡Yo lo maté!
¡Yo lo maté! ¿Y qué hay?° ¡Lo odiaba con toda mi alma! ¡Estaba   ¿Y... So what?
cansado de su despotismo! ¡Lo maté! ¡Lo maté!

250 El inspector no lo tomó tan a la tremenda.°   lo... was not surprised

—¡Cielos! —dijo—. Se produjo más pronto de lo que yo
esperaba. Ya que se le soltó la lengua, ¿dónde está el revólver?

El inspector Villegas no se inmutó.° Insistió imperturbable.°   no... didn't wince, lose his
                                                                     calm / unperturbed
—¡Vamos, no se haga el tonto ahora! ¡El revólver! ¿O ha
255 olvidado que lo liquidó de un tiro? ¡Un tiro en la mitad de la
frente, compañero! ¡Qué puntería!°   ¡Qué... What aim!

Comprensión

A. ¿Cierta o falsa? Lee las siguientes frases y decide si la información es cierta o falsa, según el cuento. Si la información es falsa, escribe la información correcta.

1. Claudio se sintió muy triste por la muerte del tío.

2. Al tío le parecía bien que Guillermo estuviera enamorado de Matilde.

3. Claudio estuvo de acuerdo con apuntar las partidas de ajedrez porque pensaba que esto le traería dinero.

4. Guillermo le tenía mucho cariño al tío.

5. Claudio convenció a Guillermo para que jugara con el tío la noche del crimen.

6. Claudio temía que Guillermo ayudara al tío si se daba cuenta de que se estaba muriendo.

7. Claudio salió a dar un paseo después de envenenar al tío.

8. Según Claudio, cuando el tío se empezara a sentir mal, le echaría la culpa a la cocinera.

9. Claudio guardó el veneno en el escritorio.

10. Mientras caminaba, Claudio pensaba en los efectos del veneno.

11. Cuando Claudio regresó a su casa lo estaba esperando Matilde.

12. Según lo que le dijo Claudio al inspector, él y su tío habían jugado al ajedrez la noche del crimen.

13. Claudio declaró que Guillermo era culpable.

14. El inspector le pidió a Claudio la botella de veneno.

B. Comprensión general Con tus propias palabras, responde a las siguientes preguntas. Comparte tus ideas con otros estudiantes de la clase y escucha sus opiniones.

1. Haz una lista de las razones que tenían Claudio y Guillermo para matar al tío. Luego decide, ¿quién tenía más razones para cometer el crimen? Según el cuento, ¿quién o quiénes lo cometieron? Explica.

2. ¿Con qué propósito describe el autor los efectos del veneno? ¿Qué sentimientos crean en la mente de Claudio los pensamientos sobre los efectos del veneno?

3. Explica detalladamente cómo, en tu opinión, murió el tío.

C. En contexto Imagínate que quieres explicarle a un(a) compañero(a) de clase el significado de las siguientes palabras. En español, explica lo que cada una de las palabras significa. Escribe las explicaciones para luego compartirlas con el resto de la clase.

a las veintidós [línea 2]
alargaba (alargar) [línea 30]
callejón [línea 45]
condenado [línea 60]
enloquece (enloquecer) [línea 75]
malestar [línea 107]
paredón [línea 114]
se alejó (alejarse) [línea 148]
adueñado [línea 165]
despachó (despachar) [línea 202]
manías [línea 203]

D. De la misma familia Las palabras de la lista a continuación son palabras que probablemente ya conoces. Escribe todas las palabras de la misma familia que conozcas.

envenené (envenenar) [línea 1]
liberado (liberar) [línea 1]
se enamoró (enamorarse) [línea 17]
saboreando (saborear) [línea 32]
Me clavó (clavar) [línea 104]
alarmante [línea 109]
flaquearon (flaquear) [línea 122]
puntería [línea 256]

E. Prefijos Un prefijo es una letra o sílaba que se escribe delante de una palabra para modificar o alterar su significado.

1. En español el prefijo *des-* se usa para expresar lo opuesto de la palabra a la cual está unida. ¿Puedes adivinar el significado de las siguientes palabras?

descansar	descuidar	desdecirme

2. ¿Puedes adivinar el significado de las siguientes palabras? ¿Cuál es la regla (*rule*) para el uso del prefijo *in-* o *im-?* ¿Cuál es la forma positiva de estas palabras?

imperturbable	inconveniente	interminable
implacable	infortunio	intolerable
imposible	insignificante	inútil
impotencia		

3. El prefijo *re-* se usa para expresar la idea de repetición. ¿Puedes adivinar el significado de las siguientes palabras?

rebuscar	resecar

4. ¿Puedes adivinar el significado del prefijo *mal-* en las siguientes palabras?

malcriado	malestar	malintencionado
maleducado	malgastar	maloliente

F. Al punto Lee las siguientes preguntas o frases incompletas. Luego, escoge la mejor respuesta o terminación según la lectura.

1. Al principio del cuento, cuando Claudio dijo "En dos horas quedaría liberado", [línea 1], quiere decir que en dos horas...
   a. Guillermo se habría casado.
   b. su tío estaría muerto.
   c. él, Claudio, saldría en un viaje muy largo.
   d. ganaría mucho en las carreras de caballo.

2. Claudio pensaba que en comparación con Guillermo, él era más...
   a. feliz.
   b. sensible.
   c. inteligente.
   d. tolerante.

3. Al tío Néstor no le gustaba la novia de Guillermo porque ella no…
   a. era adecuada para su sobrino.
   b. tenía suficiente paciencia.
   c. era muy amable con él.
   d. tenía mucha ambición.

4. ¿Qué tenía que hacer Claudio para quitarle dinero al tío?
   a. Ayudarlo a cocinar.
   b. Estudiar regularmente.
   c. Usar todos sus talentos.
   d. Esperar a que estuviera dormido.

5. ¿Qué decidió hacer el tío Néstor cada vez que jugaban una partida de ajedrez?
   a. Dejar salir a Claudio a los bares por la noche.
   b. Regalarle unos doscientos pesos.
   c. Celebrar con una buena copa de coñac.
   d. Hacer apuntes de las partidas en una libreta.

6. ¿Qué decidió hacer el tío la noche que ocurrió el asesinato?
   a. Hablar con Guillermo.
   b. Jugar solo.
   c. Dar un paseo.
   d. Reunirse con los sirvientes.

7. ¿Por qué escogió Claudio el veneno como arma para matar a su tío?
   a. Porque fue lo único que pudo encontrar y estaba desesperado.
   b. Porque el doctor había aceptado colaborar con su explicación.
   c. Porque parecería como un ataque cardíaco y no dejaría huellas.
   d. Porque así podría echarle la culpa a Guillermo.

8. Cuando Matilde le dio a Guillermo un ultimátum para escoger entre ella o el tío, ¿por qué tenía miedo Guillermo de optar por Matilde?
   a. Porque no le daría lo necesario para vivir.
   b. Porque quería mucho al tío.
   c. Porque el tío lo echaría de la casa.
   d. Porque Claudio no se lo permitiría.

9. ¿Por qué no quería Claudio que Guillermo hablara con el tío la noche del crimen?
   a. Porque no quería que pusiera al tío de mal humor.
   b. Porque si el veneno hubiera hecho efecto, Guillermo habría podido ayudarlo.
   c. Porque él tenía un asunto muy importante que discutir con el tío.
   d. Porque los sirvientes estaban con el tío y podían oír la conversación.

10. ¿Qué sensación le produjo a Claudio el pensar que "ya sería asesino" [línea 120]?
   a. Se sintió poderoso.
   c. Se puso muy enfadado.
   b. Se sintió más libre.
   d. Se puso nervioso.

11. ¿Con quién se encontró Claudio cuando regresó a su casa?
   a. Con la policía.
   b. Con Guillermo.
   c. Con el mayordomo muerto.
   d. Con el tío que jugaba ajedrez solo.

12. Cuando Claudio le contó al inspector lo que había sucedido, le mintió al decir que esa noche...
   a. había jugado ajedrez con su tío.
   b. no había estado en casa.
   c. había hablado con Guillermo.
   d. había hablado con su tío por un largo rato.

13. ¿Qué le pidió el inspector a Claudio?
   a. El tablero de ajedrez.
   c. La libretita.
   b. Una copa de coñac.
   d. El cuentagotas.

14. ¿Qué significa "Dos ojos, seis ojos, ocho ojos, mil ojos" [línea 234]?
   a. Que había mucha gente en las escaleras del palacio.
   b. Que todo el mundo sabía lo que él había hecho.
   c. Que habían muerto muchas personas.
   d. Que llegaban más y más policías.

15. ¿Cómo comprobó el inspector que Claudio mentía cuando dijo que había jugado con su tío esa noche?
   a. Claudio había perdido la libretita.
   b. Guillermo le había dicho la verdad.
   c. No había anotaciones de la partida.
   d. El mayordomo le había contado al inspector lo que había pasado.

16. ¿Qué significa el título del cuento?
   a. Que el tío fue asesinado por dos personas.
   b. Que el ajedrez le causó la muerte al tío.
   c. Que los dos sobrinos habían jugado con el tío.
   d. Que era la segunda vez que trataban de asesinar al tío.

G. Ahora te toca a ti Usa los temas a continuación para escribir preguntas y comprobar si tus compañeros de clase han comprendido el cuento, o para clarificar algo que tú no hayas comprendido.

1. los personajes

2. las razones por las cuales se cometió el crimen

3. los acontecimientos / eventos de la noche del crimen: lo que hizo Claudio, lo que hizo Guillermo

4. la confesión por parte de Claudio

5. el final del cuento

Un paso más

Vocabulario útil para conversar y para escribir	
Antes de empezar a hacer los ejercicios a continuación, repasa las palabras en los ejercicios A y C de la sección **Antes de leer.** Aquí tienes una lista de palabras y expresiones que te ayudarán a expresar tus ideas. Trata de incluirlas en la discusión con los otros estudiantes o en los ejercicios de escritura.	
del mismo modo	*in the same way*
desgraciadamente	*unfortunately*
en cuanto a	*with regard to*
en gran parte	*mainly*
en todo caso	*anyway*
es preciso pensar / examinar / hacer notar	*it is necessary to think / to examine / to notice*
por lo tanto	*therefore*
por otro lado	*on the other hand*
resultar en	*to result in*
se puede deducir que	*one can deduce that*
tener algo en común con	*to have something in common with*

Para conversar

A. Dilemas Ahora te toca analizar la situación y el crimen que se cometió en el cuento. ¿Qué harías en los siguientes casos? Lee las preguntas y piensa cuidadosamente en las posibles respuestas. Haz una lista de las palabras y frases que vas a necesitar para expresarle tus ideas al resto de la clase.

1. Guillermo te pide consejos sobre el ultimátum de Matilde. En tu opinión, ¿a quién debería escoger Guillermo? ¿Al tío o a Matilde? ¿Por qué?

2. En el cuento Claudio dice: "Cuando uno se encuentra en un callejón sin salida, el cerebro trabaja, busca, rebusca. Y encuentra. Siempre hay salida para todo. No siempre es buena. Pero es salida" [líneas 44–46]. Haz una lista de todas las posibilidades que tenían Claudio y Guillermo para resolver su dilema sin tener que asesinar a su tío.

3. ¿Qué harías si tuvieras un tío como el tío Néstor? ¿Qué harías en el lugar de Guillermo y de Claudio?

B. El ultimátum Imagínate que eres Guillermo y que vas a hablar con tu novia Matilde sobre el ultimátum que ella te ha dado. Con un(a) compañero(a) de clase, prepara algunos de los puntos que tendrías que discutir en esta conversación. Luego, preséntenles la conversación a los otros estudiantes de la clase.

C. Reportaje sobre un crimen Eres reportero(a) para el periódico de la ciudad o del pueblo donde se ha cometido el crimen que se describe en el cuento. Escribe una lista de preguntas que le harías a cada una de las personas involucradas (*involved*) en el caso (Guillermo, Claudio, el tío, el mayordomo y el inspector). Algunos de tus compañeros de clase van a hacer el papel de los personajes y responder a tus preguntas.

D. Una conversación interesante Imagínate que el tío no ha muerto, sólo está herido. Ahora está en el hospital recuperándose y Guillermo y Claudio van a visitarlo. Con dos estudiantes de la clase, dramaticen la conversación que podría ocurrir entre el tío, Guillermo y Claudio.

E. "Estos jóvenes de hoy..." En el cuento el tío Néstor expresa su opinión sobre los jóvenes cuando dice: "Después leeré un buen libro. Algo que los jóvenes no entienden..." [líneas 55–56]. ¿Estás de acuerdo con el tío? ¿Es ésta la opinión que tienen los adultos de los jóvenes de hoy? ¿Piensas que esta frase es un indicio de lo que piensan los adultos de los jóvenes? Explícale a la clase tu reacción a tal declaración. Da ejemplos específicos para defender tu opinión.

F. El juicio El (La) profesor(a) va a organizar el juicio de Claudio y Guillermo en la clase. Él (Ella) va a escoger a los estudiantes que van a hacer los siguientes papeles:

- el juez
- los acusados: Guillermo y Claudio
- los abogados
- los testigos
- el agente de policía / el inspector
- el mayordomo (opcional)
- la persona con quien Claudio tropieza en la calle (opcional)
- Matilde
- el resto de la clase será el jurado

Para que sea un buen juicio todos los personajes tienen que estar bien preparados. Recuerden que no se puede cometer ningún error. Cada estudiante tiene que preparar por lo menos dos o tres preguntas para cada personaje. También deben pensar en las posibles explicaciones de los acusados y estar preparados para hacerles más preguntas. Al final "el jurado" decidirá quién es culpable y el castigo para la persona o las personas culpables.

G. Un debate Hoy en día la pena de muerte es un tema que se discute apasionadamente en los Estados Unidos. Todos los estudiantes de la clase van a participar en un debate sobre este tema. Cada estudiante debe preparar su opinión a favor o en contra de la pena de muerte. Considera las siguientes ideas:

- ¿Debe existir la pena de muerte? Considera los problemas éticos, religiosos, etc.
- Si crees que debe existir, ¿qué crímenes la merecen? ¿Qué se logra al matar a un ser humano?

- Si no estás de acuerdo, ¿qué castigo deben recibir los criminales? ¿Qué mensaje debe recibir la sociedad?

- ¿Hay posibilidad de cometer errores y condenar a personas inocentes a la pena de muerte?

- ¿Qué medidas debe tomar la sociedad para prevenir los crímenes que pueden resultar en la pena de muerte?

Añade otros puntos que consideres importantes. El (La) profesor(a) va a dividir la clase en grupos. En los grupos discutan su opinión. Preparen declaraciones y preguntas para defender su opinión. Luego, el (la) profesor(a) va a escoger a varios estudiantes para que ellos presenten las ideas del grupo. El resto de la clase va a escuchar, hacer preguntas y tomar apuntes. Estos apuntes los ayudarán con la composición que van a escribir al final del capítulo.

Para escribir

A. Un resumen Piensa en un(a) amigo(a) a quien quisieras convencer para que leyera el cuento. Escribe un párrafo en el que le des suficiente información sobre el cuento para que él (ella) se interese sin decirle el final. Recuerda que quieres despertar el interés en tu amigo(a).

B. Mi opinión Escribe por lo menos dos o tres párrafos en los que expreses tus ideas sobre el cuento. Usa las preguntas a continuación como guía.

- ¿Qué razones tenía cada sobrino para matar al tío? Incluye tu opinión sobre cuál de ellos tenía más motivos.

- ¿Por qué no le contó Claudio a Guillermo los planes que tenía? ¿Piensas que si Claudio hubiera discutido su plan con Guillermo, éste lo habría ayudado?

- ¿Qué errores cometió Claudio?

- ¿Por qué se menciona en el título el jaque mate? ¿Qué crees que significa "en dos jugadas" en referencia a lo que sucede al final del cuento?

C. Otro punto de vista El cuento está narrado desde el punto de vista de Claudio. ¿Piensas que si Guillermo o el tío contara el cuento sería diferente? ¿Cómo sería diferente? Escribe un párrafo en el que discutas cómo Guillermo o el tío hubiera narrado el cuento.

D. El futuro de los sobrinos Imagina que después de cierto tiempo tiene lugar el juicio de Guillermo y Claudio. ¿Qué piensas que le pasó a Guillermo? ¿Qué le sucedió a Claudio? ¿Confesaron los dos haber cometido el crimen o solamente uno de ellos? Explica tu respuesta en un ensayo de unos tres párrafos.

E. Opinión En el cuento que has leído aparecen varios temas que están relacionados con los problemas que tiene que enfrentar nuestra sociedad hoy. Escoge uno de los siguientes temas y escribe un editorial para un periódico que se publica en español en el que expreses tu punto de vista.

- Los problemas que afectan a la familia de hoy
- El control de la venta de las armas de fuego
- La violencia como solución de los problemas en la familia

Recuerda que un editorial:

- presenta claramente una tesis
- trata de persuadir al (a la) lector(a)
- apoya la opinión expresada con ejemplos específicos

El editorial debe tener una extensión de unas 200 palabras.

F. Composición "La pena de muerte: la mejor solución para castigar a las personas que matan a otro ser humano". En algunos estados de los Estados Unidos los jueces tienen a su disposición la pena de muerte como uno de los posibles castigos. En esta composición tienes que escoger un punto de vista en contra o a favor de la pena de muerte. Sigue el siguiente esquema a continuación para expresar tus opiniones. Usa los apuntes que tomaste en clase durante el debate en el ejercicio G de la sección **Para conversar** y sigue estas instrucciones:

1. Expresa tu opinión en contra o a favor de la pena de muerte.

2. Haz una lista de tres razones por las cuales tienes esa opinión.

3. Escribe una lista de las razones éticas o morales que tenemos que considerar.

4. Piensa en lo que esta opinión demuestra sobre la sociedad en que vives.

Una vez que hayas terminado de tomar apuntes sobre las ideas anteriores, úsalos como guía. Cada punto de la lista anterior debe ser un párrafo de la composición. Las expresiones en la página 191 te ayudarán con el ensayo.

You may find **Appendix A** (Some Expressions Used to Connect Ideas) and **Appendix C** (Some Expressions Used to Begin and End a Written Message) especially useful as you complete these exercises.

Informal Writing

Directions: For the following questions, you will write a message. You have 10 minutes to read the question and write your response.

Instrucciones: Para las preguntas siguientes, escribirás un mensaje. Tienes 10 minutos para leer la pregunta y escribir tu respuesta.

Mensaje 1

Imagina que tu novio(a) acaba de darte un ultimátum, o se comprometen a casarse o terminan las relaciones. Escribe un mensaje electrónico a una amiga y
- menciona el ultimátum
- di cómo te sentiste al recibirlo
- menciona tus ideas sobre el asunto
- pídele un consejo

Mensaje 2

Imagina que acabas de regresar de una visita familiar a un pariente que no te gusta. Escribe un mensaje electrónico a un amigo y
- describe al pariente
- describe la visita brevemente
- expresa una reacción apropiada a la visita

Comprensión auditiva

Escucha las siguientes selecciones. Después de cada selección vas a escuchar varias preguntas. Escoge la mejor respuesta para cada pregunta entre las opciones impresas en tu libro.

Selección número 1

Ahora vas a escuchar un diálogo entre Pablo y Marta acerca de una película que acaban de ver.

Número 1
- **a.** Con Marta.
- **b.** Con unos amigos.
- **c.** Con su familia.
- **d.** Con un director.

Número 2
   a. De un tiro.
   b. Del veneno.
   c. De una caída de un caballo.
   d. De haber bebido demasiado.

Número 3
   a. El ruido que hacían los animales.
   b. El sonido de un revólver.
   c. La discusión entre el mayordomo y el inspector.
   d. Los gritos de los sobrinos que corrían.

Número 4
   a. Porque se fue antes de que terminara la película.
   b. Porque Pablo le hablaba.
   c. Porque no podía ver desde su butaca.
   d. Porque se quedó dormida.

Número 5
   a. Preguntarle a otra persona.
   b. Ver la película de nuevo.
   c. Hablar con el director.
   d. Leer el libro.

Selección número 2

Escucha la siguiente selección sobre Adolfo Bioy Casares, un escritor muy conocido dentro del campo de la literatura fantástica, y su relación con el gran escritor Jorge Luis Borges.

Número 1
   a. Llena de admiración mutua.
   b. Caracterizada por la competencia.
   c. Muy trágica.
   d. Muy distante.

Número 2
   a. Para participar en un concurso.
   b. Para impresionar a Borges.
   c. Para burlarse de Borges.
   d. Para impresionar a una novia.

Número 3

    a. Porque preveía el futuro.

    b. Porque sus personajes son históricos.

    c. Porque fue escrita por ambos escritores.

    d. Porque tiene lugar en otro planeta.

Número 4

    a. Conocer a Cervantes.

    b. Vivir por más tiempo.

    c. Pedirle disculpas a Borges.

    d. Haber escrito más libros.

Go Online

For: Additional practice
Visit: www.PHSchool.com
Web Code: jjd-0010

La viuda de Montiel

Gabriel García Márquez

**Abriendo paso:
Gramática**

Preterite, imperfect, and
pluperfect indicative:
Unidad 1, págs. 1 a 29;
RG 1, págs. 30 a 48
Imperfect and pluperfect
subjunctive: Unidad 6,
págs. 207 a 219; RG 6,
págs. 228 a 233
Imperative: Unidad 4,
págs. 133 a 140; RG 4,
págs. 154 a 165
Adjectives: Unidad 2,
págs. 49 a 72; RG 2,
págs. 73 a 94
Por/Para: Paso 10,
págs. 309 a 311
Idiomatic expressions:
Appendix F,
págs. 384 a 388

Antes de leer

A. Para discutir en clase Mira el dibujo y describe lo que tú piensas
que está sucediendo. Para la discusión con el resto de la clase, haz una lista
de palabras clave o de frases que te ayuden a expresar tus ideas. En la
presentación incluye las respuestas a las preguntas que aparecen a
continuación.

1. ¿En qué piensas al observar este dibujo?

2. Explica quiénes, en tu opinión, son las personas en el dibujo y
   descríbelas detalladamente.

3. ¿Cómo está vestido el cadáver? En tu opinión, ¿quién es? ¿Cuál es
   su relación con las personas en el dibujo?

4. Teniendo presente el título del cuento y el dibujo, ¿de qué piensas tú
   que trata el cuento?

B. Nuestra experiencia Las siguientes preguntas te ayudarán a pensar en tu experiencia con respecto al tema del cuento. Antes de discutir tus respuestas con el resto de la clase, haz una lista de las palabras y de las frases que vas a necesitar para expresar tus ideas. Así vas a estar preparado(a) para expresarte claramente.

Mucha gente trata de enriquecerse de la manera más rápida posible, sin tomar en consideración si le hacen daño a otra persona con sus acciones. En otras palabras, no les importa cómo llegan a hacerse millonarios.

1. ¿Conoces a alguna persona que haya hecho esto? Esta persona puede ser una persona famosa o un(a) ciudadano(a) de la comunidad donde vives. Explica detalladamente lo que sabes sobre esta persona. Aquí tienes algunos ejemplos de las acciones que pueden haber hecho.
   - traficar drogas
   - engañar al gobierno en sus impuestos
   - engañar a colegas y parientes
   - robar las ideas creativas de otras personas, tales como músicos, escritores, científicos, hombres o mujeres de negocios, etc.

2. ¿Piensas tú que las personas que se hacen ricas a costa de *(at the expense of)* otros deben ser castigadas *(punished)?* ¿Qué tipo de castigo merecen estas personas?

3. En nuestra sociedad se pone mucho énfasis en el dinero. ¿Cuál es tu opinión al respecto?

C. Situaciones irónicas Lee las situaciones a continuación, ten en cuenta la información que se da y trata de crear una situación irónica en que se pudieran encontrar estas personas. Luego comparte tus ideas con el resto de la clase.

1. Tu profesor(a) de español se acaba de ganar la lotería.

2. Tu mejor amigo(a) se ha ganado una beca a una universidad muy buena gracias a sus habilidades atléticas.

3. El club de español de tu escuela decide hacer un viaje por España el próximo verano.

4. Han abierto uno de tus restaurantes favoritos en la esquina de tu casa.

5. Te han invitado a la fiesta que todos piensan será la mejor del año.

6. Al (A la) director(a) de tu escuela le acaban de robar su nuevo coche.

D. Mi experiencia Todos hemos pasado por circunstancias que se pueden clasificar como irónicas. Por ejemplo, te pasas toda la noche estudiando para un examen y cuando llegas a la escuela el próximo día tu profesor está ausente. Piensa en tus experiencias y trata de recordar dos o tres incidentes irónicos que te hayan ocurrido. Luego compártelos con los otros estudiantes de la clase.

E. Líderes corruptos Probablemente en tu clase de estudios sociales hayas oído hablar sobre algunas de las figuras políticas importantes en Latinoamérica. Escoge a una de estas figuras y prepara un breve informe sobre ella. Averigua algo sobre su vida, el tipo de persona que era, sus acciones, el tipo de gobierno y la situación del país durante esa época. Si no has discutido una figura así en tu clase, investiga en el Internet o en la biblioteca. Algunos ejemplos son Augusto Pinochet Ugarte (Chile), Juan Domingo Perón (Argentina), Eva Perón (Argentina), Alfredo Stroessner (Paraguay), Antonio Noriega (Panamá), Rafael Trujillo (República Dominicana), Fidel Castro (Cuba), etc. Ten en cuenta que algunas personas no consideran a estos líderes corruptos, así que tú tienes que llegar a tu propia conclusión.

F. Una selección Lee el siguiente párrafo del cuento "La viuda de Montiel" y piensa en la opinión que tenía el pueblo de José Montiel.

> Cuando murió don José Montiel, todo el mundo se sintió vengado,° menos su viuda; pero se necesitaron varias horas para que todo el mundo creyera que en verdad había muerto. Muchos lo seguían poniendo en duda después de ver el cadáver en cámara ardiente,° embutido° con almohadas y sábanas de lino dentro de una caja amarilla y abombada° como un melón. Estaba muy bien afeitado, vestido de blanco y con botas de charol,° y tenía tan buen semblante° que nunca pareció tan vivo como entonces. Era el mismo don Chepe Montiel de los domingos, oyendo misa de ocho, sólo que en lugar de la fusta° tenía un crucifijo entre las manos. Fue preciso que atornillaran° la tapa° del ataúd y que lo emparedaran° en el aparatoso° mausoleo familiar, para que el pueblo entero se convenciera de que no se estaba haciendo el muerto.°

avenged

cámara... room set up for a wake, a funeral chamber / stuffed, crammed / bulging
botas... patent leather boots
?

whip
screw / lid / ?
ostentatious
no... he wasn't playing dead

Ahora responde a las siguientes preguntas basándote en lo que leíste. Comparte las respuestas con los otros estudiantes de la clase.

1. ¿Cuáles son las partes irónicas que presenta el autor?

2. ¿Qué tipo de persona era José (Chepe) Montiel?

El autor

Gabriel García Márquez

Entre los escritores latinoamericanos reconocidos a nivel internacional, Gabriel García Márquez ocupa uno de los lugares más sobresalientes. Galardonado con el Premio Nobel de Literatura en 1982, sus novelas y cuentos lo han establecido en el ámbito de los escritores más leídos de todo el mundo. García Márquez nació en Aracataca, Colombia, en 1928. Además de ser escritor de cuentos y novelas, García Márquez estudió derecho, colaboró en varios periódicos, sirvió de corresponsal de la Agencia de noticias Prensa Latina, fue director de varias revistas y escritor de varios guiones de películas. Su gran obra maestra es *Cien años de soledad* (1967), donde crea un mundo mítico lleno de personajes inolvidables.

Entre las otras obras notables encontramos su colección de cuentos *Los funerales de la Mamá Grande* (1962), de donde proviene "La viuda de Montiel", *La increíble y triste historia de la Cándida Eréndira y de su abuela desalmada* (1972) y sus novelas *El coronel no tiene quien le escriba* (1961), *El general en su laberinto* (1989) y *El amor en los tiempos del cólera* (1985).

Al leer

El cuento que vas a leer tiene lugar durante un período muy violento en la historia de Colombia. "La violencia", como se le llamó, fue un período de más de diez años donde más de 200.000 personas murieron en un conflicto sangriento entre los liberales y los conservadores. Mientras lees, presta atención a las partes irónicas en el cuento y a los siguientes puntos:

- cómo consiguió José Montiel su fortuna
- el terror en que vivían los ciudadanos del pueblo
- la relación entre Montiel y su esposa
- los hijos de los Montiel y su actitud hacia sus padres

Lectura

La viuda de Montiel

Gabriel García Márquez

Cuando murió don José Montiel, todo el mundo se sintió vengado, menos su viuda; pero se necesitaron varias horas para que todo el mundo creyera que en verdad había muerto. Muchos lo seguían poniendo en duda después de ver el cadáver en cámara ardiente, embutido con almohadas y sábanas de lino dentro de una caja amarilla y abombada como un melón. Estaba muy bien afeitado, vestido de blanco y con botas de charol, y tenía tan buen semblante que nunca pareció tan vivo como entonces. Era el mismo don Chepe Montiel de los domingos, oyendo misa de ocho, sólo que en lugar de la fusta tenía un crucifijo entre las manos. Fue preciso que atornillaran la tapa del ataúd y que lo emparedaran en el aparatoso mausoleo familiar, para que el pueblo entero se convenciera de que no se estaba haciendo el muerto.

Después del entierro, lo único que a todos pareció increíble, menos a su viuda, fue que José Montiel hubiera muerto de muerte natural. Mientras todo el mundo esperaba que lo acribillaran° por la espalda en una emboscada,° su viuda estaba segura de verlo morir de viejo en su cama, confesado y sin agonía, como un santo moderno. Se equivocó apenas en algunos detalles. José Montiel murió en su hamaca, el 2 de agosto de 1951 a las dos de la tarde, a consecuencia de la rabieta° que el médico le había prohibido. Pero su esposa esperaba también que todo el pueblo asistiera al entierro y que la casa fuera pequeña para recibir tantas flores. Sin embargo, sólo asistieron sus copartidarios y las congregaciones religiosas, y no se recibieron más coronas° que las de la administración municipal. Su hijo —desde su puesto consular en Alemania— y sus dos hijas, desde París, mandaron telegramas de

riddle with bullets
ambush

fit of temper

wreaths

tres páginas. Se veía que los habían redactado° de pie, con la tinta multitudinaria de la oficina de correos, y que habían roto muchos formularios° antes de encontrar 20 dólares de palabras. Ninguno prometía regresar. Aquella noche, a los 62 años, mientras lloraba contra la almohada en que recostó° la cabeza el hombre que la había hecho feliz, la viuda de Montiel conoció por primera vez el sabor de un resentimiento. "Me encerraré para siempre —pensaba—. Para mí, es como si me hubieran metido en el mismo cajón de José Montiel. No quiero saber nada más de este mundo". Era sincera.

Aquella mujer frágil, lacerada° por la superstición, casada a los 20 años por voluntad de sus padres con el único pretendiente° que le permitieron ver a menos de 10 metros de distancia, no había estado nunca en contacto directo con la realidad. Tres días después que sacaron de la casa el cadáver de su marido, comprendió a través de las lágrimas que debía reaccionar, pero no pudo encontrar el rumbo de su nueva vida. Era necesario empezar por el principio.

Entre los innumerables secretos que José Montiel se había llevado a la tumba, se fue enredada° la combinación de la caja fuerte.° El alcalde se ocupó del problema. Hizo poner la caja fuerte en el patio, apoyada al paredón, y dos agentes de la policía dispararon° sus fusiles contra la cerradura. Durante toda una mañana, la viuda oyó desde el dormitorio las descargas° cerradas y sucesivas, ordenadas a gritos por el alcalde. "Esto era lo último que faltaba, —pensó—. Cinco años rogando° a Dios que se acaben los tiros, y ahora tengo que agradecer que disparen dentro de mi casa". Aquel día hizo un esfuerzo de concentración, llamando a la muerte, pero nadie le respondió. Empezaba a dormirse cuando una tremenda explosión sacudió los cimientos° de la casa. Habían tenido que dinamitar la caja fuerte.

La viuda de Montiel lanzó un suspiro. Octubre se eternizaba con sus lluvias pantanosas° y ella se sentía perdida, navegando sin rumbo en la desordenada y fabulosa hacienda de José Montiel. El señor Carmichael, antiguo y diligente servidor de la familia, se había encargado de la administración. Cuando por fin se enfrentó al hecho concreto de que su marido había muerto, la viuda de Montiel salió del dormitorio para ocuparse de la casa. La despojó° de todo ornamento, hizo forrar los muebles° en colores luctuosos,° y puso lazos° fúnebres en los retratos° del muerto que colgaban de las paredes. En dos meses del encierro había

70 adquirido la costumbre de morderse° las uñas. Un día —los ojos | *biting*
enrojecidos e hinchados° de tanto llorar— se dio cuenta de que el | *?*
señor Carmichael entraba a la casa con el paraguas abierto.

—Cierre ese paraguas, señor Carmichael —le dijo—. Después
de todas las desgracias que tenemos, sólo nos faltaba que usted
75 entrara a la casa con el paraguas abierto.

El señor Carmichael puso el paraguas en el rincón. Era un
negro viejo, de piel lustrosa, vestido de blanco y con pequeñas
aberturas hechas a navaja° en los zapatos para aliviar la presión | *hechas… cut with a razor*
de los callos.° | *corns*
80 —Es sólo mientras se seca.

Por primera vez desde que murió su esposo, la viuda abrió la
ventana.

—Tantas desgracias, y además este invierno —murmuró,
mordiéndose las uñas—. Parece que no va a escampar° nunca. | *to stop raining*
85 —No escampará ni hoy ni mañana —dijo el administrador—.
Anoche no me dejaron dormir los callos.

Ella confiaba en las predicciones atmosféricas de los callos del
señor Carmichael. Contempló la placita desolada, las casas
silenciosas cuyas puertas no se abrieron para ver el entierro de
90 José Montiel, y entonces se sintió desesperada con sus uñas, con
sus tierras sin límites, y con los infinitos compromisos que heredó
de su esposo y que nunca lograría comprender.

—El mundo está mal hecho —sollozó.° | *she sobbed*

Quienes la visitaron por esos días tuvieron motivos para
95 pensar que había perdido el juicio.° Pero nunca fue más lúcida° | *perdido… lost her senses / ?*
que entonces. Desde antes que empezara la matanza política ella
pasaba las lúgubres mañanas de octubre frente a la ventana de su
cuarto, compadeciendo° a los muertos y pensando que si Dios no | *pitying*
hubiera descansado el domingo habría tenido tiempo de terminar
100 el mundo.

—Ha debido aprovechar ese día para que no se le quedaran
tantas cosas mal hechas —decía—. Al fin y al cabo, le quedaba
toda la eternidad para descansar.

La única diferencia, después de la muerte de su esposo, era que
105 entonces tenía un motivo concreto para concebir pensamientos
sombríos.

Así, mientras la viuda de Montiel se consumía en la
desesperación, el señor Carmichael trataba de impedir el
naufragio.° Las cosas no marchaban bien. Libre de la amenaza de | *disaster*
110 José Montiel, que monopolizaba el comercio local por el terror, el

pueblo tomaba represalias.° En espera de clientes que no llegaron, la leche se cortó° en los cántaros amontonados° en el patio, y se fermentó la miel° en sus cueros,° y el queso engordó° gusanos° en los oscuros armarios del depósito. En su mausoleo adornado con bombillas eléctricas y arcángeles en imitación de mármol, José Montiel pagaba seis años de asesinatos y tropelías.° Nadie en la historia del país se había enriquecido tanto en tan poco tiempo. Cuando llegó al pueblo el primer alcalde de la dictadura, José Montiel era un discreto partidario de todos los regímenes, que se había pasado la mitad de la vida en calzoncillos sentado a la puerta de su piladora de arroz. En un tiempo disfrutó de una cierta reputación de afortunado y buen creyente, porque prometió en voz alta regalar al templo un San José de tamaño natural si se ganaba la lotería, y dos semanas después se ganó seis quintos y cumplió su promesa. La primera vez que se le vio usar zapatos fue cuando llegó el nuevo alcalde, un sargento de la policía, zurdo° y montaraz,° que tenía órdenes expresas de liquidar la oposición. José Montiel empezó por ser su informador confidencial. Aquel comerciante modesto cuyo tranquilo humor de hombre gordo no despertaba la menor inquietud, discriminó a sus adversarios políticos en ricos y pobres. A los pobres los acribilló la policía en la plaza pública. A los ricos les dieron un plazo de 24 horas para abandonar el pueblo. Planificando la masacre, José Montiel se encerraba días enteros con el alcalde en su oficina sofocante, mientras su esposa se compadecía de los muertos. Cuando el alcalde abandonaba la oficina, ella le cerraba el paso a su marido.

—Ese hombre es un criminal —le decía—. Aprovecha tus influencias en el gobierno para que se lleven a esa bestia que no va a dejar un ser humano en el pueblo.

Y José Montiel, tan atareado° en esos días, la apartaba sin mirarla, diciendo: "No seas tan pendeja".° En realidad, su negocio no era la muerte de los pobres, sino la expulsión de los ricos. Después de que el alcalde les perforaba las puertas a tiros y les ponía el plazo para abandonar el pueblo, José Montiel les compraba sus tierras y ganados° por un precio que él mismo se encargaba de fijar.°

—No seas tonto —le decía su mujer—. Te arruinarás ayudándolos para que no se mueran de hambre en otra parte, y ellos no te lo agradecerán nunca.

Y José Montiel, que ya ni siquiera tenía tiempo de sonreír, la apartaba de su camino, diciendo:

reprisals
se... turned sour / cántaros... piled jugs / honey / goatskin receptacles / ? / worms

abuse

left-handed
unpolished, rough

exceedingly busy
foolish

cattle
se... he himself would fix

—Vete para tu cocina y no me friegues° tanto.

A ese ritmo en menos de un año estaba liquidada la oposición, y José Montiel era el hombre más rico y poderoso del pueblo. Mandó a sus hijas para París, consiguió a su hijo un puesto consular en Alemania y se dedicó a consolidar su imperio. Pero no alcanzó a disfrutar seis años de su desaforada° riqueza.

Después de que se cumplió el primer aniversario de su muerte, la viuda no oyó crujir° la escalera sino bajo el peso de una mala noticia. Alguien llegaba siempre al atardecer. "Otra vez los bandoleros —decían. Ayer cargaron con un lote de 50 novillos".° Inmóvil en el mecedor,° mordiéndose las uñas, la viuda de Montiel sólo se alimentaba de su resentimiento.

—Yo te lo decía, José Montiel —decía, hablando sola—. Éste es un pueblo desagradecido. Aún estás caliente en tu tumba y ya todo el mundo nos volvió la espalda.

Nadie volvió a la casa. El único ser humano que vio en aquellos meses interminables en que no dejó de llover, fue el perseverante señor Carmichael, que nunca entró a la casa con el paraguas cerrado. Las cosas no marchaban mejor. El señor Carmichael había escrito varias cartas al hijo de José Montiel. Le sugería la conveniencia de que viniera a ponerse al frente de los negocios, y hasta se permitió hacer algunas consideraciones personales sobre la salud de la viuda. Siempre recibió respuestas evasivas. Por último, el hijo de José Montiel contestó francamente que no se atrevía a regresar por temor de que le dieran un tiro. Entonces el señor Carmichael subió al dormitorio de la viuda y se vio precisado a confesarle que se estaba quedando en la ruina.

—Mejor —dijo ella—. Estoy hasta la coronilla° de quesos y de moscas. Si usted quiere, llévese lo que le haga falta y déjeme morir tranquila.

Su único contacto con el mundo, a partir de entonces, fueron las cartas que escribía a sus hijas a fines de cada mes. "Este es un pueblo maldito° —les decía—. Quédense allá para siempre y no se preocupen por mí. Yo soy feliz sabiendo que ustedes son felices". Sus hijas se turnaban para contestarle. Sus cartas eran siempre alegres, y se veía que habían sido escritas en lugares tibios° y bien iluminados y que las muchachas se veían repetidas en muchos espejos cuando se detenían a pensar. Tampoco ellas querían volver. "Esto es la civilización —decían—. Allá, en cambio, no es un buen medio para nosotras. Es imposible vivir en un país tan salvaje° donde asesinan a la gente por cuestiones políticas".

annoy

outrageous, excessive

creak

young bulls, oxen
rocking chair

Estoy... I am fed up

damned

warm

?

Leyendo las cartas, la viuda de Montiel se sentía mejor y
aprobaba° cada frase con la cabeza.

En cierta ocasión, sus hijas le hablaron de las carnicerías de
París. Le decían que mataban unos cerdos° rosados y los colgaban
enteros en la puerta adornados con coronas y guirnaldas° de
flores. Al final, una letra diferente a la de sus hijas había
agregado: "imagínate, que el clavel° más grande y más bonito se
lo ponen al cerdo en el culo". Leyendo aquella frase, por primera
vez en dos años, la viuda de Montiel sonrió. Subió a su
dormitorio sin apagar las luces de la casa, y antes de acostarse
volteó el ventilador eléctrico contra la pared. Después extrajo de
la gaveta° de la mesa de noche unas tijeras,° un cilindro de
esparadrapo° y el rosario, y se vendó la uña del pulgar° derecho,
irritada por los mordiscos. Luego empezó a rezar, pero al segundo
misterio cambió el rosario a la mano izquierda, pues no sentía las
cuentas° a través del esparadrapo. Por un momento oyó la
trepidación° de los truenos remotos. Luego se quedó dormida con
la cabeza doblada en el pecho. La mano con el rosario rodó° por
su costado,° y entonces vio a la Mamá Grande* en el patio con
una sábana blanca y un peine en el regazo,° destripando piojos°
con los pulgares. Le preguntó:

—¿Cuándo me voy a morir?

La Mamá Grande levantó la cabeza.

—Cuando te empiece el cansancio del brazo.

195

200

205

210

215

margin glosses:
?
hogs
wreaths
carnation
drawer / scissors
adhesive tape / thumb
beads
vibration
rolled
side
lap / destripando... crushing lice

---

* La Mamá Grande es un personaje que aparece en varias de las obras de García
Márquez. Es el prototipo de la matriarca rica y poderosa. Se le considera una
dictadora y muchos de sus negocios, en su constante búsqueda por más
riquezas, son sospechosos. Aquí se le presenta a la viuda de Montiel en un
sueño y le dice que su muerte es inminente cuando le empiece el cansancio
en el brazo.

Comprensión

A. ¿Cierta o falsa? Lee las siguientes frases y decide si la información es cierta o falsa, según el cuento. Si la información es falsa, escribe la información correcta.

1. La gente del pueblo no creía que Montiel hubiera muerto de muerte natural.

2. Todo el pueblo asistió al entierro de Montiel.

3. La viuda de Montiel no pudo abrir la caja fuerte porque no tenía la combinación.

4. El señor Carmichael se hizo cargo de los negocios de la viuda.

5. El negocio de la viuda tuvo mucho éxito después de la muerte de su esposo.

6. El señor Montiel se enriqueció después de haber trabajado muy duro por toda su vida.

7. La viuda de Montiel era muy buena amiga del alcalde.

8. El señor Montiel y el alcalde aterrorizaban a los ricos para que abandonaran el pueblo.

9. La viuda no quería que sus hijos regresaran de Europa.

10. Al final del cuento, la viuda se fue a vivir a otro pueblo.

B. Comprensión general Con tus propias palabras, responde a las siguientes preguntas. Comparte tus ideas con otros estudiantes de la clase y escucha sus respuestas.

1. ¿Cómo llegó a hacerse José Montiel una de las personas más poderosas del pueblo? Explica en detalle.

2. ¿Cómo trataba José Montiel a su esposa? ¿Cómo cambió ella después de su muerte?

3. ¿Qué hicieron los habitantes del pueblo una vez que José Montiel murió? ¿Por qué se comportaron de esta manera?

4. ¿Piensas tú que los hijos hicieron bien en no ir al funeral de su padre? Explica tu respuesta.

5. Haz una lista de por lo menos cinco incidentes irónicos en el cuento.

C. Antónimos Escribe un antónimo para cada una de las siguientes palabras o expresiones. Si tienes problemas puedes buscar estas palabras en el cuento y el contexto te ayudará.

vivo [línea 8]	enriquecido [línea 117]
de pie [línea 29]	atardecer [línea 160]
feliz [línea 34]	

D. Sinónimos Escribe un sinónimo para cada una de las siguientes palabras o expresiones. Si tienes problemas puedes buscar estas palabras en el cuento y el contexto te ayudará.

lanzó (lanzar) [línea 60]	había perdido (perder) el juicio [línea 95]
retratos [línea 68]	no me friegues (fregar) [línea 152]

E. Definiciones Empareja cada palabra de la columna A con la definición adecuada de la columna B. Ten en cuenta el contexto en que aparecen.

A	**B**
1. enterrar [línea 15]	**a.** persona que escribe con la mano izquierda
2. equivocarse [línea 20]	**b.** dejar de llover
3. pretendiente [línea 40]	**c.** cometer un error
4. cerradura [línea 51]	**d.** utensilio que se usa para cortar
5. escampar [línea 84]	**e.** poner a una persona u objeto bajo tierra
6. zurdo [línea 126]	**f.** objeto que se usa para evitar que una puerta se abra
7. tijeras [línea 204]	**g.** persona que espera casarse con otra

F. En contexto Imagínate que quieres explicarle a un(a) compañero(a) de clase el significado de las siguientes palabras. En español, explica lo que cada una de las palabras significa. Escribe las explicaciones para luego compartirlas con el resto de la clase.

semblante [línea 8]	rogando (rogar) [línea 54]
acribillaran (acribillar) [línea 17]	hinchados [línea 71]
formularios [línea 31]	engordó (engordar) [línea 113]
recostó (recostar) [línea 33]	salvaje [línea 192]

G. Al punto Lee las siguientes preguntas o frases incompletas. Luego, escoge la mejor respuesta o terminación según la lectura.

1. ¿Cuál fue la reacción de los que vivían en el pueblo al enterarse de que José Montiel había muerto?
   a. Se horrorizaron.
   c. No lo podían creer.
   b. Se pusieron de luto.
   d. No lo divulgaron.

2. ¿Cómo se convenció el pueblo de que había muerto?
   a. Cuando no fue más a la iglesia.
   b. Cuando llegó el doctor y lo examinó.
   c. Cuando vieron que cerraron la caja y lo enterraron.
   d. Cuando sus copartidarios salieron huyendo del pueblo.

3. El pueblo no podía creer que Montiel hubiera muerto de muerte natural porque…
   a. era un hombre muy saludable.
   b. era odiado por muchos.
   c. se había enlistado en el ejército.
   d. hacía ejercicio constantemente.

4. ¿Cuál fue la verdadera causa de la muerte de José Montiel?
   a. Una úlcera incurable.
   c. Un tiro de revólver.
   b. Un desastre natural.
   d. Un gran enojo.

5. ¿Cómo podemos describir el entierro de José Montiel?
   a. Poco concurrido.
   c. Demasiado elegante.
   b. Muy doloroso.
   d. Algo sobrenatural.

6. La viuda de Montiel sintió mucho resentimiento después de la muerte de su esposo…
   a. por la manera en que actuó el pueblo.
   b. porque Carmichael no fue al entierro.
   c. porque las congregaciones religiosas no la ayudaron.
   d. porque sus hijos se habían alegrado de la muerte.

7. Después de la muerte de su esposo la viuda se sintió…
   a. alegre.
   c. amenazada.
   b. tranquila.
   d. resentida.

8. Fue difícil abrir la caja fuerte porque...
    a. se habían perdido las llaves.
    b. Montiel era el único que sabía la combinación.
    c. el alcalde no se lo permitía a la viuda.
    d. era demasiado vieja.

9. ¿Por qué es irónico el incidente de la caja fuerte?
    a. Porque no había dinero dentro.
    b. Porque tuvo que darle todo el dinero al gobierno.
    c. Porque tuvieron que dispararle a la caja.
    d. Porque contenía la verdad sobre su esposo.

10. ¿Qué significado tiene que a Carmichael le dolieran los callos (corns)?
    a. Que pronto va a morir.
    b. Que va a llover mucho.
    c. Que se está poniendo viejo.
    d. Que sus zapatos son demasiado pequeños.

11. Según la viuda, la causa por la cual el mundo está mal hecho es porque Dios...
    a. permitió que su esposo muriera.
    b. no le prestó atención a nadie.
    c. descansó un día.
    d. no trató a todos igual.

12. ¿Por qué se estaba arruinando la viuda?
    a. Porque Montiel había dejado muchas deudas.
    b. Porque la gente del pueblo no compraba sus productos.
    c. Porque Carmichael le robaba el dinero.
    d. Porque tenía que enviarles todo el dinero a sus hijos.

13. ¿Cómo obtuvo su riqueza Montiel?
    a. Comprándole las tierras a los ricos a un precio que él fijaba.
    b. Trabajando muy duro en las calles del pueblo.
    c. La heredó de los padres de su esposa.
    d. Del dinero que le enviaban sus hijos de Alemania.

14. ¿Por qué podemos decir que la viuda era ingenua?
    a. Porque creía que su esposo le era fiel.
    b. Porque creía lo que le decía Carmichael.
    c. Porque no se daba cuenta de que su esposo era un criminal.
    d. Porque no creía en el poder que tenía la Iglesia.

15. El hijo de los Montiel no quería regresar a su pueblo porque…
    a. temía que lo asesinaran.
    b. no quería ocuparse de su madre.
    c. no quería dejar a sus hermanas.
    d. le debía mucho dinero al gobierno.

16. Al final del cuento podemos inferir que la viuda…
    a. se muda a Alemania.
    b. se va a morir pronto.
    c. le da todo su dinero al pueblo.
    d. va a un convento con la Mamá Grande.

H. Ahora te toca a ti En algunos cuentos el autor no explica todo y deja que el (la) lector(a) use la imaginación, o sea, no le da tanta información como el (la) lector(a) quisiera saber. Escribe cinco preguntas que le quisieras hacer al autor con referencia a este cuento. Pueden ser preguntas sobre puntos que no entendiste bien, o simplemente detalles que quieres saber para satisfacer tu curiosidad. Discute tus preguntas con tus compañeros de clase para ver cómo ellos contestarían las preguntas si ellos fueran el autor.

Un paso más

Vocabulario útil para conversar y para escribir	
Aquí tienes una lista de palabras y expresiones que te ayudarán a expresar tus ideas. Trata de incluirlas en la discusión con los otros estudiantes o en los ejercicios de escritura.	
corrupto(a)	corrupted
de ese modo	that way
echar de menos	to miss
en otras palabras	in other words
es decir	that is to say
hacer daño	to harm, to damage
perdonar	to forgive
el pésame	expression of condolence
el poder	power
quedarse con	to keep, to hold on to
sin embargo	nevertheless
la soledad	loneliness
tan pronto como	as soon as
tener la culpa (de)	to be to blame (for)
la venganza	revenge

Para conversar

A. Reflexiones Responde a las siguientes preguntas según la lectura. Piensa en las respuestas con cuidado para poder presentarles así tus ideas claramente a tus compañeros de clase en grupos de tres o cuatro.

1. Explica por qué el autor no le ha dado nombre a la viuda de Montiel.

2. ¿Qué información se revela sobre la juventud de la viuda? ¿Qué impacto tuvo en su vida?

3. Según la viuda, ¿cuál fue el error que cometió Dios cuando hizo el mundo? ¿Por qué piensas que se expresa de esta manera?

4. ¿Cuáles eran los consejos que les daba la viuda a sus hijos? ¿Cuál es tu opinión sobre estos consejos?

5. ¿Qué le sucedió a la viuda al final del cuento? ¿Cómo lo sabemos?

B. Consejos Imagínate que la viuda te cuenta lo que está sucediendo en su vida después de la muerte de su esposo. ¿Qué consejos le darías? Uno(a) de tus compañeros(as) de clase va a hacer el papel de la viuda y va a conversar contigo sobre su vida como si él (ella) fuera la viuda.

C. Los hijos Imagínate que los hijos de Montiel te llaman por teléfono para preguntarte cómo están sus padres. Conversa con ellos y explícales lo que está sucediendo. ¿Les aconsejarías que regresaran o no? Tres de tus compañeros van a hacer el papel de los hijos de Montiel.

D. Una entrevista Tienes la oportunidad de entrevistar a los personajes de este cuento. Escribe cinco preguntas que le harías a cada uno de ellos para conocerlos mejor. Luego, en grupos, escojan las mejores preguntas. Cuatro estudiantes harán el papel de los personajes y Uds. los entrevistarán.

E. La superstición En el cuento aparecen algunos ejemplos de superstición. ¿Sabes cuáles son? ¿Qué significa la superstición para ti? ¿Te consideras una persona supersticiosa? ¿Conoces a alguien que sea supersticioso? Comparte las respuestas con la clase y cuéntale algunos incidentes que pueden considerarse resultados de las supersticiones.

F. En acción Imagínate que la gente del pueblo está cansada de la violencia y de los engaños y que decide ponerse en acción mientras Montiel aún vive. ¿Qué podría hacer la gente para mejorar la situación? Una vez que hayas decidido, ¿cómo piensas que reaccionaría Montiel? Prepárate para compartir tus ideas con tus compañeros de clase en grupos de tres o cuatro.

G. Tu opinión ¿Piensas tú que la situación que nos presenta el autor en el cuento podría ocurrir en un país como los Estados Unidos? ¿Por qué? Prepara un informe corto para la clase en el que expreses tu opinión.

H. La civilización Los hijos de Montiel describen lo que para ellos significa la civilización. ¿Estás de acuerdo con los ejemplos que usan ellos? ¿Qué significa para ti la civilización? En grupos de tres o cuatro estudiantes comparte tus ideas y escucha lo que ellos dicen. También hazles preguntas sobre las ideas que ellos expresen.

Para escribir

A. Un resumen Escoge las palabras que consideres importantes para comunicar la trama *(plot)*. Luego, en un párrafo de unas diez oraciones, escribe un resumen. Recuerda que un resumen se usa para expresar con nuestras propias palabras las ideas principales que nos trata de comunicar el autor.

B. Un párrafo Haz una lista de los adjetivos o de las frases que usarías para describir a la viuda, a Montiel, a Carmichael y a los hijos. Los siguientes adjetivos te pueden ayudar; todos aparecen en la forma masculina, y no todos se aplican a estos personajes. Escoge los más adecuados y añade tus propios adjetivos. Luego escoge a uno de estos personajes y escribe un párrafo en el que lo (la) describas.

calculador	fiel	inteligente
compasivo	fuerte	intuitivo
comprensivo	infeliz	patético
cruel	ingenuo	resignado

C. Opinión La viuda de Montiel vivía muy sola. Escribe un párrafo en el que discutas el tema de la soledad en el cuento, e incluye tu opinión sobre las razones por las cuales la viuda se encuentra en esa situación y las consecuencias que le trae la soledad.

D. Una carta Escríbele una carta a la viuda de Montiel como si fueras uno de sus hijos después de la muerte de José Montiel. Incluye los puntos a continuación u otros que consideres importantes:

- cómo te sientes
- lo que piensas de tu padre
- lo que piensas hacer por tu madre ahora
- lo que le deseas que suceda en el futuro

No te olvides de consolar a tu madre por la pérdida de su compañero. La carta debe tener una extensión de por lo menos 200 palabras.

E. El poder corrompe Se dice que las personas cambian una vez que obtienen poder; a veces pueden convertirse en personas corruptas y sin compasión. Usando ejemplos específicos de personas que conoces o de personas famosas, escribe un ensayo en el que presentes tu opinión sobre este tema. Usa el esquema a continuación para organizar tus ideas o prepara tu propio esquema.

Párrafo 1: Tu opinión acerca del tema.

Párrafo 2: Descripción de una persona para ilustrar tu tesis.

Párrafo 3: Lo que podemos aprender sobre esta persona.

Párrafo 4: Las posibilidades de que más personas actúen o no como esta persona.

Párrafo 5: ¿Deseas tú tener poder? ¿Qué harías tú en el futuro para alcanzar poder si lo desearas?

Recuerda tener presentes la causa y el efecto de las acciones de la persona a quien escojas. Trata de llegar a una conclusión sobre sus acciones. ¿Son positivas o despreciables? ¿Sirven de ejemplo para el resto de la sociedad? ¿Por qué? ¿Qué podrías hacer tú si estuvieras en una situación similar? Puedes usar estas preguntas como guía o escribir otras ideas que te ayuden a organizar, y luego a escribir el ensayo.

Informal Writing

You may find **Appendix A** (Some Expressions Used to Connect Ideas) and **Appendix C** (Some Expressions Used to Begin and End a Written Message) especially useful as you complete these exercises.

Directions: For the following questions, you will write a message. You have 10 minutes to read the question and write your response.

Instrucciones: Para las preguntas siguientes, escribirás un mensaje. Tienes 10 minutos para leer la pregunta y escribir tu respuesta.

Mensaje 1

Imagina que acabas de leer una noticia en el periódico sobre una persona famosa que ha hecho algo que no apruebas. Escríbele una nota a un amigo y

- cuéntale la noticia
- menciona tu reacción
- dile lo que piensas que debe pasar

Mensaje 2

Imagina que te has hecho buen(a) amigo(a) de una anciana que vive cerca de ti. Escribe un mensaje electrónico a una amiga y

- describe a la anciana
- di algo de tu amistad con esta persona
- menciona algo que has aprendido a causa de la amistad

Comprensión auditiva

Escucha las siguientes selecciones. Después de cada selección vas a escuchar varias preguntas. Escoge la mejor respuesta para cada pregunta entre las opciones impresas en tu libro.

Selección número 1

Ahora vas a escuchar una selección sobre la situación económica de Latinoamérica.

Número 1
    a. No había ningún cambio.
    b. Empezó a mejorar.
    c. Estaba peor que nunca.
    d. No podía estabilizarse.

Número 2
    a. Porque los gobiernos no son estables.
    b. Porque los latinoamericanos no quieren gastar dinero.
    c. Porque las compañías extranjeras no cooperan.
    d. Porque temen que la situación actual no dure.

Número 3
a. Las inversiones fuera del país.
b. El ahorro de los latinoamericanos.
c. Los gobiernos de la región.
d. El fracaso de tantos bancos de ahorros.

Número 4
a. Los errores del pasado.
b. La reducción del ahorro interno.
c. La contribución del gobierno.
d. Los problemas del desempleo.

Selección número 2

Escucha la siguiente selección sobre la película *El coronel no tiene quien le escriba*, basada en la novela de Gabriel García Márquez.

Número 1
a. Un actor mexicano.
b. Un director de cine.
c. Un oficial del gobierno.
d. Un escritor reconocido.

Número 2
a. Porque pensaba que el director necesitaba aprender más.
b. Porque no había podido conseguir suficiente dinero.
c. Porque tuvo que hacer muchos cambios en la novela.
d. Porque nadie se lo había pedido.

Número 3
a. Porque lo conocía muy bien.
b. Porque era el pueblo favorito de García Márquez.
c. Porque le costaría menos dinero hacerla allí.
d. Porque allí vivía García Márquez.

Número 4
a. Porque él no puede encontrar trabajo en el pueblo.
b. Porque se les murió su gallo favorito.
c. Porque no han recibido el dinero que les prometieron.
d. Porque su hijo les trae muchos problemas.

Número 5

    a. Noticias sobre su gallo.

    b. Noticias sobre su pensión.

    c. El regreso de su hijo.

    d. El regreso de su esposa.

Número 6

    a. Se mudó fuera del país.

    b. Se unió al ejército.

    c. Fue encarcelado.

    d. Fue asesinado.

Go Online

For: Additional practice
Visit: www.PHSchool.com
Web Code: jjd-0011

Cartas de amor traicionado

Isabel Allende

Antes de leer

Abriendo paso:
Gramática

Preterite and imperfect indicative: Unidad 1, págs. 1 a 15; RG 1, págs. 30 a 45
Future: Unidad 5, págs. 174 a 181; RG 5, págs. 203 a 205
Imperfect subjunctive: Unidad 6, págs. 211 a 214; RG 6, págs. 228 a 231
Adjectives: Unidad 2, págs. 49 a 72; RG 2, págs. 73 a 94

A. Para discutir en clase Mira el dibujo y úsalo como punto de partida para narrar lo que tú crees que está sucediendo. ¡Usa la imaginación! En la discusión con el resto de la clase incluye la descripción:

- del lugar y del ambiente
- de las personas que aparecen en el dibujo
- de la ropa

Las siguientes palabras te van a ayudar también en la descripción. Puedes añadir otras para poder hacer así una descripción más completa.

arrodillarse	la correspondencia	rezar
la campana	los lirios	el rincón
la capilla	la monja	la soledad
la cera	el pasillo	la vela
el convento		

B. Nuestra experiencia Muchos padres prefieren que sus hijos asistan a internados *(boarding schools)*. Lee las preguntas a continuación y prepárate para discutir tus ideas sobre el tema con tus compañeros de clase en grupos de tres o cuatro estudiantes.

1. ¿Cómo piensas que son los internados en comparación con las escuelas donde los estudiantes pueden regresar a su casa todos los días?

2. ¿Piensas que hay ventajas en enviar a los niños a los internados? ¿Por qué?

3. Si tus padres decidieran que tú deberías ir a un internado, ¿cómo te sentirías? Explica tu respuesta.

C. La correspondencia Algunas veces los jóvenes tienen correspondencia con personas que nunca han conocido. ¿Has tenido tú alguna vez un *pen pal?* ¿Te correspondiste con esa persona por un tiempo sin saber cómo era físicamente? Describe detalladamente tu experiencia con respecto al tema. En tu descripción incluye:

- si disfrutabas o no de la experiencia de corresponderte con alguien a quien no conocías en persona

- si sentías unas ganas muy fuertes de saber cómo era la persona físicamente

- tus deseos de conocer a esta persona

- si eventualmente conociste a esta persona y cómo te sentiste antes y después del encuentro

Si nunca has tenido un *pen pal* puedes imaginarte la experiencia anterior. Prepárate para que discutas con tus compañeros de clase tu opinión con respecto al tema.

D. Una selección En el cuento que vas a leer la correspondencia que tenían los dos personajes principales es central al argumento. Analía Torres recibía cartas de un pretendiente *(suitor)* mientras ella estaba interna en un colegio religioso. Lee la siguiente selección y luego, responde a las preguntas al final.

strokes

resolved
faithful

?

Las cartas comenzaron a llegar regularmente. Sencillo papel blanco y tinta negra, una escritura de trazos° grandes y precisos. Algunas hablaban de la vida en el campo, de las estaciones y los animales, otras de poetas ya muertos y de los pensamientos que escribieron. A veces el sobre incluía un libro o un dibujo hecho con los mismos trazos firmes de la caligrafía. Analía se propuso° no leerlas, fiel° a la idea de que cualquier cosa relacionada con su tío escondía algún peligro, pero en el aburrimiento del colegio las cartas representaban su única posibilidad de volar. Se escondía en el desván, no ya a inventar cuentos improbables, sino a releer con avidez las notas enviadas por su primo hasta conocer de memoria la inclinación de las letras y la textura del papel. Al principio no las contestaba, pero al poco tiempo no pudo dejar de hacerlo. El contenido de las cartas se fue haciendo cada vez más útil para burlar la censura de la Madre Superiora, que abría toda la correspondencia. Creció la intimidad entre los dos y pronto lograron ponerse de acuerdo en un código° secreto con el cual empezaron a hablar de amor.

1. Por la manera en que escribe el autor de las cartas y por el contenido, ¿piensas que esta persona es una persona educada? Explica tu respuesta.

2. ¿Qué sospecha tenía Analía de las cartas?

3. ¿Por qué empezó a leer las cartas Analía después de proponerse no leerlas?

4. ¿Por qué le eran útiles las cartas a Analía?

5. ¿Qué sucedió cuando creció la intimidad entre Analía y el autor de las cartas?

E. Otra selección En esta selección la autora nos presenta lo que ocurrió una vez que los personajes se escribieron por dos años. Presta atención a los cambios que han ocurrido entre la selección del ejercicio D y esta selección. Luego, responde a las preguntas al final.

> La correspondencia entre Analía y Luis Torres duró° dos años, al cabo° de los cuales la muchacha tenía una caja de sombrero llena de sobres y el alma° definitivamente entregada.° Si cruzó por su mente la idea de que aquella relación podría ser un plan de su tío para que los bienes° que ella había heredado° de su padre pasaran a manos de Luis, la descartó° de inmediato, avergonzada° de su propia mezquindad.° El día en que cumplió dieciocho años, la Madre Superiora la llamó al refectorio porque había una visita esperándola. Analía Torres adivinó quién era y estuvo a punto de correr a esconderse en el desván de los santos olvidados, aterrada° ante la eventualidad de enfrentar por fin al hombre que había imaginado por tanto tiempo. Cuando entró en la sala y estuvo frente a él necesitó varios minutos para vencer° la desilusión.

° ?
al... at the end
soul / committed

property, fortune / ?
la... she dismissed it / ashamed / meanness

terrified

overcome

1. ¿Cómo ha cambiado la opinión o los sentimientos de Analía hacia el autor de las cartas?

2. ¿Han cambiado sus sospechas acerca del tío? ¿Qué piensa ella ahora?

3. ¿De qué nos enteramos al final de la selección?

F. Predicciones Ahora que has leído dos selecciones del cuento trata de predecir lo que va a suceder.

1. ¿Cuál sería la reacción de Analía al conocer al autor de las cartas?

2. ¿Qué sucederá con el tío?

3. ¿Qué les sucederá a Analía y a Luis, los dos personajes principales?

4. Piensa en el título del cuento. ¿Por qué se llamará "Cartas de amor traicionado"? En tu opinión, ¿qué relación tendrá el título con las selecciones que has leído? Explica tu respuesta detalladamente.

La autora

Isabel Allende

Isabel Allende, hija de padres chilenos, nació en Lima, Perú, en 1942. Vivió en Beirut durante su infancia y luego en Santiago de Chile. En 1973, a causa de los conflictos políticos y sociales por los cuales pasaba el país, Allende se fue a vivir en el exilio. Hoy vive en los Estados Unidos. Su vida como escritora comenzó en Chile donde escribió para la revista feminista *Paula*. Sus artículos pronto la hicieron muy popular entre sus lectores.

Entre las obras que la ayudaron a aparecer en el ámbito mundial se encuentran *La casa de los espíritus* (1982), *Eva Luna* (1987), *Cuentos de Eva Luna* (1989), *El plan infinito* (1992), *Paula* (1992), *Afrodita* (1998) e *Hija de la fortuna* (1999). *La casa de los espíritus* fue la obra que le permitió ser reconocida a nivel internacional. Esta novela cuenta la historia de la familia Trueba durante años de grandes cambios políticos. En ella aparecen muchos personajes que están basados en miembros de la familia de Allende. En 1993 se hizo una película basada en la novela. El cuento que vas a leer aparece en la colección *Cuentos de Eva Luna*. Muchos de estos cuentos están basados en incidentes que aparecieron en los diarios de Caracas, Venezuela, mientras la autora vivía allí.

Al leer

En este cuento Isabel Allende nos presenta la vida de una mujer que fue traicionada. Mientras leas, presta atención a estos puntos:

- cómo conoció Analía Torres a su futuro esposo
- la relación que tenía Analía con su esposo una vez que se casaron
- lo que Analía descubrió a través de su hijo y lo que hizo al final del cuento

Lectura

Cartas de amor traicionado

Isabel Allende

La madre de Analía Torres murió de una fiebre delirante cuando ella nació y su padre no soportó° la tristeza y dos semanas más tarde se dio un tiro de pistola° en el pecho. Agonizó varios días con el nombre de su mujer en los labios. Su hermano Eugenio administró las tierras de la familia y dispuso del destino de la pequeña huérfana según su criterio. Hasta los seis años Analía creció aferrada° a las faldas de un ama° india en los cuartos de servicio de la casa de su tutor° y después, apenas tuvo edad para ir a la escuela, la mandaron a la capital, interna en el Colegio de las Hermanas del Sagrado Corazón, donde pasó los doce años siguientes. Era buena alumna y amaba la disciplina, la austeridad del edificio de piedra, la capilla con su corte de santos y su aroma de cera y de lirios, los corredores desnudos,° los patios sombríos. Lo que menos la atraía era el bullicio° de las pupilas° y el acre° olor de las salas de clases. Cada vez que lograba burlar° la vigilancia de las monjas, se escondía en el desván,° entre estatuas decapitadas y muebles rotos, para contarse cuentos a sí misma. En esos momentos robados se sumergía en el silencio con la sensación de abandonarse a un pecado.°

Cada seis meses recibía una breve nota de su tío Eugenio recomendándole que se portara bien y honrara la memoria de sus padres, quienes habían sido dos buenos cristianos en la vida y estarían orgullosos de que su única hija dedicara su existencia a los más altos preceptos° de la virtud, es decir, entrara de novicia al convento. Pero Analía le hizo saber desde la primera insinuación que no estaba dispuesta a ello y mantuvo su postura con firmeza simplemente para contradecirlo,° porque en el fondo le gustaba la vida religiosa. Escondida tras° el hábito en la soledad última de la renuncia a cualquier placer, tal vez podría

couldn't tolerate

se... shot himself with a pistol

clinging / housekeeper
guardian

bare
bustle / boarders / pungent
lograba... managed to evade
attic

sin

rules

?
behind

everlasting / *greed* / *originating* / *digno... worthy of trust / opportunity / trap*

encontrar paz perdurable,° pensaba: sin embargo su instinto le advertía contra los consejos de su tutor. Sospechaba que sus acciones estaban motivadas por la codicia° de las tierras, más que por la lealtad familiar. Nada proveniente° de él le parecía digno de confianza,° en algún resquicio° se encontraba la trampa.°

rear

Cuando Analía cumplió diecisiete años, su tío fue a visitarla al colegio por primera vez. La Madre Superiora llamó a la muchacha a su oficina y tuvo que presentarlos, porque ambos habían cambiado mucho desde la época del ama india en los patios traseros° y no se reconocieron.

stirring / *healthy* / *will*

—Veo que las Hermanitas han cuidado bien de ti, Analía —comentó el tío revolviendo° su taza de chocolate—. Te ves sana° y hasta bonita. En mi última carta te notifiqué que a partir de la fecha de este cumpleaños recibirás una suma mensual para tus gastos, tal como lo estipuló en su testamento° mi hermano, que en paz descanse.

—¿Cuánto?

—Cien pesos.

—¿Es todo lo que dejaron mis padres?

plantation / te... belongs to you

—No, claro que no. Ya sabes que la hacienda° te pertenece,° pero la agricultura no es tarea para una mujer, sobre todo en estos tiempos de huelgas y revoluciones. Por el momento te haré llegar una mensualidad que aumentaré cada año, hasta tu mayoría de edad. Luego veremos.

—¿Veremos qué, tío?

—Veremos lo que más te conviene.

—¿Cuáles son mis alternativas?

—Siempre necesitarás a un hombre que administre el campo, niña. Yo lo he hecho todos estos años y no ha sido tarea fácil, pero es mi obligación, se lo prometí a mi hermano en su última hora y estoy dispuesto a seguir haciéndolo por ti.

me... I will take charge

—No deberá hacerlo por mucho tiempo más, tío. Cuando me case me haré cargo° de mis tierras.

—¿Cuándo se case, dijo la chiquilla? Dígame, Madre, ¿es que tiene algún pretendiente?

Cómo... How can you think such a thing

—¡Cómo se le ocurre,° señor Torres! Cuidamos mucho a las niñas. Es sólo una manera de hablar. ¡Qué cosas dice esta muchacha!

se... smoothed out the creases / mocking / *behavior*

Analía Torres se puso de pie, se estiró los pliegues° del uniforme, hizo una breve reverencia más bien burlona° y salió. La Madre Superiora le sirvió más chocolate al caballero, comentando que la única explicación para ese comportamiento° descortés era el escaso° contacto que la joven había tenido con sus familiares.   *limited*

    —Ella es la única alumna que nunca sale de vacaciones y a quien jamás le han mandado un regalo de Navidad —dijo la
75 monja en tono seco.

    —Yo no soy hombre de mimos,° pero le aseguro que estimo   *affection*
mucho a mi sobrina y he cuidado sus intereses como un padre.
Pero tiene usted razón, Analía necesita más cariño, las mujeres
son sentimentales.

80   Antes de treinta días el tío se presentó de nuevo en el colegio,
pero en esta oportunidad no pidió ver a su sobrina, se limitó a
notificarle a la Madre Superiora que su propio° hijo deseaba   *own*
mantener correspondencia con Analía y a rogarle° que le hiciera   *beg her*
llegar las cartas a ver si la camaradería con su primo reforzaba°   *strengthened*
85 los lazos° de la familia.   *bonds*

    Las cartas comenzaron a llegar regularmente. Sencillo papel
blanco y tinta negra, una escritura de trazos grandes y precisos.
Algunas hablaban de la vida en el campo, de las estaciones y los
animales, otras de poetas ya muertos y de los pensamientos que
90 escribieron. A veces el sobre incluía un libro o un dibujo hecho
con los mismos trazos firmes de la caligrafía. Analía se propuso
no leerlas, fiel a la idea de que cualquier cosa relacionada con su
tío escondía algún peligro, pero en el aburrimiento del colegio las
cartas representaban su única posibilidad de volar. Se escondía en
95 el desván, no ya a inventar cuentos improbables, sino a releer con
avidez las notas enviadas por su primo hasta conocer de memoria
la inclinación de las letras y la textura del papel. Al principio no
las contestaba, pero al poco tiempo no pudo dejar de hacerlo. El
contenido de las cartas se fue haciendo cada vez más útil para
100 burlar la censura de la Madre Superiora, que abría toda la
correspondencia. Creció la intimidad entre los dos y pronto
lograron ponerse de acuerdo en un código secreto con el cual
empezaron a hablar de amor.

    Analía Torres no recordaba haber visto jamás a ese primo que
105 se firmaba° Luis, porque cuando ella vivía en casa de su tío el   *se… signed himself*
muchacho estaba interno en un colegio en la capital. Estaba
segura de que debía ser un hombre feo, tal vez enfermo
contrahecho,° porque le parecía imposible que a una sensibilidad   *?*
tan profunda y una inteligencia tan precisa se sumara un aspecto
110 atrayente. Trataba de dibujar en su mente una imagen del primo:
rechoncho° como su padre con la cara picada de viruelas,° cojo° y   *chubby / picada… pitted with smallpox / lame*
medio calvo; pero mientras más defectos le agregaba más se
inclinaba a amarlo. El brillo del espíritu era lo único importante,

lo único que resistiría el paso del tiempo sin deteriorarse e iría
creciendo con los años, la belleza de esos héroes utópicos de los
cuentos no tenía valor alguno y hasta podía convertirse en motivo
de frivolidad, concluía la muchacha, aunque no podía evitar una
sombra° de inquietud en su razonamiento.° Se preguntaba cuánta
deformidad sería capaz de tolerar.

shadow / reasoning

115

La correspondencia entre Analía y Luis Torres duró dos años,
al cabo de los cuales la muchacha tenía una caja de sombrero
llena de sobres y el alma definitivamente entregada. Si cruzó por
su mente la idea de que aquella relación podría ser un plan de su
tío para que los bienes que ella había heredado de su padre
pasaran a manos de Luis, la descartó de inmediato, avergonzada
de su propia mezquindad. El día en que cumplió dieciocho años,
la Madre Superiora la llamó al refectorio porque había una visita
esperándola. Analía Torres adivinó quién era y estuvo a punto de
correr a esconderse en el desván de los santos olvidados, aterrada
ante la eventualidad de enfrentar por fin al hombre que había
imaginado por tanto tiempo. Cuando entró en la sala y estuvo
frente a él necesitó varios minutos para vencer la desilusión.

120

125

130

el... the twisted dwarf

face / features

eyelashes / Se... He
resembled

nitwit / se... recovered

hunchback

cheek

scent

Luis Torres no era el enano retorcido° que ella había
construido en sueños y había aprendido a amar. Era un hombre
bien plantado, con un rostro° simpático de rasgos° regulares, la
boca todavía infantil, una barba oscura y bien cuidada, ojos
claros de pestañas° largas, pero vacíos de expresión. Se parecía°
un poco a los santos de la capilla, demasiado bonito y un poco
bobalicón.° Analía se repuso° del impacto y decidió que si había
aceptado en su corazón a un jorobado,° con mayor razón podía
querer a este joven elegante que la besaba en una mejilla°
dejándole un rastro° de lavanda en la nariz.

135

140

* * * *

la... crushed her /
embroidered / soft

ghost

bottom / arráncárselos... root
them out

demands

loneliness

Desde el primer día de casada Analía detestó a Luis Torres.
Cuando la aplastó° entre las sábanas bordadas° de una cama
demasiado blanda,° supo que se había enamorado de un
fantasma° y que nunca podría trasladar esa pasión imaginaria
a la realidad de su matrimonio. Combatió sus sentimientos con
determinación, primero descartándolos como un vicio y luego,
cuando fue imposible seguir ignorándolos, tratando de llegar
al fondo° de su propia alma para arrancárselos de raíz.° Luis
era gentil y hasta divertido a veces, no la molestaba con
exigencias° desproporcionadas ni trató de modificar su tendencia
a la soledad° y al silencio. Ella misma admitía que un poco de

145

150

buena voluntad° de su parte podía encontrar en esa relación cierta   de... good will
155 felicidad, al menos tanta como hubiera obtenido tras un hábito de
monja. No tenía motivos precisos para esa extraña repulsión por
el hombre que había amado por dos años sin conocer. Tampoco
lograba poner en palabras sus emociones, pero si hubiera podido
hacerlo no habría tenido nadie con quien comentarlo. Se sentía
160 burlada al no poder conciliar° la imagen del pretendiente epistolar   reconcile
con la de ese marido de carne y hueso.° Luis nunca mencionaba   carne... flesh and blood
las cartas cuando ella tocaba el tema, él le cerraba la boca con un
beso rápido y alguna observación ligera sobre ese romanticismo
tan adecuado a la vida matrimonial, en la cual la confianza, el
165 respeto, los intereses comunes y el futuro de la familia importaban
mucho más que una correspondencia de adolescentes. No había
entre los dos verdadera intimidad. Durante el día cada uno se
desempeñaba° en sus quehaceres° y por las noches se encontraban   se... would occupy himself or herself / chores
entre las almohadas de plumas, donde Analía acostumbrada a su
170 camastro° del colegio creía sofocarse. A veces se abrazaban de   wretched bed
prisa,° ella inmóvil y tensa, él con la actitud de quien cumple° una   hurriedly / obeys; fulfills
exigencia del cuerpo porque no puede evitarlo. Luis se dormía de
inmediato, ella se quedaba con los ojos abiertos en la oscuridad y
una protesta atravesada° en la garganta. Analía intentó diversos   stuck
175 medios para vencer el rechazo° que él le inspiraba, desde el   para... to overcome the rejection / to fix
recurso de fijar° en la memoria cada detalle de su marido con el
propósito de amarlo por pura determinación, hasta el de vaciar la
mente de todo pensamiento y trasladarse a una dimensión donde
él no pudiera alcanzarla.° Rezaba para que fuera sólo una   reach her
180 repugnancia transitoria, pero pasaron los meses y en vez del alivio
esperado creció la animosidad hasta convertirse en odio.° Una   hate
noche se sorprendió soñando con un hombre horrible que la
acariciaba° con los dedos manchados° de tinta° negra.   caressed / stained / ink

Los esposos Torres vivían en la propiedad adquirida por el
185 padre de Analía cuando ésa era todavía una región medio
salvaje,° tierra de soldados y bandidos. Ahora se encontraba junto   wild
a la carretera y a poca distancia de un pueblo próspero, donde
cada año se celebraban ferias agrícolas y ganaderas.° Legalmente   livestock
Luis era el administrador del fundo,° pero en realidad era el tío   rural property
190 Eugenio quien cumplía esa función, porque a Luis le aburrían los
asuntos° del campo. Después del almuerzo, cuando padre e hijo se   affairs
instalaban en la biblioteca a beber coñac y jugar dominó, Analía
oía a su tío decidir sobre las inversiones, los animales, las
siembras° y las cosechas.° En las raras ocasiones en que ella se   sowing / harvests
195 atrevía° a intervenir para dar una opinión, los dos hombres la   would venture

escuchaban con aparente atención, asegurándole que tendrían en cuenta sus sugerencias, pero luego actuaban a su amaño.° A veces Analía salía a galopar por los potreros° hasta los límites de la montaña deseando haber sido hombre.

El nacimiento de un hijo no mejoró en nada los sentimientos de Analía por su marido. Durante los meses de la gestación se acentuó su carácter retraído,° pero Luis no se impacientó, atribuyéndolo a su estado. De todos modos, él tenía otros asuntos en los cuales pensar. Después de dar a luz,° ella se instaló en otra habitación, amueblada° solamente con una cama angosta° y dura.° Cuando el hijo cumplió un año todavía la madre cerraba con llave la puerta de su aposento° y evitaba° toda ocasión de estar a solas° con él, Luis decidió que ya era tiempo de exigir un trato más considerado y le advirtió° a su mujer que más le valía° cambiar de actitud, antes que rompiera la puerta a tiros. Ella nunca lo había visto tan violento. Obedeció sin comentarios. En los siete años siguientes la tensión entre ambos aumentó de tal manera que terminaron por convertirse en enemigos solapados,° pero eran personas de buenos modales y delante de los demás se trataban con una exagerada cortesía. Sólo el niño sospechaba el tamaño de la hostilidad entre sus padres y despertaba a medianoche llorando, con la cama mojada. Analía se cubrió con una coraza° de silencio y poco a poco pareció irse secando por dentro.° Luis, en cambio, se volvió más expansivo y frívolo, se abandonó a sus múltiples apetitos, bebía demasiado y solía perderse por varios días en inconfesables travesuras.° Después, cuando dejó de disimular° sus actos de disipación, Analía encontró buenos pretextos para alejarse aún más de él. Luis perdió todo interés en las faenas° del campo y su mujer lo reemplazó,° contenta de esa nueva posición. Los domingos el tío Eugenio se quedaba en el comedor discutiendo las decisiones con ella, mientras Luis se hundía° en una larga siesta, de la cual resucitaba al anochecer, empapado° en sudor y con el estómago revuelto,° pero siempre dispuesto° a irse otra vez de jarana° con sus amigos.

Analía le enseñó a su hijo los rudimentos de la escritura y la aritmética y trató de iniciarlo en el gusto por los libros. Cuando el niño cumplió siete años Luis decidió que ya era tiempo de darle una educación más formal, lejos de los mimos de la madre, y quiso mandarlo a un colegio en la capital, a ver si se hacía hombre de prisa, pero Analía se le puso por delante con tal ferocidad, que tuvo que aceptar una solución menos drástica. Se

200

205

210

215

220

225

230

235

cunning way of doing things
cattle farms, cattle fields

su... her withdrawn personality

dar... giving birth
? / narrow
hard
room / she avoided
estar... to be alone
advised; warned / más... it was to her advantage

cunning, sneaky

armor
pareció... seemed to be drying up (wilting) inside

mischiefs; pranks, capers
hiding

affairs
lo... replaced him

se... would collapse
soaked
unsettled / ready / irse... to go on a spree, binge again

lo llevó a la escuela del pueblo, donde permanecía interno de lunes a viernes, pero los sábados por la mañana iba el coche a buscarlo para que volviera a casa hasta el domingo. La primera semana Analía observó a su hijo llena de ansiedad, buscando motivos para retenerlo a su lado, pero no pudo encontrarlos. La criatura parecía contenta, hablaba de su maestro y de sus compañeros con genuino entusiasmo, como si hubiera nacido entre ellos. Dejó de orinarse en la cama. Tres meses después llegó con su boleta de notas° y una breve carta del profesor felicitándolo por su buen rendimiento.° Analía la leyó temblando y sonrió por primera vez en mucho tiempo. Abrazó a su hijo conmovida, interrogándolo sobre cada detalle, cómo eran los dormitorios, qué le daban de comer, si hacía frío por las noches, cuántos amigos tenía, cómo era su maestro. Pareció mucho más tranquila y no volvió a hablar de sacarlo de la escuela. En los meses siguientes el muchacho trajo siempre buenas calificaciones,° que Analía coleccionaba como tesoros y retribuía° con frascos° de mermelada y canastos de frutas para toda la clase. Trataba de no pensar en que esa solución apenas alcanzaba para la educación primaria, que dentro de pocos años sería inevitable mandar al niño a un colegio en la ciudad y ella sólo podría verlo durante las vacaciones.

En una noche de pelotera° en el pueblo Luis Torres, que había bebido demasiado, se dispuso a hacer piruetas en un caballo ajeno° para demostrar su habilidad de jinete° ante un grupo de compinches° de taberna. El animal lo lanzó al suelo° y de una patada° le reventó° los testículos. Nueve días después Torres murió aullando° de dolor en una clínica de la capital, donde lo llevaron en la esperanza de salvarlo de la infección. A su lado estaba su mujer, llorando de culpa por el amor que nunca pudo darle y de alivio porque ya no tendría que seguir rezando para que se muriera. Antes de volver al campo con el cuerpo en un féretro° para enterrarlo en su propia tierra, Analía se compró un vestido blanco y lo metió en el fondo de su maleta. Al pueblo llegó de luto,° con la cara cubierta por un velo de viuda para que nadie le viera la expresión de los ojos, y del mismo modo se presentó en el funeral, de la mano de su hijo, también con traje negro. Al término de la ceremonia el tío Eugenio, que se mantenía muy saludable a pesar de° sus setenta años bien gastados, le propuso a su nuera que le cediera° las tierras y se fuera a vivir de sus rentas° a la ciudad, donde el niño terminaría su educación y ella podría olvidar las penas° del pasado.

	?
	?
	grades
	would repay / jars
	brawling
	belonging to someone else / horseman / cronies / lo... threw him on the ground
	kick / burst
	howling
	coffin
	de... in mourning
	a... in spite of
	le... to transfer to him
	income
	hardships

—Porque no se me escapa, Analía, que mi pobre Luis y tú   280
nunca fueron felices —dijo.

me... deceived me

—Tiene razón, tío. Luis me engañó° desde el principio.

—Por Dios, hija, él siempre fue muy discreto y respetuoso
contigo. Luis fue un buen marido. Todos los hombres tienen
pequeñas aventuras, pero eso no tiene la menor importancia.   285

—No me refiero a eso, sino a un engaño irremediable.

Nada... You will not lack
anything

—No quiero saber de qué se trata. En todo caso, pienso que en
la capital el niño y tú estarán mucho mejor. Nada les faltará.° Yo
me haré cargo de la propiedad, estoy viejo pero no acabado y

voltear... turn a bull on its
back

todavía puedo voltear un toro.°   290

—Me quedaré aquí. Mi hijo se quedará también, porque tiene
que ayudarme en el campo. En los últimos años he trabajado más
en los potreros que en la casa. La única diferencia será que ahora
tomaré mis decisiones sin consultar con nadie. Por fin esta tierra
es sólo mía. Adiós, tío Eugenio.   295

En las primeras semanas Analía organizó su nueva vida.

burning / había... had shared

Empezó por quemar° las sábanas que había compartido° con su
marido y trasladar su cama angosta a la habitación principal;

at once / a... thoroughly

enseguida° estudió a fondo° los libros de administración de la
propiedad, y apenas tuvo una idea precisa de sus bienes buscó un   300

foreman

capataz° que ejecutara sus órdenes sin hacer preguntas. Cuando

reins

sintió que tenía todas las riendas° bajo control buscó su vestido

ironed / con... with
painstaking care / decked
out

blanco en la maleta, lo planchó° con esmero,° se lo puso y así
ataviada° se fue en su coche a la escuela del pueblo, llevando bajo
el brazo una vieja caja de sombreros.   305

Analía Torres esperó en el patio que la campana de las cinco
anunciara el fin de la última clase de la tarde y el tropel° de los

mob

niños saliera al recreo. Entre ellos venía su hijo en alegre carrera,
quien al verla se detuvo en seco,° porque era la primera vez que

se... stopped dead in his
tracks

su madre aparecía en el colegio.   310

—Muéstrame tu aula, quiero conocer a tu maestro —dijo ella.

En la puerta Analía le indicó al muchacho que se fuera, porque
ése era un asunto privado, y entró sola. Era una sala grande y de

ceilings

techos° altos, con mapas y dibujos de biología en las paredes.

confinement

Había el mismo olor a encierro° y a sudor de niños que había   315
marcado su propia infancia, pero en esta oportunidad no le

inhaled

molestó, por el contrario, lo aspiró° con gusto. Los pupitres se
veían desordenados por el día de uso, había algunos papeles en el
suelo y tinteros abiertos. Alcanzó° a ver una columna de números

She managed

en la pizarra. Al fondo,° en un escritorio sobre una plataforma, se   320

Al... At the back

encontraba el maestro. El hombre levantó la cara sorprendido y no se puso de pie, porque sus muletas° estaban en un rincón, demasiado lejos para alcanzarlas sin arrastrar° la silla. Analía cruzó el pasillo entre dos hileras° de pupitres y se detuvo frente a él.

—Soy la madre de Torres —dijo porque no se le ocurrió algo mejor.

—Buenas tardes, señora. Aprovecho° para agradecerle los dulces y las frutas que nos ha enviado.

—Dejemos eso, no vine para cortesías. Vine a pedirle cuentas° —dijo Analía colocando° la caja de sombreros sobre la mesa.

—¿Qué es esto?

Ella abrió la caja y sacó las cartas de amor que había guardado todo ese tiempo. Por un largo instante él paseó la vista sobre aquel cerro° de sobres.

—Usted me debe once años de mi vida —dijo Analía.

—¿Cómo supo que yo las escribí? —balbuceó° él cuando logró sacar la voz que se le había atascado° en alguna parte.

—El mismo día de mi matrimonio descubrí que mi marido no podía haberlas escrito y cuando mi hijo trajo a la casa sus primeras notas, reconocí la caligrafía. Y ahora que estoy mirando no me cabe ni la menor duda,° porque yo a usted lo he visto en sueños desde que tengo dieciséis años. ¿Por qué lo hizo?

—Luis Torres era mi amigo y cuando me pidió que le escribiera una carta para su prima no me pareció que hubiera nada de malo. Así fue con la segunda y la tercera: después, cuando usted me contestó, ya no pude retroceder.° Esos dos años fueron los mejores de mi vida, los únicos en que he esperado algo. Esperaba el correo.

—Ajá.

—¿Puede perdonarme?

—De usted depende —dijo Analía pasándole las muletas.

El maestro se colocó la chaqueta y se levantó. Los dos salieron al bullicio del patio, donde todavía no se había puesto el sol.

crutches	
dragging	
?	
I take this opportunity	
pedirle… to ask for an explanation / ?	
hill	
stammered	
se… had gotten stuck	
no… I don't have the slightest doubt	
go back	

Comprensión

A. ¿Cierta o falsa? Lee las siguientes frases y decide si la información es cierta o falsa, según el cuento. Si la información es falsa, escribe la información correcta.

1. Analía Torres estudió interna en un colegio religioso en la capital.

2. Según Analía Torres, su tío Eugenio quería que ella fuera monja para así poder obtener sus tierras.

3. La primera vez que el tío fue a visitar a Analía, ellos se reconocieron inmediatamente.

4. Analía le dijo al tío que ella no se ocuparía de sus tierras cuando tuviera un esposo.

5. La segunda vez que el tío fue al convento, él le pidió a la Madre Superiora que le permitiera a Analía recibir cartas de su hijo.

6. Al principio, Analía no leía las cartas de su primo.

7. Antes de conocer a su primo, Analía pensaba que él era muy guapo.

8. Al pasar el tiempo, Analía se enamoró de su primo Luis.

9. Cuando Analía conoció a Luis, se dio cuenta de que era más guapo de lo que había pensado.

10. El matrimonio de Analía y Luis era muy feliz.

11. Cuando nació el hijo, la relación entre Analía y Luis se mejoró.

12. El hijo de Analía y Luis sacaba buenas notas en la escuela.

13. Luis murió en una batalla.

14. Analía se ocupó de sus tierras cuando Luis murió.

15. El maestro del hijo de Analía había sido el autor de las cartas.

B. Comprensión general Con tus propias palabras, responde a las siguientes preguntas. Luego, comparte tus ideas con los otros estudiantes de la clase.

1. ¿Cómo llegó a conocer Analía a su futuro esposo?

2. Describe el matrimonio entre Analía y Luis antes y después del nacimiento de su hijo.

3. ¿Qué importancia tenía la boleta de notas del hijo?

4. Explica por qué Analía fue a ver al maestro al final del cuento y el resultado de su visita.

C. De la misma familia Las palabras de la lista a continuación son palabras que probablemente ya conoces. Escribe todas las palabras de la misma familia que conozcas.

sospechaba (sospechar) [línea 31]	sentimentales [línea 79]
confianza [línea 34]	escritura [línea 231]
se reconocieron (reconocer) [línea 39]	enterrarlo [línea 270]

D. Antónimos Empareja cada palabra de la columna A con una palabra que signifique lo opuesto en la columna B. En la columna B hay más palabras de las que necesitas.

A	B
1. desnudos [línea 13]	a. clara
2. renuncia [línea 29]	b. seca
3. escaso [línea 72]	c. vestidos
4. cariño [línea 78]	d. aceptación
5. se escondía [línea 94]	e. peludo
6. calvo [línea 112]	f. salía
7. avergonzada [línea 125]	g. odio
8. oscura [línea 136]	h. orgullosa
9. vaciar [línea 177]	i. cumplir
10. mojada [línea 217]	j. llenar
	k. se aparecía
	l. abundante

E. En contexto Imagínate que quieres explicarle a un(a) compañero(a) de clase el significado de las siguientes palabras. En español, explica lo que cada una de las palabras significa. Escribe las explicaciones para luego compartirlas con el resto de la clase.

almohadas [línea 169]	luto [línea 272]
mojada [línea 217]	viuda [línea 272]
sudor [línea 228]	quemar [línea 297]
temblando (temblar) [línea 247]	muletas [línea 322]

F. Al punto Lee las siguientes preguntas o frases completas. Luego, escoge la mejor respuesta o terminación según la lectura.

1. Al principio del cuento sabemos que los padres de Analía Torres…
   a. habían muerto.
   b. eran indios.
   c. habían desaparecido.
   d. la adoptaron cuando era pequeña.

2. ¿Quién era Eugenio?
   a. Su hermano.
   b. Su primo.
   c. Su novio.
   d. Su tío.

3. ¿Quién crió a Analía hasta que pudo ir a la escuela?
   a. Su tío.
   b. Su primo.
   c. Una sirvienta.
   d. Una monja.

4. ¿Dónde estudió Analía?
   a. En una escuela en su pueblo.
   b. En un internado en la ciudad.
   c. En su propia casa.
   d. En una escuela en el extranjero.

5. Si Analía decidiera hacerse monja, esto le permitiría…
   a. tenerle más confianza a su tío.
   b. encontrar tranquilidad eterna.
   c. dejarle las tierras a su tío.
   d. llegar a conocerse mejor.

6. ¿Qué sospechaba Analía de Eugenio?
    a. Que no era cariñoso.
    b. Que no era honesto.
    c. Que era generoso.
    d. Que era pretencioso.

7. La primera vez que Eugenio fue a visitar a Analía en el internado lo hizo para…
    a. presentarle a su hijo Luis.
    b. felicitar a la Madre Superiora.
    c. comunicarle que él se iba a casar pronto.
    d. decirle que iba a enviarle dinero regularmente.

8. Por la conversación que tuvo el tío Eugenio con Analía la primera vez que la visitó sabemos que él pensaba que…
    a. las mujeres no debían hacer ciertos trabajos.
    b. la educación religiosa no era recomendable para ella.
    c. Analía lo quería como si fuera su padre.
    d. la Madre Superiora no cuidaba mucho a Analía.

9. La segunda vez que el tío fue a visitar a Analía en el internado, él le pidió a la Madre Superiora que…
    a. le enviara a él las cartas que Analía recibía.
    b. convenciera a Analía para que le diera las tierras a él.
    c. permitiera que su hijo le escribiera a Analía.
    d. quemara todas las cartas que Analía recibía.

10. ¿Qué hacía Analía con las cartas que recibía al principio?
    a. Las rompía.
    b. Las devolvía.
    c. No las leía.
    d. No las guardaba.

11. Después de un tiempo la correspondencia le permitió a Analía…
    a. conocer mejor a su tío.
    b. enamorarse de su primo.
    c. aprender mucho sobre sus negocios.
    d. descubrir quiénes eran sus padres.

12. ¿Cómo se imaginaba Analía a su primo Luis?
    a. Alocado.
    b. Irresponsable.
    c. Repulsivo.
    d. Ignorante.

13. ¿Qué sucedió el día que Analía cumplió dieciocho años?
    a. Eugenio la vino a sacar de la escuela.
    b. Luis vino a conocerla por primera vez.
    c. Ella se hizo cargo de todas sus tierras.
    d. Ella se casó con su primo Luis.

14. ¿Cómo era Luis en realidad?
    a. Atractivo.
    b. Arrogante.
    c. Vulgar.
    d. Delicado.

15. Después de casarse con Luis, Analía se dio cuenta de que...
    a. no lo podía amar.
    b. no le podía tener confianza.
    c. ya no se sentiría sola.
    d. ya no podría ser monja.

16. Por la frase "...él le cerraba la boca con un beso rápido..."
    [líneas 162–163] podemos inferir que Luis...
    a. trataba de afirmar su amor.
    b. quería evitar la intimidad.
    c. era menos romántico que Analía.
    d. evitaba hablar sobre la correspondencia.

17. Por la descripción de los sentimientos de Analía sabemos que
    ella...
    a. era una persona perversa.
    b. era demasiado exigente.
    c. trataba de mejorar su situación económica.
    d. trataba de mejorar su vida matrimonial.

18. ¿Qué sucedió después del nacimiento del hijo de Analía y Luis?
    a. Analía se alejó más de Luis.
    b. Luis se divorció de Analía.
    c. Eugenio destruyó el matrimonio.
    d. Analía se mudó a casa de Eugenio.

19. ¿Qué le permitió a Analía sonreír por primera vez en mucho
    tiempo?
    a. Las atenciones de Luis.
    b. Los planes de Eugenio.
    c. Las notas de su hijo.
    d. La mudanza a la ciudad.

20. ¿Qué le sucedió a Luis una noche?
    a. Lo llevaron a escondidas a la salida del pueblo.
    b. Se cayó de un caballo y luego murió.
    c. Fue golpeado por un borracho.
    d. Fue encarcelado por la policía.

21. Cuando Eugenio le propuso a Analía que se mudara para la capital, ella...
    a. lo invitó a mudarse con ella.
    b. lo llevó de la mano a la policía.
    c. lo felicitó por haberle dado tan buen consejo.
    d. lo despidió y se hizo cargo de las tierras.

22. Una vez que Analía puso en orden la administración de la propiedad, decidió...
    a. enseñar en la escuela de su hijo.
    b. ir a conocer al maestro.
    c. salir a buscar a Luis.
    d. sacar a su hijo de la escuela.

23. Al final del cuento nos enteramos que el maestro era la persona que...
    a. había asesinado a Luis.
    b. había adoptado al hijo de Analía.
    c. le había escrito las cartas a Analía.
    d. le había enseñado a escribir a Analía.

G. Ahora te toca a ti Usa las siguientes ideas como punto de partida y escribe cinco preguntas para ver si tus compañeros han comprendido el cuento. También puedes hacerles preguntas de cualquier punto que tú no hayas comprendido.

- la vida en el internado
- la relación entre Analía y Luis
- la relación entre Analía y Eugenio
- el papel del maestro

Un paso más

Para conversar

A. Las apariencias Analía se imagina a Luis "enfermo o contrahecho", "rechoncho", etc., antes de conocerlo. ¿Por qué piensas tú que ella se lo imagina así? ¿Piensas que hace esto para no sentirse defraudada (*disappointed*) cuando lo conozca? Si tú hubieras estado en el lugar de Analía, ¿cómo te habrías imaginado a Luis? Discutan sus ideas en grupos de tres o cuatro estudiantes y hagan preguntas sobre lo que dicen los otros estudiantes.

B. El papel de la mujer En varias partes del cuento se hace referencia al papel de la mujer. Lee las siguientes citas cuidadosamente y explica lo que éstas demuestran sobre la sociedad en que vive Analía.

> "… la agricultura no es tarea para una mujer…" [línea 50]

> "Siempre necesitarás a un hombre que administre el campo". [línea 57]

> "…Analía necesita más cariño, las mujeres son sentimentales". [líneas 78–79]

> "A veces Analía salía a galopar por los potreros hasta los límites de la montaña deseando haber sido un hombre". [líneas 197–199]

Ahora, escoge una de las citas y con un ejemplo específico de tu experiencia personal, explica por qué la declaración de la cita es errónea. Discute tus explicaciones con otro(a) estudiante de la clase. Prepárense para discutirlas con el resto de la clase.

C. El brillo del espíritu La autora nos dice que aunque Analía se imaginaba a Luis deformado y feo, con el tiempo ella llegó a la conclusión de que "el brillo del espíritu era lo único importante…" [línea 113] Piensa en el significado de esta frase. ¿Estás de acuerdo con lo que dice? Prepara una lista de palabras y frases para discutir tu opinión con el resto de la clase.

D. Una conversación Imagínate que antes de que Luis muriera, Analía decide decirle que ella sabe la verdad. Con un(a) compañero(a) de clase hagan el papel de Analía y de Luis y prepárense para presentarle la conversación al resto de la clase. No escriban un guión *(script)*, sólo escriban frases o palabras para expresar sus ideas.

E. ¿Cómo piensa Analía? La autora dice que Analía "Tampoco lograba poner en palabras sus emociones, pero si hubiera podido hacerlo no habría tenido a nadie con quien comentarlo". Imagínate que eres un(a) buen(a) amigo(a) de Analía y que la vienes a visitar. Con un(a) compañero(a) de clase piensa en lo que Analía diría y lo que respondería su amigo(a). Hagan una lista de las ideas que van a discutir y luego prepárense para presentarle la conversación al resto de la clase.

Para escribir

A. Lo que yo cambiaría Escoge un aspecto del cuento que no te gustó. En un párrafo explica por qué no te gustó y cómo lo cambiarías si tú fueras la autora.

B. Las opciones de Analía Analía y Luis llevan un matrimonio que no es feliz. Escribe dos párrafos en los que expliques lo que podría hacer cada uno de ellos para mejorar la situación.

C. La puesta del sol Muchas veces se usa la frase "la puesta del sol" como una metáfora del final de una etapa o era. Al final del cuento la autora dice "Los dos salieron al bullicio del patio, donde todavía no se había puesto el sol" [líneas 353–354]. ¿Qué significado crees tú que tiene la frase en este contexto? ¿Qué les traerá el futuro a Analía y al maestro? Escribe un párrafo en el que expliques lo que está tratando de comunicarnos la autora.

D. ¿Mujer fuerte o no? Piensa en la vida de Analía desde su infancia hasta el final del cuento. ¿Consideras a Analía una mujer fuerte? ¿En qué sentido es fuerte? ¿En qué sentido no es fuerte? Escribe un ensayo de unos tres párrafos en el que expliques tu opinión con respecto al tema.

E. Una carta de amor Imagínate que tú eres Luis. Escríbele una carta a Analía hablándole de tu vida y confesándole tu amor. Recuerda que Analía está en el internado. Recuerda también que Luis y Analía están muy enamorados, pero que todavía no se conocen. La carta debe tener por lo menos unas 200 palabras. Antes de comenzar a escribir, haz una lista de todas las palabras que te vengan a la mente con referencia al tema. Luego, agrupa las palabras de una manera lógica y así al final tendrás un esquema para cada párrafo del ensayo. Luego tu profesor(a) va a intercambiar la carta con otro(a) compañero(a) de clase que va a contestar la carta como si fuera Analía.

Informal Writing

Directions: For the following questions, you will write a message. You have 10 minutes to read the question and write your response.

Instrucciones: Para las preguntas siguientes, escribirás un mensaje. Tienes 10 minutos para leer la pregunta y escribir tu respuesta.

You may find **Appendix A** (Some Expressions Used to Connect Ideas) and **Appendix C** (Some Expressions Used to Begin and End a Written Message) especially useful as you complete these exercises.

Mensaje 1

Imagina que tu novio(a) está en un internado. Quieres convencerlo(a) de que lea un libro/cuento que te encantó. Escríbele una cartita y

- menciona de qué se trata el libro
- describe a tu personaje favorito
- menciona tu reacción al final

Mensaje 2

Imagina que acabas de conocer a una persona de gran inteligencia y mucha sensibilidad. Escríbele un mensaje electrónico a una buena amiga y

- menciona el encuentro
- describe a la persona físicamente (su edad, etc.)
- menciona de qué hablaron
- dile cómo te sentiste al despedirte
- di lo que quisieras que resultara del encuentro

Comprensión auditiva

Escucha las siguientes selecciones. Después de cada selección vas a escuchar varias preguntas. Escoge la mejor respuesta para cada pregunta entre las opciones impresas en tu libro.

Selección número 1

La selección que vas a escuchar trata de un interesante festival de teatro.

Número 1
   a. En una novela.
   b. En un poema.
   c. En un ensayo político.
   d. En una tragedia griega.

Número 2
   a. A causa de un desastre natural.
   b. A causa de no haber estado terminada.
   c. A causa de la convención demócrata.
   d. A causa de los problemas políticos.

Número 3
- **a.** En el golpe militar.
- **b.** En los carnavales.
- **c.** En la nueva democracia.
- **d.** En música religiosa.

Número 4
- **a.** En una iglesia.
- **b.** En un parque.
- **c.** En un teatro.
- **d.** En un estadio.

Número 5
- **a.** Una semana.
- **b.** Más de un mes.
- **c.** Unos doce días.
- **d.** Dos días.

Selección número 2

Escucha la siguiente selección sobre la escritora Isabel Allende y dos de sus novelas más importantes: *La casa de los espíritus* y *Paula*.

Número 1
- **a.** Porque describe el paisaje y a la gente con mucho detalle.
- **b.** Porque los eventos políticos que narra coinciden con los eventos en Chile.
- **c.** Porque así lo ha explicado García Márquez.
- **d.** Porque muchos de los personajes llevan el apellido Allende.

Número 2
- **a.** Unos líderes políticos.
- **b.** Un autor famoso.
- **c.** Varias mujeres.
- **d.** Una de sus hijas.

Número 3
- **a.** Cuando su hija se enfermó.
- **b.** Cuando la autora enloquecía.
- **c.** Después de que su hija se lo sugirió.
- **d.** Durante un golpe de estado en Chile.

Número 4
- **a.** Que es un poco deprimente.
- **b.** Que es el libro más notable que ha escrito.
- **c.** Que el final es demasiado optimista.
- **d.** Que nunca la debería haber escrito.

Simulated Conversation

Directions: You will now participate in a simulated telephone conversation. First, you will have 30 seconds to read the outline of the conversation. Then, you will listen to a message and have one minute to read again the outline of the conversation. Afterward, the telephone call will begin, following the outline. Each time it is your turn, you will have 20 seconds to respond; a tone will indicate when you should begin and end speaking. You should participate in the conversation as fully and appropriately as possible.

Instrucciones: Ahora participarás en una conversación telefónica simulada. Primero, tendrás 30 segundos para leer el bosquejo *(outline)* de la conversación. Entonces, escucharás un mensaje y tendrás un minuto para leer de nuevo el bosquejo de la conversación. Después empezará la llamada telefónica, siguiendo el bosquejo. Siempre que te toque, tendrás 20 segundos para responder; una señal te indicará cuándo debes empezar y terminar de hablar. Debes participar en la conversación de la manera más completa y apropiada posible.

Imagina que recibes un mensaje telefónico de tu amiga Josefina, quien te pide que la llames por teléfono. Escucha el mensaje.

(a) El mensaje
[You will hear the message on the recording.]
[Escucharás el mensaje en la grabación.]
(b) La conversación
[The shaded lines reflect what you will hear on the recording.]
[Las líneas en gris reflejan lo que escucharás en la grabación.]

Josefina	• *[El teléfono suena.] Contesta el teléfono.*
Tú	• *Salúdala. Explica por qué has llamado.*
Josefina	• *Te explica por qué te había hecho la llamada original.*
Tú	• *Expresa tu incredulidad.*
Josefina	• *Continúa la conversación.*
Tú	• *Expresa tu reacción. Hazle una sugerencia.*
Josefina	• *Continúa la conversación.*
Tú	• *Trata de convencerla.*
Josefina	• *Continúa la conversación.*
Tú	• *Expresa tu reacción y despídete.*
Josefina	• *Se despide. [Cuelga el teléfono.]*

You may find **Appendix B** (Some Expressions Used for Oral Communication) especially useful as you complete these exercises.

Go Online
For: Additional practice
Visit: www.PHSchool.com
Web Code: jjd-0012

Emma Zunz

Jorge Luis Borges

Abriendo paso:
Gramática

Preterite, imperfect, and pluperfect indicative: Unidad 1, págs. 1 a 29; RG 1, págs. 30 a 48
Imperfect subjunctive: Unidad 6, págs. 211 a 214; RG 6, págs. 228 a 231
Reflexive verbs: Unidad 3, págs. 109 a 115; RG 3, págs. 130 a 132
Relative pronouns: Paso 4, págs. 274 a 284
Object pronouns: Paso 3, págs. 263 a 273
Subject and prepositional pronouns: Paso 2, págs. 258 a 262

Antes de leer

A. Para discutir en clase Mira el dibujo y describe lo que está sucediendo. Usa la imaginación. Para la discusión con el resto de la clase, haz una lista de palabras clave o de frases que te ayuden a expresar tus ideas. En la presentación incluye las respuestas a las preguntas que aparecen a continuación.

1. ¿Dónde están estos personajes? Describe el lugar detalladamente.

2. Describe a las personas. ¿De qué crees que están hablando estas personas? ¿Por qué están hablando?

3. ¿Qué está sucediendo afuera? ¿Qué relación crees que existe entre las personas que están adentro y las que están fuera del edificio?

B. Nuestra experiencia En las siguientes actividades tendrás la oportunidad de hablar sobre tus experiencias personales con respecto a algunos temas que aparecen en el cuento que vas a leer. Piensa en las respuestas y luego discute tus ideas con otros estudiantes en grupos de tres o cuatro.

- Muchas veces la gente dice cosas acerca de nosotros que no son verdad, en otras palabras, levantan calumnias. ¿Puedes pensar en algunas calumnias que se han levantado contra tus amigos o contra personas famosas? ¿Qué efecto pueden tener estas calumnias? Si hablas sobre tus amigos, no tienes que mencionar su nombre.

- En el cuento que vas a leer una hija trata de defender el honor de su padre. ¿Qué representa el honor o la buena reputación para ti? ¿Qué harías tú si una persona tratara de dañar tu reputación o la reputación de uno de tus amigos?

C. La venganza y el perdón En el diccionario la palabra *venganza (revenge)* está definida como "mal que se hace a alguien para castigarlo *(punish)* y reparar así una injuria o daño recibido". ¿Se puede justificar la venganza en algunas ocasiones? ¿Es mejor perdonar y olvidar los daños causados por otra persona? ¿Se debe confrontar a la persona que causa daños o injurias? Explica tu respuesta. Da ejemplos específicos para apoyar tu opinión. Luego en grupos de tres o cuatro estudiantes, compartan sus opiniones. Prepárense para discutir las ideas del grupo con el resto de la clase.

D. Una selección Los siguientes párrafos son muy importantes para la comprensión del cuento que vas a leer. Emma Zunz acaba de recibir una carta de un señor que vivía en la misma pensión que su padre. En esta carta él le anuncia a Emma que su padre ha muerto después de haber bebido, por error, una fuerte dosis de veronal, un sedante *(sedative)*.

Emma dejó caer el papel. Su primera impresión fue de malestar en el vientre° y en las rodillas; luego de ciega culpa,° de irrealidad, de frío, de temor; luego, quiso ya estar en el día siguiente. Acto continuo comprendió que esa voluntad° era inútil porque la muerte de su padre era lo único que había sucedido en el mundo, y seguiría sucediendo sin fin. Recogió el papel y se fue a su cuarto. Furtivamente° lo guardó en un cajón,° como si de algún modo ya conociera los hechos ulteriores.° Ya había empezado a vislumbrarlos,° tal vez; ya era la que sería.

stomach / ciega… blind guilt

desire

Secretly / drawer
subsequent
conjecture them

En la creciente oscuridad, Emma lloró hasta el fin de aquel día
el suicidio de Manuel Maier, que en los antiguos días felices fue
Emanuel Zunz. Recordó veraneos en una chacra,° cerca de
Gualeguay,° recordó (trató de recordar) a su madre, recordó
la casita de Lanús° que les remataron,° recordó los amarillos
losanges° de una ventana, recordó el auto de prisión, el
oprobio,° recordó los anónimos° con el suelto° sobre "el
desfalco° del cajero",° recordó (pero eso jamás lo olvidaba)
que su padre, la última noche, le había jurado° que el ladrón era
Loewenthal. Loewenthal, Aarón Loewenthal, antes gerente° de la
fábrica y ahora uno de los dueños. Emma, desde 1916, guardaba
el secreto. A nadie se lo había revelado, ni siquiera a su mejor
amiga, Elsa Urstein. Quizá rehuía° la profana incredulidad;
quizá creía que el secreto era un vínculo° entre ella y el ausente.
Loewenthal no sabía que ella sabía; Emma Zunz derivaba° de
ese hecho ínfimo° un sentimiento de poder.

farm
city in Argentina
a suburb / was auctioned off
diamond-shaped windows
*infamy / anonymous letters /
short newspaper article /
embezzlement / cashier;
treasurer / sworn*
manager

was rejecting
link
derived
smallest

Ahora, responde a las preguntas a continuación, basándote en lo que
acabas de leer.

1. ¿Cómo se sintió Emma después de recibir la carta?

2. ¿Qué pensamientos tuvo Emma?

3. ¿Qué crimen había cometido su padre?

4. Según el padre de Emma, ¿quién había sido el verdadero ladrón?

5. ¿Quiénes parecen ser las únicas personas que sabían la verdad?

El autor

Jorge Luis Borges

Jorge Luis Borges, poeta, ensayista, narrador y traductor, nació en Buenos Aires, Argentina, en 1899. A una temprana edad viajó a Ginebra, Suiza, donde terminó su escuela secundaria. Luego pasó varios años en España, hasta regresar a Buenos Aires en 1921. Allí fue profesor de literatura inglesa en la Universidad de Buenos Aires, ejerció el puesto de presidente de la Asociación Argentina de Escritores y llegó a ser Director de la Biblioteca Nacional. Borges crea en sus cuentos un mundo único; su técnica es inigualable y su imaginación y originalidad han sido comparadas con Franz Kafka. En 1957 recibió el Premio Nacional de Literatura y en 1961 el Prix Formentor, uno de los premios internacionales de más prestigio. Borges es considerado como uno de los mejores escritores de la lengua española, no sólo en los países de habla hispana sino en todo el mundo, ya que sus obras han sido traducidas a un sinfín de idiomas. Entre los temas que encontramos en sus cuentos están el tiempo circular y linear, el sueño, la eternidad, el espacio, la ficción o irrealidad, la realidad, la dualidad y multiplicidad del hombre. Una de las características más sobresalientes de sus cuentos son los finales inesperados y sorprendentes, así como el constante juego con la realidad y la irrealidad. Entre sus colecciones de cuentos se encuentran *Historia universal de la infamia* (1935), *Ficciones* (1944), la más conocida, *El Aleph* (1949) y *El hacedor* (1960). Borges murió en 1986 a la edad de 87 años.

Al leer

El cuento que vas a leer es la historia de una hija que quiere vengar a su padre. Al leer, presta atención a los siguientes puntos:

- los preparativos que hace Emma para llevar a cabo *(carry out)* su plan
- cómo Emma venga a su padre
- la ironía al final del cuento

Lectura

Emma Zunz
Jorge Luis Borges

fábrica... *textile mill / hall*

?

misled

scribbled / to fill

ingested, consumed

? / *del...* ?

El catorce de enero de 1922, Emma Zunz, al volver de la fábrica de tejidos° Tarbuch y Loewenthal, halló en el fondo del zaguán° una carta, fechada° en el Brasil, por la que supo que su padre había muerto. La engañaron,° a primera vista, el sello y el sobre; luego, la inquietó la letra desconocida. Nueve o diez líneas borroneadas° querían colmar° la hoja; Emma leyó que el señor Maier había ingerido° por error una fuerte dosis de veronal y había fallecido° el tres del corriente° en el hospital de Bagé. Un compañero de pensión de su padre firmaba la noticia, un tal Fein o Fain, de Río Grande, que no podía saber que se dirigía a la hija del muerto.

Emma dejó caer el papel. Su primera impresión fue de malestar en el vientre y en las rodillas; luego de ciega culpa, de irrealidad, de frío, de temor; luego, quiso ya estar en el día siguiente. Acto continuo comprendió que esa voluntad era inútil porque la muerte de su padre era lo único que había sucedido en el mundo, y seguiría sucediendo sin fin. Recogió el papel y se fue a su cuarto. Furtivamente lo guardó en un cajón, como si de algún modo ya conociera los hechos ulteriores. Ya había empezado a vislumbrarlos, tal vez; ya era la que sería.

En la creciente oscuridad, Emma lloró hasta el fin de aquel día el suicidio de Manuel Maier, que en los antiguos días felices fue Emanuel Zunz. Recordó veraneos en una chacra, cerca de Gualeguay, recordó (trató de recordar) a su madre, recordó la casita de Lanús que les remataron, recordó los amarillos losanges de una ventana, recordó el auto de prisión, el oprobio, recordó los anónimos con el suelto sobre "el desfalco del cajero", recordó (pero eso jamás lo olvidaba) que su padre, la última noche, le había jurado que el ladrón era Loewenthal. Loewenthal, Aarón

5

10

15

20

25

Loewenthal, antes gerente de la fábrica y ahora uno de los
dueños. Emma, desde 1916, guardaba el secreto. A nadie se lo
había revelado, ni siquiera a su mejor amiga, Elsa Urstein. Quizá
rehuía la profana incredulidad; quizá creía que el secreto era un
vínculo entre ella y el ausente. Loewenthal no sabía que ella sabía;
35 Emma Zunz derivaba de ese hecho ínfimo un sentimiento de
poder.

No durmió aquella noche y cuando la primera luz definió el
rectángulo de la ventana, ya estaba perfecto su plan. Procuró que
ese día, que le pareció interminable, fuera como los otros. Había
40 en la fábrica rumores de huelga; Emma se declaró, como siempre,
contra toda violencia. A las seis, concluido el trabajo, fue con Elsa
a un club de mujeres, que tiene gimnasio y pileta.° Se
inscribieron;° tuvo que repetir y deletrear° su nombre y su
apellido, tuvo que festejar las bromas vulgares que comentan la
45 revisación.° Con Elsa y con la menor de las Kronfuss discutió a
qué cinematógrafo irían el domingo a la tarde. Luego, se habló de
novios y nadie esperó que Emma hablara. En abril cumpliría
diecinueve años, pero los hombres le inspiraban, aún, un temor
casi patológico... De vuelta,° preparó una sopa de tapioca y unas
50 legumbres, comió temprano, se acostó y se obligó a dormir. Así,
laborioso y trivial, pasó el viernes quince, la víspera.°

El sábado, la impaciencia la despertó. La impaciencia, no la
inquietud, y el singular alivio° de estar en aquel día, por fin. Ya
no tenía que tramar° y que imaginar; dentro de algunas horas
55 alcanzaría° la simplicidad de los hechos. Leyó en *La Prensa* que el
Nordstjärnan,° de Malmö,° zarparía° esa noche del dique° 3;
llamó por teléfono a Loewenthal, insinuó que deseaba comunicar,
sin que lo supieran las otras algo sobre la huelga y prometió pasar
por el escritorio, al oscurecer. Le temblaba la voz;° el temblor
60 convenía a una delatora. Ningún otro hecho memorable ocurrió
esa mañana. Emma trabajó hasta las doce y fijó° con Elsa y con
Perla Kronfuss los pormenores° del paseo del domingo. Se acostó
después de almorzar y recapituló, cerrados los ojos, el plan que
había tramado. Pensó que la etapa final sería menos horrible que
65 la primera y que le depararía,° sin duda, el sabor de la victoria y
de la justicia. De pronto, alarmada, se levantó y corrió al cajón de
la cómoda. Lo abrió; debajo del retrato de Milton Sills, donde la
había dejado anteanoche, estaba la carta de Fain. Nadie podía
haberla visto; la empezó a leer y la rompió.

70 Referir con alguna realidad los hechos de esa tarde sería difícil

swimming pool (Argentina)
Se... They registered / spell

examination (Argentina)

De... ?

day before, eve

relief
to plot
would attain
name of a ship / Swedish port / would sail / dock

Le... Her voice was trembling

settled
details

would offer

y quizá improcedente.° Un atributo de lo infernal es la irrealidad, un atributo que parece mitigar° sus terrores y que los agrava tal vez. ¿Cómo hacer verosímil° una acción en la que casi no creyó quien la ejecutaba, cómo recuperar ese breve caos que hoy la memoria de Emma Zunz repudia° y confunde? Emma vivía por Almagro, en la calle Liniers; nos consta° que esa tarde fue al puerto. Acaso en el infame Paseo de Julio se vio multiplicada en espejos, publicada por luces y desnudada por los ojos hambrientos, pero más razonable es conjeturar° que al principio erró, inadvertida, por la indiferente recova....° Entró en dos o tres bares, vio la rutina o los manejos° de otras mujeres. Dio al fin con hombres del *Nordstjärnan*. De uno, muy joven, temió que le inspirara alguna ternura y optó por otro, quizá más bajo que ella y grosero,° para que la pureza del horror no fuera mitigada. El hombre la condujo a una puerta y después a un turbio° zaguán y después a una escalera tortuosa y después a un vestíbulo (en el que había una vidriera° con losanges idénticos a los de la casa en Lanús) y después a una puerta que se cerró. Los hechos graves están fuera del tiempo, ya porque en ellos el pasado inmediato queda como tronchado° del porvenir, ya porque no parecen consecutivas las partes que los forman.

¿En aquel tiempo fuera del tiempo, en aquel desorden perplejo de sensaciones inconexas y atroces, pensó Emma Zunz una sola vez en el muerto que motivaba el sacrificio? Yo tengo para mí que pensó una vez y que en ese momento peligró° su desesperado propósito. Pensó (no pudo no pensar) que su padre le había hecho a su madre la cosa horrible que a ella ahora le hacían. Lo pensó con débil asombro° y se refugió, en seguida, en el vértigo. El hombre, sueco° o finlandés,° no hablaba español; fue una herramienta° para Emma como ésta lo fue para él, pero ella sirvió para el goce° y él para la justicia.

Cuando se quedó sola, Emma no abrió en seguida los ojos. En la mesa de luz estaba el dinero que había dejado el hombre. Emma se incorporó° y lo rompió como antes había roto la carta. Romper dinero es una impiedad,° como tirar el pan; Emma se arrepintió, apenas° lo hizo. Un acto de soberbia° y en aquel día.... El temor se perdió en la tristeza de su cuerpo, en el asco.° El asco y la tristeza la encadenaban,° pero Emma lentamente se levantó y procedió a vestirse. En el cuarto no quedaban colores vivos; el último crepúsculo se agravaba. Emma pudo salir sin que la advirtieran;° en la esquina subió a un Lacroze,° que iba al oeste.

Margin glossary:

not right
soothe
probable

rejects
nos... we know for certain

to conjecture, guess
pack
handling

coarse, vulgar
dark

shop window

cut off

?

fear, consternation
Swedish / Finnish
tool, instrument
enjoyment

se... sat up
es... it's a heartless thing to do
as soon as / rage, fury
disgust
were paralyzing her

sin... without being noticed
/ type of streetcar

Line numbers: 75, 80, 85, 90, 95, 100, 105, 110

Eligió, conforme a su plan, el asiento más delantero,° para que no
le vieran la cara. Quizá le confortó verificar, en el insípido trajín°
de las calles, que lo acaecido° no había contaminado las cosas.
Viajó por barrios decrecientes° y opacos,° viéndolos y
olvidándolos en el acto, y se apeó° en una de las bocacalles° de
Warnes. Paradójicamente su fatiga venía a ser una fuerza, pues la
obligaba a concentrarse en los pormenores de la aventura y le
ocultaba el fondo y el fin.

Aarón Loewenthal era, para todos, un hombre serio; para sus
pocos íntimos, un avaro.° Vivía en los altos de la fábrica, solo.
Establecido en el desmantelado arrabal,° temía a los ladrones; en
el patio de la fábrica había un gran perro y en el cajón de su
escritorio, nadie lo ignoraba, un revólver. Había llorado con
decoro,° el año anterior, la inesperada muerte de su mujer —¡una
Gauss, que le trajo una buena dote!° —, pero el dinero era su
verdadera pasión. Con íntimo bochorno° se sabía menos apto
para ganarlo que para conservarlo. Era muy religioso, creía tener
con el Señor un pacto secreto, que lo eximía° de obrar bien, a
trueque° de oraciones y devociones. Calvo, corpulento, enlutado,
de quevedos ahumados° y barba rubia, esperaba de pie, junto a la
ventana, el informe confidencial de la obrera Zunz.

La vio empujar la verja° (que él había entornado° a
propósito) y cruzar el patio sombrío. La vio hacer un pequeño
rodeo° cuando el perro atado ladró. Los labios de Emma se
atareaban° como los de quien reza° en voz baja; cansados,
repetían la sentencia que el señor Loewenthal oiría antes de morir.

Las cosas no ocurrieron como había previsto Emma Zunz.
Desde la madrugada anterior, ella se había soñado muchas veces,
dirigiendo el firme revólver, forzando al miserable a confesar la
miserable culpa y exponiendo la intrépida estratagema° que
permitiría a la Justicia de Dios triunfar de la justicia humana.
(No por temor sino por ser un instrumento de la Justicia, ella
no quería ser castigada.) Luego, un solo balazo° en mitad del
pecho rubricaría° la suerte de Loewenthal. Pero las cosas no
ocurrieron así.

Ante Aarón Loewenthal, más que la urgencia de vengar a su
padre, Emma sintió la de castigar el ultraje padecido° por ello. No
podía no matarlo, después de esa minuciosa deshonra.° Tampoco
tenía tiempo que perder en teatralerías. Sentada, tímida, pidió
excusas a Loewenthal, invocó (a fuer de delatora)° las
obligaciones de la lealtad,° pronunció algunos nombres, dio a

Glosses (right margin):
- ?
- hustle and bustle
- lo... what had happened
- deteriorating / gloomy
- se... she got off / intersections
- miser
- desmantelado... run-down suburb
- propriety
- dowry
- embarrassment, humiliation
- exempted
- a... in exchange for
- quevedos... tinted pince-nez eyeglasses
- gate / left ajar
- ?
- were occupied, busy / prays
- stratagem, trick
- shot
- would sign and seal
- ultraje... outrage, abuse suffered / minuciosa... meticulous dishonor
- a... as an informer
- loyalty

entender otros y se cortó como si la venciera el temor. Logró que
Loewenthal saliera a buscar una copa de agua. Cuando éste,
incrédulo de tales aspavientos,° pero indulgente, volvió del   155
comedor, Emma ya había sacado del cajón el pesado revólver.
Apretó el gatillo° dos veces. El considerable cuerpo se desplomó°
como si los estampidos° y el humo lo hubieran roto, el vaso de
agua se rompió, la cara la miró con asombro° y cólera, la boca de
la cara la injurió en español y en ídisch.° Las malas palabras no   160
cejaban;° Emma tuvo que hacer fuego otra vez. En el patio, el
perro encadenado rompió a ladrar, y una efusión de brusca sangre
manó° de los labios obscenos y manchó° la barba y la ropa.
Emma inició la acusación que tenía preparada ("He vengado a mi
padre y no me podrán castigar..."), pero no la acabó, porque el   165
señor Loewenthal ya había muerto. No supo nunca si alcanzó a
comprender.

Los ladridos tirantes° le recordaron que no podía, aún,
descansar. Desordenó el diván, desabrochó° el saco° del cadáver,
le quitó los quevedos salpicados° y los dejó sobre el fichero.°   170
Luego tomó el teléfono y repitió lo que tantas veces repetiría, con
esas y con otras palabras: *Ha ocurrido una cosa que es
increíble.... El señor Loewenthal me hizo venir con el pretexto de
la huelga.... Abusó de mí y lo maté.*

La historia era increíble, en efecto, pero se impuso° a todos,   175
porque sustancialmente era cierta. Verdadero era el tono de
Emma Zunz, verdadero el pudor,° verdadero el odio. Verdadero
también era el ultraje que había padecido: sólo eran falsas las
circunstancias, la hora y uno o dos nombres propios.

theatricality, histrionics

trigger / se... collapsed
reports of a gun; gun blasts
astonishment
Yiddish
no... did not stop

sprang, poured from / stained

tense
unbuttoned / jacket
spattered / file cabinet

se... it imposed itself, it convinced

modesty, chasteness

Comprensión

A. ¿Cierta o falsa? Lee las siguientes frases y decide si la información es cierta o falsa, según el cuento. Si la información es falsa, escribe la información correcta.

1. Emma Zunz recibió una carta del señor Loewenthal. *yes cierto*

2. La carta decía que el padre de Emma había ingerido el veneno por error. *cierto*

3. Emma no sintió mucho la muerte de su padre. *false*

4. Emma no le dijo a nadie que ella sabía quién era el verdadero ladrón. *cierto*

5. A Emma los hombres nunca le inspiraban temor.

6. Emma pretendía tener información sobre la huelga.

7. El día que iba a llevar a cabo su plan, Emma rompió la carta que había recibido.

8. Emma visitó varios bares antes de conocer a un marinero.

9. Loewenthal era un hombre generoso.

10. Emma pudo llevar a cabo sus planes exactamente como los había planeado.

11. Los nervios no permitieron que Emma matara al señor Loewenthal.

12. Emma se comunicó con la policía para explicarle por qué había matado a Loewenthal.

B. La sucesión de los eventos Lee las frases a continuación. Luego, usa los números 1–15 para ponerlas en orden, según los eventos en el cuento.

a. Emma sacó el revólver del cajón del escritorio de Loewenthal.

b. Loewenthal empezó a decir malas palabras.

c. Emma leyó en el periódico que un barco estaría en el puerto esa noche.

d. Antes de llamar a la policía, Emma desordenó la oficina.

e. Emma recibió una carta del Brasil.

f. Cuando se comunicó con la policía, Emma le dijo que Loewenthal había abusado de ella.

g. Emma subió a un tranvía *(streetcar)* que iba al oeste.

h. Emma y Elsa fueron a un club de mujeres.

i. El perro ladró cuando Emma cruzó el patio para encontrarse con Loewenthal.

j. El señor Loewenthal fue a buscar un vaso de agua para Emma.

k. Emma apretó el gatillo del revólver.

l. Emma comenzó a pensar en los recuerdos que tenía de cuando era más joven.

m. Emma encontró el revólver en el cajón del escritorio.

n. En la oficina de Loewenthal, Emma le habló sobre la huelga.

o. Emma se encontró con un marinero.

C. Comprensión general Con tus propias palabras, responde a las siguientes preguntas. Comparte tus ideas con otros estudiantes de la clase y escucha sus respuestas.

1. ¿Cómo se preparó Emma para llevar a cabo su plan?

2. ¿Cómo pensaba vengarse Emma?

3. ¿Llega a saber Loewenthal la razón por la cual Emma lo quería matar? Explica.

4. ¿Piensas que es irónico este final? Explica.

D. De la misma familia Las palabras de la lista a continuación son palabras que probablemente ya conoces. Escribe todas las palabras de la misma familia que conozcas.

creciente [línea 21]	hambrientos [línea 79]
cajero [línea 27]	encadenaban (encadenar) [línea 108]
sentimiento [línea 35]	sombrío [línea 134]
festejar [línea 44]	ladridos [línea 168]
oscurecer [línea 59]	

E. Sinónimos Empareja cada palabra de la columna A con un sinónimo de la columna B.

A	B
1. zaguán [línea 2]	**a.** vestíbulo
2. fallecido [línea 8]	**b.** tiro
3. procuró [línea 38]	**c.** se bajó
4. pileta [línea 42]	**d.** piscina
5. bromas [línea 44]	**e.** muerto
6. turbio [línea 85]	**f.** chistes
7. se apeó [línea 116]	**g.** trató
8. balazo [línea 144]	**h.** oscuro

F. Antónimos Empareja cada palabra de la columna A con una palabra que signifique lo opuesto en la columna B.

A	B
1. fondo [línea 2]	**a.** olvidó
2. fin [línea 17]	**b.** trasero
3. ulteriores [línea 19]	**c.** principio
4. recordó [línea 23]	**d.** entrada
5. porvenir [línea 90]	**e.** pasado
6. delantero [línea 112]	**f.** anteriores

G. En contexto Imagínate que quieres explicarle a un(a) compañero(a) de clase el significado de las siguientes palabras. En español, explica lo que cada una de las palabras significa. Escribe las explicaciones para luego compartirlas con el resto de la clase.

fechada [línea 3]	de vuelta [línea 49]
del corriente [línea 8]	peligró (peligrar) [línea 95]
acto continuo [líneas 14–15]	asiento delantero [línea 112]
creciente [línea 21]	

H. Al punto Lee las siguientes preguntas o frases incompletas. Luego, escoge la mejor respuesta o terminación según la lectura.

1. ¿Qué noticias le trajo la carta a Emma?
   a. Que su padre se había envenenado.
   b. Que su padre regresaría pronto.
   c. Que el compañero de su padre lo había asesinado.
   d. Que dentro de poco sabría quién era su verdadero padre.

2. ¿Quién le escribió la carta a Emma?
   a. Un oficial de la fábrica de tejidos.
   b. Una enfermera del hospital de Bagé.
   c. Un amigo de su padre que ella desconocía.
   d. Su mismo padre.

3. Refiriéndose a Emma, la frase "ya era la que sería" [línea 20] quiere decir que Emma…
   a. sería muy famosa.
   b. se había convertido en otra persona.
   c. había decidido ser como era en su adolescencia.
   d. se sentía confundida por no saber quién era.

4. ¿Quién era Manuel Maier?
   a. El padre de Emma.
   b. El hermano del padre de Emma.
   c. El dueño de la fábrica de tejidos.
   d. El novio que había tenido Emma.

5. ¿A qué se refiere "el desfalco del cajero" [línea 27]?
   a. A una celebración que sucedió en Gualeguay.
   b. A la gran cantidad de dinero que había heredado Emma.
   c. A una película que había visto Emma en su juventud.
   d. Al crimen del que acusaban a su padre.

6. ¿Qué no podría olvidar nunca Emma?
   a. Los días junto a su madre.
   b. La arquitectura de su casa de veraneo.
   c. El robo que había ocurrido en su casa.
   d. El secreto que le había confiado su padre.

7. Durante la última noche que pasó el padre con Emma, éste le confesó…
   a. su lealtad.
   b. sus preocupaciones.
   c. su inocencia.
   d. sus esperanzas.

8. Además del padre y de Emma, ¿qué otra persona sabía "el secreto"?
   a. Ninguna otra persona.
   b. Elsa Urstein.
   c. Aarón Loewenthal.
   d. El cajero del banco.

9. ¿Qué hizo Emma el día que había escogido para llevar a cabo *(carry out)* su plan?
   a. Se negó a ir a su trabajo.
   b. Visitó a su mejor amiga.
   c. Tomó parte en la huelga.
   d. Hizo lo que siempre hacía.

10. ¿Qué opinión tenía Emma de los hombres?
    a. Les tenía lástima.
    b. Les tenía miedo.
    c. Los ayudaba en todo lo que podía.
    d. Eran una inspiración para ella.

11. Cuando llegó el día en el que Emma iba a llevar a cabo su plan, ella se sentía aliviada porque...
    a. podría dejar de hacer planes.
    b. podría dejar de trabajar.
    c. conocería al hombre con quien se casaría
    d. conseguiría el puesto que siempre había querido.

12. ¿Para qué llamó Emma a Loewenthal?
    a. Para visitar a su esposa.
    b. Para preguntarle sobre su padre.
    c. Para pedirle dinero para un viaje.
    d. Para hacer una cita con él.

13. ¿Por qué peligró el plan que tenía Emma?
    a. Porque pensó en su padre.
    b. Porque temía que la descubrieran.
    c. Porque sus amigas la habían visto.
    d. Porque la policía la había seguido al puerto.

14. Emma rompió el dinero que le había dejado el marinero porque...
    a. le enfadó que le diera tan poco dinero.
    b. lo que había hecho no había sido por dinero.
    c. se enojó con el marinero.
    d. se puso demasiado nerviosa.

15. Emma decidió sentarse en la parte delantera del autobús porque...
   a. no quería que la reconocieran.
   b. había visto a una de sus amigas.
   c. quizás tendría que salir rápidamente.
   d. el autobús iba demasiado lleno.

16. Las cosas no sucedieron como Emma las había planeado a causa de que...
   a. el marinero llamó a la policía.
   b. Loewenthal no llegó a confesar su culpa.
   c. ella no tuvo fuerzas para matar a Loewenthal.
   d. cuando llegó, Loewenthal ya había muerto.

17. ¿Qué excusa iba a usar Emma con la policía?
   a. Que Loewenthal le había quitado su dinero.
   b. Que otra persona había asesinado a Loewenthal.
   c. Que los huelguistas la habían enviado a matarlo.
   d. Que Loewenthal la había violado.

18. ¿Qué parece indicar el autor al final del cuento?
   a. Que la historia de Emma se podía creer.
   b. Que la policía arrestaría a Emma.
   c. Que los nombres no habían sido cambiados.
   d. Que Emma verdaderamente no odiaba a Loewenthal.

I. Ahora te toca a ti Imagínate que eres el (la) detective que está a cargo de investigar el crimen que se describe en el cuento. Hazles cinco preguntas a tus compañeros sobre el cuento. Estas preguntas te ayudarán a verificar si ellos han comprendido el cuento; al mismo tiempo podrás aclarar cualquier duda que tengas. Algunas ideas que puedes considerar son:

- las razones por las cuales Emma quiere matar a Loewenthal
- la vida de Emma
- los preparativos del plan
- el día que Emma lleva a cabo el plan
- el final del cuento

Un paso más

Aquí tienes una lista de palabras y expresiones que te ayudarán a expresar tus ideas. Trata de incluirlas en la discusión con los otros estudiantes o en los ejercicios de escritura.

a causa de	*on account of*
caerle bien (mal) a alguien	*to be liked (disliked) by someone*
la cárcel	*prison*
el chantaje	*blackmail*
cometer un crimen	*to commit a crime*
como resultado	*as a result*
convencer	*to convince*
la culpa	*guilt*
de antemano	*beforehand*
debido a (que)	*because of*
los detalles	*details*
echarle la culpa a alguien	*to blame someone*
el engaño	*fraud, deceit*
la huella	*track, trail*
el (la) juez	*judge*
el juicio	*trial*
el (la) ladrón (ladrona)	*thief*
llevar a cabo	*to carry out*
la mentira	*lie*
según	*according to*
ser culpable	*to be guilty*
tener razón	*to be right*
el (la) testigo	*witness*

Para conversar

A. Una descripción Escoge tres de los adjetivos a continuación que se prestan *(lend themselves)* para describir a Emma. Explícale a un(a) compañero(a) de clase por qué crees que esos adjetivos son adecuados para describirla. Usa ejemplos del cuento para justificar tus ideas. También puedes añadir otros adjetivos. Escucha las ideas de tu compañero(a) y hazle preguntas sobre lo que él (ella) dice.

apasionada	determinada	leal
débil	fuerte	obsesionada
despreocupada	ingenua	sinvergüenza

B. ¿La única opción? Sugiere por lo menos dos opciones que Emma hubiera podido usar para resolver su dilema y explica por qué éstas son o no son más deseables que la opción que ella escogió. Luego en grupos de tres o cuatro estudiantes discutan todas las opciones y prepárense para presentarle las ideas del grupo al resto de la clase.

C. ¿Debe castigarse? Explica con tus propias palabras por qué Emma debe o no debe recibir un castigo. Piensa bien en el crimen y la razón por la cual ella lo cometió. ¿Sientes simpatía o antipatía por Emma? Prepara una lista de frases y palabras que te ayuden a discutir tus ideas en grupos de tres o cuatro estudiantes. Luego, prepárense para presentarle al resto de la clase las diferentes ideas del grupo.

D. Investigación Un(a) policía llega al lugar del crimen. Con un(a) compañero(a) de clase, ten una conversación semejante a la que te imaginas que ocurrió entre Emma y el (la) policía. Piensa en lo que vas a decir y en las posibles preguntas que tu compañero(a) va a hacerte; así estarás mejor preparado(a).

E. Los chismes Eres un(a) reportero(a) para un periódico nacional de "chismes". Ten una entrevista con la mejor amiga de Emma, Elsa Urstein, donde tratas de investigar los detalles más sórdidos del cuento. Uno(a) de tus compañeros hará el papel de la mejor amiga de Emma.

F. ¿Qué harías? Imagínate que tú eres Emma. ¿Cómo tratarías de solucionar el problema? Explica detalladamente lo que harías para defender el nombre de un familiar muy querido que estuviera en una situación similar. Tus compañeros de clase te harán preguntas sobre la presentación.

G. Un programa de entrevistas Imagínate que después de los acontecimientos que se describen en el cuento, un canal de televisión invita a algunos de los personajes, o a conocidos de ellos, a un programa de entrevistas. Tu profesor(a) escogerá a un(a) estudiante para que haga el papel del (de la) entrevistador(a). Otros cinco estudiantes harán los papeles de Emma, su amiga Elsa, un colega de Loewenthal, el amigo del padre de Emma y el marinero. En la clase, con la ayuda del resto de tus compañeros, que harán de público, discutan por medio de preguntas los eventos del cuento. Antes de comenzar, prepara por lo menos cinco preguntas que te gustaría hacerles a los miembros del panel.

Para escribir

A. Un reportaje Imagínate que eres reportero(a) y que Emma te ha contado lo que pasó detalladamente. Ahora tienes que escribir un breve reportaje para la próxima edición del periódico. Escoge los hechos más importantes y escribe el reportaje sobre lo que ocurrió. Antes de escribir el artículo, responde a las preguntas ¿qué?, ¿quién?, ¿cuándo?, ¿por qué? y ¿cómo? Recuerda que la narración objetiva no incluye las opiniones del (de la) escritor(a) y que toda información se debe exponer clara y concisamente.

B. ¿Cómplice o no? ¿Cómo piensas que habría reaccionado la mejor amiga de Emma (Elsa Urstein) si se hubiera enterado de los planes de Emma? ¿Habría ayudado a Emma? ¿La habría tratado de convencer para que no llevara a cabo su plan? Escribe un párrafo en el que expliques lo que ella habría pensado o hecho.

C. En defensa del honor Muchas personas piensan que es muy importante defender el honor de un familiar, pase lo que pase, o sea, "la sangre sobre todo". Escribe tu opinión sobre esta idea en un párrafo de unas diez frases.

D. El crimen perfecto En tu opinión, ¿piensas que éste puede ser "el crimen perfecto"? Escribe un párrafo de unas diez frases en el que expliques tu opinión.

E. El perdón Perdonar es lo mejor que puede hacer una persona que ha sufrido una injuria o daño o que ha sido lastimada. La persona que perdona demuestra gran generosidad. ¿Estás de acuerdo con esta declaración? En tu experiencia, y dando ejemplos específicos, explica por qué estás o no estás de acuerdo con esta declaración. Escribe un ensayo de unas 200 palabras en el que expliques tu opinión con respecto a este tema. Puedes usar los apuntes que hiciste en el ejercicio C de la sección **Antes de leer** como guía para hacer un esquema del ensayo antes de comenzar a escribir.

F. La opinión del padre Imagínate que antes de morir, el padre de Emma se entera de los planes de Emma. Escríbele una carta a Emma como si tú fueras el padre y dale tu opinión acerca de sus planes. Antes de comenzar a escribir, haz un esquema de cada párrafo con las ideas principales que vas a discutir.

Párrafo no. 1	
Párrafo no. 2	
Párrafo no. 3	
Párrafo no. 4	
Conclusión	

Trata de incluir las siguientes expresiones en tu carta:

a fin de cuentas *in the end, after all*

al igual que *the same as*

con respecto a *with regard to*

en realidad *in reality, as a matter of fact*

Informal Writing

You may find **Appendix A** (Some Expressions Used to Connect Ideas) and **Appendix C** (Some Expressions Used to Begin and End a Written Message) especially useful as you complete these exercises.

Directions: For the following questions, you will write a message. You have 10 minutes to read the question and write your response.

Instrucciones: Para las preguntas siguientes, escribirás un mensaje. Tienes 10 minutos para leer la pregunta y escribir tu respuesta.

Mensaje 1

Escribe un mensaje electrónico. Imagina que escribes a un amigo y

- menciona algo negativo que acaba de pasarte
- expresa tu reacción
- dile lo que piensas hacer
- pídele su reacción

Mensaje 2

Imagina que viste un robo. Escribe un mensaje electrónico a una amiga y

- describe el incidente
- menciona lo que hicieron los testigos
- menciona lo que hizo la policía
- expresa tu reacción

Comprensión auditiva

Escucha las siguientes selecciones. Después de cada selección vas a escuchar varias preguntas. Escoge la mejor respuesta para cada pregunta entre las opciones impresas en tu libro.

Selección número 1

Ahora vas a escuchar un cuento corto sobre un hombre que vivía solo y su experiencia con un ladrón.

Número 1
- **a.** En una cárcel.
- **b.** En un banco.
- **c.** En una calle.
- **d.** En una casa.

Número 2
- **a.** Retratos.
- **b.** Dinero.
- **c.** Navajas.
- **d.** Joyas.

Número 3
- **a.** Empezó a llorar.
- **b.** Salió gritando.
- **c.** Lo cortó con una navaja.
- **d.** Le pidió que abriera la caja fuerte.

Número 4

   a. Golpeó a Roberto.

   b. Luchó con Roberto.

   c. Se fue de la casa.

   d. Destruyó una pared.

Selección número 2

Escucha la siguiente conversación entre Adelaida y Gerardo sobre una obra de teatro que él acaba de ver.

Número 1

   a. Cuando una pasajera se roba una caja.

   b. Cuando se hunde un barco en el puerto.

   c. Cuando un ladrón asesina a una pasajera.

   d. Cuando los trabajadores se ponen en huelga.

Número 2

   a. Se la regaló a su esposo.

   b. Se la robaron del cuarto.

   c. La escondieron en un cajón.

   d. La entregó a la policía.

Número 3

   a. Decirle el final de la obra a Adelaida.

   b. Ir a ver la obra otra vez.

   c. Encontrarse con el profesor.

   d. Salir a cenar con Adelaida.

Número 4

   a. Decirle a Adelaida cómo termina la obra.

   b. Ver la obra de nuevo con Adelaida.

   c. Regalarle una entrada a Adelaida.

   d. Invitar a uno de sus profesores a ver la obra.

Número 5

   a. Porque tiene que ir a cenar.

   b. Porque tiene que encontrarse con alguien.

   c. Porque tiene una cita en el Café Cervantes.

   d. Porque tiene que comprar las entradas.

Simulated Conversation

Directions: You will now participate in a simulated telephone conversation. First, you will have 30 seconds to read the outline of the conversation. Then, you will listen to a message and have one minute to

You may find **Appendix B** (Some Expressions Used for Oral Communication) especially useful as you complete these exercises.

read again the outline of the conversation. Afterward, the telephone call will begin, following the outline. Each time it is your turn, you will have 20 seconds to respond; a tone will indicate when you should begin and end speaking. You should participate in the conversation as fully and appropriately as possible.

Instrucciones: Ahora participarás en una conversación telefónica simulada. Primero, tendrás 30 segundos para leer el bosquejo (*outline*) de la conversación. Entonces, escucharás un mensaje y tendrás un minuto para leer de nuevo el bosquejo de la conversación. Después empezará la llamada telefónica, siguiendo el bosquejo. Siempre que te toque, tendrás 20 segundos para responder; una señal te indicará cuándo debes empezar y terminar de hablar. Debes participar en la conversación de la manera más completa y apropiada posible.

Imagina que recibes un mensaje telefónico de tu amigo Antonio, quien te pide que lo llames por teléfono. Escucha el mensaje.

(a) El mensaje
You will hear the message on the recording.
Escucharás el mensaje en la grabación.
(b) La conversación
The shaded lines reflect what you will hear on the recording.
Las líneas en gris reflejan lo que escucharás en la grabación.

Antonio	• *[El teléfono suena.] Contesta el teléfono.*
Tú	• *Salúdalo. Explica por qué has llamado.*
Antonio	• *Te explica por qué te había hecho la llamada original.*
Tú	• *Expresa tu incredulidad.*
Antonio	• *Continúa la conversación.*
Tú	• *Continúa la conversación.*
Antonio	• *Continúa la conversación.*
Tú	• *Expresa tu reacción y haz una sugerencia.*
Antonio	• *Continúa la conversación.*
Tú	• *Expresa tu reacción y sugiere planes para luego.*
Antonio	• *Continúa la conversación.*
Tú	• *Despídete.*
Antonio	• *Se despide. [Cuelga el teléfono.]*

Go Online

For: Additional practice
Visit: www.PHSchool.com
Web Code: jjd-0013

Poesía

Índice

Rima LIII

Gustavo Adolfo Bécquer

**Abriendo paso:
Gramática**

Future: Unidad 5,
  págs. 174 a 181; RG 5,
  págs. 203 a 205
Preterite and imperfect
  indicative: Unidad 1,
  págs. 1 a 15; RG 1,
  págs. 30 a 45

El autor

Gustavo Adolfo Bécquer
(1836–1870)

Aunque cuando Bécquer empieza a escribir el romanticismo ya ha pasado en España, se le considera como uno de los grandes poetas románticos. Las *Rimas* son una colección de setenta y seis poesías (algunos dicen que llegan a noventa y cuatro) que después de su muerte fueron publicadas por sus amigos. Se consideran una poesía sencilla y sonora con un lenguaje simple, directo y musical. En ellas podemos ver la preocupación del poeta por los valores eternos: el espíritu, la belleza, la esperanza, el amor, la muerte y la soledad. Se ha dicho que reflejan su experiencia personal—un matrimonio fracasado, enfermedad y pobreza. Las *Rimas* están llenas de mucha emoción, como podrás ver en la selección que vas a leer donde se puede apreciar la desesperanza del poeta. Bécquer murió a los treinta y cuatro años de la misma manera que había vivido: pobre.

Antes de leer

A. Las siguientes palabras aparecen en el poema que vas a leer. Trata de agruparlas de una manera lógica. Puedes usar las categorías que quieras y que sean lógicas. Busca en el diccionario el significado de las palabras que no sepas.

el ala	las gotas	el rocío
el balcón	el jardín	las tapias
las flores	las madreselvas	el vuelo
las golondrinas	los nidos	

B. Lee la lista de palabras del ejercicio anterior de nuevo. ¿Qué sentimientos piensas que va a tratar de expresar el poeta al usar estas palabras? ¿Qué imágenes te vienen a la mente cuando piensas en estas palabras?

C. Para crear cierto efecto el poeta cambia el orden de las palabras en varios versos. En el lenguaje literario, este cambio se llama hipérbaton. Lee los siguientes versos y trata de poner las palabras en el orden que generalmente las encuentras en prosa: sujeto, verbo, predicado.

    Modelo: Volveré yo a mi amada a visitar.

                Yo volveré a visitar a mi amada.

swallows

to hang

tupidas... thick honeysuckle

walls

1. **Volverán las oscuras golondrinas°**
   en tu balcón sus nidos a colgar,...°
2. **Volverán las tupidas madreselvas°**
   de tu jardín las tapias° a escalar...
3. **Volverán del amor en tus oídos**
   las palabras ardientes a sonar;...

D. Lee la "Rima LIII" prestando atención a las cosas que, según el poeta, volverán y las que no volverán.

Lectura

Rima LIII
Gustavo Adolfo Bécquer

Volverán las oscuras golondrinas
en tu balcón sus nidos a colgar,
y otra vez con el ala a sus cristales,°   *window pane*
　　jugando llamarán;

5　　pero aquéllas que el vuelo refrenaban°   *restrained*
tu hermosura y mi dicha° a contemplar;   *happiness; good luck*
aquéllas que aprendieron nuestros nombres,
　　ésas... ¡no volverán!

Volverán las tupidas madreselvas
de tu jardín las tapias a escalar,   10
y otra vez a la tarde, aun más hermosas,
    sus flores se abrirán;

cuajadas... *filled with dew*   pero aquellas cuajadas de rocío,°
cuyas gotas mirábamos temblar
y caer, como lágrimas del día...   15
    ésas... ¡no volverán!

Volverán del amor en tus oídos
las palabras ardientes a sonar;
tu corazón de su profundo sueño
    tal vez despertará;   20

pero mudo y absorto y de rodillas,
como se adora a Dios ante su altar,
don't be deceived   como yo te he querido... desengáñate:°
    ¡así no te querrán!

Comprensión

Responde a las siguientes preguntas sobre el contenido del poema. Prepara tus ideas para discutirlas con el resto de la clase.

1. El poeta describe eventos que sucederán y otros que no sucederán. Completa el siguiente esquema usando la información del poema. Añade otros eventos que no están en el esquema. Usa tus propias palabras para expresarte.

	¿Qué harán?	¿Cuáles no volverán?
las golondrinas		
las tupidas madreselvas		

2. Según la estrofa 5, ¿qué oirá la persona a quien le habla el poeta? ¿Qué despertará tal vez?

3. ¿Cómo describe el poeta la manera en que él ha querido a su amada?

4. ¿Qué expresa el poeta al final del poema? ¿Te parece él un poco presumido *(conceited)*? ¿Cuál es tu opinión sobre lo que él expresa?

Un paso más

A. Escribe un párrafo en el que expreses tu opinión sobre la actitud del poeta en estas rimas. ¿Es optimista o pesimista? ¿Por qué piensas así?

B. Imagínate que eres el autor de estas rimas. Piensa en los sentimientos que has expresado en ellas. Escribe un ensayo en el que describas lo que sucedió antes de que tú escribieras estas rimas. Puedes usar el siguiente esquema para escribir tu ensayo. El ensayo debe tener una extensión de unas 200 palabras.

1. Describe dónde conociste a tu amada(o) y cómo era la relación entre Uds.

2. Explica lo que sucedió con la relación.

3. Describe cómo te sentiste después y por qué decidiste escribir estas rimas.

4. Puedes terminar el ensayo expresando cómo esperas que sea tu vida de ahora en adelante.

Go Online

For: Additional practice
Visit: www.PHSchool.com
Web Code: jjd-0014

CAPÍTULO 15

Me gustas cuando callas

Pablo Neruda

Abriendo paso: Gramática

Imperfect subjunctive: Unidad 6, págs. 211 a 214; RG 6, págs. 228 a 231
Adjectives: Unidad 2, págs. 49 a 72; RG 2, págs. 73 a 94
Ser/Estar: Unidad 3, págs. 98 a 107; RG 3, págs. 119 a 121

El autor

Pablo Neruda
(1904–1973)

Pablo Neruda, sin duda alguna, ha sido uno de los poetas más importantes del mundo de habla hispana del siglo XX. Prueba de su reconocimiento es el hecho de que en 1971 recibió el Premio Nobel de Literatura. En sus poemas amorosos de *Veinte poemas de amor y una canción desesperada* (1924) se puede apreciar una gran riqueza y variedad temática; en *Residencia en la tierra* (1933) se aprecia su preocupación por la angustia, las injusticias y la violencia que sufre el ser humano; y en *Odas elementales* (1954) le da valor poético a los objetos cotidianos tales como la cebolla, la alcachofa, el tomate, los calcetines y el diccionario entre otros. En resumen, Neruda produjo una obra que lo convirtió en uno de los poetas más originales de Hispanoamérica.

Antes de leer

A. El nombre del poema que vas a leer es "Me gustas cuando callas". Haz una lista de todas las razones por las cuales el poeta le diría esa frase a otra persona. Compara la lista con otros estudiantes en grupos pequeños y prepárate para presentar tus ideas a la clase.

B. Imagínate que te encuentras en las siguientes situaciones. Explica las ventajas y las desventajas de encontrarte en completo silencio en esa situación. Luego, responde a las preguntas al final del ejercicio.

1. Estás con un(a) compañero(a) en el laboratorio de ciencias.

2. Eres un(a) pasajero(a) en un tren y estás sentado(a) al lado de una persona que no conoces.

3. Estás en un parque sentado(a) al lado de tu novio(a).

¿Qué sensación sientes cuando estás con otra persona y esta persona no habla? ¿Te molesta? ¿Te agrada? ¿Te sientes ausente, distante, alejado(a)?

C. Algunas personas dicen que dos personas que se quieren mucho pueden estar juntos y callados y comunicarse sin hablarse. ¿Estás de acuerdo? ¿Es posible estar con una persona y comunicarse en silencio? Explica cómo.

Lectura

Me gustas cuando callas

Pablo Neruda

Me gustas cuando callas porque estás como ausente,
y me oyes desde lejos, y mi voz no te toca.
Parece que los ojos se te hubieran volado
y parece que un beso te cerrara la boca.

5   Como todas las cosas están llenas de mi alma
emerges de las cosas, llena del alma mía.
Mariposa° de sueño, te pareces a mi alma,
y te pareces a la palabra melancolía.

Me gustas cuando callas y estás como distante.
10   Y estás como quejándote, mariposa en arrullo.°
Y me oyes desde lejos, y mi voz no te alcanza:°
déjame que me calle con el silencio tuyo.

Déjame que te hable también con tu silencio
claro como una lámpara, simple como un anillo.
15   Eres como la noche, callada y constelada.°
Tu silencio es de estrella, tan lejano y sencillo.

Me gustas cuando callas porque estás como ausente.
Distante y dolorosa como si hubieras muerto.
Una palabra entonces, una sonrisa bastan.°
20   Y estoy alegre, alegre de que no sea cierto.

butterfly

en... cooing
no... doesn't reach you

full of stars

are enough

Comprensión

Responde a las siguientes preguntas sobre el poema que leíste. Prepara tus ideas para discutirlas con el resto de la clase.

1. ¿A quién le habla el poeta en este poema? ¿Qué relación parece tener el poeta con esta persona?

2. ¿Por qué será que la voz del poeta no alcanza a la persona con quien habla [verso 11]? ¿Qué decide hacer el poeta al final de la tercera estrofa?

3. ¿Qué quiere decir el poeta cuando se refiere al silencio como "claro como una lámpara, simple como un anillo" [verso 14]?

4. ¿Por qué se siente alegre el poeta al final del poema?

Un paso más

A. Escribe un párrafo en el que resumas con tus propias palabras la razón por la cual al poeta le gusta que la persona con quien habla calle.

B. Escribe un poema en el que uses la idea que expresa Neruda en el primer verso. Piensa cuidadosamente en las palabras que vas a usar para completar el primer verso. Luego, completa el poema de cualquier manera que sea apropiada según lo que quieres expresarle a esta persona.

Me gustas cuando… porque estás como…

Go Online

For: Additional practice
Visit: www.PHSchool.com
Web Code: jjd-0015

Adolescencia

Vicente Aleixandre

Capítulo 16

Abriendo paso:
Gramática

Imperfect subjunctive and conditional: Unidad 6, págs. 211 a 227; RG 6, págs. 228 a 236

El autor

Vicente Aleixandre
(1898–1984)

Vicente Aleixandre nació en Sevilla, España. Estudió Derecho, pero la lectura de los grandes poetas como Rubén Darío y Antonio Machado le despertó su interés por la poesía. Aunque Aleixandre empieza su obra poética mucho más tarde que otros poetas de su tiempo, la calidad y temática lo han hecho uno de los poetas más originales e importantes de su generación. En algunas de sus obras podemos apreciar un constante pesimismo hacia la vida, en otras una visión romántica del mundo. En 1977 recibió el Premio Nobel de Literatura.

Antes de leer

A. Antes de leer responde a las siguientes preguntas. Las respuestas te van a ayudar a pensar en el tema del poema y así lo podrás disfrutar más.

1. ¿En qué piensas cuando ves la palabra *adolescencia*?

2. Muchos dicen que la adolescencia es un período muy difícil de la vida. ¿Estás de acuerdo? ¿Por qué?

3. ¿Piensas tú que se puede ver la adolescencia como un puente *(bridge)* entre la niñez y la vejez? Explica tu respuesta.

B. Antes de tratar de comprender todo lo que dice el poema, haz dos listas de palabras según las instrucciones a continuación:

1. Haz una lista de todos los sustantivos que encuentres en el poema. ¿Qué ideas te vienen a la mente cuando lees la lista?

2. Haz una lista de todos los adjetivos. ¿Sobre qué te hacen pensar? ¿Por qué?

C. Ahora, lee todo el poema y responde a las preguntas al final.

Lectura

Adolescencia
Vicente Aleixandre

Vinieras y te fueras dulcemente,
de otro camino
a otro camino. Verte,
y ya otra vez no verte.
5 Pasar por un puente a otro puente.
—El pie breve,
la luz vencida alegre—.

Muchacho que sería yo mirando
aguas abajo la corriente,
10 y en el espejo° de tu pasaje°   mirror / journey
fluir,° desvanecerse.°   to flow / to vanish

Comprensión

Responde a las siguientes preguntas según el contenido del poema. Prepara tus ideas para discutirlas con el resto de la clase.

1. ¿Qué edad piensas tú que tiene el autor cuando escribe el poema? ¿Por qué?

2. ¿Piensa el poeta sobre la adolescencia de una manera positiva? Explica.

3. ¿Qué ideas nos está tratando de comunicar en los versos 2 a 5?

4. ¿Cuál es el significado de los dos últimos versos en la primera estrofa?

5. ¿Cuál es el significado de la última estrofa?

6. ¿Qué quiere hacer el autor al final?

Un paso más

A. En tu opinión, ¿es "Adolescencia" un poema triste o alegre? Explica por qué piensas de esa manera. Escribe un párrafo en el que expliques tus ideas sobre este tema.

B. Trata de escribir un poema sobre la niñez o la vejez. Piensa en los siguientes puntos antes de empezar a escribir:

- cómo viene y va esa época de la vida
- una metáfora para ejemplificar lo que es esa época
- lo que tú sientes
- lo que quisieras una vez que esa época haya pasado o antes de que pase

Go Online

For: Additional practice
Visit: www.PHSchool.com
Web Code: jjd-0016

Proverbios y cantares, XXIX

Antonio Machado

Capítulo 17

Abriendo paso:
Gramática

Present indicative
and impersonal *se*:
Unidad 3,
págs. 109 a 115

El autor

Antonio Machado
(1875–1939)

Antonio Machado nació en Sevilla, España. Su primer libro *Soledades* apareció
en 1903, luego en 1912 publicó *Campos de Castilla* y en 1925 *Nuevas
canciones* entre otros. Se dice que a través de su obra extensa, Machado
buscaba el misterio de lo eterno. Entre sus temas muy íntimos encontramos
el amor, la melancolía de su juventud, los paisajes de Andalucía y Castilla,
la muerte y el anhelo de Dios. La muerte de su esposa después de sólo
cinco años de casados lo afectó mucho y según dice él, su "recuerdo me
acompaña siempre".

Antes de leer

A. Responde a las preguntas a continuación; te ayudarán a pensar en el tema del poema que vas a leer.

1. Muchas personas asocian la vida con un camino. ¿Piensas que es ésta una comparación adecuada? ¿Por qué?

2. Si pensamos que la vida es como un camino que empieza con el nacimiento, pasa por la adolescencia y llega hasta la vejez, ¿podríamos regresar a una de estas épocas si quisiéramos? ¿Por qué? ¿Te gustaría a ti poder regresar a las partes del camino o épocas por las cuales ya has pasado? Si pudieras regresar, ¿qué ventajas o desventajas tendrías? ¿Harías algo diferente?

B. Lee el poema prestando atención a lo que quizás representa el camino para el autor.

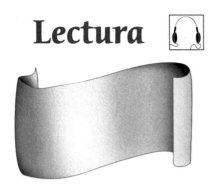
Proverbios y cantares, XXIX

Antonio Machado

Caminante, son tus huellas°   tracks, footprints
el camino y nada más;
caminante, no hay camino:
se hace camino al andar.
5   Al andar se hace camino,
y al volver la vista atrás°   al... upon looking back
se ve la senda° que nunca   path
se ha de volver a pisar.°   to step on
Caminante no hay camino,
10   sino estelas° en la mar.   wake, track of a ship

Comprensión

Responde a las siguientes preguntas sobre el poema. Si tienes alguna duda, puedes leerlo de nuevo. Prepara tus ideas para discutirlas con el resto de la clase.

1. ¿Quién será el caminante a quien le habla el poeta?

2. Si el camino representa la vida, ¿qué otro significado le podríamos dar a la palabra *huellas?*

3. ¿Cómo se hace camino? Explica lo que quiere decir el poeta en el verso 4.

4. ¿Qué ve el caminante cuando mira hacia atrás?

5. En tu opinión, ¿qué nos está tratando de comunicar el poeta en los dos últimos versos?

6. Quizás el poeta nos esté tratando de enseñar algo. ¿Qué piensas que nos está tratando de enseñar? ¿Estás de acuerdo con lo que dice? ¿Por qué?

Un paso más

Piensa en las ideas que expresa el poeta en el poema. Piensa también en un incidente que en tu opinión sirva de ejemplo para ilustrar estas ideas. Describe el incidente y explica cómo ilustra lo que nos está diciendo el poeta sobre la vida.

Go Online

For: Additional practice
Visit: www.PHSchool.com
Web Code: jjd-0017

Despedida

Federico García Lorca

Abriendo paso:
Gramática

Present indicative:
Unidad 3, págs. 95 a
98; RG 3, págs. 116 a
127
Affirmative *vosotros*
command: RG 4,
págs. 159 y 164

El autor

Federico García Lorca
(1898–1936)

García Lorca fue un poeta y dramaturgo español, cuya poesía nos muestra España con todo su colorido, belleza e inigualable pasión. Su uso del gitano en la poesía como figura apasionada lo ayuda a resaltar el folclor y el paisaje de la región española de Andalucía. Sus obras de teatro, de gran éxito hasta hoy día, son muy líricas y ofrecen un dramatismo inigualable. Las más famosas son *Bodas de sangre*, *Yerma* y *La casa de Bernarda Alba*. En ellas la represión y la frustración de la mujer son temas fundamentales. García Lorca fue fusilado por los franquistas durante la Guerra Civil Española.

Antes de leer

A. Responde a las siguientes preguntas antes de leer el poema "Despedida".

1. ¿En qué piensas cuando oyes la palabra *despedida*?

2. En general, ¿cómo son las despedidas? ¿Tienen que ser necesariamente tristes? Explica por qué.

B. En el siguiente poema el autor habla sobre su muerte y lo que él quiere que suceda si muere. Presta atención al tono del poema.

Lectura

Despedida

Federico García Lorca

Si muero,
dejad el balcón abierto.

El niño come naranjas.
(Desde mi balcón lo veo.)

El segador° siega el trigo.°   reaper, harvester / wheat
(Desde mi balcón lo siento.)

¡Si muero,
dejad el balcón abierto!

Comprensión

Responde a las siguientes preguntas sobre el poema. Prepara tus ideas para discutirlas con el resto de la clase.

1. ¿Por qué quiere el poeta que dejen el balcón abierto?

2. ¿Qué puede ver y sentir desde su balcón?

3. ¿Piensas que lo que él ve y siente son un símbolo de algo? Explica tu respuesta.

4. ¿Por qué piensas tú que el autor usa signos de exclamación en la última estrofa y no lo hace en la primera estrofa?

5. En tu opinión, ¿cómo es el tono del poema? Explica tu respuesta.

Un paso más

A. Escribe un párrafo en el que expreses la razón por la cual el poeta pide que dejen el balcón abierto.

B. Si has leído el cuento "El árbol de oro" (pp. 152–173), piensa en Ivo, la torrecita, el árbol de oro y lo que le sucede al final. Lee de nuevo el poema "Despedida" y cámbialo como si el poeta fuera Ivo. Por ejemplo, si Ivo fuera el poeta, ¿qué quisiera que dejaran abierto? ¿Qué vería desde allí? ¿Qué sentiría? Escribe el poema de nuevo con los cambios que tú crees que Ivo haría.

Go Online

For: Additional practice
Visit: www.PHSchool.com
Web Code: jjd-0018

Canción de jinete

Federico García Lorca

<table>
<tr><td>

Abriendo paso:
Gramática

Present indicative and progressive: Unidad 3, págs. 95 a 98 y 101 a 106; RG 3, págs. 116 a 129
Future: Unidad 5, págs. 174 a 181; RG 5, págs. 203 a 205
Imperfect subjunctive: Unidad 6, págs. 211 a 214; RG 6, págs. 228 a 231
Adjectives: Unidad 2, págs. 49 a 72; RG 2, págs. 73 a 94

</td></tr>
</table>

El autor

Federico García Lorca
(1898–1936)

García Lorca fue un poeta y dramaturgo español, cuya poesía nos muestra España con todo su colorido, belleza e inigualable pasión. Su uso del gitano en la poesía como figura apasionada lo ayuda a resaltar el folklore y el paisaje de la región española de Andalucía. Sus obras de teatro, de gran éxito hasta hoy día, son muy líricas y ofrecen un dramatismo inigualable. Las más famosas son *Bodas de sangre*, *Yerma* y *La casa de Bernarda Alba*. En ellas la represión y la frustración de la mujer son temas fundamentales. García Lorca fue fusilado por los franquistas durante la Guerra Civil Española.

Antes de leer

A. En la biblioteca de tu escuela o en el Internet, en grupos de tres o cuatro estudiantes busquen toda la información que puedan sobre la ciudad de Córdoba en España. Preparen un corto informe para presentárselo a la clase.

B. El poema que vas a leer es sobre un jinete, una persona que va en una jaca o caballito. El poeta describe lo que el jinete lleva para su largo viaje: una alforja o bolsa con aceitunas para comer. Lee el poema y presta atención a lo que dice el autor que está esperando al jinete.

Lectura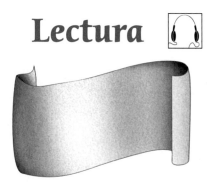

Canción de jinete

Federico García Lorca

Córdoba
Lejana y sola.

Jaca negra, luna grande,
y aceitunas en mi alforja.
5 Aunque sepa los caminos
yo nunca llegaré a Córdoba.

Por el llano,° por el viento,   *plain*
jaca negra, luna roja.
La muerte me está mirando
10 desde las torres° de Córdoba.   *towers*

¡Ay qué camino tan largo!
¡Ay mi jaca valerosa!°   *courageous*
¡Ay que la muerte me espera,
antes de llegar a Córdoba!

15 Córdoba.
Lejana y sola.

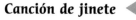

Comprensión

Responde a las siguientes preguntas sobre el contenido del poema. Prepara tus ideas para discutirlas con el resto de la clase.

1. ¿Es la primera vez que el jinete va a Córdoba? ¿Cómo lo sabemos?

2. ¿Por qué no llegará a Córdoba?

3. ¿Por qué crees tú que cambia la descripción de la luna en los versos 3 y 8?

4. ¿Qué efecto produce la repetición de los dos primeros versos al final del poema?

5. ¿Qué tono tiene el poema? ¿Es pesimista? ¿optimista? ¿misterioso? ¿dramático? Explica tu respuesta.

Un paso más

A. Escribe un párrafo en el que expliques lo que sucede en el poema. Trata de narrarlo como si fuera un cuento.

B. Imagínate que eres el jinete. Escribe un párrafo en el que expliques por qué tú tienes el presentimiento de que nunca llegarás a Córdoba. Usa la imaginación y da cualquier explicación que en tu opinión sea lógica.

Go Online

For: Additional practice
Visit: www.PHSchool.com
Web Code: jjd-0019

Selecciones de *Versos sencillos*

José Martí

Capítulo 20

Abriendo paso: Gramática

Present indicative: Unidad 3, págs. 95 a 98; RG 3, págs. 116 a 127
Adjectives: Unidad 2, págs. 49 a 72; RG 2, págs. 73 a 94
Relative pronouns: Paso 4, págs. 274 a 284

El autor

José Martí

(1853–1895)

José Martí nació en Cuba de padres inmigrantes españoles. Desde muy temprana edad se distinguió por su incesante lucha por la independencia de su país. A los diecisiete años fue condenado a trabajo forzado y luego fue desterrado a España, donde comenzó su vida literaria. Escribió poesía, ensayo, drama, novela y también se destacó *(stood out)* como periodista. Su poesía se distingue por un lenguaje poético profundo y al mismo tiempo sencillo y muy original. Una de sus obras más conocidas es *Versos sencillos,* en los que nos presenta sus preocupaciones, sus convicciones e ideales. Martí murió asesinado en la lucha contra los españoles, y es reconocido como héroe de la independencia de Cuba.

Antes de leer

A. La siguiente selección de *Versos sencillos* tiene que ver con la amistad. Antes de leer el poema, responde a las siguientes preguntas. Estas ideas te van a ayudar a comprender mejor el contenido del poema.

1. Cuando piensas en una rosa blanca, ¿qué ideas te vienen a la mente? ¿pureza? ¿inocencia? ¿paz?

2. Si una persona te hace algún daño, ¿es justo tratar de desquitarse *(retaliate)*? Explica tu respuesta.

B. Ahora lee la selección a continuación. Presta atención a la actitud del poeta hacia la persona cruel.

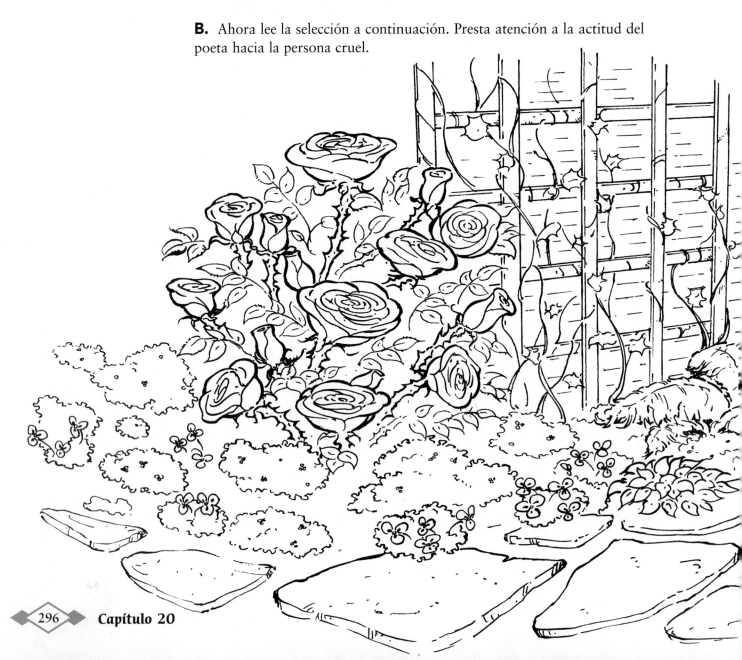

Lectura

Selección de Versos sencillos, XXXIX

José Martí

Cultivo una rosa blanca,
En julio como en enero,
Para el amigo sincero
Que me da su mano franca.

5   Y para el cruel que me arranca°   *pulls out; tears out*
El corazón con que vivo,
Cardo ni oruga° cultivo;   *Cardo... Thistle nor stinging nettle*
Cultivo la rosa blanca.

Comprensión

Responde a las siguientes preguntas sobre el poema. Puedes volver a leer los versos si tienes alguna duda. Prepara tus ideas para discutirlas con el resto de la clase.

1. ¿Por qué piensas que el autor cultiva una rosa blanca "en julio como en enero"? ¿Qué idea trata de expresar usando un mes asociado con el verano y otro asociado con el invierno?

2. ¿Cuál es la actitud del poeta hacia "el amigo sincero"?

3. ¿Cuál es la actitud del poeta hacia "el cruel"?

Otra selección de *Versos sencillos*

Ahora lee el siguiente poema donde el autor compara lo que tienen otros y lo que tiene él. Fíjate en la última palabra con la que termina cada estrofa.

Lectura

Selección de Versos sencillos, XLIV

José Martí

Tiene el leopardo un abrigo
En su monte° seco y pardo: mountain; forest
Yo tengo más que el leopardo
Porque tengo un buen amigo.

5   Duerme, como en un juguete,
La mushma° en su cojinete°   young girl (from the Japanese
De arce° del Japón yo digo: "musume") / cushion, small
"No hay cojín como un amigo."   pillow / maple tree

Tiene el conde su abolengo:°   ancestry, lineage
10   Tiene la aurora° el mendigo:°   dawn of day / beggar
Tiene ala° el ave: ¡yo tengo   wing
Allá en México un amigo!°   Reference to one of his best
                                                     friends Manuel Mercado

Tiene el señor presidente
Un jardín con una fuente,
15   Y un tesoro en oro y trigo:°   wheat
Tengo más, tengo un amigo.

Comprensión

Lee el poema XLIV de nuevo y responde a las siguientes preguntas. Prepárate para discutir tus ideas con el resto de la clase.

1. Haz una lista de lo que tiene cada uno de los animales, las cosas o personas que aparecen en el poema.

	Cosas que poseen
el leopardo	
la mushma	
el conde	
el mendigo	
el ave	
el señor presidente	

2. ¿Piensas tú que tienen mucho valor estas cosas? ¿Por qué? Para el autor, ¿qué es más importante que estas cosas?

3. ¿En qué palabra termina cada estrofa? ¿Por qué piensas que el autor hace esto?

4. ¿Cuál parece ser una preocupación constante del autor?

Un paso más

A. Por el tema que trata el autor en ambos poemas, ¿qué clase de persona piensas tú que fue el autor? Escribe un párrafo corto para expresar tu opinión.

B. Ahora, te toca a ti usar un poco de creatividad. Usando los versos sencillos de Martí ("XXXIX") como punto de partida, completa tu propia creación poética. Piensa cuidadosamente en qué objeto vas a usar para el primer verso de tu poema. En la selección que leíste el poeta exalta la idea de la amistad. Antes de empezar a escribir, piensa en qué idea tú vas a exaltar.

Cultivo _____,

En _____ como en _____,

Para _____

Que me da _____.

Y para _____ que me arranca

_____ con que vivo,

Cardo ni oruga cultivo;

Cultivo _____.

C. Esta vez usa la segunda selección de *Versos sencillos* ("XLIV") como punto de partida para tu creación poética. Ahora no vas a tener la guía que tuviste en el ejercicio anterior, así que vas a tener que pensar cuidadosamente antes de empezar a escribir. El poema no tiene que ser necesariamente sobre un(a) amigo(a) o la amistad. Usa la imaginación y escoge un tema que se preste *(lends itself)* para el poema. Recuerda que muy pocas veces los buenos escritores están satisfechos con su obra la primera vez que la escriben. En este ejercicio vas a tener que revisar varias veces lo que escribes para llegar así a la creación ideal. Puedes empezar a pensar en lo que quieres escribir de esta manera:

- Escoge un animal.
- Describe lo que tiene y dónde.
- Di lo que tienes tú.

Luego puedes continuar con las otras estrofas. ¡Manos a la obra!

Go Online

For: Additional practice
Visit: www.PHSchool.com
Web Code: jjd-0020

Canción de otoño en primavera

Rubén Darío

Capítulo 21

Abriendo paso:
Gramática

Present indicative:
   Unidad 3, págs. 95 a 98;
   RG 3, págs. 116 a 127
Preterite, imperfect, and
present perfect
indicative: Unidad 1,
   págs. 1 a 19; RG 1,
   págs. 30 a 47
Adjectives: Unidad 2,
   págs. 49 a 72; RG 2,
   págs. 73 a 94

El autor

Rubén Darío
(1867–1916)

Rubén Darío nació en Nicaragua en 1867. Desde muy joven empezó a escribir versos y por eso llegó a ser llamado "el niño poeta". Sus constantes viajes lo llevaron a muchos países latinoamericanos y europeos, lo cual hace que su poesía alcance gran universalidad. Su libro más importante escrito en prosa y verso es *Azul*, el cual publica en 1888. Este libro está caracterizado por el exotismo, lo mitológico, lo sobrenatural y la vida cortesana de París, aunque nunca había estado en Francia. Es el máximo representante del modernismo y tuvo gran influencia en los grandes poetas de la lengua española por su creación poética innovadora. Al mismo tiempo, promovió la idea de que los poetas y escritores de habla hispana tenían que estar conscientes de su responsabilidad artística.

Antes de leer

A. El poema que vas a leer se titula "Canción de otoño en primavera". Responde a las siguientes preguntas antes de leer el poema.

1. Describe el tiempo en las siguientes estaciones: otoño y primavera.

2. ¿Cómo se siente mucha gente cuando se acerca el invierno? ¿Qué sentimientos provoca la llegada del invierno?

3. ¿Qué representa para muchas personas la primavera? ¿Qué sentimientos asociamos con la primavera?

B. El autor repite varias veces los versos:

> Juventud, divino tesoro
> ¡ya te vas para no volver!
> Cuando quiero llorar, no lloro...
> y a veces lloro sin querer...

1. ¿Piensas tú que la juventud es un "divino tesoro"? ¿Por qué?

2. ¿Por qué piensas que él dice "¡ya te vas para no volver!"? ¿Qué nos está tratando de comunicar el poeta?

C. Lee la lista de palabras a continuación y escoge las seis palabras que tú asocias con el amor. Aunque quizás haya más palabras que tú asocies con el amor, escoge solamente las seis más importantes para ti. Si no sabes el significado de algunas de estas palabras, búscalas en un diccionario.

el abrazo	arrullar	el ensueño	la pasión
la aflicción	el beso	el fantasma	sonreír
el alba	el corazón	halagadora	terco
amarga	el duelo	llorar	la ternura

Ahora, añade dos palabras más que no están en la lista pero que tú asocias con el amor. Explica por qué en tu opinión son esas palabras importantes. ¿Qué representan?

D. Lee todo el poema y mientras lees, escoge todos los temas de la lista a continuación que aparecen en él.

- el encuentro de un nuevo amor
- la falta de fe en Dios
- la fugacidad de la vida
- el miedo de vivir eternamente
- la muerte de su amada
- el nacimiento de su hijo
- la pérdida de la juventud
- la pérdida del amor
- no poder regresar a su casa
- el querer seguir amando
- el querer volver al pasado

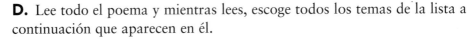

Canción de otoño en primavera

Rubén Darío

por

Juventud, divino tesoro
¡ya te vas para no volver!
Cuando quiero llorar, no lloro...
y a veces lloro sin querer...

5   Plural ha sido la celeste
historia de mi corazón.
Era una dulce niña, en este
mundo de duelo° y aflicción.

sorrow, grief

Miraba como el alba° pura;
10   sonreía como una flor.
Era su cabellera° obscura
hecha de noche y de dolor.

dawn of day

long hair

Danny   *Mateo*   *Ashler*

Brandon   *Casey*   *Amy*

Yo era tímido como un niño.
Ella, naturalmente fue,
para mi amor hecho de armiño,° ermine   15
Herodías y Salomé...

Juventud, divino tesoro,
¡ya te vas para no volver!
Cuando quiero llorar, no lloro,
y a veces lloro sin querer.   20

La otra fue más sensitiva,
y más consoladora y más
halagadora° y expresiva, flattering
cual no pensé encontrar jamás.

Pues a su continua ternura° tenderness   25
una pasión violenta unía.
En un peplo de gasa pura
una bacante se envolvía...° En... an intoxicated woman
                          wrapped in a peplum gauze

En sus brazos tomó mi ensueño° dream
y lo arrulló° como a un bebé... lulled   30
Y lo mató, triste y pequeño,
falto° de luz, falto de fe. lacking

Juventud, divino tesoro,
¡te fuiste para no volver!
Cuando quiero llorar, no lloro,   35
y a veces lloro sin querer...

Otra juzgó que era mi boca
el estuche° de su pasión box, case (for jewelry, etc.)
y que me roería,° loca, would gnaw
con sus dientes el corazón,   40

poniendo en un amor de exceso
la mira de su voluntad,
mientras eran abrazo y beso
síntesis de la eternidad;

45   y de nuestra carne° ligera   *flesh*
imaginar siempre un Edén,
sin pensar que la Primavera
y la carne acaban también...

Juventud, divino tesoro,
50   ¡ya te vas para no volver!
Cuando quiero llorar, no lloro,
¡y a veces lloro sin querer!

¡Y las demás!,° en tantos climas,   *the others*
en tantas tierras, siempre son,
55   si no pretextos de mis rimas,
fantasmas de mi corazón.

En vano busqué a la princesa
que estaba triste de esperar.
La vida es dura. Amarga y pesa.°   *Bitter and weighty*
60   ¡Ya no hay princesa que cantar!

Mas a pesar del tiempo terco,°   *obstinate*
mi sed de amor no tiene fin;
con el cabello gris me acerco
a los rosales° del jardín...   *rose bushes*

65   Juventud, divino tesoro,
¡ya te vas para no volver!...
Cuando quiero llorar, no lloro,
y a veces lloro sin querer...

¡Mas es mía el Alba de oro!

Comprensión

Vuelve a leer el poema y responde a las siguientes preguntas. Prepara tus ideas para discutirlas con el resto de la clase.

1. ¿Cómo describe el poeta la relación con su amada en las estrofas 2, 3 y 4?

2. ¿Cómo era la persona que describe en las estrofas 6, 7 y 8? ¿Cómo era la relación que tenían ellos?

3. En la novena estrofa el tiempo verbal que usa el autor cambia. El autor ya no dice "ya te vas". Ahora dice "ya te fuiste". ¿Por qué piensas tú que cambia el tiempo del verbo?

4. ¿En qué estrofa podemos ver que el autor tuvo muchos amores? ¿Qué representan esos amores?

5. En general, ¿piensas que tuvo una vida feliz? ¿Lo dice? ¿Dónde?

6. ¿Qué connotación tiene el último verso? ¿Hay un cambio de actitud?

Un paso más

A. Escribe dos párrafos en los que expreses tu opinión sobre el poema. ¿Estás de acuerdo con las ideas que expresa el poeta? ¿Es optimista o pesimista Rubén Darío? Explica tu respuesta.

B. Escríbele una carta al autor en la que expreses lo siguiente:

1. ¿Qué es lo que sientes tú por él después de haber leído su poema?

2. Expresa lo que él puede hacer ahora para remediar lo que hizo en el pasado.

3. Dale algunos consejos para que él se sienta mejor.

La carta debe tener una extensión de por lo menos tres párrafos. Antes de empezar a escribir, haz una lista de las ideas que quieres expresar sobre cada uno de los puntos anteriores.

Go Online

For: Additional practice
Visit: www.PHSchool.com
Web Code: jjd-0021

Oda al tomate

Pablo Neruda

El autor

Pablo Neruda
(1904–1973)

Pablo Neruda, sin duda alguna, ha sido uno de los poetas más importantes del mundo de habla hispana del siglo XX. Prueba de su reconocimiento es el hecho de que en 1971 recibió el Premio Nobel de Literatura. En sus poemas amorosos de *Veinte poemas de amor y una canción desesperada* (1924) se puede apreciar una gran riqueza y variedad temática; en *Residencia en la tierra* (1933) se aprecia su preocupación por la angustia, las injusticias y la violencia que sufre el ser humano; y en *Odas elementales* (1954) le da valor poético a los objetos cotidianos tales como la cebolla, la alcachofa, el tomate, los calcetines y el diccionario entre otros. En resumen, Neruda produjo una obra que lo convirtió en uno de los poetas más originales de Hispanoamérica.

Antes de leer

A. La obra que vas a leer es una oda. Responde a las siguientes preguntas antes de leerla.

1. ¿Qué es una oda?

2. ¿Qué palabras te vienen a la mente cuando piensas en una oda?

3. ¿Puedes pensar en alguna oda que has leído en español o en inglés? ¿Cuál? ¿De qué trata?

B. Las siguientes palabras son algunas de las que usa el poeta en la oda que vas a leer. Trata de poner la lista en grupos. Puedes ponerlas bajo cualquier categoría que sea lógica, por ejemplo, utensilios, comidas, ingredientes, sensaciones, etc. Comparte tus respuestas con el resto de la clase.

aceite	cuchillo	mantequilleras	pimienta
almuerzos	ensaladas	mitades	pulpa
aroma	fragancia	olivo	saleros
asesinar	hervir	papas	tomate
cebolla	jugo	perejil	vasos
cocinas			

C. La oda que vas a leer es una oda al tomate. Ahora que has visto algunas de las palabras que aparecen en el poema, responde a las siguientes preguntas y prepárate para discutir las respuestas con el resto de la clase. ¿Puedes adivinar lo que va a decir el poeta sobre el tomate? ¿Por qué piensas tú que el autor escribe una oda al tomate? ¿Cómo va a tratar el tema del tomate? ¿Cómo piensas que será una oda al tomate?

D. Lee el poema y mientras lees, ten presentes los siguientes puntos:

1. Trata de visualizar lo que nos dice el poeta.

2. Trata de percibir los olores, las superficies, etc.

Lectura

Oda al tomate
Pablo Neruda

La calle
se llenó de tomates,
mediodía,
verano,
5 la luz
se parte
en dos
mitades°   *halves*
de tomate,
10 corre
por las calles
el jugo.
En diciembre
se desata°   *breaks loose*
15 el tomate,

invade
las cocinas,
entra por los almuerzos,
se sienta
peaceful reposado° 20
cupboards en los aparadores,°
entre los vasos,
las mantequilleras,
los saleros azules.
Tiene 25
luz propia,
majestad benigna.
Debemos, por desgracia,
asesinarlo:
is plunged se hunde° 30
el cuchillo
en su pulpa viviente,
es una roja
víscera,
un sol 35
fresco,
profundo,
inexhaustible inagotable,°
llena las ensaladas
de Chile, 40
se casa alegremente
con la clara cebolla,
y para celebrarlo
se deja
caer 45
aceite,
hijo
esencial del olivo,
half-open sobre sus hemisferios entreabiertos,°
adds agrega° 50
la pimienta

su fragancia,
la sal su magnetismo:
son las bodas
55   del día,
el perejil
levanta
banderines,°   *small flags*
las papas
60   hierven vigorosamente,
el asado°   *roast*
golpea°   *knocks*
con su aroma
en la puerta,
65   es hora!
vamos!
y sobre
la mesa, en la cintura
del verano,
70   el tomate,
astro de tierra
estrella
repetida
y fecunda,
75   nos muestra
sus circunvoluciones,°   *convolutions*
sus canales,
la insigne° plenitud   *remarkable*
y la abundancia
80   sin hueso,
sin coraza, °   *armor*
sin escamas° ni espinas,°   *scales / bones (of fish)*
nos entrega
el regalo
85   de su color fogoso°   *fiery*
y la totalidad de su frescura.

Comprensión

Responde a las siguientes preguntas según la lectura. Prepara tus ideas para discutirlas con el resto de la clase.

1. Lee los versos 1–12 de nuevo. ¿Puedes visualizar lo que dice el poeta? Dibuja la imagen que te viene a la mente cuando lees esos versos.

2. ¿A qué se refiere el autor cuando dice "Debemos, por desgracia, asesinarlo" (versos 28–29)? ¿Cómo describe él este asesinato?

3. ¿A qué bodas se refiere el poeta en el verso 54? ¿Quiénes participarán en esas bodas?

4. En poesía la palabra *personificación* significa que el poeta le da vida o cualidades del ser humano a un objeto inerte o inanimado. Lee el poema de nuevo y trata de hacer una lista de todas las personificaciones que usa el autor.

5. Si pudieras describir la "Oda al tomate" en dos o tres palabras, ¿qué palabras escogerías? ¿Por qué?

Un paso más

A. Lee de nuevo la definición de una oda que escribiste en el ejercicio A de la sección **Antes de leer.** ¿Piensas que la "Oda al tomate" es diferente a las que habías leído antes? ¿Qué aspectos son diferentes? Explica tu respuesta. Prepárate para presentar tus ideas a uno(a) de tus compañeros de clase. Escucha la comparación que hace él (ella) y hazle preguntas sobre lo que dice. Él (Ella) te hará preguntas cuando le presentes tu comparación.

B. En el ejercicio C de la sección **Antes de leer** trataste de adivinar lo que iba a decir el autor sobre el tomate y cómo iba a tratar el tema. Lee la respuesta que escribiste y escribe por lo menos dos párrafos en los que compares lo que respondiste antes de leer la oda y después de leerla.

C. Ahora que has leído la "Oda al tomate", ¿piensas acerca del tomate de una manera diferente? ¿Ha tenido algún efecto la "Oda al tomate" en lo que piensas ahora sobre un tomate? Explica tu respuesta. Prepara tus ideas para discutirlas con el resto de la clase.

D. Piensa en la intención que probablemente tuvo el poeta al escribir una oda a una fruta quizás insignificante para muchas personas. ¿Por qué piensas tú que él escogió este tema? En su libro *Odas elementales,* Neruda también escribió odas a un diccionario, a una alcachofa, a unos calcetines, etc. ¿Tiene sentido alabar objetos de la vida diaria u objetos insignificantes? Explica tu respuesta. Prepara tus ideas para discutirlas con el resto de la clase.

E. Como ya sabes, en su libro *Odas elementales,* Neruda escribió odas a otros objetos. Busca en la biblioteca de tu escuela otra de las odas que escribió Neruda y escribe un resumen de las ideas que presenta el autor sobre ese objeto.

F. Ahora vas a tener la oportunidad de usar tu creatividad. Escoge un vegetal o una fruta y escribe una oda. El vegetal o la fruta que escojas no tiene que ser necesariamente tu favorito. Considera las sugerencias a continuación.

1. Antes de empezar a escribir, piensa en todas las palabras que te vienen a la mente cuando piensas en ese vegetal o en esa fruta. Haz una lista. Estas palabras pueden ser adjetivos que lo (la) describan, verbos que indiquen las acciones relacionadas con el vegetal o con la fruta, etc.

2. Vuelve a leer rápidamente la "Oda al tomate". Presta atención al estilo de Pablo Neruda. Una vez que tengas una buena idea de lo que te gustaría escribir, empieza tu oda. ¡Manos a la obra!

Go Online

For: Additional practice
Visit: www.PHSchool.com
Web Code: jjd-0022

De la prensa

Índice

La fiesta de San Fermín

Carmen Roman

Capítulo 23

Antes de leer

A. Para discutir en clase Mira las fotos de la fiesta de San Fermín que acompañan el artículo. Esta fiesta de fama internacional se celebra en Pamplona, España, en el mes de julio. Describe las fotos detalladamente y expresa tu opinión sobre lo que está ocurriendo. Para la discusión con la clase, prepara una lista de palabras clave o de frases que te ayuden a expresarles las ideas a los otros estudiantes de la clase.

Abriendo paso: Gramática

Present and past indicative tenses and impersonal *se:* Unidades 1 y 3, págs. 1 a 29 y 109 a 115; RG 1 y 3, págs. 30 a 48
Relative pronouns: Paso 4, págs. 274 a 284
Por/Para: Paso 10, págs. 309 a 311

B. Nuestra experiencia Piensa en una hazaña *(feat)* en la que tú quisiste demostrar tu valentía. Aunque la hazaña era peligrosa, decidiste participar. La hazaña puede ser parte de una celebración, un viaje a un parque de atracciones, o simplemente algo que sucedió en un día normal. Usa la siguiente guía como punto de partida:

1. Describe la hazaña detalladamente.

2. Explica por qué era peligrosa.

3. Describe la razón por la cual tú participaste.

4. Describe lo que sucedió al final.

5. Explica si valió la pena o no participar en la hazaña.

Si tú nunca has participado en tal hazaña, describe una hazaña en la que uno(a) de tus amigos(as) haya participado. En grupos de tres o cuatro estudiantes discutan las diferentes descripciones de los estudiantes en el grupo. Luego, escojan la hazaña más emocionante o peligrosa y preséntensela a la clase.

C. Los riesgos de la juventud Muchas veces los jóvenes se ponen en riesgo y participan en actividades que son peligrosas. En tu opinión, ¿por qué piensas que los jóvenes participan en estas actividades? ¿Es parte de lo que significa ser joven? ¿Es una tontería, el resultado de la falta de madurez? Prepara las respuestas a estas preguntas y discute tu opinión con otros estudiantes en grupos de tres o cuatro. Luego, prepárense para tener una discusión animada con el resto de la clase.

D. Pamplona y sus alrededores Busca información en el Internet o en la biblioteca de tu escuela sobre Navarra, la región en España donde se encuentra Pamplona. Prepara un mapa y sitúa la ciudad y las ciudades principales alrededor de Pamplona. Escoge uno de los temas a continuación y prepara un informe oral para presentárselo al resto de la clase. Algunos de los temas que puedes considerar son:

- la geografía de la región
- la economía
- la gente que habita la región
- los lugares de interés
- algunos datos históricos sobre Pamplona o Navarra, etc.

E. La corrida de toros La corrida de toros es una actividad muy popular en España y en algunos países latinoamericanos. Busca información en el Internet o en la biblioteca de tu escuela sobre este evento que muchas veces se llama "la fiesta brava". Prepárate para presentarle un informe de unos tres minutos a la clase sobre lo que averiguaste. Incluye información sobre la historia de la corrida, la ceremonia, los participantes, la manera en que se visten, la popularidad, etc. En grupos de tres o cuatro estudiantes discutan la información y juntos preparen un informe más completo para presentárselo a la clase.

Al leer

El artículo que vas a leer ofrece una descripción de los eventos y actividades que tienen lugar durante la fiesta de San Fermín. Mientras lees ten presentes los siguientes puntos:

- las actividades durante la celebración
- el origen del encierro *(driving the bulls into the pen)*
- el acto de conclusión a los sanfermines

Lectura

La fiesta de San Fermín

Carmen Roman

Del 6 al 14 de julio es la temporada de San Fermín en España y, por lo tanto, de toros, encierros, peñas,[1] de gente durmiendo en las calles,
5 fiestas hasta el amanecer y miles de aficionados a la fiesta brava vestidos de blanco y rojo. En fin, son días de insomnio para la ciudad de Pamplona.

10 Los orígenes de la fiesta de San Fermín se remontan a[2] la época del santo del mismo nombre, quien, además, es patrono de la ciudad de Pamplona. Desde esos tiempos, la
15 gente ha corrido por las calles de la ciudad perseguida[3] por una manada[4] de toros asustados y furiosos que arremete[5] contra lo que encuentra en su camino. Los
20 sanfermines, como llaman los españoles a esta celebración, son el pretexto ideal para romper con el tedio de la vida cotidiana y entregarse[6] a una fiesta ininterrumpida y sin límites que se extiende
25 por poco más de una semana.

---

[1] *groups of friends, crowds* / [2] *go back to* / [3] *chased* / [4] *herd*
[5] *attacks* / [6] *surrender*

A las doce del día del 6 de julio, el alcalde y los consejales[7] de Pamplona salen al balcón del Ayuntamiento[8] para lanzar[9] el txupinazo o cohete[10] que marca el inicio de la gran
30 celebración. Miles de gargantas[11] gritan: "Pamploneses, ¡Viva San Fermín, Gora San Fermín!" Empieza el desenfreno[12] que se prolonga hasta más allá del amanecer. La noche del 6, la gente recorre todos los bares
35 de Pamplona, algunos más de una vez.... Parece que no hay final, se baila,... se coquetea[13] y, entre otras cosas, se llega a conocer a los habitantes de esta región, Navarra. Las calles, plazas y demás lugares
40 públicos están repletos[14] de españoles y extranjeros de todas partes del mundo que, con gritos y cantos, inundan de calor la ciudad. No hay un sólo lugar donde pasar la noche si no se tienen reservaciones en algún hotel u hostería;[15] ni siquiera las bancas del 45 parque están libres. Por doquier[16] hay música, comida, pañoletas[17] rojas y borrachos que festejan y se dan valor unos a otros para el encierro de la mañana siguiente, mientras los corredores experimentados[18] descansan 50 para estar enteros.[19]

El encierro es quizá el acto más representativo de las fiestas de San Fermín y quizá el que le ha dado su fama mundial. Inicia a las ocho de la mañana del día 55 7 y consiste en correr un trayecto de aproximadamente 800 metros frente a la estampida de toros que se dirige a la plaza San Jonnos. Aparentemente, esta tradición

---

[7] members of the council / [8] City Hall / [9] ? / [10] rocket / [11] throats
[12] the losing of one's self-control / [13] one flirts / [14] full

[15] inn / [16] Por... All over / [17] shawls / [18] experienced
[19] strong

60 nació debido a la falta de camiones[20] para llevar los animales hasta el lugar donde se efectuaría la corrida; luego la gente empezó a jugarse la suerte para probar su valor. Antes de que comience el encierro, los
65 corredores se encomiendan[21] a la imagen de San Fermín y, al escuchar la explosión de dos cohetes—señal de que todas las bestias han sido liberadas—, inician su lucha por esquivar las cornadas[22] y las patas de las moles de 600
70 kilos de peso.[23] Nunca faltan los heridos y hasta los muertos y, según los expertos, las bajas[24] se deben..., al insomnio y a la inexperiencia de algunos corredores.

Tras el derroche de adrenalina y coraje,
75 viene la corrida—extrañamente organizada por la Casa de la Misericordia,[25] que destina lo recaudado[26] al cuidado de los ancianos—a las dieciocho y treinta, justo a tiempo para que los desvelados[27] hayan tomado una
80 siesta. Dentro de la plaza, los espectadores de sombra, que son verdaderos aficionados de la fiesta brava, no distraen ni un minuto la atención del torero, mientras que los de sol se concentran en el vino y el escándalo.
85 Además de la corrida de este día, se organiza una diaria hasta el 14 de julio.

Aparte de los toros y los tradicionales bailes típicos navarros, existen otras actividades para recrearse.[28] La mayoría es
90 de creación reciente, como la Fuente de la Navarrería, que consiste en arrojarse[29] desde la fuente de Santa Cecilia para ser recibido en brazos de quienes se encuentran abajo; otra es el Estruendo de Iruña, que es,
95 básicamente, un desfile en el que los

participantes recorren las calles haciendo ruido con tambores, bombos,[30] etc.

El acto que da conclusión a los sanfermines es "El pobre de mí", un angustioso canto de despedida al jolgorio:[31] 100 "¡Pobre de mí, que se han acabado las fiestas de San Fermín!", entona[32] la gente a las doce de la noche del 14 de julio. La tristeza invade las calles y el pueblo navarro empieza a prepararse psicológica y físicamente para 105 volver a la realidad, el trabajo arduo de todo un año, que sólo se suspende durante este festejo.

---

[20] ? / [21] se... entrust themselves / [22] esquivar... dodge the thrusts of the horns / [23] patas... legs of the massive (animals) weighing 600 kilos / [24] casualties / [25] Casa... House of Mercy [26] lo... what has been collected / [27] sleepless / [28] enjoy oneself / [29] to throw oneself

---

[30] bass drums / [31] spree / [32] ?

Comprensión

A. ¿Cierta o falsa? Lee las siguientes frases y decide si la información es cierta o falsa, según el artículo. Si la información es falsa, escribe la información correcta.

1. La fiesta se originó en la época del santo patrón, San Fermín.

2. Los sanfermines duran solamente una semana.

3. El encierro le ha dado fama mundial a la fiesta.

4. El encierro se originó cuando no había transporte para llevar los animales a la corrida.

5. En el encierro nunca hay muertos.

6. Durante la fiesta hay solamente una corrida todos los días.

7. Recientemente se han creado más actividades para que la gente se divierta.

8. En el último acto de la fiesta no se permite cantar.

B. Comprensión general Responde a las siguientes preguntas según la información que aparece en el artículo. Usa tus propias palabras para responder a las preguntas; no copies la información del artículo palabra por palabra. De esta manera vas a aprender a expresarte mejor en español.

1. Haz una lista de algunas de las actividades que tienen lugar durante los sanfermines.

2. ¿Cuándo empezó la celebración?

3. ¿Con qué pretexto se celebran los sanfermines? ¿Cuánto dura la celebración?

4. Describe el inicio de la celebración incluyendo la hora, quiénes y cómo anuncian el comienzo, etc.

5. ¿Por qué dice el artículo que "ni siquiera las bancas del parque están libres" [líneas 45–46]?

6. Describe el encierro.

7. Explica cómo se originó el encierro.

8. ¿Por qué piensas tú que el artículo dice que es extraño que la Casa de la Misericordia organice la corrida?

9. ¿Qué otros dos eventos originados recientemente ocurren durante la celebración?

10. ¿Qué hace la gente la última noche de la fiesta?

C. De la misma familia

Las palabras de la lista a continuación son palabras que probablemente ya conoces. Escribe todas las palabras de la misma familia que conozcas.

gritan (gritar) [línea 30]	escándalo [línea 84]
festejan (festejar) [línea 48]	diaria [línea 86]
descansan (descansar) [línea 50]	reciente [línea 90]
liberadas (liberar) [línea 68]	tristeza [línea 103]

D. En contexto

Imagínate que quieres explicarle a un(a) compañero(a) de clase el significado de las siguientes palabras. En español, explica lo que cada una de las palabras significa. Escribe las explicaciones para luego compartirlas con el resto de la clase.

perseguida (perseguir) [línea 16]	amanecer [línea 33]
asustados [línea 17]	heridos [línea 70]
alcalde [línea 26]	desvelados [línea 79]

Un paso más

Para conversar

A. ¿Participas o no? Ahora que sabes lo que pasa durante la fiesta de San Fermín, ¿quisieras participar en el encierro? Explica por qué sí o por qué no. En grupos de tres o cuatro estudiantes presenta tus ideas. Escucha la presentación de los otros estudiantes y hazles preguntas sobre lo que ellos dicen. Aquí tienes algunas palabras o ideas que puedes incluir en tu presentación.

- la condición física
- la diversión
- el miedo
- el orgullo
- el peligro
- el valor

B. Una celebración estadounidense Piensa en una celebración que existe en los Estados Unidos y que en tu opinión le parecería extraña, escandalosa o exorbitante a una persona de otro país. Describe detalladamente la celebración. Recuerda que debes citar ejemplos específicos de los eventos para que la persona tenga una buena idea de lo que sucede. Descríbeles la celebración a tus compañeros en grupos de tres o cuatro estudiantes. Luego, escojan la celebración más interesante para presentársela a la clase.

C. ¿Al encierro? Imagínate que uno(a) de tus amigos quiere participar en el encierro. Escribe cinco preguntas que te gustaría hacerle. Uno(a) de tus compañeros de clase va a hacer el papel *(play the role)* de tu amigo(a). Dependiendo de sus respuestas trata de animarlo(la) para que participe o disuadirlo(la). Puedes usar las ideas del ejercicio A para defender tu opinión.

Para escribir

A. Un resumen Piensa en el artículo que acabas de leer. Haz una lista de las diez palabras que tú piensas que son clave para resumir el artículo. Puedes usar las preguntas del ejercicio A de la sección **Comprensión general** como guía. Luego, escribe un párrafo en el que resumas la información del artículo.

B. Un evento emocionante Escribe un párrafo en el que describas un evento que presenciaste que te pareció muy emocionante. Este evento no tiene que ser tan emocionante como la corrida de toros o el encierro, pero debe ser un evento que siempre recordarás.

C. Una carta a mis padres Imagínate que estás en España durante la fiesta de San Fermín. Escríbeles una carta a tus padres explicándoles por qué te gustaría participar en el encierro. Si tú no quieres participar, escríbeles una carta explicándoles por qué te gustaría visitar Pamplona durante esa temporada, pero asegúrales de que no vas a participar en el encierro. En cualquier caso, explica lo que tú harías para no ponerte en peligro. La carta debe tener una extensión de por lo menos 150 palabras.

D. El trato *(treatment)* de los animales En muchas celebraciones se usan los animales para divertir al público. Muchas veces el trato de estos animales es muy cruel. Escribe un ensayo en el que discutas el uso de los animales en este tipo de evento. Aquí tienes algunas ideas que puedes incluir. El ensayo debe tener una extensión de por lo menos 200 palabras, y te va a servir para luego participar en un debate con el resto de la clase.

1. Escoge un evento que conozcas en el cual se usan los animales para entretener al público. Descríbelo brevemente.

2. Describe los aspectos positivos o negativos del evento.

3. Expresa tu opinión sobre el evento.

4. Resume tus ideas defendiendo o criticando el uso de animales en el evento.

Una vez que hayas escrito el ensayo, tu profesor(a) te lo devolverá para que así toda la clase pueda debatir sobre este tema.

Go Online

For: Additional practice
Visit: www.PHSchool.com
Web Code: jjd-0023

Fernando Botero, El espejo convexo

Patricia Venti

Capítulo 24

Antes de leer

A. Los cuadros de Botero Mira los cuadros de Botero que acompañan el artículo. Lee la siguiente lista de palabras y escoge ocho palabras para describirlos. Si no sabes el significado de algunas de las palabras, búscalas en el diccionario.

abstracto	hinchado	rollizo
apacible	imitar	la sensualidad
deformar	perezoso	simple
la emoción	la redondez	voluminoso
gigante	representar	

> **Abriendo paso: Gramática**
>
> Preterite and present perfect indicative: Unidad 1, págs. 1 a 7 y 16 a 19; RG 1, págs. 30 a 44 y 46 y 47
> Present indicative and *ser/estar*: Unidad 3, págs. 95 a 107; RG 3, págs. 116 a 127
> Adjectives: Unidad 2, págs. 49 a 72; RG 2, págs. 73 a 94

Ahora, escoge otras cuatro palabras que no estén en la lista que se presten *(lend themselves)* para la descripción. Piensa en lo que vas a decir y prepárate para presentarle tus ideas al resto de la clase. Escucha lo que dicen los otros estudiantes y añade más información, o haz preguntas sobre lo que ellos dicen.

B. La dignidad de los cuadros Muchos dicen que Botero pinta a personas gruesas, pero que él las trata con dignidad y respeto. ¿Estás de acuerdo? ¿Por qué piensas que Botero pinta a las personas de esta manera? ¿Nos está tratando de comunicar algo? Prepara tus ideas para discutirlas con tus compañeros de clase en grupos de tres o cuatro estudiantes.

C. Nuestra experiencia Cada pintor escoge su propio estilo. Piensa en un artista que hayas estudiado en la clase de arte o que conozcas muy bien y prepara un breve informe oral sobre este artista. En tu informe incluye cómo este artista ha imprimido un sello *(stamp)* personal en su obra. Trae ejemplos de su obra a la clase para que los otros estudiantes puedan apreciar mejor la información que vas a presentarles. Prepara tus ideas para presentárselas al resto de la clase.

Al leer

El siguiente artículo trata sobre el pintor colombiano Fernando Botero. Mientras lees ten presentes los siguientes puntos:

- los temas de los cuadros de Botero
- cómo pinta Botero
- la razón por la cual él pinta de esta manera

Lectura

Fernando Botero, El espejo convexo
Patricia Venti

Los años sesenta representaron para Latinoamérica un tiempo de cambios, revueltas[1] y
búsquedas de nuevas formas de expresión
artística. En este período muchos pintores e
5 intelectuales del continente viajaron a
Europa para ampliar[2] horizontes. Para
los artistas latinoamericanos no fue fácil
abrirse paso dentro del arte europeo y
norteamericano. El tema predominante en
10 esta época fue la figura humana, y de allí
surge el movimiento de la nueva figuración.
Dentro de esta tendencia se ubica[3] el pintor
colombiano Fernando Botero (Medellín,
1932), quien se dedicó desde muy temprano
15 a estudiar y copiar los clásicos de la pintura
europea. Después de varios años en el Viejo
Continente, regresó a Colombia y allí su arte
comenzó a madurar hasta consolidar un
estilo propio en el que reconoce dos fuentes[4]
20 de inspiración: la pintura del muralista
mexicano Orozco y los pintores florentinos
del "Quattrocento".

Si tuviéramos que imaginarnos un mundo
apacible, tranquilo y feliz nos bastaría[5] con
mirar los lienzos[6] de Botero, donde mujeres y 25
hombres rollizos[7] parecen suspendidos,
plenos[8] e hinchados.[9] Los cuerpos voluminosos
son metáforas de momentos eternos que
inmovilizan por un instante la muerte. En
cuanto a lo temático, este artista inventa 30
universos y les propone a los espectadores lo
que podríamos llamar planetas: planetas con
habitantes, leyes y reglas propias. Para

---

[1] revolts / [2] ? / [3] one finds (here) / [4] sources
[5] it would be sufficient

[6] canvases / [7] plump / [8] full / [9] swollen

Botero, un ser en primer lugar es un volumen
35 o un conjunto de volúmenes. Pero no son
volúmenes inertes ni formas geométricas
aisladas del mundo cotidiano. Son
volúmenes con una gran fuerza vital, con
deseos y pasiones. "Pintar una figura
40 estilizada sería una violación de mis ideas. El
arte no ha de inspirarse en los cánones de la
belleza de la realidad", ha dicho el pintor
colombiano. Botero es un artista que toma
de Europa la tradición pictórica y la traduce a
45 formas colombianas, y así ha reconocido en
varias ocasiones que el estar lejos de
Sudamérica era lo que le permitía seguir
pintando el universo colombiano de su niñez
y adolescencia.
50   Lo que busca Fernando Botero cuando
pinta es crear una unidad compleja, una
totalidad que no destruya la autonomía de
los elementos de la obra. La condición
principal y definitiva que hace de su obra
55 algo excepcional y sin antecedentes en
América es la mansedumbre[10] de sus figuras,
que pueden esconder devastadoras iras y
pasiones.
      Pero este artista no se ha dedicado

exclusivamente a la pintura, ya que a 60
mediados de los años setenta comenzó a
esculpir[11] una gran variedad de obras: una
mano gigante, gatos, culebras[12] y una
cafetera gigante. Las formas conservan su
redondez,[13] su volumen. Estos objetos 65
plenos son cuerpos con opulentas curvas,
figuras sacadas[14] de un espejo convexo. "El
arte, en mayor o menor medida, es
deformación... Las esculturas son una
prolongación de mi pintura, de mi 70
espíritu...", afirma Botero. En sus cuadros y
esculturas los hombres y las mujeres son
gordos, pero sus carnes[15] son lisas,[16] firmes.
Los cuerpos no sufren ningún deterioro, las
arrugas[17] no existen porque simplemente el 75
tiempo no transcurre. Este gusto por la
exageración quizá lo absorbió de las
esculturas policromadas que vio en la
infancia y que tanto abundan en Colombia.
"En mi trabajo, el rigor, el deseo de pintar 80
superficies perfectas, viene del arte
hispanoamericano, que posee justamente
esa lucidez, ese pulido,[18] esa terminación
impecable de las superficies". Botero no
pinta del natural. "Si quiero pintar una 85
naranja—dice— no la pongo frente a mí.
Prefiero comérmela, y después la pinto. Mis
pinturas nunca están basadas en la
contemplación directa del paisaje o de la
gente, sino en mi experiencia de la realidad". 90
Las pinturas de Botero también suelen
evocar el "feliz domingo" sudamericano,
donde cada planta, árbol, animal o ser vivo
descansa perezosamente en su sitio.[19] No
hay anarquía o violencia. Pintar gordos es 95
una forma de mostrar gente simple,
bonachona[20] y despreocupada del ritmo
frenético de las grandes ciudades.

---

[10] gentleness, tameness

[11] ? / [12] snakes / [13] roundness / [14] drawn out, extracted
[15] flesh / [16] smooth / [17] wrinkles / [18] polish / [19] place
[20] good-natured

La Sudamérica plácida

El escritor peruano Mario Vargas Llosa ha
100 escrito con acierto: "Sudamérica está en las
obras de Botero. Familias numerosas y
estables, … patios y huertas[21] junto a casas,
frutas maduras rodeadas de moscas y de
abejas[22] familiares, hábitos de curas, obispos
105 y religiosas, uniformes militares de opereta;
bigotitos y cabellos engominados[23] de los
hombres; pequeñas orquestas populares. Es
un mundo ya en parte desaparecido, una
Sudamérica de la niñez y la adolescencia
110 boteriana, semisoñada[24] o que no existe
más". Esta Sudamérica tan ligada[25] a los
recuerdos de infancia del pintor se convierte
para Botero, como para el otro gran
colombiano Gabriel García Márquez, en un
115 sitio propicio para la invención del mito. Para
Botero, la identidad cultural de Colombia, de
América del Sur, no se alimenta de proclamas
altisonantes[26] ni de gesticulaciones, sino de
sensaciones, sensualidad y emociones. Otro
120 de los temas de Botero es las corridas de
toros. En su juventud acudió a una escuela de
tauromaquia,[27] pero la confrontación con el
animal le hizo dejarlo. En su definición del
espectáculo taurino, dice Botero: "Es
125 una de las actividades que más se
presta a[28] ser pintada. Las imágenes,
siempre poderosas, y el color están
ahí. La corrida, en cierto modo, se
pinta sola. El pintor no tiene que
130 inventar el color, los movimientos, la
poesía. Todo, absolutamente todo,
te lo dan en la plaza. Cada vez que
asisto a una corrida, en mi
subconsciente queda grabada una
135 imagen, un gesto, un color".

Como a lo largo de toda la historia de la
pintura, no faltan las representaciones de
naturalezas muertas[29] en el repertorio
temático de Fernando Botero. En los
bodegones[30] que pinta el artista colombiano 140
las frutas tropicales son exuberantes en sus
volúmenes. Esta abundancia y plenitud se
manifiestan de un modo casi paradisíaco.

Botero pinta del recuerdo, porque así
tiene la libertad de crear imágenes: "Invento 145
mis temas visualizándolos, comienzo a
trabajar como un poeta. Termino mi trabajo
como un escultor, complaciéndome en
acariciar[31] las formas". Su vida pasa entre sus
talleres[32] en Europa, Estados Unidos 150
y Colombia, no utiliza bastidor;[33] siempre
deja treinta centímetros a
cada lado de la superficie
que piensa pintar, pues
nunca sabe qué dimensión 155
alcanzará la obra. "Yo
siempre he procurado[34] que
mis obras tengan un sello
personal. La desmesura
forma parte de mi obra, es 160
mi seña de identidad",
afirma el artista.

---

[21] orchards / [22] bees / [23] cabellos… combed with hair gel
[24] ? / [25] tied / [26] high-sounding / [27] art of bullfighting
[28] más… lends itself more to

[29] ? / [30] still lifes / [31] caressing / [32] studios / [33] easel
[34] he… have tried

Comprensión

A. ¿Cierta o falsa? Lee las siguientes frases y decide si la información es cierta o falsa, según el artículo. Si la información es falsa, escribe la información correcta.

1. El mundo que crea Botero es un mundo inquieto y lleno de caos.

2. El tema principal de la obra de Botero es los paisajes europeos.

3. Para Botero el ser humano es un volumen o un grupo de volúmenes.

4. Si Botero pintara figuras estilizadas, violaría sus propias ideas.

5. En las obras de Botero reconocemos el mundo de su niñez y adolescencia.

6. Botero nunca ha podido crear esculturas.

7. Botero se inspira en sus recuerdos para pintar sus obras.

8. Muchas de las obras de Botero muestran las corridas de toros.

9. En las naturalezas muertas de Botero las frutas son muy pequeñas.

10. Botero no decide el tamaño de sus obras antes de comenzar.

B. Comprensión general Con tus propias palabras, responde a las siguientes preguntas. Comparte tus ideas con otros estudiantes de la clase y escucha sus opiniones.

1. ¿Cuándo desarrolló realmente Botero su estilo propio? ¿Quiénes influyeron en su estilo?

2. ¿Cuál es la opinión de Botero sobre los cuadros de figuras estilizadas?

3. ¿Por qué pinta a gente gruesa?

4. ¿Por qué le gusta pintar las corridas de toros a Botero?

5. En dos o tres frases describe cómo son las obras de Fernando Botero.

C. De la misma familia Las palabras de la lista a continuación son palabras que probablemente ya conoces. Escribe todas las palabras de la misma familia que conozcas.

pintura [línea 15]	despreocupada [línea 97]
tranquilo [línea 24]	poderosas [línea 127]
inmovilizan (inmovilizar) [línea 29]	grabada [línea 134]
belleza [línea 42]	recuerdo [línea 144]

D. En contexto Imagínate que quieres explicarle a un(a) compañero(a) de clase el significado de las siguientes palabras. En español, explica lo que cada una de las palabras significa. Escribe las explicaciones para luego compartirlas con el resto de la clase.

hinchados [línea 27]	paisaje [línea 89]
leyes [línea 33]	abejas [línea 104]
espejo [línea 67]	talleres [línea 150]
arrugas [línea 75]	

Un paso más

Vocabulario útil para conversar y para escribir

Aquí tienes una lista de palabras y expresiones que te ayudarán a expresar tus ideas. Trata de incluirlas en la discusión con los otros estudiantes o en los ejercicios de escritura.

al mismo tiempo	at the same time
burlarse de	to make fun of
causar vergüenza (avergonzar) (ue)	to cause shame
como resultado	as a result
digno(a)	worthy
insultar	to insult
los logros	achievements
orgulloso(a)	proud
para ilustrar	to illustrate
por un lado	on the one hand
¡qué vergüenza!	for shame!

Para conversar

A. Una entrevista Imagínate que tienes la oportunidad de conocer a Fernando Botero. Le quieres hacer algunas preguntas sobre su vida y su obra. Piensa en lo que quisieras preguntarle y escribe por lo menos seis preguntas. Uno(a) de tus compañeros de clase hará el papel de Botero y responderá a tus preguntas.

B. El sello personal En el artículo Botero dice: "Yo siempre he procurado que mis obras tengan un sello personal" [líneas 156–159]. Piensa en lo que "un sello personal" representa para ti. Prepara un breve informe oral en el que discutas el sello personal que te gustaría demostrarle al mundo. Este sello puede ser a través del arte, de tus estudios, de tu vida personal, etc. Haz una lista de todas las palabras y expresiones que vas a necesitar para expresarle tus ideas al resto de la clase.

C. Orozco Una de las fuentes de inspiración para Botero fue el muralista mexicano José Clemente Orozco (1883–1949). En grupos de tres o cuatro estudiantes, busquen información sobre Orozco y los muralistas mexicanos en la biblioteca de la escuela o en el Internet y preparen un breve informe. El informe debe incluir algunos aspectos de la vida del artista, el tipo de obra que creó, su lugar dentro del movimiento muralista mexicano, etc. Tu profesor(a) va a escoger a un grupo para que le presente la información a la clase. Los otros estudiantes les harán preguntas o añadirán más información a la presentación.

Para escribir

A. Un resumen Escoge diez palabras que consideres importantes para escribir un resumen del artículo que acabas de leer. Piensa cuidadosamente en lo que quieres expresar. Luego, escribe dos párrafos en los que resumas los puntos más importantes del artículo. Algunas ideas que debes incluir son las influencias en la obra de Botero, cómo son sus pinturas y esculturas y las ideas del pintor sobre sus obras.

B. Una reseña (review) Imagínate que eres un(a) crítico(a) de arte y que acabas de visitar por primera vez una exposición de Botero. Escribe una reseña de una extensión de por lo menos 150 palabras sobre la exposición que visitaste. Algunos de los temas que puedes incluir son:

- tu impresión sobre los cuadros (lo que te gustó o no te gustó)

- lo que piensas que nos está comunicando el artista

- si Botero nos presenta un mundo demasiado idealizado o irreal

- el efecto que tuvo la exposición en ti, etc.

Sería buena idea ir a la biblioteca de tu escuela y mirar otros cuadros de Botero para tener una mejor idea de su obra.

C. Naturalezas muertas (Bodegones) Botero ha pintado numerosas naturalezas muertas. Escoge una obra de Botero y otra de uno de tus pintores favoritos y prepara una comparación entre las dos obras. En tu comparación puedes incluir la forma de los objetos o de las personas, los colores, el impacto que producen, etc. Tu ensayo debe tener por lo menos tres párrafos.

D. Una exposición Imagínate que vas a una exposición de las obras de Botero. Allí te das cuenta de que una de las figuras humanas en una de sus obras se parece mucho a ti *(looks like you)*. Como él pinta de sus recuerdos, hay una posibilidad de que te haya visto y luego te haya pintado. Escríbele una carta a Botero explicándole tu reacción al reconocerte a ti mismo(a) en una de sus obras. En la carta expresa:

1. tu enojo o alegría

2. si en tu opinión te ha pintado fielmente o no

3. las quejas *(complaints)* o los elogios *(praises)* que tengas

4. lo que esperas o deseas que Botero haga en el futuro

Puedes añadir otra información que no aparece en la lista. La carta debe tener una extensión de por lo menos 200 palabras.

Go Online

For: Additional practice
Visit: www.PHSchool.com
Web Code: jjd-0024

La Tomatina

Alberto Ibáñez

Capítulo 25

Antes de leer

Abriendo paso:
Gramática

Present indicative:
Unidad 3, págs. 95 a 98;
RG 3, págs. 116 a 127
Preterite and imperfect
indicative: Unidad 1,
págs. 1 a 15; RG 1,
págs. 30 a 45
Demonstratives: Unidad 2,
págs. 56 a 60; RG 2,
págs. 80 a 84
Por/Para: Paso 10,
págs. 309 a 311
Numbers: Paso 6,
págs. 291 a 297

A. Para discutir en clase Mira las fotos que acompañan el artículo y describe lo que está sucediendo. Recuerda que debes describir todos los detalles y al mismo tiempo usar la imaginación. Algunas palabras que te ayudarán a describir las fotos se encuentran a continuación. Si no sabes el significado de algunas de las palabras, búscalas en el diccionario. Puedes añadir otras palabras que no están en la lista.

colorado	jugo	sangre
ensuciarse	limpiar	sucio
escarlata	maduro	tomate
golpear	pasta	tirar / arrojar / lanzar
hacer daño	rojo	vegetal

B. Nuestra experiencia ¿Has participado en una "guerra de comida"? Si no has participado en una, describe un incidente en el que fuiste testigo *(witness)* o que viste en un programa de televisión o en una película. En grupos de tres o cuatro estudiantes, describan el incidente. Luego, escojan la descripción más interesante para presentársela al resto de la clase.

C. Las guerras de comida Usando el incidente del ejercicio anterior, en grupos de tres o cuatro estudiantes, lleguen a un acuerdo sobre sus opiniones de estos actos. En la descripción incluyan:

- las razones por las cuales a la gente le gusta participar en estas "guerras"
- si son peligrosas o divertidas
- las consecuencias que podrían tener

Luego cada grupo va a discutir con el resto de la clase las diferentes opiniones.

Al leer

El artículo que vas a leer describe la Tomatina, una fiesta que tiene lugar todos los años en Buñol, un pueblo cerca de Valencia en España. Mientras lees, ten presentes los siguientes puntos del artículo:

- la descripción del evento
- la historia
- cómo se hizo popular
- la explicación que dan los habitantes de Buñol

Lectura

La Tomatina
Alberto Ibáñez

El último miércoles de cada agosto miles de amontonados[1] cuerpos escasamente[2] vestidos aguardan[3] el inicio de la fiesta más representativa del carácter valenciano, la
5 Tomatina. Durante meses, muchos han aguardado desesperadamente la llegada de la celebración que, por su colorido, recuerda las bacanales[4] romanas. La muchedumbre[5] está dispuesta a divertirse y olvidarse del
10 mundo exterior.

Un total de 150 toneladas de jitomate maduro[6] vuela por los aires como proyectil en la que es, probablemente, la guerra de comida más grande del mundo y, ciertamente,
15 la más sucia. "Se ruega encarecidamente que antes de arrojar[7] los tomates, se deshagan[8] en la mano", advierten[9] los organizadores, quizá a fin de evitar[10] accidentes o para que las calles se conviertan más rápido en una piscina
20 de puré.

La contienda[11] da inicio a las once de la mañana en el pueblo de Buñol, muy cercano a la ciudad de Valencia, y a él acuden[12] decenas de miles de excéntricos, entre
25 españoles de diferentes partes del país y extranjeros; lo sorprendente es que la sede[13]

---

[1] piled up / [2] scantily / [3] await / [4] orgies / [5] crowd / [6] ripe
[7] throwing / [8] ? / [9] warn / [10] ? / [11] fight / [12] ?
[13] place (here: venue)

del evento apenas alcanza[14] los 9.000 habitantes. Los asistentes al convivo corean[15]: "tomate, tomate, queremos tomate", y
30 entonces, desde camiones de carga,[16] empiezan a repartirse[17] las municiones. Cualquier cosa que se mueva es un blanco[18] válido, hasta los testigos más neutros y pasivos. Los incesantes tomatazos vienen de
35 todas partes; todo el mundo sabe que ésta es una guerra en la que no habrá vencedores,[19] pues no hay quien no quede hecho una sopa colorada. De hecho, el
40 objetivo principal de esta celebración es darle a Buñol un baño de sangre vegetal.

> De hecho, el objetivo principal de esta celebración es darle a Buñol un baño de sangre vegetal.

La Tomatina se celebró por primera ocasión después de terminada la Segunda 45 Guerra Mundial, alrededor de 1945—el color escarlata de la festividad fue una paradoja—. Sin duda, es una fiesta popular creada por y para el pueblo. Dicen que nació en los desfiles[20] de "gigantes y cabezudos"[21] 50 de Buñol, que siempre terminaban a tomatazos. Como en sus inicios, la Tomatina carecía[22] de reglas y de una organización formal, al gobierno, en esa época encabezado[23] por el 55 dictador Francisco Franco, le pareció un desorden excesivo y prohibió su festejo a principios de los años cincuenta. No 60

---

[14] reaches / [15] shout (in unison) / [16] camiones... loading trucks / [17] distribute / [18] target / [19] winners

[20] parades / [21] carnival figures with enormous heads [22] lacked / [23] ?

obstante, los más decididos desafiaban[24] a las autoridades y se lanzaban[25] a la plaza del pueblo para continuar con la entonces joven tradición. La Guardia Civil se hizo presente en numerosas ocasiones realizando algunas detenciones. Los agresores eran dirigidos a la cárcel entre bromas[26] y risas, para ser liberados poco tiempo después; sin embargo, y por desgracia,[27] también se registraron algunos arrestos violentos.

No fue sino hasta 1959, gracias a la insistente petición del pueblo de Buñol para que se autorizara la Tomatina, cuando las autoridades entendieron que la celebración era algo inevitable. Pronto, los medios de comunicación empezaron a cubrir el evento y éste alcanzó una popularidad arrolladora,[28] atrayendo así a más y más curiosos que querían nadar en *ketchup*.

A la una de la tarde, hora en que concluyen las agresiones, la plaza de Buñol queda cubierta de una pasta roja que llega hasta los tobillos.[29] Los más agotados[30] se dejan caer al suelo, otros siguen riendo y la mayoría se dirige hacia las regaderas[31] que se han instalado provisionalmente para enjuagar[32] el ácido jugo del cuerpo. Éste es también el momento para limpiar el pueblo, a cuyo menester[33] quedan invitados todos los presentes; definitivamente ésta es la parte más aburrida del evento.

Para muchos, este derroche[34] de color rojo y de tomates es una verdadera incógnita. ¿Por qué arrojárselos[35] unos a otros cuando hay escasez[36] de alimentos en el mundo? La respuesta de los buñolenses es otra pregunta que puede parecer cínica: "¿Por qué no? La vida es corta y hay que divertirse, así que para qué amargarse[37] con estas cuestiones de la hambruna[38] mundial". Además, la Tomatina ha traído fama internacional y una derrama económica importante[39] al minúsculo Buñol.

---

[24] *used to defy* / [25] *se... would throw themselves; take to*
[26] *jokes* / [27] *por... unfortunately* / [28] *overwhelming*

---

[29] *ankles* / [30] *exhausted* / [31] *hoses* / [32] *to rinse (out)*
[33] *job; chore* / [34] *squandering* / [35] *throw them* / [36] *scarcity*
[37] *get bitter* / [38] *famine* / [39] *derrama... great financial earnings*

Comprensión

A. ¿Cierta o falsa? Lee las siguientes frases y decide si la información es cierta o falsa, según el artículo. Si la información es falsa, escribe la información correcta.

1. Los organizadores recomiendan deshacer los tomates en la mano antes de lanzarlos.

2. El pueblo de Buñol tiene más habitantes que Valencia.

3. Los participantes sólo les lanzan tomates a las personas en los camiones.

4. La Tomatina se celebró por primera vez después de la Segunda Guerra Mundial.

5. La Tomatina siempre ha tenido reglas y mucha organización.

6. El dictador Francisco Franco reconoció que la Tomatina tenía valor cultural para el pueblo.

7. La Guardia Civil siempre mantuvo el orden, pero nunca detuvo a nadie.

8. Los medios de comunicación contribuyeron a la popularidad de la celebración.

9. Al final del evento, los organizadores instalan regaderas para limpiar el pueblo.

10. La Tomatina ha contribuido a la fama de Buñol, pero no a la economía.

B. Comprensión general Con tus propias palabras, responde a las siguientes preguntas. Comparte tus ideas con otros estudiantes de la clase y escucha sus opiniones.

1. ¿En qué consiste la fiesta de la Tomatina?

2. ¿Qué sucedió durante la época del dictador Francisco Franco?

3. ¿Por qué critican algunos la fiesta? ¿Cómo responden los buñolenses?

C. Definiciones Lee las siguientes frases. Luego escoge la palabra de la lista que complete la frase. Ten presente que no todas las palabras se pueden usar.

arrestos	escasez	maduros
cárceles	lejano	una muchedumbre
desgracia	limpios	los vencedores

1. Cuando no hay abundancia de un producto, hay...

2. Un grupo muy grande de personas es...

3. En la Tomatina los tomates que usan no están verdes, están...

4. Las personas que ganan una guerra son...

5. El antónimo de cercano es...

6. Si hay mucho desorden en un lugar, la policía hace...

D. De la misma familia Las palabras de la lista a continuación son palabras que probablemente ya conoces. Escribe todas las palabras de la misma familia que conozcas.

guerra [línea 13]	risas [línea 67]
creada [línea 48]	limpiar [línea 88]
encabezado [línea 55]	amargarse [línea 99]

E. Sinónimos Empareja cada palabra de la columna A con un sinónimo de la columna B. En la columna B hay más palabras de las que necesitas.

A	B
1. acudir [línea 23]	a. agotada
2. aguardar [línea 6]	b. prisión
3. inicio [línea 3]	c. terminar
4. repartir [línea 31]	d. asistir
5. colorada [línea 39]	e. ir
6. cárcel [línea 67]	f. esperar
7. concluir [línea 81]	g. principio
8. dirigirse [línea 85]	h. roja
	i. arrestos
	j. amargar
	k. distribuir

Un paso más

Vocabulario útil para conversar y para escribir

Aquí tienes una lista de palabras y expresiones que te ayudarán a expresar tus ideas. Trata de incluirlas en la discusión con los otros estudiantes o en los ejercicios de escritura.

contribuir	*to contribute*
de ese modo	*in that way*
disponible	*available*
entusiasmarse	*to become enthusiastic*
hacer falta	*to lack*
la ley	*law*
la libertad de palabra	*freedom of speech*
llevar a cabo	*to carry out*
para terminar	*to end*
por cierto	*by the way; incidentally*
preocuparse de	*to worry about*
¡qué lío!	*what a mess!*
las tonterías	*foolishness*
ya que	*because, since, seeing that*

Para conversar

A. ¿Diversión o tontería? Piensa en la descripción de la fiesta que acabas de leer. En grupos de tres o cuatro estudiantes, discutan sus opiniones sobre la celebración. ¿Piensan que es una buena manera de divertirse o solamente una tontería? Expliquen por qué sí o por qué no les gustaría participar en tal evento. Luego toda la clase va a participar en un debate sobre el tema.

B. Nos hacen falta... *(We are lacking...)* El aspecto más importante de la Tomatina es el uso del tomate. Trabaja con un(a) compañero(a) de clase. Primero lean los siguientes titulares *(headlines)* y expresen cómo Uds. se sentirían en esa situación. También expresen algunas sugerencias para celebrar cada ocasión con una alternativa. Luego toda la clase va a discutir las ideas de cada pareja.

Prohibido
disfrazarse*
durante la
celebración
de Halloween

Sequía causa enorme escasez de
tomates en la región de Buñol

Prohibido usar fuegos
artificiales durante la
celebración del 4 de julio

Falta de flores
amenaza la
cancelación
del Desfile de
las Rosas en
Pasadena,
California

AUTORIDADES RECOMIENDAN NO
COMER PERROS CALIENTES EN LOS

C. Valencia Valencia es una ciudad cerca de Buñol. Esta ciudad es de mucho interés turístico por su historia y por su cultura. En grupos de tres o cuatro estudiantes, cada persona debe escoger uno de los temas a continuación y preparar un breve informe para el resto de la clase. Ustedes pueden encontrar información en la Oficina de Turismo de España (si existe una en su ciudad), en la biblioteca o en el Internet.

* to go in disguise

- algunos datos históricos
- situación geográfica
- la gente y su cultura
- lugares de interés
  - la Catedral
  - Almudín
  - la Iglesia de San Esteban
  - el Instituto Valenciano de Arte Moderno
  - el Barrio del Carmen, etc.

También pueden escoger cualquier otro tema que no esté en la lista pero que sea de interés.

D. Prohibido bailar Hace algunos años una película norteamericana titulada *Footloose* presentó la historia de un chico que se mudó a un pueblo donde la ley prohibía bailar y lo que él hizo para cambiar la ley. Imagina que en tu comunidad adoptan una ley que prohíbe todo tipo de baile en los lugares públicos. En grupos de tres o cuatro estudiantes expresen sus opiniones sobre esa ley. Discutan lo que Uds. harían para convencer a las autoridades de que la ley es injusta. Una vez que todos los estudiantes del grupo hayan tenido la oportunidad de presentar sus ideas, prepárense para presentarle al resto de la clase la opinión del grupo.

Para escribir

A. Un resumen Escoge diez palabras que en tu opinión sean importantes para resumir el contenido del artículo. Escribe un párrafo en el que resumas la información más importante.

B. ¿Cínico o no? Lee de nuevo el último párrafo del artículo. Según el autor, la respuesta que dan los buñoleses a la pregunta es un poco cínica. ¿Estás de acuerdo con el autor? Escribe un ensayo en el que discutas si consideras la respuesta cínica o no. Incluye:

- tu opinión (la tesis de tu ensayo)
- una explicación con ejemplos para apoyar la tesis
- posibles alternativas para la celebración o ideas para calmar a los críticos

No te olvides de resumir tus ideas al final del ensayo.

C. Una propuesta (*proposal*) Imagínate que trabajas para la Oficina de Turismo de tu localidad. En tu opinión, tu pueblo o ciudad se puede beneficiar enormemente si se empieza a celebrar un evento en particular. Escribe una propuesta para el alcalde de tu comunidad en la que incluyas:

1. el evento que te gustaría establecer

2. los antecedentes históricos o culturales del evento

3. el tipo de actividades que pueden incluirse

4. los efectos positivos que traería tal celebración para la comunidad

Tu propuesta debe tener una extensión de por lo menos 200 palabras.

D. Una respuesta a la propuesta El (La) profesor(a) va a intercambiar las propuestas que los estudiantes escribieron en el ejercicio C. Imagínate que eres el alcalde (la alcaldesa) del pueblo o de la ciudad y que recibes la carta en la que un(a) estudiante propone un evento en el que pueden participar los miembros de la comunidad, y que puede traer grandes beneficios. Lee la carta cuidadosamente y escríbele una respuesta a esa persona.

- Decide si la idea es buena o no.
- Expresa tu entusiasmo o indiferencia sobre la propuesta.
- Si te parece buena idea, propón algunas actividades para mejorar la celebración.
- Si no te parece buena idea, explícale por qué.

La respuesta debe tener por lo menos 200 palabras.

Lectura adicional

El poema "Oda al tomate", escrito por Pablo Neruda, puede ser de interés después de la lectura de este artículo. Véase la página 311.

Go Online

For: Additional practice
Visit: www.PHSchool.com
Web Code: jjd-0025

Los indios kunas

César A. Yunsán M.

Antes de leer

A. La geografía de Panamá Lee el primer párrafo del artículo y dibuja un mapa de la región donde se encuentra Panamá. Según la descripción, localiza en el mapa los siguientes lugares:

1. la provincia de Darién
2. el Cabo Tiburón
3. Colombia
4. Costa Rica
5. Punta de San Blas
6. el Mar Caribe
7. el Océano Pacífico
8. Kuna Yala o Comarca de San Blas

Una vez que cada estudiante muestre su mapa, la clase va a escoger el mejor mapa, según la presentación y la calidad de la información.

B. Grupos de palabras El artículo que vas a leer trata sobre los indios kunas. En el artículo se discute la geografía del lugar donde viven, las tradiciones que tienen los kunas y algunas de las ocupaciones que tienen. Lee la lista a continuación y agrupa las palabras según las categorías en la próxima página. Trata de adivinar el significado de las palabras o expresiones. Si no sabes el significado de algunas de las palabras, búscalas en el diccionario.

los antepasados	los curanderos	los pescadores
los aretes	la deidad	los ríos
las argollas	hacer canastas	los ritos
las canciones de cuna	hacer canoas	seco
el carnaval	húmedo	la selva tropical
el clima	los lagos	ser jefe

Abriendo paso:
Gramática

Present indicative and reflexive constructions: Unidad 3, págs. 109 a 115; RG 3, págs. 129 a 132
Preterite, imperfect, and present perfect indicative: Unidad 1, págs. 1 a 19; RG 1, págs. 30 a 47
Adjectives: Unidad 2, págs. 49 a 72; RG 2, págs. 73 a 94
Numbers: Paso 6, págs. 291 a 297

Geografía	Tradiciones	Ocupaciones

C. Nuestra experiencia A muchas personas les gusta coleccionar o comprar objetos típicos de una región. ¿Han comprado tú o tus padres objetos típicos de otras culturas? Describe el objeto u objetos detalladamente. Explica por qué te parece interesante o importante coleccionar estos objetos. Comparte tu descripción con los otros estudiantes en grupos de tres o cuatro. Si quieres, puedes traer el objeto a la clase para que todos lo vean. Luego cada grupo va a escoger la descripción más interesante para presentársela al resto de la clase.

D. El regateo (*haggling*) Muchas veces cuando se visitan grupos indígenas, las personas tratan de regatear el precio del artículo que quieren comprar. En tu opinión, ¿es ésta una buena idea? ¿Por qué? ¿Piensas que es importante pagar el precio que piden para ayudar a estos grupos? Explica tu respuesta. Prepara tus ideas para debatir el tema con toda la clase.

Al leer

Como ya sabes, el artículo trata de los indios kunas. Mientras lo lees ten presentes los siguientes puntos:

- el origen de los kunas
- los problemas que han tenido
- algunas de sus tradiciones

Lectura

Los indios kunas

César A. Yunsán M.

En las cristalinas costas del litoral Atlántico centroamericano, a sólo quince minutos de vuelo de una moderna y cosmopolita ciudad de más de 600.000 habitantes, pero a la vez
5 separada de todo esto por una majestuosa selva[1] tropical, encontramos Kuna Yala, tierra de los indios kunas de Panamá.

Kuna Yala o Comarca de San Blas, como también se le conoce, está situada al noreste
10 de la provincia de Darién, en la República de Panamá. Es un territorio aislado del resto del país por una selva tropical muy espesa.[2] Tiene como límites al Cabo Tiburón al oeste, en la frontera con Colombia,
15 Punta de San Blas al este, la provincia de Darién al sur, y el mar Caribe hacia el norte. Comprende, además, un conjunto de seis islas pequeñas, en su mayoría también habitadas por los
20 kunas. A pesar de[3] que hoy en día los indios kunas son en su mayor parte una población costera, no todo el tiempo lo han sido. Antes de la época de la colonización española, éstos vivían tierra
25 adentro en la provincia de Darién, a las orillas[4] y desembocaduras[5] de majestuosos

ríos y montañas en la parte oriental del istmo de Panamá. Durante muchos años resistieron la influencia española y debido a esto se fueron desplazando,[6] ubicándose[7] en la 30 costa y las islas cercanas a ésta en busca de mayor tranquilidad. Los kunas son el grupo étnico del que se tiene mayor conocimiento afuera del territorio panameño. Habitan de manera colectiva un área de 320.600 35 hectáreas de tierra y mar adyacente. Su población se calculó, según cifras[8] oficiales del censo de 1990, en 48.000.

BRÚJULA

Los kunas, en su mayoría, son pescadores[9] y granjeros.[10] Practican la agricultura de subsistencia y obtienen su proteína del océano. Cultivan maíz, arroz, cacao y yuca, aunque el coco es su cultivo más importante. Lo utilizan para su alimentación y para la venta más allá[11] de sus fronteras. Otras actividades como la caza[12] o la búsqueda[13] de alimentos en la selva son consideradas secundarias.

El origen de los kunas aún es cuestionable. No se sabe con claridad si los indígenas 40 encontrados por los españoles en el siglo XVII

---

[1] jungle / [2] dense / [3] A... In spite of / [4] banks / [5] mouths

[6] se... they were (eventually) displaced / [7] locating themselves
[8] figures / [9] fishermen / [10] farmers / [11] beyond / [12] hunting / [13] ?

eran los verdaderos ancestros de los kunas o grupos de inmigrantes que
45 habían llegado huyendo[14] de los conflictos en el norte colombiano. En los congresos kunas, que son los lugares donde se reúne
50 cada comunidad, los ancianos cuentan que, según sus antepasados,[15] ellos no se originaron en las islas o en el territorio
55 costero en el que viven ahora, sino en las tierras de grandes lagos mucho más lejos de sus fronteras actuales. Debido a que se
60 mantuvieron aislados geográficamente del resto de los centros de población y de las ciudades fundadas por los españoles, los kunas han podido mantener su cultura y tradición casi intactas y no necesitaron
65 someterlas[16] a los cambios bruscos y a las adaptaciones que otros grupos han sufrido casi de manera obligada en el resto de Latinoamérica.

El clima de Kuna Yala varía drásticamente.
70 Dependiendo de la época del año, puede ser desde tropical húmedo hasta muy seco,[17] y los vientos, por su parte, soplan[18] a diferentes velocidades y direcciones.

Los indios kunas son personas de estatura
75 pequeña, de cuello corto, espaldas anchas, de pecho robusto, piernas cortas y pies pequeños. Las indias kunas generalmente usan las molas, vestidos de vistosos diseños y colores de los cuales hablaremos más

adelante. También es muy
80 característico de ellas llevar puestos[19] aretes[20] de oro en las orejas y argollas[21] en la nariz.

Los kunas son un
85 grupo muy arraigado[22] a su cultura y tradiciones. Mantienen una gran fe en sus leyendas, creencias, dioses y mitos. Para ellos
90 todo lo que les rodea[23] en el mundo, desde montañas, flora, fauna, mar, etcétera, representa una deidad.[24] Los kunas
95 respetan mucho su hábitat natural, lo aprecian y lo cuidan. Ven a la tierra como su madre y sienten la responsabilidad de protegerla. Practican la monogamia y consideran el
100 adulterio como un delito.[25]

Los kunas han creado su propio arte en forma visual y verbal, que representa su forma de pensar y de sentir. Ellos disfrutan las conversaciones diarias y el juego
105 ocasional. Su lenguaje es muy rico y extenso. En el mundo kuna todas las cosas tienen un género: masculino o femenino. Usualmente el arte verbal es asociado con los hombres y el arte visual con las mujeres. La creación de
110 canastas[26] y la confección de molas son actividades anticipadas para varones[27] y mujeres, respectivamente. Además, la habilidad del varón de hacer una canoa del tronco de un árbol es una actividad muy
115 apreciada.

---

[14] fleeing / [15] ancestors / [16] to subject them / [17] ? / [18] ?

[19] llevar... wear / [20] earrings / [21] rings / [22] muy... deeply rooted / [23] los... surrounds them / [24] ? / [25] crime / [26] baskets [27] ?

El extraordinario y multicolor vestido de la mujer kuna ha captado, por varios siglos, la atención de exploradores, fotógrafos y visitantes en general. No resulta difícil percibir que la mujer se siente muy orgullosa de su manera de vestir, ya que ha desarrollado,[28] a lo largo del tiempo,[29] un estilo único que no se puede comparar con ningún otro grupo en el pasado. De hecho, la riqueza familiar se llega a manifestar, con frecuencia, en el vestido y las joyas[30] que portan las mujeres kunas.

Los hombres que son escogidos para fungir[31] como caciques o jefes, no solamente actúan como líderes sagrados y culturales,
120 sino que también se encargan de[32] componer canciones y cantos con temas tradicionales y con metáforas. El *sáhila* tiene la autoridad de jefe donde vive, y el *nele* es jefe de varias comunidades. Es una
125 característica de los kunas recibir y disfrutar de las cosas nuevas, pero, a la vez, ellos encuentran una manera de transformarlas en algo kuna. Por ejemplo,
130 incorporan en sus cantos muchos elementos nuevos, al introducir sueños, viajes o facetas de la vida en la ciudad de Panamá. Los
135 kunas están conscientes del mundo que existe más allá de sus fronteras y saben que su existencia depende, en parte, de la
140 relación que mantengan con este mundo.

Cualquier visitante a San Blas estaría más que admirado por la expresión verbal de los kunas. Los mitos y leyendas, las 145 historias de los ancestros, los cantos mágicos, los secretos de los curanderos,[33] los lamentos por los que están muriendo y por los ya muertos, las canciones de cuna[34] que las madres y hermanas les cantan a los niños, 150 la manera en que se cuentan las anécdotas, los saludos y las situaciones de la vida diaria; todo esto es expresado de un modo muy especial, ya sea 155 hablado, cantado, gritado, susurrado[35] o de forma mucho más elocuente durante las actividades políticas y religiosas y los 160

Las comunidades kunas están generalmente compuestas de familias extendidas por dos o tres generaciones. Por lo general, los matrimonios son planeados por los miembros mayores de la familia y se espera que el hombre se mude a la casa de la esposa, en donde trabajará para los padres de ella. Aunque los hombres prevalecen en la estatura social y política kuna, en el hogar todo se lleva en equilibrio. El hombre se encarga de conseguir comida y la mujer de cocinar y lavar.

---

[28] developed / [29] a... over time / [30] jewels / [31] to act
[32] se... they have the responsibility

[33] witch doctors; folk healers / [34] canciones... lullabies
[35] whispered

ritos de curación y de pubertad. Los kunas organizan juntas en la casa de reuniones, cuyo fin es discutir situaciones que afectan a la comunidad. Por otro lado, en algunas 165 ocasiones se reúnen para cantar o para practicar ritos sagrados durante muchas noches. También aquí se comparte información acerca de los visitantes y los miembros que regresan después de un viaje. 170 Uno de los acontecimientos que marcó un hito[36] en la historia kuna fue la rebelión de 1925, conocida como la Revolución Kuna.

Esta revuelta[37] fue ocasionada por años de problemas con las plantaciones bananeras, 175 los pescadores de tortugas y la opresión policial. A mediados de[38] los años veinte, la policía tenía control total, lo que trajo como resultado la eliminación de la mayoría de las actividades, ceremonias, curaciones, ritos de

pubertad, reuniones políticas, etcétera. En 180 febrero de ese año, al imponérseles el carnaval, los kunas se rebelaron, mataron a algunos de sus opresores y obligaron al resto a marcharse. Después de una tregua,[39] se llegó a un acuerdo de paz que sentó las 185 bases de lo que, hoy en día, es la autonomía kuna.

Las molas y su origen

La palabra *mola* puede tener diferentes significados. Puede ser vestido, ropa, tela[40] o un tejido[41] confeccionado con una 190 combinación de telas de colores variados y vistosos.[42] Las molas aparecieron en el siglo XIX cuando los kunas entraron en contacto con otros pueblos. Según los ancianos kunas, éstas se originaron cuando a orillas del río 195 Disuknu habitaba un pueblo antiguo y la Divina Providencia envió a Ibeorgun y a su hermana Olokikadiryai para impartirles instrucciones sobre su diseño y confección a los poblados del río Yco. Es por eso que los 200 kunas, a pesar de utilizar materiales del mundo occidental, afirman que las molas son su aporte[43] cultural y que no surgen al azar.[44]

Inicialmente, sus diseños se basaban en imitación de la pintura corporal geométrica de 205 sus ancestros. Las molas se confeccionaban con telas de hilo[45] fabricadas en Panamá y en Colombia. Su elaboración es una actividad exclusiva de las mujeres, quienes aprenden este arte desde la infancia. A pesar de que los 210 kunas han mantenido su cultura, actualmente confrontan problemas de sobrepoblación[46] y escasez[47] de tierras, además de enfermedades en las plantaciones de coco. Todo esto, aunado[48] al deseo de mayores estudios, ha 215 motivado a muchos kunas a emigrar a las

---

[36] *milestone* / [37] *disturbance* / [38] *A... In the middle of*

[39] *truce* / [40] *fabric* / [41] *weaving* / [42] *colorful* / [43] *contribution* [44] *al... by chance* / [45] *linen* / [46] *overcrowding* / [47] *lack* [48] *coupled, combined*

La variedad de las molas es tan infinita como la mente[50] de la mujer kuna que las confecciona. Los diseños varían mucho y toman como inspiración la flora, la fauna u objetos foráneos[51] como banderas o aviones. Los diseños originales han evolucionado para dar cabida a[52] una prenda[53] más fácil de comercializar. Las molas más auténticas y costosas, que tardan aproximadamente un mes en ser elaboradas, están hechas con tres capas de tela.[54] Los diseños pueden representar símbolos religiosos kunas, como diosas, demonios acuáticos y otras criaturas marinas, figuras geométricas y elementos de las leyendas tribales, aunque, desafortunadamente, en tiempos recientes se han ido colando[55] temas políticos y contemporáneos. Su precio oscila entre 5 y 100 dólares norteamericanos.

principales ciudades de Panamá. Kuna Yala reconoce sus problemas y los atiende con sentido de responsabilidad, en un clima de
220 tranquilidad que es digno de apreciarse e imitarse. En un mundo como el de hoy, lleno de computadoras, rascacielos y demás artilugios[49] de la modernidad, la experiencia de Kuna Yala tiene mucho que enseñarnos.
225 Irónicamente, es su actitud de apertura hacia otras civilizaciones y culturas lo que le ha permitido preservar la suya.

---

[49] gadgets

[50] mind / [51] foreign / [52] para... to make room for
[53] garment / [54] capas... layers of fabric / [55] se... have been creeping in

Comprensión

A. ¿Cierta o falsa? Lee las siguientes frases y decide si la información es cierta o falsa, según el artículo. Si la información es falsa, escribe la información correcta.

1. Los indios kunas dejaron las tierras donde vivían originalmente a causa de los conquistadores.

2. El aislamiento les permitió a los kunas mantener su cultura.

3. Los indios kunas son muy altos.

4. Los kunas ven una representación de Dios en todo lo que les rodea.

5. Los matrimonios de los kunas son planeados.

6. Los kunas tienen dificultad en discutir las cosas que afectan a su comunidad.

7. Los kunas consiguieron su autonomía después de una rebelión.

8. La mola es una bebida.

9. Solamente los hombres pueden hacer las molas.

10. Los diseños de las molas son todos iguales y no tienen mucha variedad.

B. Comprensión general Responde a las siguientes preguntas según la información en el artículo. No copies la información del artículo palabra por palabra; usa tus propias palabras para que aprendas a expresarte mejor en español.

1. ¿Cómo llegaron los kunas al lugar donde viven ahora?

2. ¿Qué ventajas tiene para los kunas vivir allí?

3. ¿Qué importancia tiene la tierra para los kunas?

4. ¿Cómo son los matrimonios y las familias?

5. ¿Cómo llegaron a tener autonomía los kunas?

6. ¿Cuál es el origen de las molas?

7. Escribe una lista de tres aspectos interesantes sobre las molas.

8. ¿Cuáles son algunos de los problemas que tienen que enfrentar los kunas?

C. Un resumen gráfico Lee el artículo de nuevo y completa el siguiente gráfico según el artículo. No necesitas escribir frases completas, sólo palabras clave o expresiones.

Geografía

_____
_____
_____
_____

Tradiciones

_____
_____
_____
_____

Alimentación

_____
_____
_____
_____

Los kunas

Ocupaciones

_____
_____
_____
_____

Problemas

_____
_____
_____
_____

Apariencia

_____
_____
_____
_____

D. Un resumen oral Usa la información del ejercicio anterior y prepara un resumen oral sobre el artículo. El (La) profesor(a) va a seleccionar a diferentes estudiantes para que hablen de cada uno de los temas en el gráfico. Escucha lo que dicen y añade cualquier información que ellos no hayan incluido en las presentaciones.

E. De la misma familia Las palabras de la lista a continuación son palabras que probablemente ya conoces. Escribe todas las palabras de la misma familia que conozcas.

habitan (habitar) [línea 34]	venta [Brújula, p. 349]
pescadores [Brújula, p. 349]	extenso [línea 106]
alimentación [Brújula, p. 349]	canciones [línea 149]

F. En contexto Imagínate que quieres explicarle a un(a) compañero(a) de clase el significado de las siguientes palabras. En español, explica lo que cada una de las palabras significa. Escribe las explicaciones para luego compartirlas con el resto de la clase.

selva [línea 6]	tronco [línea 115]
caza [Brújula, p. 349]	se mude (mudarse) [Brújula, p. 351]
aretes [línea 82]	rascacielos [línea 222]

Un paso más

Vocabulario útil para conversar y para escribir

Aquí tienes una lista de palabras y expresiones que te ayudarán a expresar tus ideas. Trata de incluirlas en la discusión con los otros estudiantes o en los ejercicios de escritura.

como punto de partida	as a point of departure
complacer	to please
con respecto a	with respect to
de ese modo	in that way
las desventajas	disadvantages
la felicidad	happiness
hacer un favor	to do a favor
la lucha	fight
los recuerdos	mementos; memories
sufrir	to suffer
las ventajas	advantages

Para conversar

A. Un pedido Imagínate que quieres convencer a un(a) amigo(a) para que compre varias molas cuando visite Panamá. ¿Qué le dirías? Describe todo lo que sabes sobre ellas, su origen, cualidades, precio, etc. Un(a) compañero(a) de clase va a escucharte y te va a hacer preguntas sobre lo que le dices.

B. Debate Muchos grupos indígenas se ven afectados por la modernización. Algunas personas piensan que estos grupos se beneficiarían si adoptaran aspectos de la vida moderna. Otras personas piensan que así se perderían la riqueza de la cultura y las tradiciones de los grupos indígenas. ¿Con qué declaración estás de acuerdo? El (La) profesor(a) va a dividir a la clase en grupos: los que están de acuerdo y los que no están de acuerdo. En los grupos, desarrollen todas las ideas posibles que apoyen su opinión. Luego, prepárense para defender su opinión contra el grupo que tenga ideas opuestas a las suyas.

C. Las injusticias Hoy día la sociedad empieza a reconocer las injusticias que se han cometido en el pasado con respecto al tratamiento de los pueblos indígenas. En tu opinión, ¿piensas que no se ha tratado bien al indígena? ¿Por qué? ¿Tienen derecho a recibir la tierra que le quitaron otros? ¿Quiénes han sido algunos de los explotadores? ¿Ha cambiado la situación? Explica. Si no tienes muchos conocimientos sobre este tema, puedes preguntarle a un(a) profesor(a) de estudios sociales en tu escuela o buscar la información en la biblioteca o el Internet. Luego todos los estudiantes van a discutir sus ideas con la clase.

Para escribir

A. Un tema de interés Imagínate que le quieres contar a un(a) amigo(a) lo que acabas de leer sobre los indios kunas. Escoge uno de los temas a continuación y escribe un párrafo sobre la información que encontraste en el artículo. No copies la información directamente del artículo; usa tus propias palabras. Escoge entre los siguientes puntos.

1. El origen de los kunas

2. La apariencia física de los kunas

3. La cultura y las tradiciones

4. El papel de los hombres y el de las mujeres

B. Los matrimonios planeados Una de las costumbres de los kunas es la de los matrimonios planeados. Esto ocurre no sólo entre los kunas, sino también en muchas otras culturas. En tu opinión, ¿es ésta una buena idea? ¿Cuáles son los aspectos positivos y cuáles los negativos de esta costumbre? Recuerda que debemos respetar las costumbres de otros. Escribe un párrafo en el que expreses tu opinión sobre este tema.

C. Otro grupo indígena Probablemente conozcas a un grupo indígena por haberlo estudiado en tu clase de estudios sociales o a través de tu experiencia personal. Escoge a un grupo que conozcas bien y escribe por lo menos tres párrafos acerca de éste. Incluye información sobre su historia, sus costumbres y las cosas que admiras de ellos. También puedes comparar a este grupo con los kunas, si hay semejanzas o diferencias.

For: Additional practice
Visit: www.PHSchool.com
Web Code: jjd-0026

Teatro

El delantal blanco

Sergio Vodanović

Antes de leer

A. Para discutir en clase Mira el dibujo y úsalo como punto de partida para narrar lo que tú crees que está sucediendo. ¡Usa la imaginación! Las siguientes palabras te van a ayudar con la descripción. También puedes añadir otras palabras o frases para poder hacer así una descripción más completa.

el aceite bronceador	el blusón de toalla	la revista
los anteojos para el sol	la bolsa	tenderse
la arena	la carpa	tomar el sol
atrás	el delantal	el uniforme
bañarse	la pelota	veranear

Abriendo paso: Gramática

Present indicative, *ser/estar,* and gerund (present participle): Unidad 3, págs. 95 a 109; RG 3, págs. 116 a 130

Preterite and imperfect indicative: Unidad 1, págs. 1 a 15; RG 1, págs. 30 a 45

Future: Unidad 5, págs. 174 a 181; RG 5, págs. 203 a 205

Imperfect subjunctive and conditional: Unidad 6, págs. 211 a 227; RG 6, págs. 228 a 236

Imperative: Unidad 4, págs. 133 a 140; RG 4, págs. 154 a 165

B. Otra personalidad Imagínate que quieres asumir una personalidad diferente a la tuya. ¿Qué cambiarías? Piensa en una persona y en la personalidad que quisieras asumir. Luego describe qué cambiarías tú para parecerte a esa persona. Describe la forma de vestir que adaptarías, los gestos, la voz, etc. Prepara tus ideas para presentárselas al resto de los estudiantes de la clase.

C. Reflexión Ahora que has descrito cómo cambiarías tu personalidad en el ejercicio anterior, piensa en cómo el adoptar una forma de vestir diferente puede cambiar la manera de actuar de una persona. ¿Piensas que un cambio en la forma de vestir puede afectar la manera de actuar de una persona? ¿Cómo? ¿En qué situaciones? Una vez que hayas pensado en el tema, prepárate para presentarle tus ideas al resto de la clase.

D. Una selección En la siguiente selección de la obra de teatro *El delantal blanco*, "la señora", uno de los personajes principales de la obra, habla de la importancia de la ropa que una persona lleva y de las historietas fotografiadas que mucha gente lee para pasar el tiempo. Estas historietas, muy populares en Latinoamérica, son como las *soap operas* pero cuentan la historia a través de fotografías. Lee la selección y luego, responde a las preguntas que aparecen al final. Prepárate para compartir tus ideas con el resto de la clase.

rented / wrapped

tuxedo
the others

Debe ser curioso... Mirar el mundo desde un traje de baño arrendado° o envuelta° en un vestido barato... o con un uniforme de empleada como el que usas tú... Algo parecido le debe suceder a esta gente que se fotografía para estas historietas: se ponen smoking° o un traje de baile y debe ser diferente la forma como miran a los demás,° como se sienten ellos mismos... Cuando yo me puse mi primer par de medias, el mundo entero cambió para mí. Los demás eran diferentes; yo era diferente y el único cambio efectivo era que tenía puesto un par de medias... Dime... ¿Cómo se ve el mundo cuando se está vestida con un delantal blanco?

1. Según la señora, ¿qué cambia la manera de mirar el mundo?

2. ¿Cuándo cambió el mundo para la señora? ¿Cómo se sentía?

3. Piensa en lo que dice la señora. ¿Estás de acuerdo con ella? ¿Has presenciado *(witnessed)* alguna situación en la que alguien haya cambiado por llevar otra ropa? Si no has presenciado una situación similar, imagínate una y úsala como punto de partida para explicar tu opinión.

E. Otra selección En la obra de teatro *El delantal blanco,* uno de los personajes, "el caballero distinguido", describe cómo hay personas que quieren cambiar "el orden establecido". Lee lo que dice y luego prepárate para responder a las preguntas que siguen. Las ideas que expreses en este ejercicio te ayudarán a escribir un ensayo al final del capítulo.

La subversión del orden establecido. Los viejos quieren ser jóvenes; los jóvenes quieren ser viejos; los pobres quieren ser ricos y los ricos quieren ser pobres. Sí, señora. Asómbrese Ud.° También hay ricos que quieren ser pobres. Mi nuera va todas las tardes a tejer° con mujeres de poblaciones callampas.° ¡Y le gusta hacerlo!...

Be surprised

knit

poblaciones... slums

1. Ahora, piensa cuidadosamente en lo que dice el caballero distinguido y...

   a. Trata de explicar por qué la persona de la columna de la izquierda quiere ser la persona de la derecha.

      quieren ser...

      los viejos ⟶ jóvenes

      los jóvenes ⟶ viejos

      los pobres ⟶ ricos

      los ricos ⟶ pobres

   b. Da un ejemplo específico para explicar las circunstancias en que una persona quisiera hacer este cambio.

2. Al final de la selección el caballero distinguido dice lo que su nuera hace. ¿Por qué piensas que a la nuera le gusta ir a tejer con "mujeres de poblaciones callampas"?

El autor

Sergio Vodanović

Sergio Vodanović nació en Chile en 1926. En muchas de sus obras de teatro se puede apreciar una aguda crítica a la corrupción de la sociedad. Vodanović usa una técnica realista para presentar fielmente la sociedad que critica. El comienzo de la dictadura de Pinochet en Chile obligó a Vodanović a exiliarse en Colombia. Entre sus obras más conocidas se encuentran *El príncipe azul,* su primera obra teatral, *El Senador no es honorable, Deja que los perros ladren* y *Viña,* compuesta de tres obras de un acto entre las que se encuentra *El delantal blanco.*

Al leer

El argumento de la obra de teatro que vas a leer se centra en una discusión entre una señora y una empleada. Mientras lees, ten presentes los siguientes puntos:

- la vida de la señora, lo que ella piensa de su esposo y su relación con la empleada
- el comportamiento *(behavior)* de la señora antes y después de cambiar de ropa
- el papel del caballero distinguido

Lectura

El delantal blanco

Sergio Vodanović

PERSONAJES

LA SEÑORA

LA EMPLEADA

DOS JÓVENES

LA JOVENCITA

EL CABALLERO DISTINGUIDO

La playa.

Al fondo, una carpa.

Frente a ella, sentadas a su sombra, LA SEÑORA Y LA EMPLEADA.

LA SEÑORA *está en traje de baño y, sobre él, usa un blusón de toalla blanca que le cubre hasta las caderas. Su tez° está tostada por un largo veraneo.* LA EMPLEADA *viste su uniforme blanco.* LA SEÑORA *es una mujer de treinta años, pelo claro, rostro° atrayente aunque algo duro.* LA EMPLEADA *tiene veinte años, tez blanca, pelo negro, rostro plácido y agradable.*

    complexion

    face

LA SEÑORA: *(Gritando hacia su pequeño hijo, a quien no ve y que se supone está a la orilla° del mar, justamente, al borde del escenario.)* ¡Alvarito! ¡Alvarito! ¡No le tire arena a la niñita! ¡Métase al agua! Está rica… ¡Alvarito, no! ¡No le deshaga° el castillo a la niñita! Juegue con ella… Sí, mi hijito… juegue…

    shore

    ?

LA EMPLEADA: Es tan peleador°...

quarrelsome (margin)

LA SEÑORA: Salió al padre°... Es inútil corregirlo. Tiene una
personalidad dominante que le viene de su padre, de su abuelo, de
su abuela... ¡sobre todo de su abuela!

Salió... He's just like his father (margin)

LA EMPLEADA: ¿Vendrá el caballero° mañana?

gentleman (referring to her husband) (margin)

LA SEÑORA: *(Se encoge de hombros con desgano.°)* ¡No sé! Ya estamos
en marzo, todas mis amigas han regresado y Álvaro me tiene
todavía aburriéndome en la playa. Él dice que quiere que el niño
aproveche° las vacaciones, pero para mí que es él quien está
aprovechando. *(Se saca° el blusón y se tiende a tomar sol.)* ¡Sol!
¡Sol! Tres meses tomando sol. Estoy intoxicada de sol. *(Mirando
inspectivamente a* LA EMPLEADA.*)* ¿Qué haces tú para no quemarte?

con... reluctantly (margin)
take advantage of (margin)
se... she takes off (margin)

LA EMPLEADA: He salido tan poco de la casa...

LA SEÑORA: ¿Y qué querías? Viniste a trabajar, no a veranear. Estás
recibiendo sueldo, ¿no?

LA EMPLEADA: Sí, señora. Yo sólo contestaba su pregunta...

LA SEÑORA *permanece tendida° recibiendo el sol.* LA EMPLEADA *saca
de una bolsa de género una revista de historietas fotografiadas y
principia° a leer.*

permanece... stays stretched out (margin)
? (margin)

LA SEÑORA: ¿Qué haces?

LA EMPLEADA: Leo esta revista.

LA SEÑORA: ¿La compraste tú?

LA EMPLEADA: Sí, señora.

LA SEÑORA: No se te paga tan mal, entonces, si puedes comprarte tus
revistas, ¿eh?

LA EMPLEADA *no contesta y vuelve a mirar la revista.*

LA SEÑORA: ¡Claro! Tú leyendo y que Alvarito reviente, que se
ahogue...°

y... and let Alvarito kill himself, let him drown (margin)

LA EMPLEADA: Pero si está jugando con la niñita...

LA SEÑORA: Si te traje a la playa es para que vigilaras° a Alvarito y no
para que te pusieras a leer.

es... it's for you to look after (margin)

LA EMPLEADA *deja la revista y se incorpora° para ir donde está
Alvarito.*

sits up (margin)

LA SEÑORA: ¡No! Lo puedes vigilar desde aquí. Quédate a mi lado, pero observa al niño. ¿Sabes? Me gusta venir contigo a la playa.

LA EMPLEADA: ¿Por qué?

LA SEÑORA: Bueno… no sé… Será por lo mismo° que me gusta venir en auto, aunque la casa está a dos cuadras. Me gusta que vean el auto. Todos los días, hay alguien que se para al lado de él y lo mira y comenta. No cualquiera tiene un auto como el de nosotros… Claro, tú no te das cuenta de la diferencia. Estás demasiado acostumbrada a lo bueno… Dime… ¿Cómo es tu casa?

> Será… *It is probably for the same reason*

LA EMPLEADA: Yo no tengo casa.

LA SEÑORA: No habrás nacido° empleada, supongo. Tienes que haberte criado° en alguna parte, debes haber tenido padres… ¿Eres del campo?

> No… *You were not born*
>
> Tienes… *You must have been raised*

LA EMPLEADA: Sí.

LA SEÑORA: Y tuviste ganas de conocer la ciudad, ¿ah?

LA EMPLEADA: No. Me gustaba allá.

LA SEÑORA: ¿Por qué te viniste, entonces?

LA EMPLEADA: Tenía que trabajar.

LA SEÑORA: No me vengas con ese cuento. Conozco la vida de los inquilinos en el campo.° Lo pasan bien. Les regalan una cuadra° para que cultiven. Tienen alimentos gratis y hasta les sobra° para vender. Algunos tienen hasta sus vaquitas… ¿Tus padres tenían vacas?

> inquilinos… *tenant farmers / small land parcel /*
> les… *they have left (over)*

LA EMPLEADA: Sí, señora. Una.

LA SEÑORA: ¿Ves? ¿Qué más quieren? ¡Alvarito! ¡No se meta° tan allá que puede venir una ola! ¿Qué edad tienes?

> No… *Do not enter*

LA EMPLEADA: ¿Yo?

LA SEÑORA: A ti te estoy hablando. No estoy loca para hablar sola.

LA EMPLEADA: Ando en° los veintiuno…

> Ando… *I'm about*

LA SEÑORA: ¡Veintiuno! A los veintiuno yo me casé. ¿No has pensado en casarte?

LA EMPLEADA baja la vista° y no contesta.

> baja… *looks down*

LA SEÑORA: ¡Las cosas que se me ocurre preguntar! ¿Para qué querrías
casarte? En la casa tienes de todo: comida, una buena pieza,° room
delantales limpios... Y si te casaras... ¿Qué es lo que tendrías? Te
llenarías de chiquillos,° no más.   Te... You would end up with
                                                                                                                        many children
65

LA EMPLEADA: (Como para sí.) Me gustaría casarme...

LA SEÑORA: ¡Tonterías!° Cosas que se te ocurren por leer historias de   Foolishness!
amor en las revistas baratas... Acuérdate de esto: Los príncipes
azules° ya no existen. No es el color lo que importa, sino el bolsillo.   Los... Prince Charmings
Cuando mis padres no me aceptaban un pololo° porque no tenía   boyfriend
plata, yo me indignaba, pero llegó Álvaro con sus industrias y sus   70
fundos° y no quedaron contentos hasta que lo casaron conmigo.   country estates
A mí no me gustaba porque era gordo y tenía la costumbre de
sorberse los mocos,° pero después en el matrimonio, uno se   sorberse... sniffle
acostumbra a todo. Y llega a la conclusión que todo da lo mismo,
salvo° la plata. Sin la plata no somos nada. Yo tengo plata, tú no   ?
tienes. Ésa es toda la diferencia entre nosotras. ¿No te parece?   75

LA EMPLEADA: Sí, pero...

LA SEÑORA: ¡Ah! Lo crees, ¿eh? Pero es mentira. Hay algo que es más
importante que la plata: la clase. Eso no se compra. Se tiene o no   80
se tiene. Álvaro no tiene clase. Yo sí la tengo. Y podría vivir en una
pocilga° y todos se darían cuenta de que soy alguien. No una   pigsty
cualquiera. Alguien. Te das cuenta, ¿verdad?

LA EMPLEADA: Sí, señora.

LA SEÑORA: A ver... Pásame esa revista. (LA EMPLEADA lo hace. LA   85
SEÑORA la hojea.° Mira algo y lanza una carcajada.°) ¿Y esto lees tú?   leafs through / lanza... bursts
                                                                                                                        out laughing

LA EMPLEADA: Me entretengo, señora.

LA SEÑORA: ¡Qué ridículo! ¡Qué ridículo! Mira a este roto° vestido   man belonging to the poor
de smoking. Cualquiera se da cuenta que está tan incómodo en él   class (Chile)
como un hipopótamo con faja°... (Vuelve a mirar en la revista.)   girdle
¡Y es el conde de Lamarquina! ¡El conde de Lamarquina! A ver...   90
¿Qué es lo que dice el conde? (Leyendo.) "Hija mía, no permitiré
jamás que te cases con Roberto. Él es un plebeyo.° Recuerda que   commoner
por nuestras venas° corre sangre azul". ¿Y ésta es la hija del conde?   veins

LA EMPLEADA: Sí. Se llama María. Es una niña sencilla y buena. Está   95
enamorada de Roberto, que es el jardinero del castillo. El conde no
lo permite. Pero... ¿sabe? Yo creo que todo va a terminar bien.
Porque en el número° anterior Roberto le dijo a María que no   issue

había conocido a sus padres y cuando no se conoce a los padres, es
100 seguro que ellos son gente rica y aristócrata que perdieron al niño
de chico o lo secuestraron…

LA SEÑORA: ¿Y tú crees todo eso?

LA EMPLEADA: Es bonito, señora.

LA SEÑORA: ¿Qué es tan bonito?

105 LA EMPLEADA: Que lleguen a pasar cosas así. Que un día cualquiera,
uno sepa que es otra persona, que en vez de ser pobre, se es rica,
que en vez de ser nadie, se es alguien, así como dice Ud.…

LA SEÑORA: Pero no te das cuenta que no puede ser… Mira a la hija…
¿Me has visto a mí alguna vez usando unos aros° así? ¿Has visto a   earrings
110 alguna de mis amigas con una cosa tan espantosa?° ¿Y el peinado?   hideous
Es detestable. ¿No te das cuenta que una mujer así no puede ser
aristócrata?… ¿A ver? Sale fotografiado aquí el jardinero…

LA EMPLEADA: Sí. En los cuadros ° del final. (Le muestra en la revista.   frames
LA SEÑORA ríe encantada.)

LA SEÑORA: ¿Y éste crees tú que puede ser un hijo de aristócrata?
115 ¿Con esa nariz? ¿Con ese pelo? Mira… Imagínate que mañana me
rapten° a Alvarito. ¿Crees tú que va a dejar por eso de tener su aire   kidnap
de distinción?

LA EMPLEADA: ¡Mire, señora! Alvarito le botó° el castillo de arena a la   destroyed
niñita de una patada.°   kick

120 LA SEÑORA: ¿Ves? Tiene cuatro años y ya sabe lo que es mandar, lo que
es no importarle los demás. Eso no se aprende. Viene en la sangre.

LA EMPLEADA: (Incorporándose.) Voy a ir a buscarlo.

LA SEÑORA: Déjalo. Se está divirtiendo.

LA EMPLEADA se desabrocha° el primer botón de su delantal y hace un   unbuttons
gesto en el que muestra estar acalorada.°   ?

LA SEÑORA: ¿Tienes calor?

125 LA EMPLEADA: El sol está picando° fuerte.   burning

LA SEÑORA: ¿No tienes traje de baño?

LA EMPLEADA: No.

LA SEÑORA: ¿No te has puesto nunca traje de baño?

LA EMPLEADA: ¡Ah, sí!

LA SEÑORA: ¿Cuándo?   130

LA EMPLEADA: Antes de emplearme. A veces, los domingos, hacíamos
 excursiones a la playa en el camión del tío de una amiga.

LA SEÑORA: ¿Y se bañaban?

LA EMPLEADA: En la playa grande de Cartagena. Arrendábamos trajes
 de baño y pasábamos todo el día en la playa. Llevábamos   135
 de comer y...

LA SEÑORA: *(Divertida.)* ¿Arrendaban trajes de baño?

LA EMPLEADA: Sí. Hay una señora que arrienda en la misma playa.

LA SEÑORA: Una vez con Álvaro, nos detuvimos en Cartagena a echar
petrol bencina° al auto y miramos a la playa. ¡Era tan gracioso! ¡Y esos   140
 trajes de baño arrendados! Unos eran tan grandes que hacían
hacían... they bagged out bolsas° por todos los lados y otros quedaban tan chicos que las
rear end mujeres andaban con el traste° afuera. ¿De cuáles arrendabas tú?
 ¿De los grandes o de los chicos?

sullenly LA EMPLEADA *mira al suelo taimada.°*

LA SEÑORA: Debe ser curioso... Mirar el mundo desde un traje de   145
 baño arrendado o envuelta en un vestido barato... o con uniforme
 de empleada como el que usas tú... Algo parecido le debe suceder a
 esta gente que se fotografía para estas historietas: se ponen
 smoking o un traje de baile y debe ser diferente la forma como
 miran a los demás, como se sienten ellos mismos... Cuando yo me   150
 puse mi primer par de medias, el mundo entero cambió para mí.
 Los demás eran diferentes; yo era diferente y el único cambio
 efectivo era que tenía puesto un par de medias... Dime... ¿Cómo se
 ve el mundo cuando se está vestida con un delantal blanco?

LA EMPLEADA: *(Tímidamente.)* Igual... La arena tiene el mismo color...   155
 las nubes son iguales... Supongo.

LA SEÑORA: Pero no... Es diferente. Mira. Yo con este traje de baño,
 con este blusón de toalla, tendida sobre la arena, sé que estoy en
 "mi lugar", que esto me pertenece... En cambio tú, vestida como
 empleada, sabes que la playa no es tu lugar, que eres diferente... Y   160
 eso, eso te debe hacer ver todo distinto.

LA EMPLEADA: No sé.

LA SEÑORA: Mira. Se me ha ocurrido algo. Préstame° tu delantal.   *Lend me*

LA EMPLEADA: ¿Cómo?

165   LA SEÑORA: Préstame tu delantal.

LA EMPLEADA: Pero… ¿Para qué?

LA SEÑORA: Quiero ver cómo se ve el mundo, qué apariencia tiene la
       playa cuando se la ve encerrada en un delantal de empleada.

LA EMPLEADA: ¿Ahora?

170   LA SEÑORA: Sí, ahora.

LA EMPLEADA: Pero es que… No tengo un vestido debajo.

LA SEÑORA: (*Tirándole° el blusón.*) Toma… Ponte esto.   *Pulling off*

LA EMPLEADA: Voy a quedar en calzones°…   *underwear*

LA SEÑORA: Es lo suficiente largo como para cubrirte. Y en todo caso
175   vas a mostrar menos que lo que mostrabas con los trajes de baño
       que arrendabas en Cartagena. (*Se levanta y obliga a levantarse a
       LA EMPLEADA.*) Ya. Métete en la carpa y cámbiate. (*Prácticamente
       obliga a LA EMPLEADA a entrar a la carpa y luego lanza al interior de
       ella el blusón de toalla. Se dirige al primer plano y le habla a su hijo.*)

LA SEÑORA: Alvarito, métase un poco al agua. Mójese las patitas
       siquiera°… No sea tan de rulo°… ¡Eso es! ¿Ves que es rica el   *Mójese… Wet your feet at*
180   agüita? (*Se vuelve hacia la carpa y habla hacia dentro de ella.*)   *least / No… Don't be afraid*
       ¿Estás lista? (*Entra a la carpa.*)   *of the water*

*Después de un instante, sale LA EMPLEADA vestida con el blusón de
toalla. Se ha prendido° el pelo hacia atrás y su aspecto ya difiere algo de*   *Se… She has pinned*
la tímida muchacha que conocemos. Con delicadeza se tiende de bruces°   *se… she lies face down*
*sobre la arena. Sale LA SEÑORA abotonándose aún su delantal blanco. Se
va a sentar delante de LA EMPLEADA, pero vuelve un poco más atrás.*

LA SEÑORA: No. Adelante no. Una empleada en la playa se sienta
       siempre un poco más atrás que su patrona.° (*Se sienta sobre sus*   *mistress*
       pantorrillas° y mira, divertida, en todas direcciones.)   *calves*

LA EMPLEADA cambia de postura° con displicencia.° LA SEÑORA toma   *? / con… lack of enthusiasm*
*la revista de LA EMPLEADA y principia a leerla. Al principio, hay una
sonrisa irónica en sus labios que desaparece luego al interesarse por la
lectura. Al leer mueve los labios. LA EMPLEADA, con naturalidad, toma
de la bolsa de playa de LA SEÑORA un frasco° de aceite bronceador y*   *?*

principia a extenderlo con lentitud por sus piernas. LA SEÑORA *la ve.*

disapproving   *Intenta una reacción reprobatoria,° pero queda desconcertada.*

LA SEÑORA: ¿Qué haces?

LA EMPLEADA no contesta. LA SEÑORA *opta por seguir la lectura. Vigilando de vez en vez con la vista lo que hace* LA EMPLEADA. *Ésta*

carefully   *ahora se ha sentado y se mira detenidamente° las uñas.*

LA SEÑORA: ¿Por qué te miras las uñas?   185

LA EMPLEADA: Tengo que arreglármelas.

LA SEÑORA: Nunca te había visto antes mirarte las uñas.

LA EMPLEADA: No se me había ocurrido.

LA SEÑORA: Este delantal acalora.

LA EMPLEADA: Son los mejores y los más durables.   190

LA SEÑORA: Lo sé. Yo los compré.

LA EMPLEADA: Le queda bien.

outfit   LA SEÑORA: *(Divertida.)* Y tú no te ves nada de mal con esa tenida.°
se... could make a mistake   *(Se ríe.)* Cualquiera se equivocaría.° Más de un jovencito te podría
te... could woo you /   hacer la corte°… ¡Sería como para contarlo!°   195
Sería... It would make a
good story!

LA EMPLEADA: Alvarito se está metiendo muy adentro. Vaya a vigilarlo.

se... goes forward   LA SEÑORA: *(Se levanta inmediatamente y se adelanta.)°* ¡Alvarito!
¡Alvarito! No se vaya tan adentro… Puede venir una ola.
She thinks it over   *(Recapacita° de pronto y se vuelve desconcertada hacia*
LA EMPLEADA.*)*

LA SEÑORA: ¿Por qué no fuiste tú?

LA EMPLEADA: ¿Adónde?   200

LA SEÑORA: ¿Por qué me dijiste que yo fuera a vigilar a Alvarito?

LA EMPLEADA: *(Con naturalidad.)* Ud. lleva el delantal blanco.

LA SEÑORA: Te gusta el juego, ¿ah?

Una pelota de goma, impulsada por un niño que juega cerca, ha caído a los pies de LA EMPLEADA. *Ella la mira y no hace ningún movimiento. Luego mira a* LA SEÑORA. *Ésta, instintivamente, se dirige*
se... she heads for   *a° la pelota y la tira en la dirección en que vino.* LA EMPLEADA *busca en la bolsa de playa de* LA SEÑORA *y se pone sus anteojos para el sol.*

LA SEÑORA: *(Molesta.°)* ¿Quién te ha autorizado para que uses mis   Annoyed
205   anteojos?

LA EMPLEADA: ¿Cómo se ve la playa vestida con un delantal blanco?

LA SEÑORA: Es gracioso. ¿Y tú? ¿Cómo ves la playa ahora?

LA EMPLEADA: Es gracioso.

LA SEÑORA: *(Molesta.)* ¿Dónde está la gracia?

210   LA EMPLEADA: En que no hay diferencia.

LA SEÑORA: ¿Cómo?

LA EMPLEADA: Ud. con el delantal blanco es la empleada; yo con este
        blusón y los anteojos oscuros soy la señora.

LA SEÑORA: ¿Cómo?… ¿Cómo te atreves a° decir eso?   te... do you dare

215   LA EMPLEADA: ¿Se habría molestado en recoger la pelota si no
        estuviese vestida de empleada?

LA SEÑORA: Estamos jugando.

LA EMPLEADA: ¿Cuándo?

LA SEÑORA: Ahora.

220   LA EMPLEADA: ¿Y antes?

LA SEÑORA: ¿Antes?

LA EMPLEADA: Sí. Cuando yo estaba vestida de empleada…

LA SEÑORA: Eso no es juego. Es la realidad.

LA EMPLEADA: ¿Por qué?

225   LA SEÑORA: Porque sí.

LA EMPLEADA: Un juego… un juego más largo… como el
        "paco-ladrón".° A unos les corresponde ser "pacos",   cops and robbers
        a otros "ladrones".

LA SEÑORA: *(Indignada.)* ¡Ud. se está insolentando!

230   LA EMPLEADA: ¡No me grites! ¡La insolente eres tú!

LA SEÑORA: ¿Qué significa eso? ¿Ud. me está tuteando?°   addressing me as tú

LA EMPLEADA: ¿Y acaso° tú no me tratas de tú?   perhaps

LA SEÑORA: ¿Yo?

LA EMPLEADA: Sí.

LA SEÑORA: ¡Basta ya! ¡Se acabó este juego!   235

LA EMPLEADA: ¡A mí me gusta!

LA SEÑORA: ¡Se acabó! *(Se acerca violentamente a* LA EMPLEADA.*)*

Move away!   LA EMPLEADA: *(Firme.)* ¡Retírese!°

se... stops   LA SEÑORA *se detiene° sorprendida.*

LA SEÑORA: ¿Te has vuelto loca?   240

LA EMPLEADA: Me he vuelto señora.

LA SEÑORA: Te puedo despedir en cualquier momento.

LA EMPLEADA: *(Explota en grandes carcajadas, como si lo que hubiera oído fuera el chiste más gracioso que jamás ha escuchado.)*

LA SEÑORA: ¿Pero de qué te ríes?

LA EMPLEADA: *(Sin dejar de reír.)* ¡Es tan ridículo!

LA SEÑORA: ¿Qué? ¿Qué es tan ridículo?   245

LA EMPLEADA: Que me despida… ¡Vestida así! ¿Dónde se ha visto a una empleada despedir a su patrona?

Take off   LA SEÑORA: ¡Sácate° esos anteojos! ¡Sácate el blusón! ¡Son míos!

LA EMPLEADA: ¡Vaya a ver al niño!

LA SEÑORA: Se acabó el juego, te he dicho. O me devuelves mis cosas   250
o te las saco.

LA EMPLEADA: ¡Cuidado! No estamos solas en la playa.

LA SEÑORA: ¿Y qué hay con eso? ¿Crees que por estar vestida con un uniforme blanco no van a reconocer quién es la empleada y quién la señora?

LA EMPLEADA: *(Serena.)* No me levante la voz.

a... by sheer strength   LA SEÑORA, *exasperada, se lanza sobre* LA EMPLEADA *y trata de sacarle el blusón a viva fuerza.°*

struggles / Worthless maid!   LA SEÑORA: *(Mientras forcejea.°)* ¡China!° ¡Ya te voy a enseñar quién   255
soy! ¿Qué te has creído? ¡Te voy a meter presa!

Un grupo de bañistas ha acudido° al ver la riña:° DOS JÓVENES,   ha... has come / fight
una muchacha y un señor de edad madura y de apariencia muy
distinguida. Antes que puedan intervenir LA EMPLEADA ya ha
dominado la situación manteniendo bien sujeta° a LA SEÑORA contra   bien... well restrained,
la arena. Ésta sigue gritando ad libitum° expresiones como: "rota   subdued / freely
cochina"°... "ya te las vas a ver con mi marido"°... "te voy a   low class swine / ya... you will
mandar presa"... "esto es el colmo",° etc., etc.   have to deal with my husband / esto... this is the limit

UN JOVEN: ¿Qué sucede?

EL OTRO JOVEN: ¿Es un ataque?

LA JOVENCITA: Se volvió loca.

260   UN JOVEN: Puede que sea efecto de una insolación.

EL OTRO JOVEN: ¿Podemos ayudarla?

LA EMPLEADA: Sí. Por favor. Llévensela. Hay una posta° por aquí   First Aid Station
    cerca...

EL OTRO JOVEN: Yo soy estudiante de Medicina. Le pondremos una
265   inyección para que se duerma por un buen tiempo.

LA SEÑORA: ¡Imbéciles! ¡Yo soy la patrona! Me llamo Patricia
    Hurtado, mi marido es Álvaro Jiménez, el político...

LA JOVENCITA: *(Riéndose.)* Cree ser la señora.

UN JOVEN: Está loca.

270   EL OTRO JOVEN: Un ataque de histeria.

UN JOVEN: Llevémosla.

LA EMPLEADA: Yo no los acompaño... Tengo que cuidar a mi hijito...
    Está ahí, bañándose...

LA SEÑORA: ¡Es una mentirosa! ¡Nos cambiamos de vestido sólo por
275   jugar! ¡Ni siquiera° tiene traje de baño! ¡Debajo del blusón está en   Ni... Not even
    calzones! ¡Mírenla!

EL OTRO JOVEN: *(Haciéndole un gesto al JOVEN.)* ¡Vamos! Tú la tomas
    por los pies y yo por los brazos.

LA JOVENCITA: ¡Qué risa! ¡Dice que está en calzones!

Los DOS JÓVENES toman a LA SEÑORA y se la llevan, mientras ésta se
resiste y sigue gritando.

LA SEÑORA: ¡Suéltenme! ¡Yo no estoy loca! ¡Es ella! ¡Llamen a   280
Alvarito! ¡Él me reconocerá!

Exit / llevando... carrying off bodily

Mutis° de los DOS JÓVENES *llevando en peso° a* LA SEÑORA. LA
EMPLEADA *se tiende sobre la arena, como si nada hubiera sucedido,*

preparing herself

aprontándose° para un prolongado baño de sol.

EL CABALLERO DISTINGUIDO: ¿Está Ud. bien, señora? ¿Puedo serle útil
en algo?

LA EMPLEADA: *(Mira inspectivamente al* SEÑOR DISTINGUIDO *y sonríe
con amabilidad.)* Gracias. Estoy bien.

EL CABALLERO DISTINGUIDO: Es el símbolo de nuestro tiempo. Nadie   285
parece darse cuenta, pero a cada rato, en cada momento sucede
algo así.

LA EMPLEADA: ¿Qué?

EL CABALLERO DISTINGUIDO: La subversión del orden establecido. Los
viejos quieren ser jóvenes; los jóvenes quieren ser viejos; los pobres   290
quieren ser ricos y los ricos quieren ser pobres. Sí, señora.
Asómbrese Ud. También hay ricos que quieren ser pobres. Mi
nuera va todas las tardes a tejer con mujeres de poblaciones
callampas. ¡Y le gusta hacerlo! *(Transición.)* ¿Hace mucho tiempo
que está con Ud.?   295

LA EMPLEADA: ¿Quién?

EL CABALLERO DISTINGUIDO: *(Haciendo un gesto hacia la dirección en
que se llevaron a* LA SEÑORA.) *Su empleada.*

?   LA EMPLEADA: *(Dudando. Haciendo memoria°.)* Poco más de un año.

EL CABALLERO DISTINGUIDO: ¡Y así le paga a Ud.! ¡Queriéndose hacer
pasar por una señora! ¡Como si no se reconociera a primera vista   300
quién es quién! *(Transición.)* ¿Sabe Ud. por qué suceden estas cosas?

LA EMPLEADA: ¿Por qué?

EL CABALLERO DISTINGUIDO: *(Con aire misterioso.)* El comunismo...

LA EMPLEADA: ¡Ah!

EL CABALLERO DISTINGUIDO: *(Tranquilizador.)* Pero no nos inquietemos.   305
El orden está restablecido. Al final, siempre el orden se restablece...
Es un hecho... Sobre eso no hay discusión... *(Transición.)* Ahora,

jogging

con permiso, señora. Voy a hacer mi footing° diario. Es muy

conveniente a mi edad. Para la circulación, ¿sabe? Y Ud. quede

310 tranquila. El sol es el mejor sedante.° *(Ceremoniosamente)* A sus   sedative
órdenes, señora. *(Inicia el mutis. Se vuelve.)* Y no sea muy dura con
su empleada, después que se haya tranquilizado… Después de
todo… Tal vez tengamos algo de culpa nosotros mismos… ¿Quién
puede decirlo? *(EL CABALLERO DISTINGUIDO hace mutis.)*

*LA EMPLEADA cambia de posición. Se tiende de espaldas para recibir
el sol en la cara. De pronto se acuerda de Alvarito. Mira hacia donde
él está.*

315 **LA EMPLEADA:** ¡Alvarito! ¡Cuidado con sentarse en esa roca! Se puede
hacer una nana° en el pie… Eso es, corre por la arenita… Eso   boo-boo
es, mi hijito… *(Y mientras LA EMPLEADA mira con ternura° y*   affection
delectación maternal cómo Alvarito juega a la orilla del mar
se cierra lentamente el Telón.)

Comprensión

A. ¿Cierta o falsa? Lee las siguientes frases y decide si la información es cierta o falsa, según la obra de teatro. Si la información es falsa, escribe la información correcta.

1. El esposo de la señora está en la playa con ella y su hijo.

2. Alvarito lee una revista de historietas fotografiadas.

3. La empleada vino a la ciudad a buscar trabajo.

4. La señora le tiene lástima a la empleada porque la vida en el campo es muy dura.

5. La señora obliga a Alvarito a entrar en la carpa.

6. La señora se pone el delantal de la empleada.

7. La empleada empieza a actuar como la señora cuando se pone el blusón.

8. Después de un rato, a la señora le gusta mucho el cambio que ha ocurrido.

9. Un grupo de bañistas acude a ayudar a la empleada.

10. Los jóvenes se llevan al caballero distinguido a la fuerza.

11. El caballero distinguido les habla a los jóvenes.

12. Al final de la obra, la empleada sigue actuando como si fuera la madre de Alvarito.

B. Comprensión general Con tus propias palabras, responde a las siguientes preguntas. Luego, comparte las respuestas con los otros estudiantes de la clase.

1. ¿Cómo describirías tú la clase social de la señora? ¿Qué tipo de vida llevaba?

2. ¿Por qué va la señora a la playa en coche? [líneas 34–39] ¿Qué nos demuestra sobre la señora la descripción de cómo va a la playa?

3. Al principio de la obra, ¿cómo trata la señora a la empleada?

4. Una vez que la señora se pone el delantal y la criada se pone el blusón de la señora, ¿cómo cambian ellas? Usa el cuadro a continuación para escribir algunas ideas sobre cada una de ellas y luego preséntalas a los otros estudiantes de la clase.

	Antes	Después
LA SEÑORA		
LA EMPLEADA		

5. En una o dos frases, define la filosofía del caballero distinguido.

6. En tu opinión, ¿cuál es el tema principal de la obra? Responde con unas tres o cuatro frases.

C. De la misma familia
Las palabras de la lista a continuación son palabras que probablemente ya conoces. Escribe todas las palabras de la misma familia que conozcas.

peleador [línea 4]
quemarte [línea 15]
industrias [línea 71]
gordo [línea 73]
ridículo [línea 88]

mandar [línea 120]
nubes [línea 156]
encerrada [línea 168]
tranquila [línea 310]

D. En contexto
Imagínate que quieres explicarle a un(a) compañero(a) de clase el significado de las siguientes palabras. En español, explica lo que cada una de las palabras significa. Escribe las explicaciones para luego compartirlas con el resto de la clase.

sombra [p. 363]	arena [línea 158]
toalla [p. 363]	uñas [línea 185]
ola [línea 56]	tuteando (tutear) [línea 230]
secuestraron (secuestrar) [línea 101]	carcajadas [p. 372]
patada [línea 119]	mentirosa [línea 274]
delantal [línea 154]	nuera [línea 293]
nubes [línea 156]	

E. Al punto Lee las siguientes preguntas o frases incompletas. Luego, escoge la mejor respuesta o terminación según la lectura.

1. Al principio de la obra la señora y la empleada están hablando de...
   a. Alvarito, el hijo.
   b. Álvaro, el esposo.
   c. la familia de la empleada.
   d. las historietas fotografiadas.

2. Según la señora, Alvarito es peleador porque...
   a. lo ha aprendido de la empleada.
   b. es igual a su padre y a sus abuelos.
   c. le gusta molestar a su madre.
   d. no tiene muchos amigos en la playa.

3. Por lo que dice la señora al principio de la obra, sabemos que ella...
   a. está cansada de estar en la playa.
   b. tiene una relación muy romántica con su esposo.
   c. ha tenido unas vacaciones demasiado cortas.
   d. tiene celos de la empleada.

4. La actitud de la señora hacia la empleada se podría describir como...
   a. cariñosa.   c. condescendiente.
   b. protectora.   d. compasiva.

5. Según la señora, la vida en el campo es...
   a. problemática.   c. romántica.
   b. solitaria.   d. cómoda.

6. ¿Por qué se casó la señora con Álvaro?
   a. Por el amor que sentía por él.
   b. Por el temor que le tenía a la soledad.
   c. Para molestar a sus padres.
   d. Para obtener su dinero.

7. ¿Qué piensa la señora de su esposo, Álvaro?
   a. Que es muy atento.
   b. Que es buen padre.
   c. Que no tiene clase.
   d. Que no tiene compasión.

8. Podríamos decir que la señora piensa que las historietas fotografiadas son...
   a. aburridísimas.
   b. útiles.
   c. inspiradoras.
   d. absurdas.

9. Según la novela que lee la empleada, a Roberto y a María no les permiten casarse porque...
   a. Roberto ya está casado.
   b. ellos no son de la misma clase social.
   c. Roberto es demasiado guapo para ella.
   d. a los padres de Roberto no les gusta María.

10. La señora parece estar orgullosa de que Alvarito...
    a. sea un chico amable.
    b. sepa dar órdenes.
    c. tenga tantos amigos.
    d. se parezca a Roberto.

11. Cuando la empleada vivía en el campo, para poder bañarse en la playa, ella tenía que...
    a. alquilar un traje de baño.
    b. conducir a una playa lejana.
    c. rogarles a sus padres.
    d. ir escondida de su tío.

12. La señora estaba interesada en ver cómo ella vería el mundo si...
    a. se vistiera diferente.
    b. viviera en el campo.
    c. se hubiera casado con otro hombre.
    d. actuara como los personajes de la novela.

13. ¿Para qué entran en la carpa la señora y la empleada?
    a. Para ver si Alvarito estaba allí.
    b. Para cambiarse de ropa.
    c. Para esconderse de Alvarito.
    d. Para quitarse la arena del cuerpo.

14. Por la manera que actúa la empleada después de salir de la carpa sabemos que ella...

    a. ha cambiado.

    b. se siente aburrida.

    c. está muy enfadada.

    d. le tiene lástima a la señora.

15. ¿Por qué no puede la señora despedir a la empleada?

    a. Porque la señora se ha convertido en la empleada.

    b. Porque su esposo no se lo permitiría.

    c. Por los favores que la empleada le debe a la señora.

    d. Porque Alvarito le tiene mucho cariño a la empleada.

16. ¿Por qué vinieron los bañistas a donde estaban la señora y la empleada?

    a. Porque Alvarito se ahogaba.

    b. Porque ellas los llamaron.

    c. Porque ellas peleaban.

    d. Porque ellos reconocieron a la señora.

17. ¿Qué deciden hacer los bañistas con la señora?

    a. Empujarla al mar.

    b. Llevársela a la fuerza.

    c. Obligarla a pedirle perdón a la empleada.

    d. Encerrarla dentro de la carpa.

18. Al final de la obra, la empleada actúa como si...

    a. fuera la verdadera madre de Alvarito.

    b. no conociera a Alvarito.

    c. estuviera preocupada por la señora.

    d. hubiera perdido a su mejor amiga.

F. Ahora te toca a ti Una buena manera de repasar lo que has leído es hacerles preguntas acerca de la obra a los otros estudiantes y responder a las preguntas que ellos tienen. Escribe por lo menos cinco preguntas que quisieras hacerles. Las preguntas pueden ser para ver si ellos han comprendido o para aclarar cualquier duda que tú tengas. Los temas a continuación pueden ser algunas posibilidades para tus preguntas.

- la señora y su relación con su esposo
- la revista que lee la empleada
- los cambios en la personalidad de la señora y de la empleada
- la pelea en la playa
- el caballero distinguido

Un paso más

Vocabulario útil para conversar y para escribir

Aquí tienes una lista de palabras y expresiones que te ayudarán a expresar tus ideas. Trata de incluirlas en la discusión con los otros estudiantes o en los ejercicios de escritura.

al contrario	*on the contrary*
aspirar	*to aspire*
contar (ue) con alguien	*to count on someone*
de maravilla	*marvelously*
de ninguna manera	*out of the question*
desafortunadamente	*unfortunately*
el disfraz	*costume*
en cambio	*on the other hand*
fíjate que...	*notice that...*
me parece absurdo (tonto)	*it seems absurd (silly) to me*
mientras más...	*the more...*
no es para tanto	*it isn't all that bad*
¡No faltaba más!	*That's the last straw!*
no importa	*it is not important*
¡No vale la pena!	*It isn't worth it!*
por fuera	*on the outside*
sumamente	*extremely*
tomar el pelo	*to pull someone's leg*

Para conversar

A. El regreso de Álvaro Imagínate que unos días después del incidente en la playa, el esposo de la señora, Álvaro, regresa. El (La) profesor(a) va a dividir a los estudiantes en grupos de tres. Hagan Uds. los papeles de la señora, de Álvaro y de la empleada y discutan lo que sucedió en la playa. Antes de empezar, preparen sus ideas y las preguntas que van a hacer. Recuerden que Álvaro va a escuchar lo que sucedió de dos puntos de vista diferentes.

B. Una conversación con el caballero distinguido Imagínate que tú has observado todo lo que pasó en la playa. Después de hacer su footing, el caballero distinguido regresa y empieza a hablar contigo. Un(a) compañero(a) de clase va a hacer el papel de caballero distinguido. Prepara tus ideas para poder conversar con él (ella). Sería buena idea leer de nuevo lo que dijo el caballero en las líneas 289–314.

C. Diez años más tarde Imagínate que la señora y la empleada se encuentran diez años después del incidente en la playa. ¿Cómo reaccionarían? ¿Qué se dirían? Piensa cuidadosamente en lo que sucedió en la obra. Con un(a) compañero(a) preparen Uds. las ideas para presentarle la conversación al resto de la clase.

D. El reparto (cast) ideal Escoge a los actores que en tu opinión serían ideales para hacer el papel de los personajes de la obra. Explica por qué serían ellos ideales. En grupos de tres o cuatro estudiantes discutan las selecciones y escojan el reparto ideal para la obra. Luego, compartan sus ideas con el resto de la clase.

E. Otros personajes Imagínate que el autor te consulta para ver si él necesita añadir otro personaje para que la obra resulte mejor. ¿Qué le dirías al autor? ¿Son suficientes y eficaces los personajes de la obra ahora? Si quisieras añadir o sustituir a algún personaje, ¿cuál sería? Explica por qué.

F. La vida de la empleada En una parte de la obra la señora se burla de la empleada, de su vida en el campo y en particular, de los trajes arrendados. ¿Es cruel la señora? ¿Por qué? ¿Qué efecto produce? ¿Por qué incluyó este comentario el autor? Piensa en el intercambio que tiene lugar sobre estos temas. Prepara tus ideas para compartirlas con el resto de la clase.

G. El esposo En tu opinión, ¿por qué no aparece el esposo en el drama? Explica por qué crees que el autor no le ha dado un papel más importante al esposo y di si tú cambiarías o no esta situación. Prepara tus ideas para discutirlas en grupos de tres o cuatro estudiantes.

Para escribir

A. Un resumen Escribe un resumen de la obra en menos de cincuenta palabras. Piensa en los aspectos más importantes y trata de responder a estas preguntas: ¿quiénes?, ¿qué?, ¿dónde?, ¿cuándo? y ¿por qué? Antes de empezar a escribir, haz una lista de las palabras que vas a necesitar para el resumen.

B. Los personajes principales Lee la lista de adjetivos que aparece a continuación. Luego, escoge los adjetivos más apropiados para describir a la señora y a la empleada. Algunos adjetivos no se prestan para ninguna de ellas. Puedes añadir otros adjetivos que no estén en la lista pero que consideres importantes para describirlas. Escribe un párrafo en el que describas a cada una de ellas.

amable	inconsiderada	pesada
cariñosa	indiscreta	sarcástica
compasiva	insolente	simpática
confundida	modesta	
desalmada	odiosa	

C. Mi solidaridad Ahora que has tenido la oportunidad de describir a los personajes principales, ¿cuál de los dos te gusta más? ¿Sientes compasión por una de ellas más que por la otra? ¿Sientes solidaridad con una de ellas? ¿Cuál? ¿Por qué?

D. Una reseña (review) Imagínate que eres un(a) crítico(a) de teatro y vas a ver la obra de teatro *El delantal blanco*. Escribe una reseña sobre la obra. Incluye lo que piensas de los personajes, del desarrollo del drama, del diálogo y del final. Puedes usar algunas de las ideas que expresaste en los ejercicios anteriores. Recuerda que debes recomendarle al público que va a leer tu reseña si debe o no debe ir a ver la obra. La reseña debe tener una extensión de unas 100 palabras.

E. Las novelas fotografiadas Las novelas ofrecen un escape y a veces le dan esperanzas a la gente de que la situación en la que vive va a mejorar. ¿Cuál es tu opinión sobre estas publicaciones? ¿Tienen valor? ¿Es buena idea escapar de los problemas diarios leyendo revistas de este tipo? Escribe un párrafo en el que expreses tu opinión sobre el tema.

F. Otros personajes Imagínate que puedes cambiar los personajes de la obra. En este caso, la obra se basa en las conversaciones entre la señora y una empleada. ¿Qué otros personajes serían eficaces en la obra? ¿Un(a) maestro(a) y un(a) estudiante? ¿Un(a) entrenador(a) y un(a) jugador(a)? ¿Un(a) policía y un(a) ciudadano(a)? Piensa en dos personajes que en tu opinión darían resultado. Piensa cuidadosamente en el argumento de la obra y lo que quieres demostrar. Luego, selecciona a los personajes y explica cómo actuaría cada uno si se encontrara en la misma situación.

G. ¿Un comentario social? La obra puede verse como un comentario social. ¿Qué está tratando de comunicarnos? Explica por qué es un comentario social. En tu explicación incluye si estás de acuerdo con las ideas del autor. ¿Es eficaz el método que usa él para mostrar su opinión sobre la sociedad? ¿Es verosímil o inverosímil la situación que nos presenta? Escribe un ensayo de unas 100 palabras en el que des respuesta a estas preguntas.

H. ¿Ser o no ser? Según el caballero distinguido muchas personas quieren ser lo que no son. ¿Estás de acuerdo? Repasa las ideas que expresaste en el ejercicio E de la sección **Antes de leer.** Estas ideas te ayudarán a desarrollar el tema del ensayo. Usa las sugerencias a continuación para organizar tus ideas.

1. Expresa tu opinión a favor o en contra del tema.

2. Escoge una situación para demostrar tu opinión.

3. Explica cómo se refleja el tema en la situación que describiste.

4. Escribe un resumen de tus ideas principales.

I. Un refrán En español existe un refrán que dice: "El hábito no hace al monje" *(Clothes don't make the man.).* Escribe un ensayo de unas 200 palabras en el que manifiestes tu opinión sobre el refrán. Las siguientes ideas te ayudarán a desarrollar el tema.

1. Piensa cuidadosamente en la idea que expresa el refrán.

2. Decide si estás de acuerdo o no estás de acuerdo con la idea que expresa.

3. Escoge una situación para apoyar tu opinión. Describe la situación y explica cómo apoya tu tesis.

4. ¡No te olvides de escribir un resumen!

Comprensión auditiva

Escucha las siguientes selecciones. Después de cada selección vas a escuchar varias preguntas. Escoge la mejor respuesta para cada pregunta entre las opciones impresas en tu libro.

Selección número 1

Vas a escuchar una selección sobre las experiencias de los niños.

Número 1
- **a.** A los efectos de la vida moderna en los niños.
- **b.** A las publicaciones sobre la familia moderna.
- **c.** A los cambios en la vida de los escolares.
- **d.** A las pesadillas que causan los dolores de cabeza.

Número 2
- **a.** Demasiados adultos a su alrededor.
- **b.** La intensidad de los estudios.
- **c.** Los constantes trastornos digestivos.
- **d.** La poca experiencia para resolver problemas.

Número 3
- **a.** Que sean cuidados por personas que no conocen.
- **b.** Que sus madres siempre estén en casa.
- **c.** Que sean alimentados a la misma hora siempre.
- **d.** Que no duerman cómodamente.

Número 4
- **a.** La rutina diaria durante la semana.
- **b.** La manera de alimentar a los niños.
- **c.** Los cambios imprevistos en la vida de los niños.
- **d.** Las discusiones en familia delante de los niños.

Selección número 2

La selección que vas a escuchar trata de un nuevo fenómeno en las universidades estadounidenses, específicamente en las universidades que son exclusivamente para mujeres.

Número 1
- **a.** Que allí aumenta el número de acosos sexuales.
- **b.** Que allí ellas no reciben la atención adecuada.
- **c.** Que le pagan menos al profesorado femenino.
- **d.** Que obligan a las mujeres a pagar una matrícula más costosa.

Número 2

    a. El estudio de la desigualdad académica.

    b. La preparación para el mercado del trabajo.

    c. La formación de los hombres.

    d. Las oportunidades para las mujeres.

Número 3

    a. Más mujeres que presentan leyes que benefician al sexo femenino.

    b. Un esfuerzo mayor por parte del gobierno en atraer a las mujeres.

    c. Menos apoyo a las leyes presentadas por los hombres.

    d. Una distribución más equitativa de los fondos para las universidades.

Número 4

    a. No reciben suficientes fondos.

    b. El gobierno quiere que den entrada a los hombres.

    c. Demasiadas personas piden matrícula.

    d. El número de víctimas de acoso sexual ha aumentado.

Selección número 3

Vas a escuchar una conversación entre Luz y un amigo.

Número 1

    a. Está enfadada con un amigo.

    b. No se siente bien.

    c. Nadie recordó su cumpleaños.

    d. No recibió una carta importante.

Número 2

    a. La echó al correo.

    b. La usó en un anuncio.

    c. La tiró a la basura.

    d. Se la devolvió a Luz.

Número 3

    a. Porque él se va de viaje.

    b. Porque el error de Juan es común.

    c. Porque él le pidió perdón.

    d. Porque él le compró una tarjeta.

Selección número 4

Escucha la siguiente conversación entre Abelardo y Eva sobre un nuevo chico en la escuela.

Número 1
a. Porque siempre está solo.
b. Porque grita constantemente.
c. Porque no se ríe de sus chistes.
d. Porque no actúa como sus amigos.

Número 2
a. En camino a la cafetería.
b. Mientras comían juntos.
c. Cuando se lo presentaron unos amigos.
d. Cuando se sentó a su lado en clase.

Número 3
a. Hay que ser más amistoso.
b. Prefiere la soledad.
c. Piensa que los amigos traen demasiados inconvenientes.
d. Trata de cultivar la amistad con unos pocos amigos.

Número 4
a. Le pide a Abelardo que le presente al chico.
b. Se enoja con Abelardo por no querer ayudarla.
c. Va a hablarle al chico.
d. Sale corriendo de la cafetería.

Go Online

For: Additional practice
Visit: www.PHSchool.com
Web Code: jjd-0027

Un poco más de práctica

Índice

Formal Writing

Formal Writing 1

Directions: The following question is based on the accompanying Sources 1-3. The sources include both print and audio material. First, you will have 10 minutes to read the print material. Afterward, you will hear the audio material; you should take notes while you listen. Then, you will have 40 minutes to write your essay. This question is designed to test your ability to interpret and synthesize different sources. Your essay should use information from the sources to support your ideas. You should refer to ALL of the sources. As you refer to the sources, cite them appropriately. Avoid simply summarizing the sources individually.

Instruccciones: La pregunta siguiente se basa en las Fuentes 1-3. Las fuentes comprenden material tanto impreso como auditivo. Primero, dispondrás de 10 minutos para leer el material impreso. Después, escucharás el material auditivo; debes tomar apuntes mientras escuches. Entonces, tendras 40 minutos para escribir tu ensayo. Esta pregunta se diseñó para medir tu capacidad de interpretar y sintetizar varias fuentes. Tu ensayo debe utilizar información de las fuentes que apoye tus ideas. Debes referirte a TODAS las fuentes. Al referirte a las fuentes, cítalas apropiadamente. Evita simplemente resumir las fuentes individualmente.

¿**Por qué es importante hacer accesible el uso de los ordenadores o computadoras en todos los rincones del mundo?**

FUENTE NO. 1: Este artículo apareció en la revista *Ecos* en octubre del 2003.

La escuela del futuro ya es realidad en Teruel

La vuelta al "cole" ya está aquí: ¿cuadernos, lápices y bolígrafos nuevos? ¡No en Teruel! Dos pueblecitos de esta provincia aragonesa, Ariño y Alloza, tienen la escuela rural más moderna de España. Allí, ya no hacen falta papel y lápiz; los alumnos escriben sobre una especie de pizarrín. Se trata del "Tablec PC", una pantalla que los alumnos utilizan como un cuaderno: los dictados, cuentas y redacciones pasan directamente a la pantalla del profesor.

El vocabulario en la escuela es nuevo: los niños ya no necesitan sacapuntas, pero sí un cargador, pilas y altavoces. El culpable de esta revolución es José Antonio Blesa, un profesor con fe en las nuevas tecnologías y el empeño suficiente como para llegar a un acuerdo con la multinacional Microsoft. Ha tardado diez años, pero lo ha conseguido. Los trece alumnos de cuarto de primaria (diez años) poseen cada uno su propia pizarra.

Este proyecto es pionero en España, pero las aulas autosuficientes pueden ser en el futuro una realidad. Microsoft extenderá la idea a 19 centros de profesores.

FUENTE NO. 2: Este artículo apareció en la revista *Ecos* en enero del 2004.

Telemedicina en el Amazonas

Casi un centenar de personas han salvado la vida gracias a un proyecto piloto que se está desarrollando en la selva peruana. Hasta ahora, era casi imposible que los médicos llegaran a algunas zonas de la selva. Los indígenas han encontrado un médico llamado "punto de salud": un ordenador, una solución casi mágica, si se tiene en cuenta que en estas inaccesibles aldeas no hay ni luz ni teléfono.

La Agencia Española de Cooperación Internacional ha desarrollado un sistema de transmisión de voz y datos gracias a un ordenador que funciona con energía solar. Lo difícil ha sido llegar al sol, debido a la altura de los árboles de la Amazonía. Desde luego, ya existen las comunicaciones vía satélite para llegar hasta allí, cierto, cuyos costes son muchísimo mayores. Se trata de una solución relativamente barata (seis millones de euros de presupuesto anual, cuatro de ellos los aporta España) y eficaz, en la que colaboran 15.000 investigadores y 2.800 equipos de universidades.

Desde que se creara el Programa Iberoamericano de Ciencia y Tecnología para el Desarrollo en 1984, el interés de los científicos por él ha ido en aumento. No se puede decir lo mismo de los políticos en Latinoamérica, cuyo desinterés impide que tan buenas ideas puedan aprovecharse en otras regiones.

FUENTE NO. 3 (AUDIO): Este informe, que se titula "El uso regular de ordenadores favorece unos mejores resultados escolares", está basado en un artículo que apareció en el periódico *El Mundo* el 24 de enero de 2006.

Formal Writing 2

Directions: The following question is based on the accompanying Sources 1-3. The sources include both print and audio material. First, you will have 10 minutes to read the print material. Afterward, you will hear the audio material; you should take notes while you listen. Then, you will have 40 minutes to write your essay. This question is designed to test your ability to interpret and synthesize different sources. Your essay should use information from the sources to support your ideas. You should refer to ALL of the sources. As you refer to the sources, cite them appropriately. Avoid simply summarizing the sources individually.

Instrucciones: La pregunta siguiente se basa en las Fuentes 1-3. Las fuentes comprenden material tanto impreso como auditivo. Primero, dispondrás de 10 minutos para leer el material impreso. Después, escucharás el material auditivo; debes tomar apuntes mientras escuches. Entonces, tendras 40 minutos para escribir tu ensayo. Esta pregunta se diseñó para medir tu capacidad de interpretar y sintetizar varias fuentes. Tu ensayo debe utilizar información de las fuentes que apoye tus ideas. Debes referirte a TODAS las fuentes. Al referirte a las fuentes, cítalas apropiadamente. Evita simplemente resumir las fuentes individualmente.

Como seres humanos, ¿qué podemos aprender sobre los animales que nos rodean?

FUENTE No. 1: Este artículo apareció en el periódico *La Prensa* el 10 de enero de 2006.

Las señales del afecto

¿Sabía usted que las lamidas de los perros constituyen una demostración de su cariño hacia los seres humanos? Es muy común disfrutar de la alegría que expresan sus mascotas, y más aún, cuando uno llega de regreso a casa. Lo más usual es que ellos brinquen, corran y por supuesto, laman a sus queridos dueños.

Pero existen ciertos mitos e interrogantes que vale la pena aclarar de estas muestras equivalentes a besos y abrazos.

Para comenzar, debe saber que la boca del perro tiene mucho menos infecciones que la de los seres humanos, según el médico Manuel Jaén, de la Clínica Veterinaria Sao Paulo. "A pesar de que en ocasiones piensen lo contrario, el hocico de los animales se contamina menos", añade.

Otra de las realidades ocultas para muchos tras estas manifestaciones es que la saliva de los caninos tiene efectos cicatrizantes. "Por tener menos bacterias, ayudan a cerrar leves heridas", dice. Pero ¡ojo! Pese a ello, es preciso tomar ciertos cuidados.

Los niños, adolescentes o adultos pueden tener contacto con el hocico del perro sin que esto les cause daños. Sin embargo, todo lo contrario podría ocurrir si en los labios el animal tiene huevos de parásitos, enfatiza Jaén.

O sea, que de tener contacto directo con los labios del perro y no lavarse de inmediato las manos, la persona se contagiaría de infecciones o parásitos. Para evitar estos casos, es necesario que las personas entonces conserven adecuadas medidas de higiene.

Según el veterinario Hugo Acosta, estas manifestaciones de afecto tienen su origen desde el embarazo del perro. Cuando la madre está a punto de dar a luz, realiza fuertes lamidas a su vientre, lo que igualmente ocurre al término del parto. Estas lamidas, manifiesta el especialista, tienen diversos significados. "Las lamidas constituyen una forma de limpiar a los cachorros", asegura. Otra función que ejercen las lamidas en las nuevas criaturas es "expresarle un gesto de confianza al entorno que empieza a rodearlo".

Pero mucho más que esto, los gestos han sido en los últimos años (y continúan siendo) objeto de estudios científicos. "Aunque no existen aún resultados concretos, los científicos han determinado que acciones como las lamidas o ladridos ayudan al mejoramiento de la salud de niños enfermos", comenta. Esto se ha descubierto principalmente en casos de infantes con problemas neurológicos, dice.

FUENTE No. 2: Este artículo apareció en la revista *Ecos* en febrero del 2003.

Mi caballo, mi amigo

En el Club de Campo-Villa de Madrid los mozos de cuadra son disminuidos psíquicos. El responsable de esta decisión es el director del club, José Verdugo, médico y jinete profesional. Josechu, como le llaman todos sus conocidos, alterna la competición con la enseñanza; por la escuela hípica del Club de Campo han pasado unos 5.000 alumnos; entre ellos, un grupo de discapacitados que recibían sesiones de hipoterapia.

La empatía entre los enfermos psíquicos y los animales no es nada nuevo; Hollywood nos ha contado más de una lacrimógena historia al respecto. La novedad es que José Verdugo, viendo el vínculo afectivo que se creaba entre los caballos y estos chicos, se pusiera en contacto con la Fundación Gotze, en Madrid, que recoge a chicos discapacitados sin recursos, la mayoría de ellos abandonados por sus familias, y les hubiera dado un oficio, un objetivo y una esperanza en sus vidas.

En la escuela de equitación realizan su labor mejor que los cuidadores normales: para ellos, el caballo —tienen seis a su cargo— es un amigo.

FUENTE No. 3 (AUDIO): Este informe, que se titula "El altruismo en niños y chimpancés", está basado en un artículo del sitio www.bbcmundo.com, publicado el 5 de marzo de 2006.

Formal Writing 3

¿Cuál es la importancia de luchar por la tolerancia entre diferentes grupos y culturas?

FUENTE No. 1: Este artículo apareció en la revista *Ecos* en marzo del 2003.

Entre dos continentes

Ha nacido una nueva figura jurídica en España: el defensor del estudiante árabe. Su papel es el de mediador entre el mundo árabe y Europa. Es una persona que trata de ayudar y asesorar a los alumnos sobre todo marroquíes.

En la Universidad de Granada hay 3.000 alumnos de origen árabe matriculados, y en España, 12.000. Quizás por el número de alumnos matriculados, quizás por la misma historia árabe que se respira en cualquier rincón de la ciudad, Granada es la sede del Defensor del estudiante árabe.

Allí también se encuentra la Fundación Euroárabe de Altos Estudios, que nació en 1995 con el objetivo de fomentar la cooperación y el diálogo entre los países de la Unión Europea y el mundo árabe. Organiza charlas, seminarios y conferencias, y tiene iniciativas tan prácticas como publicar la traducción de la Ley de Extranjería española en lengua árabe, para que todos aquellos que lo necesiten puedan estar informados.

Ignacio Jiménez Soto, con una gran experiencia en asesorar a estudiantes y en defender sus derechos, es el "Defensor del estudiante árabe". El nuevo Defensor advierte que en la mayoría de los casos se trata de luchar contra el estereotipo; se relaciona marroquí con ilegal, pero la realidad, afirma, "no es así". Él se encarga de demostrarlo.

FUENTE No. 2: Este artículo apareció en la revista *Ecos* en mayo del 2003.

Colombia: El parque de la tolerancia

En Medellín, una de las ciudades con más violencia del planeta, las empresas públicas de la ciudad (que suministran agua, luz y gas, entre otras cosas) se han puesto de acuerdo y han creado el "Parque de los Pies Descalzos".

Un parque sin rejas, ni taquilla, que tiene como único objetivo crear un espacio para la tolerancia, la paz y la convivencia.

Los niños se agachan, incrédulos, para tocar las piedras; el guía-monitor les indica que sirven para esculpirlas, para dibujar, y hasta para hacer música. Más adelante hay un bosque chino de bambú, un jardín japonés de arena y un laberinto de troncos inspirado en los templos de la India. Mezcla de culturas, de edades y de clases sociales, el parque de Medellín es para todos.

2.500 personas visitan a diario el lugar. Por el parque hay que andar descalzo, sentir la tierra, el agua en la Fuente de los Sonidos, y el aire. La noche lleva también un mensaje de convivencia, pero esta vez en forma de poesía y de danza.

FUENTE No. 3 (AUDIO): Este informe, que se titula "Población gitana: Una campaña para luchar contra los prejuicios", está basado en un artículo que apareció en el periódico *El Mundo* el 18 de enero de 2006.

Formal Writing 4

Muchos dicen que en la unión está la fuerza. ¿Cuál es la importancia de unirse para efectuar cambios en la sociedad?

FUENTE No. 1: Este artículo apareció en el periódico *La Razón* de Bolivia.

Yapacaní, el desafío de cambiar para vivir mejor

Hace poco estuve en el municipio de Yapacaní formando parte de un grupo de visitantes que propició Ayuda en Acción (AeA), una institución no gubernamental que apoya a varios municipios bolivianos. Integraban la delegación alcaldes de seis países: México, Honduras, Nicaragua, Ecuador, Perú y Bolivia (Tinquipaya de Potosí e Icla de Chuquisaca), además de dirigentes sociales y miembros de varias instituciones, entre ellos Rafael Beneyto, ejecutivo de AeA venido desde España.

¿Por qué tanto interés en visitar precisamente este municipio?
Yapacaní está ubicado en la provincia Ichilo del departamento de Santa Cruz, a 100 km de la capital oriental, sobre la nueva carretera a Cochabamba y a una altura de 400 metros sobre el nivel del mar. El Censo 2001 registró 31.539 habitantes, la mayoría quechuas y aymaras provenientes de la zona andina.

Yapacaní está viviendo una experiencia muy peculiar. Se la menciona como un ejemplo de "empoderamiento" de las organizaciones sociales. La Federación Sindical de Colonizadores literalmente ha tomado el poder. Creó para ello una agrupación ciudadana con el nombre de "Cambio para vivir mejor".

La Federación tiene 185 sindicatos agrarios agrupados en 25 centrales. Logró nuclear[1] en torno suyo a organizaciones de mujeres, de jóvenes y de adultos mayores. El líder indiscutido es Címar Victoria,

---

[1]nuclear: reunir

hasta hace poco considerado en Santa Cruz el más conflictivo dirigente campesino y campeón de los bloqueos camineros. En la visita que realizamos, él no estaba presente por razones de salud, pero era fácil advertir su enorme influencia. Se puede creer o no si efectivamente la organización campesina local pasó "de la protesta a la propuesta", como afirman los dirigentes. Pero lo que está muy claro es que el poder local está en sus manos y lo ejerce a plenitud y quizá con exceso. Las decisiones fundamentales del municipio son tomadas en asambleas dominicales ("ampliados") transmitidas por una radio comunitaria.

Un año es poco tiempo para valorar esta experiencia y menos en una visita relámpago. Lo que puede verse a primera vista es que la actual administración edil parece contar con el respaldo de una cohesionada organización social y ha acabado con la inestabilidad que reinaba en periodos anteriores. Sin embargo, surgen algunas interrogantes que sólo podrían ser absueltas más adelante y con mayores investigaciones:

¿Qué tan democrático es el liderazgo que ejerce la Federación? ¿Existe "gobernabilidad democrática" en Yapacaní? ¿Cómo se logra incorporar las demandas de otros sectores sociales no afiliados a la organización campesina, están garantizados sus derechos o son los nuevos excluidos? ¿En qué medida la actual gestión municipal y la movilización social que la acompaña, están contribuyendo a mejorar las condiciones de producción y los servicios de salud, educación y saneamiento básico, para "vivir mejor" como reza su postulado? El tiempo y los frutos obtenidos lo dirán.

FUENTE No. 2: Este artículo apareció en la revista *Ecos* en noviembre del 1997.

Costa Rica: El modelo Bernabela

Los hombres y mujeres de Bernabela, al norte de Costa Rica, merecen estar en una canción del salsero Rubén Blades: siembran, estudian y trabajan, todo por afianzar un modelo de uso de la tierra que les asegura su alimentación y mejor calidad de vida. Se trata de un pueblito ubicado en la norteña provincia de Guanacaste, donde se asienta una cooperativa que ha logrado convertirse en lo más cercano a un modelo de manejo sostenible de la tierra y que podría extenderse a todo el país en los próximos años. Es un modelo agrosilvopastoril, que en buen castellano significa, básicamente, una combinación de actividades agrícolas, manejo de plantaciones forestales y de ganado, todo ello bajo técnicas de conservación de suelos y de acuerdo con la aptitud del terreno.

Los hombres de Coopebernabela trabajan la plantación de 50 hectáreas de caña con las cuales han logrado sacar la cooperativa a flote, atienden el ganado y siembran lo necesario para el consumo de las familias. La mayoría de los 14 jóvenes de la comunidad estudia la secundaria o asiste a la universidad, y constituyó en 1996 una asociación mediante la cual produce miel como subproducto del bosque en regeneración, incluido en las 218 hectáreas de la finca. Los jóvenes tienen un taller de ebanistería en el cual están empezando a producir ataúdes, y plantaron este año cinco hectáreas de caña de azúcar, en un terreno que les arrendó la cooperativa. Las mujeres, por su parte, disponen de un taller de costura que cumple contratos con la Caja del Seguro Social, están empezando un vivero forestal y envasan y comercializan la miel de abeja que producen sus hijos. "Lo que pretendemos con tanto trabajo es evitar la emigración hacia las ciudades, que haya fuentes de trabajo para nosotros, para otros, y bienestar general para la comunidad", declaró Gustavo Chávez, de 21 años, miembro de la asociación juvenil y estudiante de administración.

Esta cooperativa forma parte de un grupo de asentamientos del Instituto de Desarrollo Agrario (IDA), que ha recibido asesoría y capacitación de técnicos del Fondo de Naciones Unidas para la Agricultura y Alimentación (FAO) y de entidades costarricenses. El proyecto se ha ejecutado en la región Chorotega, un área de 10.1140 kilómetros, que comprende a la provincia de Guanacaste, seleccionada por el rezago económico de sus habitantes.

FUENTE No. 3 (AUDIO): Este informe, que se titula "Sólo para mujeres", está basado en un artículo del sitio www.bbcmundo.com, publicado el 16 de septiembre de 2005.

Formal Writing 5

¿Qué responsabilidad tenemos todos para proteger el bienestar de los animales en la sociedad?

FUENTE No. 1: Este artículo apareció en la revista *Ecos* en julio del 2003.

La fiesta de los caballos

"A rapa das bestas" es la denominación en gallego de una fiesta ancestral que se celebra en los montes gallegos desde el mes de junio hasta el mes de agosto. "La rapa de las bestias, de los caballos" consiste en hacer bajar a los caballos salvajes del monte, donde han permanecido durante el invierno, para marcarlos y cotarles las crines.[1]

En el pasado, algunos de los caballos eran sacrificados como alimentos, otros ayudarían en el campo, y su pelo era aprovechado para elaborar cepillos y brochas. Hoy la tradición se ha convertido en fiesta, y lo más importante es marcar los caballos para poder identificarlos cuando vuelvan al monte.

La rapa y el marcado de animales se realiza en los "curros". Uno de los más famosos es el de San Lorenzo de Sabucedo en La Estrada (Pontevedra), construido en el siglo XVIII, con sillares de piedra y gradería[2] desde la que se puede observar el espectáculo de fuerza entre el caballo y el hombre. La fiesta en Sabucedo se celebra el primer domingo y lunes de julio, y ha sido declarada Fiesta de Interés Turístico Nacional. Otra "rapa" de interés es la celebrada en el curro de Candaoso, en San Andrés de Boimente-Viveiro (Lugo), que tiene lugar el primer domingo de julio.

La "rapa das bestas" también tiene sus detractores, que critican que algunos hombres son más "salvajes" que los caballos; como en cualquier lucha colectiva, no todos los participantes tienen el mismo talante.[3]

[1]crines: *horsehair*
[2]gradería: *rows*
[3]talante: *wish*

FUENTE No. 2: Este artículo apareció en la revista *Ecos* en febrero del 2005.

En defensa de los galgos[1]

En estos fríos días de febrero, cuando la temporada de caza en España toca a su fin, muchos cazadores cuelgan las escopetas en casa, y a sus perros de un árbol. Cada año se repiten las dramáticas escenas, galgos ahorcados, abandonados en el bosque o encerrados en míseros recintos en los que se les deja morir de hambre y sed.

El galgo español es una antigua mezcla genética entre lebreles de raza celta y árabe. Tiene una silueta alargada. La cabeza es larga y estrecha, tiene los ojos oscuros y brillantes, y las orejas hacia atrás. Es muy elegante. Tanto, que antiguamente era considerado como una raza de élite, un perro aristocrático, y tener un galgo como animal de compañía era reflejo de prosperidad y bienestar.

Desgraciadamente, la suerte de estos animales ha cambiado; ¿por qué? Los galgos son tremendamente veloces, lo que los convierte en un magnífico perro cazador. Por eso, cada año unos 1.000 galgos son adiestrados[2] como perros de caza; de ellos, sólo unos 70 servirán para este cometido. El resto no tienen otro destino que la muerte o el abandono. Algunos galgos tendrán la suerte de ser llevados a la Sociedad Protectora de Animales. En total, la organización "Galgos sin fronteras" ha salvado la vida de 3.000 animales, que viven felices en sus nuevos hogares de adopción. Si usted quiere adoptar un galgo, sólo tiene que ponerse en contacto con la organización. La mayoría de los galgos son adoptados por familias que, como usted, viven en el norte de Europa; muchos de estos animales, cuando oyen hablar español, corren a esconderse tras las piernas de sus dueños; para ellos, nuestro idioma tiene un sonido cruel e insensible. Por supuesto, no todos los españoles somos así, hay muchas personas que trabajan en España para recuperar los derechos de este ilustre animal. La dirección de "Galgos sin fronteras" es www.galgosinfronteras.org (las imágenes que hay colgadas en estas páginas de internet pueden herir su sensibilidad).

España reforma el código penal

A partir de octubre de 2004 las personas que maltraten con ensañamiento a los animales domésticos causándoles la muerte o lesiones (que produzcan un grave menoscabo físico) podrán ir a la cárcel. Las penas oscilan entre tres meses y un año. Esta reforma supone un gran cambio, ya que el maltratador antes cometía una falta y ahora un delito.

FUENTE No. 3 (AUDIO): Este informe, que se titula "Los chuchos de Alaska", está basado en un artículo del periódico *Prensa Libre* que fue publicado el 15 de enero de 2006.

[1]galgos: *greyhounds*
[2]adiestrados: *trained*

Formal Writing 6

Directions: The following question is based on the accompanying Sources 1-3. The sources include both print and audio material. First, you will have 10 minutes to read the print material. Afterward, you will hear the audio material; you should take notes while you listen. Then, you will have 40 minutes to write your essay. This question is designed to test your ability to interpret and synthesize different sources. Your essay should use information from the sources to support your ideas. You should refer to ALL of the sources. As you refer to the sources, cite them appropriately. Avoid simply summarizing the sources individually.

Instrucciones: La pregunta siguiente se basa en las Fuentes 1-3. Las fuentes comprenden material tanto impreso como auditivo. Primero, dispondrás de 10 minutos para leer el material impreso. Después, escucharás el material auditivo; debes tomar apuntes mientras escuches. Entonces, tendrás 40 minutos para escribir tu ensayo. Esta pregunta se diseñó para medir tu capacidad de interpretar y sintetizar varias fuentes. Tu ensayo debe utilizar información de las fuentes que apoye tus ideas. Debes referirte a TODAS las fuentes. Al referirte a las fuentes, cítalas apropiadamente. Evita simplemente resumir las fuentes individualmente.

¿Qué podemos apreciar de la cultura hispana en las diferentes maneras en que el pueblo celebra las Navidades?

FUENTE No. 1: Este artículo apareció en la revista *Ecos* en diciembre del 2005.

Los "Niños Dioses" del Ande

La Navidad peruana tiene muchas caras. Se celebra de manera distinta en cada región, en cada pueblo. Es colorida, emotiva y cambiante. Una fiesta con rezos y plegarias, con misas y velaciones, con huaynitos y zapateo, con comidas y brindis en el calor de la casa familiar, en el fulgor de una fogata que se enciende en la selva, en el frío compartido de una plaza comunal que es de todos y que no es de nadie.

Cómo será de singular la Nochebuena, que en muchos pueblos de la sierra se ha cambiado hasta el nombre del "homenajeado" principal. Ya no es Jesús, sino Manuelito, un niño travieso y querendón que nace en la cueva de un apu (montaña sagrada) salpicado de escarcha y nieve.

Las imágenes de los niños Manuelitos que se colocan en los nacimientos tradicionales tienen aires andinos. Y es que su piel se ha oscurecido por el contacto con el vigoroso sol serrano.

Hay muchos "Niños Dioses" en las alturas. En Huancavelica, se festeja al Niño Perdido, una imagen destinada al valle de Ica (en la costa de Perú), pero que, por un capricho divino, apareció en este rincón del Ande.

La historia del Niño Víctor Poderoso, de Andamarca (región Ayacucho), es bastante distinta. Algunos devotos coinciden en señalar que el niño se escapaba de la iglesia, para refugiarse en la casa de algún comunero. Una noche se apareció en los sueños de un poblador, y le dijo que lo llamaran Víctor y que no quería estar en el templo. Desde entonces, la imagen es venerada en las salitas austeras de sus fieles, quienes le agregaron el apelativo de Poderoso. Él sólo vuelve a la iglesia para Navidad, cuando se reza y se baila en su honor.

En el Cusco, el 24 de diciembre, tiene lugar el Santuranticuy o compra de santos. Los artesanos, campesinos, pastores —toda la población— salen a la calle con imágenes de santos y las figuras de sus nacimientos, para venderlas o intercambiarlas en las calles y plazas.

Jesús, el Niño Manuelito o Víctor, o como quieran llamarlo, es la figura central de los nacimientos peruanos, una costumbre que surgió en las primeras navidades. Los pesebres que se armaron en Lima utilizaron imágenes elaboradas por artesanos de Huancayo, Huamanga y Cusco. Con el paso de los años, la inventiva limeña fue agregándole personajes al pesebre original. No sólo estaban Jesús y su familia, sino los Reyes Magos con séquitos de llamas de oro y plata, varios pastores con su ganado y un sinfín de personajes de la ciudad.

FUENTE No. 2: Este artículo apareció en la revista *México desconocido*.

Navidad a la mexicana

Más allá de los típicos adornos enmarcados con luces centellantes, la cena de gala y la atmósfera cálida y fraterna, la Navidad a lo largo de la República Mexicana se festeja con matices de nuestra esencia. Estas celebraciones son un ejemplo más que refleja el sincretismo cultural que posee el territorio mexicano, donde a pesar de que el aniversario del nacimiento de Jesucristo sea homenajeado a nivel mundial, en México adquiere su propia personalidad, por lo que aquí nos asomamos a algunos estados.

Michoacán, sincretismo de creencias

Después de la conquista española y las enseñanzas de Vasco de Quiroga, el primer Obispo de Michoacán, la Navidad ha resultado una fusión de la cultura purépecha con la ibérica. Entre las tradiciones ancestrales que sobreviven hasta nuestros días en los poblados pertenecientes a Michoacán, se encuentra la fiesta de Takari, realizada en Tarímbaro, en la cual se efectúa una danza por diversas calles del pueblo, al tiempo que se recoge heno para elaborar el lecho del Niño Dios. Las figuras del nacimiento se manufacturan de forma artesanal. Las imágenes en ciertas regiones son de madera tallada o cera, sobre todo las procedentes de Morelia y Jacona. Las de materiales textiles se elaboran en San Lorenzo Purenchécuaro, mientras que las de hoja de maíz y fibras vegetales, son propias de las zonas lacustres de Pátzcuaro y Zirahuén.

En las representaciones del nacimiento, la Virgen, San José y el Niño, se engalanan con ornamentos de las distintas etnias y se rodean por figuras que refieren danzas típicas michoacanas, como "los Moros" o "los viejitos", mujeres indígenas moliendo en metates, o pescadores con las tradicionales redes de mariposa. Otros ritos tienen lugar en Quinceo, un poblado de Paracho, cerca de Uruapan, donde se lleva a cabo la fiesta Uarokua, en la que se representa el momento en el que se corta el cordón umbilical al Niño Dios. Existen otras prácticas que se consuman en todo el territorio michoacano, como la de colocar una estrella en la punta de un poste y encenderla para dar señal de que en ese lugar se celebra una fiesta. También hay personas que durante la temporada navideña toman cargos especiales como los huanánchechas, quienes son los responsables de mantener las tradiciones.

Oaxaca: Noche de Paz, Noche de Rábanos[1]

De las festividades navideñas que se llevan a cabo en Oaxaca, la Noche de Rábanos es la que goza de mayor tradición en la región. Se realiza el 23 de diciembre, un día antes de Noche Buena y consiste

---

[1]rábanos: *radishes*

en crear y exhibir diseños especiales realizados a base de rábano y otras plantas. Esta celebración tiene sus raíces en la época de la conquista española, cuando los frailes dominicos enseñaron a los indígenas zapotecos y mixtecos el cultivo de flores y hortalizas, en su mayoría traídas de España. Los conquistadores cedieron algunas de sus tierras a un grupo de indígenas agricultores dedicados a la horticultura y floricultura para transformarlas en sembradíos; fue así como se fundó el pueblo de Trinidad de las Huertas o de las Naborías. En aquella época se organizaba el mercado de la Vigilia de Navidad el 23 de diciembre, donde los comerciantes llevaban a vender en la Plaza de Armas de la Vieja Antequera, el pescado seco salado y las verduras necesarias para el menú navideño. Por su parte, los floriculturistas de la Trinidad de las Huertas llevaban sus verduras, con las cuales creaban figuras curiosas para captar la atención de la clientela. Adornaban los rábanos con hojitas de coliflor y florecitas hechas de cebollas tiernas. Todas las verduras se colocaban en los puestos de manera artística, sin olvidar los canastos de flores, que eran cultivadas con esmero.

Esta práctica se fue arraigando con los años, hasta llegar el punto que las amas de casa no buscaban las figuras de verduras para formar parte de su cena navideña, sino de la decoración de sus mesas. Con el tiempo, los horticultores salieron del mercado para presentar sus ingeniosas creaciones en forma de representaciones navideñas, personas, animales, danzas y otro tipo artesanías, en exposiciones que se realizaban en importantes recintos como la Plaza del Marqués o la Plaza de las Armas, hoy Jardín de la Constitución. Se tiene registro que la primera exposición de este tipo se realizó en 1897, bajo el mandato del entonces Presidente Municipal, don Francisco Vasconcelos Flores. Es así como desde el siglo XIX, año con año se celebra la tradicional Noche de los Rábanos. Los artesanos que participan en ella empiezan a prepararse por lo menos con dos meses de anticipación. Cuando faltan tres días para la festividad, se inicia el proceso de manufactura y moldeado de cada una de las figuras. En la actualidad es un concurso donde se premian los diseños más hermosos y creativos. Se dan cita millones de hortelanos y floricultores que se inspiran en motivos navideños como el nacimiento, la llegada de los tres Reyes Magos y las tradiciones oaxaqueñas.

FUENTE No. 3 (AUDIO): Este informe, que se titula "Las posadas en México", está basado en un artículo que apareció en la revista *Ecos* en diciembre del 2003.

Formal Oral Presentation

Part
B

Formal Oral Presentation 1

Directions: The following question is based on the accompanying printed article and radio report. First, you will have 5 minutes to read the printed article. Afterward, you will hear the radio report; you should take notes while you listen. Then, you will have 2 minutes to plan your answer and 2 minutes to record your answer.

Instruccciones: La pregunta siguiente se basa en el artículo impreso y el informe de la radio. Primero, tendrás 5 minutos para leer el artículo impreso. Después, escucharás el informe de la radio; debes tomar apuntes mientras escuches. Entonces, tendrás 2 minutos para preparar tu respuesta y 2 minutos para grabar tu respuesta.

Imagina que tienes que dar una presentación formal ante una clase de español.

El artículo impreso discute los obstáculos de las minorías estudiantiles; el informe auditivo es un reporte de una entrevista con la presidenta de una universidad. En una presentación formal, discute los problemas que enfrentan los estudiantes de minorías.

Texto impreso

FUENTE: Este fragmento del artículo "Estudiantes de minorías afrontan impedimentos", de Mary González Nieves, fue publicado en el periódico *Hoy Nueva York* el 6 de febrero de 2006.

Estudiantes de minorías afrontan impedimentos

Cada vez más estudiantes de minorías afrontan nuevos obstáculos desde que los programas universitarios deseñados para grupos de ciertas razas o etnias dejaron de ser exclusivamente para esa población.

Cuando el Tribunal Supremo dictaminó en 2003 limitar las prácticas de acción afirmativa, los colegios y las universidades en EE.UU. temieron ser objetivo de represalias si continuaban ofreciendo servicios sólo a alumnos de minorías.

A partir de esa resolución, algunos centros educativos como Virginia Tech, Yale, Princeton y la Universidad de Nueva York, ampliaron sus ofertas a otros grupos.

Esos beneficios estaban reservados a los hispanos, afroamericanos o indio americanos y a alumnos blancos o asiáticoamericanos.

Como resultado de este nuevo rumbo, menos estudiantes de minorías se benefician de los programas que originalmente estaban destinados a necesidades específicas para ayudarles a tener una experiencia académica exitosa, según grupos de juristas citados por la revista *The Chronicle of Higher Education*.

"Hay que cuestionar cuán efectivos son dichos programas ahora (con la diversidad)", indicó Richard Difeliciano.

Roger Clegg, del Centro de Igualdad de Oportunidades y líder de una campaña para presionar a los colegios a abandonar la raza como criterio de selección, no comparte la opinión de Difeliciano.

Clegg sugiere que sean las universidades las que encuentren alternativas para ayudar a los estudiantes de minorías, como por ejemplo, "poner más dinero en dichos programas a fin de que sirvan efectivamente a cualquier persona con necesidades económicas o académicas".

Según Clegg, más de 100 universidades ya han abandonado "voluntariamente" las restricionnes raciales para sus ofrecimientos.

La Universidad de Virginia Tech fue una de las primeras en desechar los programas que utilizaban el criterio de "raza" como factor para declarar elegible a un estudiante.

Este centro dejó sin efecto un programa para becarios y otro dirigido a estudiantes de minorías en su último año de secundaria el cual pretendía familiarizarlos con el quehacer universitario.

Virginia Tech implementó posteriormente otros programas similares pero abiertos a cualquier minoría.

En algunos casos, las universidades han rediseñado sus estructuras administrativas y currículos para evitar la apariencia de estar ofreciendo servicios a uno u otro grupo específico de minorías.

En la Universidad Cornell se han creado nuevas posiciones administrativas encargadas de promover la diversidad en su más amplio sentido.

Entre sus estrategias figuran cambio de nombres a las oficinas y servicios que eran identificadas como de "minorías". Ahora se les llama de "diversidad" o "multicultural".

En otras instituciones, cuyos programas para latinos o afroamericanos ya han sido aceptados por algunos estudiantes blancos, se ha optado por quitar lo de "minoría, para dejar claro que nadie sea rechazado por motivos de raza.

Informe de la radio

FUENTE: Este informe, que se titula "Las barreras a una buena educación universitaria", está basado en un artículo de Ángeles Vázquez que pareció en el periódico *Hoy Nueva York* el martes 21 de marzo de 2006.

Formal Oral Presentation 2

Instruccciones: La pregunta siguiente se basa en el artículo impreso y el informe de la radio. Primero, tendrás 5 minutos para leer el artículo impreso. Después, escucharás el informe de la radio; debes tomar apuntes mientras escuches. Entonces, tendrás 2 minutos para preparar tu respuesta y 2 minutos para grabar tu respuesta.

Imagina que tienes que dar una presentación formal ante una clase de español.

El artículo impreso explica los efectos del ruido; el informe de la radio describe los efectos del uso de reproductores digitales. En una presentación formal, discute ambas fuentes.

Texto impreso

FUENTE: Este fragmento del artículo "El ruido: contaminante de la salud auditiva", de Virginia Gómez N., fue publicado en la revista *Semana* del periódico *Expreso* de Guayaquil, Ecuador.

El ruido: contaminante de la salud auditiva

Afecta al 70% de la población del país. Y si bien el área auditiva es la más perjudicada, el ruido provoca más de 100 enfermedades directa o indirectamente.

Cuando un individuo está expuesto a sonidos perjudiciales (demasiado fuertes o durante mucho tiempo) las estructuras sensibles del oído interno pueden ser afectadas, causando una pérdida de la audición inducida por el ruido. "Provoca daño en las células ciliadas del oído interno y en el nervio de la audición, de dos maneras diferentes: de un impulso breve intenso, como una explosión, o debido a la exposición continua al ruido, como sucedería en una tienda de carpintería", explica la doctora Loira Ronquillo, especialista en otorrinolaringología.

La exposición prolongada al ruido constituye una de las causas principales de sordera. Los más proclives a sufrir las consecuencias son los obreros de la industria metalmecánica, automotrices y textiles. Según estadísticas de la Subdirección de Riesgos del Trabajo del Seguro Social, el 80% de las fábricas incumple con las normas de seguridad respecto a la reducción del ruido.

Pero no sólo al interior de una industria se puede perder la capacidad auditiva sino al caminar por las calles de Guayaquil. En la avenida Quito, entre otras de tráfico vehicular intenso, se puede alcanzar los 90 decibeles (db) que es un índice de ruido superior a los 60 db en el día y 50 db en la noche, límites considerados por la Organización Mundial de la Salud como soportables para el ser humano.

El ruido es un sonido que provoca una sensación desagradable en quien lo escucha. Sin embargo esta definición dependerá del nivel de tolerancia de cada persona. Ya que un nivel de 100–110 decibeles en una discoteca resulta aceptable y hasta agradable para quien está en ese lugar divirtiéndose, y en cambio, 40 db pueden parecer para esa misma persona insoportables si intenta dormir.

Y si bien la audición es la principal afectada, —acota el doctor Francisco Plaza—, las consecuencias en detrimento de la salud van más allá, "el ruido como la basura produce más de 100 enfermedades directa o indirectamente: afecciones cardiovasculares, hipertensión arterial, nerviosismo, disminución, del apetito sexual, trastornos mentales . . .".

Los jóvenes, grupo de riesgo

Según la doctora Evelyn Laínez de Ontaneda, fonoaudióloga del área de Audiometría del hospital Teodoro Maldonado Carbo del Instituto Ecuatoriano de Seguridad Social, en el lugar se realizan un promedio de 500 audiometrías al mes, examen que permite conocer las primeras manifestaciones de sordera y adoptar las medidas pertinentes. "Lo alarmante de la cifra es que no hay un solo paciente normal, sino que todos padecen de algún grado de sordera ya sea debido a trastornos infecciosos crónicos no tratados oportunamente, o a la exposición indiscriminada a ruidos en áreas laborales".

Y añade un dato más: no sólo las personas adultas son las afectadas. Los jóvenes de esta generación también forman parte de las estadísticas.

"Tenemos pacientes de 20 y 30 años con degeneraciones irreversibles debido a que en su lugar de trabajo están expuestos entre 10 y 12 horas diarias a estímulos sonoros que pasan el umbral del sonido permitido. Sin que las empresas les ofrezcan tal vez por desconocimiento o simplemente poco interés, medidas de seguridad como son los protectores de oídos y el sometimiento a un examen de audiometría", enfatiza Laínez.

Otro de los factores que inciden es el escuchar música a alto volumen. Datos del England's Royal National Institute for the Deaf, indican que el 75% de los jóvenes corren el riesgo de sufrir daños permanentes en el oído, principalmente por la exposición a altos volúmenes de música.

Informe de la radio

FUENTE: Este informe, que se titula "Los expertos recomiendan que el volumen de los reproductores digitales no sobrepase los 100 decibeles", está basado en un artículo que apareció en www.eltiempo.com el 18 de marzo de 2006.

Formal Oral Presentation 3

Directions: The following question is based on the accompanying printed article and radio report. First, you will have 5 minutes to read the printed article. Afterward, you will hear the radio report; you should take notes while you listen. Then, you will have 2 minutes to plan your answer and 2 minutes to record your answer.

Instruccciones: La pregunta siguiente se basa en el artículo impreso y el informe de la radio. Primero, tendrás 5 minutos para leer el artículo impreso. Después, escucharás el informe de la radio; debes tomar apuntes mientras escuches. Entonces, tendrás 2 minutos para preparar tu respuesta y 2 minutos para grabar tu respuesta.

Imagina que tienes que dar una presentación formal ante una clase de español.

El artículo impreso explica una causa del estrés; el informe de la radio describe los efectos del miedo. En una presentación formal, discute estos dos temas.

Texto impreso

FUENTE: Este fragmento del artículo "Estrés por soledad genera trastornos al cerebro", fue publicado en el diario *El Carabobeño* el 6 de marzo de 2006.

Estrés por soledad genera trastornos al cerebro

El aislamiento social provoca efectos negativos sobre el cerebro. Un grupo de científicos estadounidenses ha comprobado que la soledad aumenta los niveles de una hormona relacionada con el estrés, la corticosterona, que en ciertas cantidades impide el crecimiento y regeneración de las neuronas del cerebro.

Los científicos del Departamento de Psicología de la Universidad de Princeton (EEUU) llegaron a esta conclusión a través de la observación de dos grupos de ratas. Un grupo de individuos vivía de forma colectiva y los del otro grupo lo hacían de manera aislada. Elisabeth Gould, directora del estudio, y sus colegas enfocaron su atención hacia los efectos del ejercicio físico en ratas, que para estos pequeños roedores se traduce en correr en la rueda de la jaula.

Está comprobado que correr mejora la salud cardiovascular y favorece la neurogénesis (la creación de nuevas neuronas o su regeneración en el cerebro). También se ha observado que aumenta la conciencia corporal y su relación con el espacio y la comunicación general entre neuronas. Sin embargo, en combinación con el aislamiento social provoca efectos negativos sobre el cerebro.

Tendencia a la socialización
De esta forma, Gould y sus colegas se dieron cuenta de que los altos niveles de esta sustancia se debían a la cantidad habitual liberada durante la realización de ejercicio físico sumada a la que se libera por el estrés de vivir solo. "Para la mayoría de las especies, la interacción social es muy natural", explica Gould. "Muchas desarrollan actividades cooperativas, como compartir alimentos o criar en grupo.

Para las ratas el aislamiento es estresante. Si se les da la oportunidad, la mayoría de ellas buscan situaciones sociales así que es poco probable que los animales permanezcan aislados si pueden evitarlo," comenta.

Los investigadores apuntan que "el apoyo social disminuye el impacto negativo del estrés y parece que disminuye el riesgo de sufrir ciertas patologías psiquiátricas en humanos".

Sin embargo, hay grandes diferencias entre ratas y humanos. Por un lado, "las ratas están altamente motivadas para correr. Si se les da acceso a una rueda, corren sin excepción. No sucede lo mismo con los humanos ya que muchos no están motivados continuamente para hacer ejercicio". Y por otro lado, las ratas aisladas no fueron expuestas a otras ratas en ningún momento. En cambio, "los humanos que viven solos normalmente tienen ciertos contactos sociales ya sea el trabajo, ir de compras o hablar por teléfono", señala Gould.

Informe de la radio

FUENTE: Este informe, que se titula "Cuando el miedo no deja vivir", está basado en un artículo que pareció en www.bbcmundo.com el 30 de enero de 2006.

Formal Oral Presentation 4

Directions: The following question is based on the accompanying printed article and radio report. First, you will have 5 minutes to read the printed article. Afterward, you will hear the radio report; you should take notes while you listen. Then, you will have 2 minutes to plan your answer and 2 minutes to record your answer.

Instruccciones: La pregunta siguiente se basa en el artículo impreso y el informe de la radio. Primero, tendrás 5 minutos para leer el artículo impreso. Después, escucharás el informe de la radio; debes tomar apuntes mientras escuches. Entonces, tendrás 2 minutos para preparar tu respuesta y 2 minutos para grabar tu respuesta.

Imagina que tienes que dar una presentación formal ante una clase de español.

El artículo impreso describe la vida de Betsaí Carrillo; el informe de la radio describe la vida de Santa Cruz Chinautla. En una presentación formal, compara la vida de estas dos personas.

Texto impreso

FUENTE: Este fragmento del artículo "Artesana local muestra productos de fabricación propia", de Aliana Abreu, fue publicado en *Diario Frontera* el 6 de enero de 2006.

Una mujer dedicada al trabajo artesanal nos cuenta cómo ha vivido durante los últimos veinte años de su vida fabricando pulseras, collares y un sinfín de originales productos utilizados para adornar el cuerpo humano, tanto femenino como masculino

Las manos de Betsaí Carrillo están en constante trabajo; y es que con el pasar de los años esta mujer ha aprendido diversas técnicas para, hoy en día, luego de 20 años, estar especializada en la manufactura de productos artesanales; dijo que un familiar le enseñó a amasar[1] el cuero[2] y a hacer los nudos[3] principales. Materiales como el alambre[4], el cuero, la pedrería y la concha de coco se cuentan entre los que Carrillo utiliza día tras día para fabricar productos decorativos para el cuerpo humano, entre ellos pulseras, collares, anillos, zarcillos, tobilleras, entre otros.

Betsaí Carrillo está ofreciendo actualmente sus originales piezas en la Plaza Bolívar de Mérida y en los espacios del Centro Cultural Tulio Febres Cordero. Comentó que entre los productos que más se venden están los fabricados con alambre, específicamente zarcillos y collares, así como los tejidos, tipo macramé, de cuero. "Este tipo de artesanía se vende mucho, sobre todos los turistas extranjeros buscan las piezas de estos materiales. Hay muchos visitantes de otros estados del país que también

[1]amasar: *to prepare*
[2]cuero: *leather*
[3]nudo: *knot*
[4]alambre: *wire*

solicitan los productos que nosotros fabricamos para llevarlos a sus familiares como un recuerdo o para su uso propio", dijo Carrillo.

Esta artesana informó que también fabrica cerámica y arcilla, sin embargo, refirió que la tendencia actual se va más hacia los artículos de este tipo.

Los precios son adecuados al alto costo de los materiales para elaborar los productos; Carrillo indicó que las piezas oscilan entre cinco mil bolívares, las más sencillas, hasta un delicado y muy trabajoso juego que puede costar 30 mil bolívares.

El tiempo de trabajo que la artesana emplea en fabricar una pieza de alambre, por citar un ejemplo, como un collar, es de una hora; la dama señaló que el corto tiempo se debe a su vasta experiencia manual.

Por otra parte, indicó que para conseguir la materia prima de fabricación más económica debe viajar a Barquisimeto y San Cristóbal, sitios en los que se encuentran precios más accesibles.

Sobre las ventas en la temporada, indicó que han sido relativamente buenas, sin embargo dijo que han habido épocas mejores. "Los turistas pagan el precio que uno pida, ellos valoran el trabajo que uno hace, pero las personas de aquí piden mucha rebaja y a veces tenemos que vender casi al costo, bueno, lo importante es que hemos vendido algo", comentó Carrillo.

Informe de la radio

FUENTE: Este informe, que se titula "Se resiste a morir", está basado en un artículo de Gustavo Adolfo Montenegro que se publicó en *Prensa Libre* el 8 de enero de 2006.

Formal Oral Presentation 5

Directions: The following question is based on the accompanying printed article and radio report. First, you will have 5 minutes to read the printed article. Afterward, you will hear the radio report; you should take notes while you listen. Then, you will have 2 minutes to plan your answer and 2 minutes to record your answer.

Instruccciones: La pregunta siguiente se basa en el artículo impreso y el informe de la radio. Primero, tendrás 5 minutos para leer el artículo impreso. Después, escucharás el informe de la radio; debes tomar apuntes mientras escuches. Entonces, tendrás 2 minutos para preparar tu respuesta y 2 minutos para grabar tu respuesta.

Imagina que tienes que dar una presentación formal ante una clase de español.

El artículo impreso describe un funicular en Caracas, Venezuela; el informe de la radio explica algunos cambios en Mazatlán, México. En una presentación formal, discute los cambios en las dos ciudades.

Texto impreso

FUENTE: El articulo "En lo alto de Caracas", de Larry Luxner, fue publicado en la revista *Américas* en octubre del 2003.

En lo alto de Caracas

Después de quince años de abandono, el teleférico de Caracas está funcionando nuevamente, una buena noticia para los turistas y residentes de la capital venezolana.

Hace cinco años, el consorcio privado Inversora Turística Caracas S.A. obtuvo una concesión de tres años para manejar el funicular[1] que une Caracas con el hotel Humboldt, ubicado en la cima del cerro El Avila, a una altura de 2.153 metros sobre el nivel del mar.

El Humboldt, un cilindro de doce pisos y 60 metros de altura que en un día despejado puede verse desde cualquier punto de Caracas, había sido abandonado desde su cierre en 1987, por la misma época en que dejó de pasar el teleférico estatal, que funcionó desde 1956 hasta principios de los setenta y después durante un breve período a mediados de los ochenta.

El nuevo teleférico inaugurado en febrero de 2002 ya transporta un promedio de 50.000 pasajeros por mes. Apodado Avila Mágica por sus dueños, el moderno sistema cuenta con ochenta y cuatro cabinas estándar con capacidad para ocho personas cada una, más tres cabinas VIP, una de emergencia y dos de carga. Cada cinco segundos, sale una cabina desde la estación de Maripérez, y durante la subida de quince minutos los visitantes pueden disfrutar espectaculares vistas de Caracas y sus alrededores.

El funicular—cuya capacidad alcanza los dos mil pasajeros por hora y se eleva 1.111 metros en sólo 3,5 kilómetros de distancia—fue construido por Doppelmayr Cable Car GmbH, un fabricante austriaco que ha instalado casi trescientos funiculares en sesenta y ocho países, entre los que se incluyen Colombia, Costa Rica, Brasil y España.

Durante la semana, el teleférico está prácticamente vacío, y parece que los visitantes tuvieran la montaña para ellos solos. Pero los fines de semana, Avila Mágica se abarrota de familias con niños y turistas.

Los visitantes pagan 15.000 bolívares (aproximadamente siete dólares) por persona por el prácticamente silencioso viaje hasta la cima, donde la temperatura es por lo menos diez grados inferior a la de la ciudad. Una vez allí, se puede disfrutar de una pista de patinaje sobre hielo, espectáculos de magia, payasos, más de una docena de puestos de comidas, que venden desde waffles hasta hamburguesas Avila, y las increíbles vistas de Caracas y el mar Caribe.

«Algunos grupos de ambientalistas dijeron que el proyecto perjudicaría al cerro El Avila, pero con el correr del tiempo hemos demostrado que Avila Mágica protege el medio ambiente del parque», dice Samir Al-Attrach, director de mercadeo del consorcio. «Hemos instalado extintores de incendio y reforestado el bosque. Ahora estamos en proceso de quitar la vieja infraestructura», que incluye treinta oxidadas torres de teleférico, cada una de los cuales pesa varias toneladas.

Hasta el momento, el consorcio ha gastado 25 millones de dólares de una inversión total de 70 millones, que incluye el reemplazo del antiguo funicular, la extensión de otros cinco kilómetros desde el hotel Humboldt por el otro lado del cerro El Avila hasta La Guaira, en la costa del Caribe, y la reinauguración del Humboldt como hotel de cinco estrellas, con un casino de 3.000 metros cuadrados.

«Cuando se abra el casino, el teleférico funcionará las 24 horas», dice Al-Attrach, que prevé la inauguración antes de fin de año.

El hotel de 70 habitaciones, bautizado en honor del geógrafo y naturalista alemán Alejandro Humboldt, que estudió en gran detalle las montañas de los alrededores, conservará el encanto de los años cincuenta y agregará las comodidades del siglo XXI.

El casino, dice Al-Attrach, permitirá al consorcio recuperar su enorme inversión en cinco años. Agrega que «a pesar de la difícil situación económica del país, a los venezolanos les encanta apostar, y éste será el único casino. Será una increíble atracción para la ciudad de Caracas».

Informe de la radio

FUENTE: Este informe, que se titula "Buenas noticias en una vieja ciudad", está basado en un artículo de Suzanne Murphy-Larronde que se publicó en la revista *Américas* en noviembre/diciembre de 2005.

En Avila es un sitio turístico para las turistas y residentes de la capital venezolana. Hay un pista de patinaje, espectaculos de magia, payasos, comida, y vistas del Caribe. Hay un hotel llamado Humboldt por el otro lado del cerro El Avila un hotel de 5 estrellas. Este hotel se a creido en honor del geógrafo y naturalista alemán Alejandro Humboldt. A los venezolunos les encanta.

Appendix A

Some Words and Expressions Used to Connect Ideas

The following words or expressions will allow you to connect your thoughts and show the relationship between different parts of a sentence. The lists are by no means exhaustive, but they will help you to connect ideas, to summarize, to emphasize, etc. Learning them will enrich your vocabulary and help you to speak and write in more connected discourse. For a more complete list of conjunctions, go to Appendix B of the *Gramática* book. A more complete list of prepositions appears in Appendix C of the *Gramática* book.

1. To begin to introduce an idea, you may use the following:

a partir de	*beginning with*
al + *infinitive*	*upon . . .*
al principio	*at the beginning*
como punto de partida	*as a point of departure*
en primer lugar	*in the first place*
para empezar	*to begin*

2. To add another idea, or if you are telling a story and want to add the next step or express ideas that were taking place before, after, or at the same time, you may use the following:

a la (misma) vez	*at the same time*
además	*besides, furthermore*
ahora mismo	*right now*
al mismo tiempo	*at the same time*
antes de + *infinitive*	*before . . .*
con respecto a	*with respect to, regarding*
de antemano	*beforehand, in advance*
de aquí/hoy en adelante	*from now on*
dentro de poco	*shortly, in a short while*
hace poco	*a short while ago*

después de + *infinitive*	*after*
durante	*during*
en cuanto	*as soon as*
en la actualidad	*presently*
entonces	*then*
hasta la fecha	*until now*
hoy día	*nowadays*
luego	*then, later*
mientras	*while*
mientras tanto	*meanwhile*
para continuar	*to continue*
primero	*first*
también	*also*
tampoco	*neither, nor . . . either*
tan pronto como	*as soon as*
y	*and*

3. To express a contrasting point of view or to restrict another one previously expressed, you may use the following:

a pesar de (que)	*in spite of (the fact that)*
aunque	*although*
como	*as, in as much as*
de lo contrario	*otherwise*
de ninguna manera	*by no means*
en cambio	*on the other hand*
pero	*but*
por el contrario, al contrario	*on the contrary*
sin embargo	*however, nevertheless*
sino	*but*
sino que	*but rather*

4. To present different aspects of a topic or to make transitions, you may use the following:

así que	*so, therefore*
con relación a	*in relation to*
con respecto a	*with respect to*
conviene indicar/señalar	*it is suitable to indicate/point our*
de ese modo	*in that way, so*
de modo/manera que	*so (that)*
en cuanto a	*regarding*
hablando de	*speaking of, in reference to*
no... sino (que)	*not . . . but rather*
por lo común	*as a rule, usually*
por lo general	*generally*
por otro lado	*on the other hand*
por un lado	*on the one hand*
también viene al caso	*it is also to the point*

5. To emphasize, you may use the following:

a mi parecer	*in my opinion*
además	*furthermore, in addition*
de hecho	*in fact, as a matter of fact*
en otras palabras	*in other words*
en realidad	*actually, in fact*
es decir	*that is to say, in other words*
hay que tomar en cuenta que	*one must realize (take into account) that*
lo importante es que	*what is important is that*
lo que importa es que	*what matters is that*
o sea	*that is to say, in other words*
sin duda	*without a doubt*
sobre todo	*above all*

6. To give examples, you may use the following:

para ilustrar	*to illustrate*
por ejemplo	*for example*

7. To draw a conclusion or show cause and effect, you may use the following:

a causa de	*on account of, because of*
a fin de cuentas	*in the end, after all*
al fin	*finally, at last, in the end*
al fin y al cabo	*in the end, after all (is said and done)*
al parecer	*apparently, seemingly*
así que	*so, therefore*
como	*because*
como consecuencia	*as a consequence*
como resultado	*as a result*
de todos modos	*at any rate, anyhow*
debido a	*owing to, because of*
en conclusión	*in conclusion*
en definitiva	*in conclusion, definitively, finally*
en fin	*finally, in short*
en resumen	*in summary*
en resumidas cuentas	*in short*
en todo caso	*in any case*
finalmente	*finally*
para concluir	*to conclude*
para resumir	*to summarize*
para terminar	*to end*
por	*because of*
por consiguiente	*therefore*
por ese motivo	*for that reason*
por fin	*finally, at last*
por lo mismo	*for the same reason*
por lo tanto	*therefore, consequently*
porque	*because*
puesto que	*since, inasmuch as, seeing that*
ya que	*since, seeing that*

Appendix B

Some Expressions Used for Oral Communication

The following phrases will help you to communicate more effectively and authentically in Spanish. The phrases are listed under headings that clarify situations in which they may be useful. Study a few of them at a time and try to incorporate them into your classroom communications. They will also be useful as you practice for the simulated dialogues of the AP* exam.

To express agreement:

Eso es.	*That's it*
Es verdad.	*It is true. It is so.*
No cabe duda.	*There's no room for doubt.*
Claro que sí.	*Of course.*
(Estoy) de acuerdo.	*I agree.*
En efecto.	*Yes indeed.*

To express acquiescence:

No hay más remedio.	*There is no other solution.*
Está bien.	*O.K. / It's all right.*

To express disagreement:

De ninguna manera.	*No way.*
Claro que no.	*Of course not.*
No estoy de acuerdo.	*I do not agree.*
¡Qué va!	*No way!*
¡Ni lo sueñes!	*Don't even think about it.*
No puede ser.	*It is impossible. / It can't be done.*

To express disbelief:

Parece mentira.	*It's hard to believe.*
Lo dudo.	*I doubt it.*
¿En serio?	*Seriously?*

To express surprise:

¡Figúrate!	*Imagine!*
¡No me digas!	*You don't say!*

To express apathy:

No (me) importa.	*It doesn't matter (to me).*
(Me) da lo mismo.	*It makes no difference (to me). / It's all the same (to me).*
(Me) da igual.	*It makes no difference (to me). / It's all the same (to me).*
Como quieras.	*Whatever you say.*

To express regret:

Lo siento.	*I'm sorry.*
¡Qué pena!	*What a pity!*
¡Qué lástima!	*What a pity!*

To express dissatisfaction (frustration):

Eso no vale.	*That's not fair.*
No puedo más.	*I can't stand it anymore.*

To express an opinion:

(Me) parece que...	*It seems (to me) that . . .*
Que yo sepa...	*As far as I know . . .*
Creo/Pienso que...	*I think that . . .*

To express probability:

Debe de ser...	*It is probably . . .*
Es probable que...	*It's likely that . . .*

To explain or clarify what you have said:

Es decir...	*That is to say . . .*
O sea...	*That is to say . . .*
En otras palabras...	*In other words . . .*
A mí me parece que...	*It seems to me that . . .*
Es que...	*The fact is (that) . . .*

To ask for an opinion or a suggestion:

¿Te importa?	*Do you mind?*
¿Qué te parece?	*How do you like it? / What about it? / What do you think of . . . ?*
¿Te parece bien?	*Do you like the suggestion?*
¿Qué crees/piensas tú?	*What do you think?*
¿Qué harías tú?	*What would you do?*

To suggest an alternative:

¿No crees que... ?	*Don't you think that . . . ?*
Sería mejor...	*It would be better to . . .*
Propongo que...	*I propose that . . .*
Sugiero que...	*I suggest that . . .*

To ask for permission:

¿Se puede... ?	*May I . . . ?*
¿Se puede?	*May I come in?*
¿Me permites/dejas... ?	*May I . . . ?*
¿Te molesta que... ?	*Do you mind if . . .*

Appendix C

Some Expressions Used to Begin and End a Written Message

As you practice for the informal writing of the AP* exam, it will be helpful to become familiar with the following ways to begin and end a written message. Although the lists are far from exhaustive, incorporating these expressions into your informal notes will make your writing more authentic.

To begin a message, you may use:

Querido(a)...	*Dear . . .*
Queridísimo(a)...	*Dearest . . .*
Mi querido(a)...	*My dear . . .*

Some more formal ways to begin a message are:

Estimado(a) amigo(a):	*Dear (Esteemed) friend:*
Muy señor mío (señora mía, etc.):	*Dear Sir/Madam:*
Muy estimado(a) Sr./Sra. *(last name):*	*Dear (Esteemed) Sir/Madam (last name):*

To end a message, you may use:

Besos y abrazos,	*Hugs and kisses,*
Un abrazo de tu amigo(a),	*A hug from your friend,*
Cariñosos saludos de,	*Fondly / Fond greetings from,*
Afectuosamente,	*Affectionately,*
Mis recuerdos a tu familia,	*My regards to your family,*

Some more formal ways to end a message are:

Atentamente,	*Yours truly,*
Suyo(a) afectísimo(a),	*Yours fondly,*
Le saluda cariñosamente,	*Warm greetings / Fond regards from,*
Mis recuerdos a su familia,	*My regards to your family,*

Appendix D

Idiomatic Expressions

Using *dar(se)*

dar a + *article* + *noun*	*to face, to look out on*
dar a conocer	*to make known*
dar con	*to run into*
dar cuerda	*to wind*
dar gritos	*to shout, to scream*
dar la hora	*to strike (the hour)*
dar las gracias	*to thank*
dar recuerdos a	*to give regards to*
dar un abrazo	*to hug*
dar un paseo	*to take a walk*
dar un paseo / una vuelta en coche	*to go for a ride*
dar una vuelta	*to take a walk*
darse prisa	*to hurry*
darse cuenta de (que)	*to realize (that)*
darse la mano	*to shake hands*
darse prisa	*to hurry*

Using *echar*

echar la culpa	*to blame*
echar (una carta, una tarjeta, etc.)	*to mail (a letter, a card, etc.)*
echarle de menos a alguien	*to miss someone*
echar(se) a perder	*to spoil, to ruin, to lose its good taste*
echarse a reír	*to burst out laughing*

Using *estar*

estar a punto de	*to be about to*
estar al día	*to be up to date (current)*
estar bien enterado	*to be well-informed*
estar de acuerdo	*to agree unanimously*
estar de buen/mal humor	*to be in a good/bad mood*
estar de moda	*to be in style (fashionable)*
estar de pie	*to be standing*
estar de vuelta	*to be back*
estar enamorado(a) de	*to be in love with*
estar harto de	*to be fed up with*
estar muerto de hambre, cansancio, sueño	*to be starving, dead tired, very sleepy*
estar para + *infinitive*	*to be about to, to be at the point of*
(no) estar para bromas	*to not be in the mood for jokes*
estar por	*to be in favor of*
estar seguro	*to be sure*

Using *hacer*

(no) hacer caso a	*(not) to pay attention, (not) to listen to, (to ignore)*
hacerle daño a alguien	*to hurt someone*
hacer escala	*to make a stop (i.e., plane)*
hacer el papel de	*to play the part/role of*
hacer(le) falta	*to lack, to be in need of, to be lacking*
hacer hincapié	*to emphasize*
hacer la cama	*to make the bed*
hacer la maleta	*to pack one's suitcase*
hacer pedazos	*to smash, to tear into pieces*
hacer(le) saber	*to inform, to let someone know (something)*
hacer un viaje	*to take a trip*
hacer una visita	*to pay a visit*
hacer una pregunta	*to ask a question*

hacerse cargo	*to take charge of*
hacerse daño	*to get hurt, to hurt (oneself)*
hacerse tarde	*to get late*

Using *hacer* to talk about weather

¿Qué tiempo hace?	*What is the weather like?*
Hace buen tiempo.	*The weather is good.*
Hace (mucho) calor.	*It is (very) hot/warm.*
Hace (mucho) fresco.	*It is (very) cool.*
Hace (mucho) frío.	*It is (very) cold.*
Hace mal tiempo.	*The weather is bad.*
Hace (mucho) sol.	*It is (very) sunny.*
Hace (mucho) viento.	*It is (very) windy.*

Using *ir*

ir al centro	*to go downtown*
ir de compras	*to go shopping*
ir de tiendas	*to go shopping*

Using *llegar*

llegar a tiempo	*to be/arrive on time*
llegar tarde	*to be/arrive late*
llegar temprano	*to be/arrive early*
llegar a ser	*to become (goal achieved over time)*

Using *ponerse*

ponerse de acuerdo	*to agree, to come to an agreement*
ponerse de pie	*to stand*
ponerse de rodillas	*to kneel (down)*

Using *tener*

tener buena/mala cara	*to look good/bad*
tener (mucha) calma	*to be (very) calm*

tener (mucho) calor	*to be/feel (very) hot*
tener (muchos) celos (de)	*to be (very) jealous (of)*
tener (mucho) cuidado	*to be (very) careful*
tener deseos de	*to feel like, to have an urge to*
tener dolor de (garganta, cabeza, etc.)	*to have a sore (throat, headache, etc.)*
tener (mucha) envidia (de)	*to be (very) envious (of)*
tener (mucho) éxito	*to be (very) successful*
tener (mucho) frío	*to be/feel (very) cold*
tener ganas de	*to feel like, to have an urge to*
tener mucho gusto en	*to be pleased to*
tener (mucha) hambre	*to be (very) hungry*
tener en cuenta	*to take into account*
tener la culpa(de)	*to be to blame (for), to be one's fault*
tener la palabra	*to have the floor*
tener (mucha) lástima de	*to feel (very) sorry for*
tener lugar	*to take place*
tener (mucho) miedo (de)	*to be (very much) afraid (of)*
tener presente	*to keep in mind, to take into account*
tener (mucha) prisa	*to be in a (big) hurry*
tener que + *infinitive*	*to have to*
tener que ver con	*to have to do with*
(no) tener razón	*to be right (wrong)*
tener (mucha) sed	*to be (very) thirsty*
tener (mucho) sueño	*to be (very) sleepy*
tener (mucha) suerte	*to be (very) lucky*
tener (mucha) vergüenza (de)	*to be (very much) ashamed (of)*
tener... años	*to be . . . years old*

Using other verbs

andar mal (de salud, de dinero, etc.)	*to be (sick, broke, etc.)*
aprender de memoria	*to memorize, to learn by heart*
caerle bien/mal a alguien	*to make a good/bad impression (on someone)*

caerse muerto	*to drop dead*
cambiar de idea	*to change one's mind*
contar con	*to rely on*
costarle trabajo	*to be difficult for someone*
creer que sí (no)	*(not) to think so*
cumplir... años	*to turn . . . years old*
deberse a	*to be due to*
decir (muchos) disparates	*to talk (a lot of) nonsense*
decir que sí/no	*to say yes/no*
dejar caer	*to drop*
dormir a pierna suelta	*to sleep like a log / soundly*
ganarse la vida	*to earn one's living*
llamar a la puerta	*to knock on the door*
llevar a cabo	*to carry out, to accomplish, to finish*
llevarse bien/mal con	*to get / not get along with*
mantener el interés	*to hold one's interest*
morirse de risa	*to die laughing*
no servir para nada	*to be good for nothing*
pagar al contado (en efectivo)	*to pay cash*
pasar lista	*to call the roll*
pasarlo bien/mal	*to have a good/bad time*
pedir prestado	*to borrow*
perder el tiempo	*to waste one's time*
ponerse de acuerdo	*to agree*
ponerse de pie	*to stand (up)*
portarse bien/mal	*to behave/misbehave*
prestar atención	*to pay attention*
quedar(le) bien/mal	*to look good/bad (on somebody)*
querer decir	*to mean*
saber a	*to taste like*
sacar una foto(grafía)	*to take a picture*
sacar una nota	*to get a grade (on a paper or assignment)*

sentar bien	*to agree with one, to suit one*
ser aficionado(a) a	*to be a fan of, to be fond of*
ser hora de	*to be time to*
tomar el sol	*to sunbathe*
tomar(le) el pelo	*to fool (someone)*
tocarle a uno	*to be one's turn*
tomarle el pelo a alguien	*to pull someone's leg*
valer la pena	*to be worthwhile, to be worth the trouble*
volverse loco	*to go crazy*

Other idiomatic expressions

a bordo	*on board*
a ciegas	*blindly*
a diario	*daily*
a fin de cuentas	*in the end, after all (is said and done), in the final analysis*
a fondo	*thoroughly, in detail*
a la + *nationality (f.)*	*in (nationality) style*
a la carrera	*quickly, on the run*
a la fuerza	*by force*
a la larga	*in the long run*
a la vez	*at the same time*
a lo largo	*throughout, along*
a lo lejos	*in the distance, far off, at a distance*
a más tardar	*at the latest*
a menudo	*often, frequently*
a mi parecer	*in my opinion*
a pie	*on foot, walking*
a propósito	*by the way*
a solas	*alone*
a tiempo	*on time*
a última hora	*at the last minute*
a/algunas veces	*sometimes, at times*

a ver	*let's see*
a su vez	*in turn*
a tropezones	*by fits and starts*
ahora mismo	*right now, right away, at once*
al aire libre	*outdoors*
al amanecer	*at dawn, at daybreak*
al anochecer	*at dusk, at nightfall*
al contado	*cash, for cash*
al contrario	*on the contrary*
al fin	*finally, at last*
al fin y al cabo	*in the end, after all (is said and done)*
al menos	*at least*
al mismo tiempo	*at the same time*
al parecer	*apparently, seemingly*
al pie de la letra	*literally*
al por mayor	*wholesale*
al por menor	*retail*
al principio	*at first, at the beginning*
al revés	*upside down, inside out, backwards*
así, así	*so-so*
así es que	*so*
¡basta!	*enough!*
cada vez	*each time*
cada vez más	*more and more*
cada vez menos	*less and less*
claro que sí (no)	*of course (not)*
como siempre	*as usual*
con/sin cuidado	*carefully/carelessly*
con frecuencia	*frequently*
con mucho gusto	*gladly*
con (su) permiso	*excuse me, with your permission*
Creo que no.	*I don't think so.*

Creo que sí.	*I think so.*
cuanto antes	*as soon as possible*
de antemano	*beforehand*
de aquí en adelante	*from now on*
de buena/mala gana	*willingly/unwillingly*
de costumbre	*usually*
de día	*by day*
de ese modo / de esa manera	*in that way*
de este modo / de esta manera	*so*
de excursión	*on a picnic*
de frente	*facing forward, from the front*
de golpe	*all at once, suddenly*
de hecho	*in fact, as a matter of fact, actually*
de hoy en adelante	*from now on, henceforth*
de memoria	*by heart*
de nada	*you are welcome*
de ninguna manera	*by no means, on no account, absolutely not*
de ningún modo	*by no means, on no account, absolutely not*
de noche	*by night*
de nuevo	*again*
de otra manera	*in another way*
de otro modo	*otherwise*
de par en par	*wide open*
de postre	*for dessert*
de prisa	*quickly*
de pronto	*suddenly, all of a sudden*
de repente	*suddenly, all of a sudden*
de todos modos	*at any rate, anyway, anyhow*
de una vez	*at once, at one time*
de última moda	*in the latest style*
de veras	*really, truly, honestly*
de vez en cuando	*from time to time, once in a while*

dentro de poco	*in a short while, in a little while*
derecho	*straight ahead*
desde luego	*of course*
día de fiesta	*holiday*
en balde	*in vain*
en broma	*in fun, jokingly*
en casa	*at home*
en alguna parte	*somewhere*
en cambio	*on the other hand*
en cuanto	*as soon as*
en el acto	*immediately*
en efecto	*as a matter of fact, indeed*
en el acto	*immediately*
en el fondo	*at heart*
en fin	*finally, in short, lastly*
en la actualidad	*presently*
en primer lugar	*in the first place*
en punto	*on the dot, sharp (telling time)*
en realidad	*actually, in fact*
en resumidas cuentas	*in short*
en seguida	*immediately, at once*
en serio	*seriously*
en todas partes	*everywhere*
en todo caso	*in any case*
en voz alta/baja	*aloud / in a low voice*
entre paréntesis	*in parentheses, by the way*
hace poco	*a (short) while ago*
hasta la fecha	*up until now*
hoy día	*nowadays*
hoy mismo	*this very day*
lo mismo	*the same thing*
lo de menos	*the least important thing*

lo de siempre	*just as usual, the same old story*
lo más pronto posible	*as soon as possible*
lo que importa	*what matters*
mejor dicho	*in other words, rather*
mejor que nunca	*better than ever*
menos mal	*so much the better, it's a good thing that . . .*
mientras tanto	*meanwhile, in the meantime*
ni siquiera	*not even*
no obstante	*nevertheless, however*
otra vez	*again, once more*
para siempre	*forever*
peor que nunca	*worse than ever*
pocas veces	*rarely*
poco a poco	*little by little, gradually*
por ahora	*for now, for the present*
por allí	*that way, around there, through there*
por aquí	*this way, around here, through here*
por casualidad	*by chance, by any chance*
por cierto	*by the way, incidentally*
por consiguiente	*therefore, consequently*
por desgracia	*unfortunately*
por ejemplo	*for example*
por el/lo contrario	*on the contrary*
por escrito	*in writing*
por ese motivo	*for that reason*
por eso	*therefore, that's why, because of that*
por favor	*please*
por fin	*finally, at last*
por la mañana	*in the morning*
por la noche	*in the evening*
por la tarde	*in the afternoon*
por lo común	*as a rule, usually*
por lo general	*generally, usually*

por lo menos	*at least*
por lo mismo	*for that very reason*
por lo pronto	*for the time being, in the meantime*
por lo tanto	*so, therefore, consequently*
por lo visto	*apparently*
por más que	*no matter how much*
por otra parte	*on the other hand*
por otro lado	*on the other hand*
por poco	*almost, nearly*
por supuesto	*of course, naturally!*
por teléfono	*by phone*
por todas partes	*everywhere*
por un lado	*on one hand*
quince días	*two weeks*
rara vez	*rarely*
sano y salvo	*safe and sound*
sin duda	*without a doubt*
sin embargo	*however, nevertheless*
sin querer	*unintentionally, without meaning to*
sobre todo	*above all, especially*
tal vez	*perhaps*
tal como	*such as*
tanto mejor	*so much the better*
tarde o temprano	*sooner or later*
todavía no	*not yet*
todo el mundo	*everyone, everybody*
una vez que	*as soon as*
un poco de	*a little (bit of)*
uno por / a uno	*one by one*
vivo o muerto	*dead or alive*
ya	*already*
ya lo creo	*I should say so, of course*
ya no	*no longer*

Appendix E

Problem Words

Deceptive words: Spanish–English

actual	*current, of the present time (day)*
actualmente	*at present, at the present time*
anciano(a)	*old man (woman)*
antiguo(a)	*ancient, former, old*
arena	*sand*
asistir a	*to attend, to be present at*
atender	*to take care of, to attend to, to pay attention to*
auditorio	*audience*
bien educado	*well-mannered*
campo	*field, countryside*
collar	*necklace*
colorado(a)	*red*
conferencia	*lecture*
confidencia	*secret, trust*
constipado(a)	*common cold*
copa	*(wine) glass*
dato	*fact*
decepcionado(a)	*disappointed*
diario	*newspaper*
disgusto	*unpleasantness*
editor	*publisher*
embarazada	*pregnant*
en realidad	*actually*
éxito	*success*
fábrica	*factory*
funcionar	*to work (device, apparatus, machine)*

grande	*large*
idioma	*language*
ignorar	*to not know*
introducir	*to insert, to usher in*
largo(a)	*long*
lectura	*reading*
letra	*letter (alphabet)*
librería	*bookstore*
mantel	*tablecloth*
mayor	*older*
pan	*bread*
parientes	*relatives*
presentar	*to introduce (a person)*
realizar	*to fulfill, to carry out, to achieve*
realmente	*actually*
recordar	*to remember*
restar	*to subtract, to deduct*
sano(a)	*healthy*
sensible	*sensitive*
sopa	*soup*
soportar	*to tolerate, to bear, to endure*
suceso	*event, happening*
tabla	*board, plank, table of contents*
tinta	*ink*
vaso	*glass (for drinking)*

Deceptive words: English–Spanish

actually	*en realidad, realmente*
assist	*ayudar*
attend (to), take care of	*atender*
attend (to), be present at	*asistir*
audience (formal interview with somebody important)	*audiencia*

auditorium	*salón de actos*
camp	*campamento*
carry out, fulfill	*realizar*
collar	*cuello*
confidence	*confianza*
cup	*taza*
date (calendar)	*fecha*
disgust	*asco*
editor	*redactor*
embarrassed	*avergonzado(a)*
event, happening	*suceso*
exit	*salida*
fabric	*tela*
factory	*fábrica*
hearing, trial	*audiencia*
idiom	*modismo*
ignore	*no hacer caso*
introduce a person (to)	*presentar*
large	*grande*
lecture	*conferencia*
letter, missive	*carta*
library	*biblioteca*
mayor	*alcalde*
older	*mayor*
parents	*padres*
present (day)	*actual*
publisher	*editor*
realize, become aware of	*darse cuenta de*
record	*grabar*
relative(s)	*pariente(s)*
sane	*cuerdo(a)*
sensitive	*sensible*

soap	*jabón*
soup	*sopa*
success	*éxito*
vase	*florero, jarrón*
well-mannered	*bien educado(a)*

Some important Spanish verbs that have more than one translation

ask (a question)	*preguntar, hacer una pregunta*
ask for (request)	*pedir (i)*
ask for (inquire about)	*preguntar por*
be	*ser, estar*
become (change through conscious effort)	*hacerse*
become (change in physical or emotional state)	*ponerse* + adjective
become (goal achieved over time)	*llegar a ser*
become (sudden, involuntary change)	*volverse (ue)* + adjective
know (facts)	*saber*
know how + *infinitive*	*saber* + infinitive
know (be acquainted with a person, place, thing)	*conocer*
leave (behind)	*dejar*
leave (go away)	*irse*
leave (go out)	*salir*
move (put in motion)	*mover* (ue)
move (to put oneself in motion)	*moverse* (ue)
move (change location of something)	*mudar*
move (change place of residence, work, etc.)	*mudarse*
spend (money)	*gastar*
spend (time)	*pasar*
play (sport/game)	*jugar* (ue)

play (a musical instrument / music)	*tocar*
return (come back)	*volver* (ue)
return (give back what has been borrowed)	*devolver* (ue)
take (carry from place to place)	*llevar*
take (catch, grasp, seize, take in)	*tomar*
think of/about (used to ask for an opinion)	*pensar* (ie) *de*
think of/about (used to express what is on someone's mind)	*pensar* (ie) *en*

Spanish-English Glossary

The following vocabulary items are listed in the order of the Spanish alphabet. *Only meanings used in the reading passages and in the pre- and post-reading activities are provided.* Gender of nouns is indicated, except in the case of a masculine noun ending in *o* or a feminine noun ending in *a*. Verbs appear in the infinitive form with stem changes and / or spelling changes immediately following and in parentheses: e.g., **abrazar** (c); **advertir** (ie, i); **comprobar** (ue); **perseguir** (i) (g); **rogar** (ue, gu), etc. The following abbreviations are used: *adj.* adjective; *adv.* adverb; *f.* feminine; *inv.* invariable; *lit.* literal(ly); *m.* masculine; *pl.* plural; *prep.* preposition; *pron.* pronoun.

A

a *prep.*
  a continuación following
  a cuenta de on account of
  a escondidas hidden, secretly
  a eso de at about
  a fin de in order to
  a gusto comfortable, at ease
  a la expectativa on the watch for
  a la vez at the same time
  a las altas horas in the wee hours
  a las veintidós at 10:00 P.M.
  a lo largo throughout
  a lo lejos in the distance
  a mediados de in the middle of
  a medida que while, at the same time as
  a modo de by way of
  a pesar de in spite of
  a su alrededor around him / her
  a su vez in his / her turn
  a través de through
  a tropezones by fits and starts, stumbling
  al aire libre outdoors
  al alcance within reach
  al amanecer at dawn
  al borde on the edge
  al pie de la letra literally
  al principio at first
abajo: de arriba — from top to bottom
abertura hole

abogado(a) lawyer
abrazar (c) to embrace
abrigo coat
aburrido *adj.* bored
aburrimiento boredom
aburrir to bore; **—se** to be bored, to get bored
acabar to finish, to end
  — con to end with
  — de to have just
  —se to be all gone, to be finished
acalorado *adj.* hot
acariciar to caress
acaso *adv.* perhaps
acceder to agree, to consent
aceite *m.* oil
aceituna olive
acera sidewalk
acerca de *prep.* about
acercarse (qu) to draw near, to approach
acertado fitting
acierto: con — correctly
acometer to attack
acontecimiento event, happening
acontina acontine (chemical used in medicine)
acordarse (ue) **de** to remember
acoso assault
acostumbrarse to be used to, to be customary
acribillar to riddle (with bullet holes)
acto continuo immediately, at once

actual *adj.* present, present-day
acudir to come, to go, to attend
acuerdo agreement, accord; **de —** in agreement
acusado(a) defendant
adecuado *adj.* adequate, all right
adelante *adv.* ahead, in front of
adelanto advance
además (de) *adv.* besides
adivinar to guess
admirado *adj.* amazed, astonished
adquirir (ie) to acquire
adueñarse de to take possession of
adulterio adultery
advertir (ie, i) to warn
aficionado(a) fan, enthusiast
afirmar to assure, to state
afuera *adv.* outside
afueras *f. pl.* outskirts
agacharse to lean over; to bend down; to squat
agarrar to grasp, to seize
agitado *adj.* upset
agotado *adj.* worn out, exhausted
agradar to please
agradecer (zc) to thank
agradecido *adj.* grateful
agrario *adj.* agrarian, agricultural
agravar to aggravate, to worsen
agregar to add
agrícola *adj.* agricultural
agrupar to group
aguanieve *f.* sleet
aguantar to put up with, to stand

aguar to water
agudo *adj.* sharp, acute
agujeros holes
ahogarse (gu) to drown
ahorrar to save
aire: al — libre outdoors
aislamiento isolation
ajedrez *m.* chess
ala *f.* wing
alabar to praise
alargado *adj.* long, elongated
alargarse (gu) to stretch out
alba *f.* dawn, daybreak
alcachofa artichoke
alcalde *m.* mayor
alcanzar (c) to reach, to be enough
aldea village
alegrar(se) to be happy
alegría joy, happiness
alejarse to go away, to distance
    oneself
alfombrado *adj.* carpeted
alforja saddlebag
algodón *m.* cotton
alguna: en — parte somewhere
alimentación *f.* food
alimentar to feed
alimento food
aliviar to soothe
alivio *m.* relief
allá *adv.* there; más — beyond; up
    there
alma *f.* soul
almohada pillow
alocado *adj.* scatterbrained,
    irresponsible
alrededor de *adv.* around
  a su(s) —(es) around him / her /
    it / you / them
alto *m.* upper level; *adj.* tall; a las
    altas horas in the wee hours
altoparlante *m.* loudspeaker
alzar (c) to raise
amanecer *m.* dawn, daybreak
amante *m.* lover
amar to love
amargarse (gu) to become bitter
amarrar to tie up

ambiente *m.* surroundings,
    atmosphere
ámbito field, atmosphere
ambos *adj.* both
amenaza threat
amenazar (c) to threaten
amistad *f.* friendship
amistoso *adj.* friendly
ampliar (í) to enlarge, to extend, to
    widen
amplio *adj.* wide, vast
amueblado *adj.* furnished
ancho *adj.* wide
anciano(a) old person
andar to go, to walk, to run; — en
    serio to get serious
angustia anguish, distress
anhelo longing, yearning
anillo ring
animar to cheer up
aniquilación *f.* annihilation,
    destruction
anochecer to get dark
anotación *f.* notes
ansiedad *f.* anxiety
antecedentes *m. pl.* background,
    history
anteojos *m. pl.* glasses
anterior *adj.* previous
antiguo *adj.* old, ancient
anunciar to advertise
anuncio announcement,
    advertisement
añadir to add
apacible *adj.* placid, calm
apagar (gu) to put out
apartar to move away from
apellido last name, family name
apenas *adv.* hardly, scarcely
apertura opening; openness
apodo nickname
apoyar to support, to back up
aprestarse to get ready, to prepare
apretar (ie) to press, to pull
aprobar (ue) to approve
aprovechar to take advantage of
apuntar to point
apuntes *m. pl.* notes

arbusto *m.* bush
arder to burn
ardiente *adj.* ardent, passionate
ardor *m.* heat
arduo *adj.* arduous, hard
arena sand
argumento plot
armar to set up
armario *m.* closet, wardrobe
arreglar to fix, to repair
arriba: de — abajo from top to
    bottom
arrodillarse to kneel
arrojarse to throw oneself
arroyo stream, brook
arroz *m.* rice
arruga wrinkle
asar to roast
asesinar to murder
asesino *adj.* murderous;
    m. murderer
así *adv.* thus, so, in that way
asiento seat; — de atrás back seat
asignatura subject, course
asistir to attend
aspecto appearance
áspero *adj.* harsh, gruff
astro star
asunto matter
asustar to frighten; —se to become
    frightened
ataque *m.* attack; — cardíaco heart
    attack
atar to tie
atardecer *m.* dusk
ataúd *m.* coffin
atender (ie) to pay attention to
atento *adj.* attentive, thoughtful
atraer to attract
atrás *adv.* behind, in the rear
  asiento de — back seat
atrayente *adj.* attractive
atrevido *adj.* daring
atribuido *adj.* attributed, credited
aula *f.* classroom
aumentar to increase
aumento increase
aún still, yet

aunque *adv.* although, even though
autoestima self-esteem
autonomía autonomy,
    self-government
auxiliar to help
avaricioso *adj.* miserly, avaricious
ave *f.* bird
avergonzado *adj.* ashamed
avergonzar (ue) (c) to shame
averiguar (gü) to find out
avidez: con — avidly
ayudar to help
azotar to lash

B

bajar to get off; to put down
bañarse to go swimming
baño: traje de — swimsuit
banca bench
bandera flag
bandolero bandit
barba beard
barra de los labios lipstick
barrio neighborhood
basarse to be based
base *f.* base, basis
bastar to be enough, to suffice
basura garbage
beca scholarship
belleza beauty
beneficencia charity
beneficiarse to benefit
beneficio benefit, advantage
beso kiss
bestia beast
bienes *m. pl.* goods, property
bienestar *m.* welfare, well-being
bigotitos *m. pl.* small mustache
billete *m.* ticket, bill
blusón de toalla *m.* bathrobe
boda wedding
bolero bolero (dance)
boleta de notas report card
boletín *m.* bulletin
bolsa bag
bolsillo pocket

bombilla light bulb
bombón *m.* cutie, *lit.* candy
borde: al — on the edge
borracho *adj.* drunk
borrar to erase
bosque *m.* woods, forest
botella bottle
brasas *f. pl.* embers
breve *adj.* brief, short
brillar to shine
brillo glow, lustre
broma joke
bromear to joke
bronceador(a) *adj.* tanning
brusco *adj.* brusque, sudden
bullicio din, hubbub
burlado *adj.* deceived
burlar to flout, to outwit; —se de
    to make fun of
busca: en — de in search of
búsqueda search
butaca seat

C

caballero gentleman
cabaña cabin
cabo: llevar a — to carry out
cachivaches *m. pl.* utensils; junk
cacique *m.* chief
cada vez más / menos more and
    more / less and less
caderas *f. pl.* hips
caer to fall
  dejar — to drop
  —se to fall down
cafetera coffee pot
caja box
cajón *m.* drawer, chest
calcetines *m. pl.* socks
calidad *f.* quality
caligrafía handwriting
callado *adj.* quiet
callar to be quiet, to remain silent
callejón *m.* narrow street
calorcillo heat
calumnias *f. pl.* false accusations

calvo *adj.* bald
calzoncillos *m. pl.* shorts,
    underpants
cámara room, chamber
cambiar to cash, to change
cambio change
  a — in exchange
  en — on the other hand, however
camilla round table under which a
    brazier is placed
caminante *m. f.* traveler
camino road; en — a on the way to
camión *m.* bus, truck
camiseta vest; T-shirt
campana bell
campesino country dweller; peasant
canasto basket
canción *f.* song
cansado *adj.* tired
cansancio tiredness, weariness
cantante. *m. f.* singer
cantidad *f.* quantity
canto song
caos *m.* chaos
capacidad *f.* ability
capaz *adj.* capable, able, competent
capilla chapel
captar to hold
cárcel *f.* jail
cardíaco *adj.* cardiac
carga load
cargado *adj.* loaded
cargamento load
cargar to load, to take, to carry
  — con to carry off
cargo charge
  a — de in charge of
  hacerse — de to take charge of
caricia caress
cariño affection
cariñoso *adj.* affectionate
carpa tent
carrera race
carretera highway
carro car
cartera wallet, billfold
cartón *m.* cardboard
casar to marry; —se to get married

castigo punishment
castillo castle
casualidad *f.* coincidence
cátedra chair
cauteloso *adj.* cautious, wary
cazar (c) to hunt
cebolla onion
cegador(a) *adj.* blinding
cegar (gu) to blind
celebrarse to take place
celos *m.* jealousy
celoso *adj.* jealous
cenar to have supper
cenizas *f. pl.* ashes
censo census
censura censorship
centenario centennial
cera wax
cercano *adj.* nearby, close
cerebro brain
cerradura lock
cerrar (ie) to close; — con llave to lock
certeza certainly
certificado de defunción death certificate
cesto basket
charco puddle
charlar to chat
chillar to scream
chismes *m. pl.* gossip
chispa spark
chiste joke
chocar (qu) con to run into, to collide
choza hut
cielo sky, heaven
cierto *adj.* true, certain
cínico *adj.* cynical, shameless
cintura waist
cirujano(a) surgeon
cita quotation; appointment
citar to cite, to mention
ciudadano(a) citizen
claro *adj.* light
clavar to fix
clave *f.* key
clima *m.* climate

cobrar to collect
coco coconut
código code
coger (j) to take hold of
cohete *m.* rocket
colchón *m.* mattress
colega *m. f.* colleague
cólera anger, fury
colgar (ue) (gu) to hang
colocar (qu) to put, to place
colorado *adj.* red
colorido color
cómoda chest of drawers
cómodamente *adv.* comfortably
compadecerse (zc) to sympathize
compadre *m.* companion; pal; buddy; godfather
compartir to share
compasivo *adj.* compassionate, understanding
competencia competition
complacerse (zc) to take pleasure, to delight
complejo *adj.* complex
componente *m.* component
componer to compose
comportamiento behavior
comportarse to behave
comprender to understand; to comprise
comprensivo *adj.* understanding
comprobar (ue) to prove
comprometedor(a) *adj.* compromising
compromiso obligation
coñac *m.* cognac
concertar (ie) to agree on, to settle
concordar (ue) to agree
concurrido *adj.* well-attended
concurso contest
conde *m.* count
condenado(a) condemned person
condescendiente *adj.* condescending
conducir (zc) to drive; permiso de — driver's license
conejo rabbit
confección *f.* making, tailoring
confeccionar to make

confianza confidence, trust; de — trustworthy
confiar (í) to entrust
conformar to agree, to be of the same opinion
conforme *adj.* satisfied, in agreement with
confundir to confuse
confuso *adj.* embarrassed, confused
conjunto collection
conmigo with me
conquistar to conquer
conseguir (i) (g) to manage, to get
consejo (piece of) advice
consolador(a) *adj.* consoling, comforting
consolarse (ue) to console oneself
constituir (y) to constitute, to form
consuelo consolation
consumidor(a) *m. f.* consumer
contar (ue) to tell, to count
contemporáneo *adj.* contemporary
contestación *f.* answer
contigo with you
contradecir to contradict
contrahecho *adj.* hunchbacked
convencer (z) to convince
conveniencia advisability
convenir to suit, to agree
convertirse en (ie, i) to become
convivo gathering
copartidario(a) co-partisan
copita: tomar una — to have a drink
coraje *m.* courage
corbata necktie
corporal *adj.* body
corredor(a) *m. f.* runner
corregir (i) (j) to correct
correo mail; echar al — to mail
corresponder to fit; to belong; to befit
corrida de toros bullfight
corriente *m.* current month
corto *adj.* short
cosecha crop, harvest
costar (ue) to cost; — trabajo to be difficult (for someone)
costero *adj.* coastal

costoso *adj.* costly
costumbre *f.* custom
cotidiano *adj.* everyday
cráneo skull
crear to create
crecer (zc) to grow up
creciente *adj.* growing
crecimiento growth
creencia belief
crepúsculo dusk, twilight
criado servant
criar (í) to bring up, to rear
criatura creature
cristal *m.* window; glass
cruz *f.* cross
cuadro square, check; picture
cual *rel. pron.* which, who, whom;
    (poetic) like
cualidad *f.* quality, attribute
cualquier *adj.* any; —a *pron.*
    anyone; just anyone
cuando: de vez en — from time to
    time
cuanto: en — as soon as
cuartos cash, dough
cubierto *adj.* covered
cubrir to cover
cuchillo knife
cuello collar, neck
cuenta account
    a — de on account of
    echar —s to do accounts
    tener en — to take into account
cuentagotas *m. inv.* dropper
cuerpo body
cuidado care; con — carefully
cuidar to take care of
culo backside
culpa blame, guilt, fault; echar la
    — to blame
culpable *adj.* guilty
cumbre *f.* top
cumplir to fulfill; — años to have a
    birthday
cura *m.* priest
curar to cure
curvarse to curve, to bend
cuyo *adj.* whose

D

dañar to harm, to damage
daño wrong, injury; hacer — to
    harm, to hurt
dar to give
    — con to come across, to find
    — inicio to begin
    — un paseo to take a walk
    —se cuenta de (que) to realize
todo da lo mismo it's all the same
datos *m. pl.* data
de *prep.*
    de acuerdo in agreement
    de arriba abajo from top to
        bottom
    de confianza trustworthy
    de espalda a with one's back to
    de esta / esa manera this / that
        way, like this / that
    de nuevo again
    de pronto suddenly, all at once
    de repente suddenly
    de rodillas on one's knees
    de segunda second-hand
    de todos modos anyway, anyhow
    de vez en cuando from time to
        time
    de vez en vez from time to time
    de vuelta on returning
debajo *adv.* underneath
deber to owe; ought, must; —se a
    to be due to
debido a because of
débil *adj.* weak
debilidad *f.* weakness
decena ten
decepción *f.* disappointment
decepcionado *adj.* deceived
deidad *f.* deity
dejar to leave
    — caer to drop
    — de to stop
    — en paz to leave alone
delantal *m.* apron, pinafore, smock
delante de *prep.* in front of
delantero *adj.* front

delatar to give away, to inform on
delator(a) *m. f.* denouncer,
    informer
delectación *f.* delight
delicadeza delicacy
delincuente *m.* criminal, offender
demás *m. pl.* the rest, the others
demonios damn
demostrar (ue) to show, to prove
dentro de *prep.* in, inside, within
deprimente *adj.* depressing
deprimido *adj.* depressed
derecho law; right
derivar to derive
derramar to spill, to pour
derroche *m.* burst
desafortunadamente *adv.*
    unfortunately
desagradecido *adj.* ungrateful
desalmado *adj.* cruel, heartless
desanimado *adj.* dejected
desarrollar to develop; —se to take
    place; to develop
descansar to rest
descargar (gu) to discharge
descolorido *adj.* colorless
desconcertado *adj.* disconcerted
desconcertador(a) *adj.*
    disconcerting, upsetting
desconfianza mistrust, suspicion
desconocer (zc) not to know
descubrimiento *m.* discovery
descuido carelessness
desdecir to retract
desempacar (qu) to unpack
desenvolver (ue) to develop
desesperado *adj.* desperate
desfile *m.* parade
desgracia misfortune
    por — unfortunately
deshacer(se) to damage, to squash
deslizarse (c) to slide
desmayarse to faint
desmesura disproportion; lack of
    moderation
desnudo *adj.* naked
desocupado *adj.* idle

despachar to dismiss
despacio *adv.* slowly
despedida good-bye, farewell
despedir (i) to dismiss; —se to say good-bye
despertar (ie) to awaken
despreciable *adj.* despicable, contemptible
despreocupado *adj.* unconcerned, unworried
destacarse (qu) to stand out
desterrar (ie) to exile
desván *m.* attic
desventaja disadvantage
detallado *adj.* detailed
detalle *m.* detail
detención *f.* arrest
detener to stop
detrás de *prep.* behind
detrasito *prep.* right behind
deuda debt
devastador(a) *adj.* devastating, destructive
devolver (ue) to return
día: hoy (en) día nowadays
diario *adj.* daily
dibujar to draw
dibujo drawing
dictadura dictatorship
diferir (ie, i) to differ
difunto *adj.* dead
digno *adj.* worthy
dios *m.* god
diosa goddess
dirigir (j) to direct; —se to go, to go toward; to be addressed
disculpa apology
diseño design
disfrutar (de) to enjoy
disgusto misfortune, trouble
disminuir (y) to diminish
disparar to fire, to shoot
disparo shot
disponer to arrange; —se to get ready
dispuesto *adj.* ready, inclined, willing
distinto *adj.* different

distraer to take one's mind off; —se to amuse oneself, to let one's mind wander
disuadir to dissuade
divertido *adj.* fun, entertaining; amused
divertir (ie, i) to entertain; —se to enjoy oneself, to have a good time
divulgar (gu) to divulge, to disclose
doblar to go around
doctorarse to get a doctorate
doler (ue) to hurt
dolor *m.* pain, ache
doloroso *adj.* painful
dominar to dominate, to control
don *m.* gift
dorado *adj.* golden
dramaturgo dramatist
dueño owner
dulce *adj.* sweet
durar to last
duro *adj.* hard

E

echar to throw
  — al correo to mail
  — cuentas to do accounts
  — la culpa to blame
  —se to throw oneself
  —se a to begin to
edad *f.* age; hogar de tercera — senior citizens' home
efectuarse (ú) to take place
eficaz *adj.* effective; efficient
ejecutar to carry out
elaboración *f.* manufacture, production
elegido *adj.* chosen
elegir (i) (j) to choose
embarazo pregnancy
emocionante *adj.* moving, exciting
empacar (qu) to pack
emparedar to wall in
empeñarse to insist
empleada employee, maid

emplearse to be employed
empleo job, use
empujar to push
en *prep.*
  en alguna parte somewhere
  en busca de in search of
  en cambio on the other hand
  en camino a on the way to
  en cuanto as soon as
  en lugar de instead of
  en seguida at once
  en un primer instante at first
enamorado *adj.* in love
enamorarse to fall in love
encabezado *adj.* headed, led
encantador(a) *adj.* enchanting
encantar to enchant
encarcelar to put in jail, to incarcerate
encarecidamente *adv.* earnestly
encargarse (gu) de to take charge of
encender (ie) to light; to turn on
encerrarse (ie) to lock oneself in; to enclose
encierro fence
encima *adv.* above, on top
encogerse (j) de hombros to shrug one's shoulders
encontrar (ue) to find
encuentro encounter, meeting
enfadarse to get angry
enfermarse to get sick
enfrentar(se) to meet, to confront
enfrente *adv.* opposite, in front, facing
enfriamiento cooling
enfurecido *adj.* furious
engañar to deceive
engaño deceit
engordar to fatten
enloquecer(se) (zc) to go crazy
enlutado *adj.* (dressed) in mourning
enojarse to get angry
enojo anger
ensangrentado *adj.* bloody
enseñar to teach
enterarse de to find out about
enterrar (ie) to bury

entierro burial
entonar to intone, to chant
entornado *adj.* ajar, half-open
entregar (gu) to deliver, to hand over
entrenador(a) *m. f.* trainer
entretenerse to entertain oneself
entrevistar to interview
entristecer (zc) to become sad
entusiasmado *adj.* inspired
envejecimiento aging
envenenar to poison
enviar (í) to send
envidia envy
envidiable *adj.* enviable
envidiar to envy
envío letter
envuelto *adj.* wrapped up
epistolar *adj.* epistolary
época epoch, age, era, time
equilibrio balance
equipo team
equitativo equitable
equivocarse (qu) to be mistaken, to make a mistake
errar to wander
erudito *adj.* erudite, learned
escalar to climb
escándalo racket, din
escapatoria way out
escarlata scarlet
escasez *f.* scarcity
escaso *adj.* scarce
escena scene
escenario stage
escoger (j) to choose
esconder to hide
escondidas: a — hidden
escritorio desk
esculpir to sculpt
escultor(a) *m. f.* sculptor
escultura sculpture
esfuerzo effort
eso: a — de at about
espalda back; de —(s) a with one's back to
espantar to frighten
espantoso *adj.* frightening, fearful

especie *f.* kind, sort, type
espectador(a) *m. f.* spectator
espectral *adj.* ghostly, spectral
espejo mirror
esperanza hope
esperar to hope, to wait for
espiar (í) to keep watch on
espíritu *m.* spirit
esposo husband, spouse
esquema *m.* outline, plan
esquina corner
ésta *pron.* the latter
establo stable, stall
estadística statistics
estadio stadium
estado state
estadounidense *adj.* U.S. citizen
estallar to explode
estampida stampede
estanque *m.* lake; pool, pond
estatua statue
estatura stature, height
estilístico *adj.* stylistic
estirar to stretch
estrella star
estrofa stanza
estruendo roar, din
etapa stage
étnico *adj.* ethnic
evitar to avoid
exigencia demand
exigente *adj.* demanding
exigir (j) to demand
éxito success
exotismo exoticism
explicar (qu) to explain
explotador(a) *m. f.* exploiter
exposición *f.* exhibit
extender (ie) to spread; —se to last
extensión *f.* length
extraer to take out
extranjero *adj.* foreign; *m. f.* foreigner; en el — abroad
extraño *adj.* strange

F

fabricar (qu) to make, to manufacture
facilitar to facilitate, to make easy
facultad *f.* school
fallecer (zc) to die
falta lack; hacer — to lack, to be in need
faltar to lack, to need
familiar *m.* family member
fantasma *m.* ghost, phantom
fe *f.* faith
fechado *adj.* dated
fecundo *adj.* fertile
felicidad *f.* happiness
felicitar to congratulate
festejar(se) to celebrate
festejo celebration
festín *m.* banquet, feast
fichero records
fielmente *adv.* faithfully
figuración *f.* imagination
fijamente *adv.* fixedly
fijarse (en) to notice, to pay attention
fin *m.* end; purpose; a — de in order to
firmar to sign
flaquear to get thin; to weaken
florentino *adj.* florentine, having to do with Florence, Italy
fondo back, end, bottom; al — at the back (of a stage); *pl.* funds
formulario form
fracasar to fail
franquista *m.* Francoist; follower of Spanish dictator Francisco Franco
frasco flask
frasquito little flask
frente *f.* forehead
frente a *prep.* opposite, facing; in front of
fresa strawberry
fresco *adj.* fresh
frescura freshness; coolness
frialdad *f.* coldness

frontera border
frugalmente frugally
fuegos artificiales *m. pl.* fireworks
fuente *f.* fountain
fuera *adv.* outside
fuerza strength, force, power; **a la** — by force
fugacidad *f.* brevity
fundador(a) *m. f.* founder
fundar to found
fusilar to shoot

G

galardonar to award
gallo rooster
galopar to gallop
galvanizado *adj.* galvanized
gana desire, longing
  de buena — willingly
  tener —**s de** to feel like; to long to
ganado cattle
ganador(a) *m. f.* winner
ganar to win; to earn; to win over
garganta throat
gastador(a) *adj.* spendthrift
gastar to spend
gasto expense
género genre; gender; cloth
gentil *adj.* attractive; pleasant
gesticulación *f.* gesticulation; grimace
gesto gesture
gigante *m.* giant
gitano gypsy
gobierno government
golpe *m.* coup; — **de estado** coup d'etat
golpear to hit
goma rubber
gordo *adj.* fat
gota drop
gotita small drop
gozar (c) to enjoy
gracia humor
gracioso *adj.* funny
grado grade; degree

grandeza grandeur
gratis *adv.* free
gringo North American
gritar to shout
grueso *adj.* thick; large
gruñir to growl
guapo *adj.* handsome
guardar to keep
Guardia Civil civil guard
guerra war
guión *m.* script
gusto taste; **a** — at ease, comfortable

H

habitación *f.* room
habitante *m. f.* inhabitant
habitar to inhabit
hacendoso *adj.* hard-working
hacer to make, to do
  —**se cargo de** to take charge of
  — **caso** to pay attention
  — **daño** to hurt, to harm
  — **el papel de** to play the part of
  — **falta** to lack, to be in need
  — **memoria** to recall
  —**se** to become
hacia *prep.* toward
hallar to find
hamaca hammock
hambre *f.* hunger
hambriento *adj.* hungry
hasta *prep.* until; even
hazaña feat, deed
hecho act; fact; **de** — in fact, as a matter of fact, actually; *adj.* made
hectárea hectare (measure of land equal to 10,000 square feet or 2,471 acres)
helado *adj.* ice-cold
heno hay
heredar to inherit
herida wound
herido *adj.* wounded
hervir (ie, i) to boil

hierro iron
hilera row
hinchar to swell
hipotensión *f.* low blood pressure
historieta fotografiada short story told with photo strips
hogar *m.* home; — **de tercera edad** senior citizens' home
hoja leaf; page
hombro back; **encogerse (j) de** —**s** to shrug one's shoulders
hora time; hour; **a las altas** —**s** in the wee hours
horizonte *m.* horizon, outlook
hoy (en) día nowadays
huelga strike; **ponerse en** — to go (out) on strike
huelguista *m. f.* striker
huella track, trace
huérfana orphan
hueso bone
huida flight
huir (y) to flee
humedecido *adj.* moist
húmedo *adj.* humid
humilde *adj.* humble
humo smoke
hundir to sink

I

idílico *adj.* idyllic
idioma *m.* language
igual *adj.* same
impedir (i) to prevent
implacable *adj.* implacable, inexorable
implorar to beseech, to beg
impreso *adj.* printed
imprevisto *adj.* unforeseen
imprimir to imprint, to stamp
impuestos *m. pl.* taxes
inadecuado *adj.* inadequate
incendio fire
inclinar to bend
incógnita unknown, mystery
incómodo *adj.* uncomfortable

inconveniente *m.* objection
incorporar to incorporate
increíble *adj.* unbelievable, incredible
indígena *adj.* indigenous, native
indio Indian
inerte *adj.* inert, lifeless
inesperado *adj.* unexpected
inestable *adj.* unstable
infantil *adj.* childish, child's
infeliz de mí How unfortunate I am!
influir (y) to influence
ingenio ingenuity
ingenuo *adj.* naïve, ingenuous
iniciar to begin
inicio beginning; **dar —** to begin
innovador(a) *adj.* innovative
inquietante *adj.* worrisome
inquietar to worry
inquieto *adj.* restless, anxious
inquietud *f.* worry, anxiety
insensatez *f.* foolishness, folly, stupidity
insinuar (ú) to insinuate, to hint
insolación *f.* sunstroke
insolentarse to become insolent
inspirador *adj.* inspirational
instante: en un primer — at first
intentar to try, to attempt
intercambio interchange
interna boarder
inundar to flood, to inundate
inútil *adj.* useless
inverosímil *adj.* implausible, unbelievable
inversión *f.* investment
investigar (gu) to research
involucrado *adj.* involved
ira wrath, anger
irreal *adj.* unreal
irremediable *adj.* irremediable, incurable
isla island
istmo isthmus

J

jaca pony
jaque mate *m.* check mate
jardín *m.* garden
jardinero gardener
jarra jug
jefe *m.* boss; chief
jinete *m.* horseman, rider
jitomate *m.* tomato
jubilación *f.* retirement
jubilarse to retire
juez *m. f.* judge
jugar (ue) (gu) to play; **—se** to risk
jugo juice
juguete *m.* toy
juicio trial
junta meeting, assembly
juntar to join together
junto *adj.* together
jurado jury
jurar to swear
juventud *f.* youth
juzgar (gu) to judge

L

lado side; **por otro —** on the other hand
ladrar to bark
ladrido barking
ladrón *m.* **ladrona** *f.* thief
lago lake
lágrima tear
lanzar (c) to throw, to launch
largo *adj.* long; **a lo —** throughout
lástima: tener — to feel sorry for
lastimado *adj.* hurt, wounded
lavanda lavender
lealtad *f.* loyalty
lejano *adj.* distant, remote, far off
lejos *adv.* far; **a lo —** in the distance
lentitud: con — slowly
lento *adj.* slow

letra handwriting
  al pie de la — literally
levantar to get up; to raise
ley *f.* law
leyenda legend
liberar to let loose, to free
libre *adj.* free; **al aire —** outdoors
libremente *adv.* freely
libretita little notebook
ligero *adj.* light
limitarse to limit oneself
límite *m.* boundary, border
limpio *adj.* clean
lino linen
liquidar to liquidate, to kill off
lirio lily
litoral *m.* coast
llave *f.* key; **cerrar con —** to lock
llavín *m.* latchkey
llegada arrival
llegar (gu) to arrive; **— a ser** to become
llenar to fill
lleno *adj.* full
llevar to take, to carry; to wear
  — a cabo to carry out
  — una vida to lead a life
llevarse to get, to take, to carry off
  — bien to get along well
  — en equilibrio to be balanced
llorar to cry
localizar (c) to locate, to situate
loco *adj.* crazy; **volverse —** to go crazy
lograr to manage, to succeed
lucha struggle, fight
lucidez *f.* lucidity, clarity
lúcido *adj.* lucid
lugar *m.* place
  en — de instead of
  tener — to take place
lúgubre *adj.* lugubrious, gloomy
lujo luxury
luto mourning

M

madera wood
madrugada early morning, dawn
madurar to mature
madurez *f.* maturity
maldecido *adj.* cursed
maldición *f.* curse
malestar *m.* malaise, indisposition
maleta suitcase
malgastar to waste, to squander
malos pasos bad ways
maíz *m.* corn
mancha stain
mandar to order; to send
manera: de esta / esa — this / that
    way, like this / that
manguera hose
manía mania
manifestar (ie) to manifest, to make
    known
mantener to support, to maintain;
    to keep; **—se** to stay, to remain
mantequillera butter dish
mar *m. f.* sea
marchar to move; **—se** to go away
marco framework
marido husband
marisco seafood
mármol *m.* marble
marrón *adj.* brown
mas *conj.* but
más allá *adv.* beyond; up there
mascota good-luck charm
matanza killing
matar to kill
matrícula tuition
matricular to enroll
matrimonio marriage
mayordomo butler, steward
mayoría majority, most; **— de edad**
    age of majority
mediados: a — de in the middle of
medias *f. pl.* stockings
medida extent; **a — que** while, at
    the same time as
medio means

mejilla cheek
mejorar to make better, to improve
melocotón *m.* peach
memoria:
   hacer — to recall
   saber de — to know from
     memory
mensual *adj.* monthly
mensualidad *f.* monthly payment
mente *f.* mind
mentir (ie, i) to lie
mentira lie
mentiroso(a) liar
merecer (zc) to deserve
merendar (ie) to picnic
meter to put in; to take; **—se** to go
    in
mezclar to mix
mil *m.* thousand
milagro miracle
mimo coddling, pampering
minuciosamente *adv.* minutely
minúsculo *adj.* minuscule, tiny
mira sight; intention
misa mass
mismo *adj.* same; himself, herself,
    themselves; **todo da lo —** it's
    all the same
mitad *f.* half; middle
mito myth
moda fashion, style
modales *m. pl.* manners
modo manner, way
  a — de by way of
  de todos —s anyway, anyhow
mojado *adj.* wet
molestar to bother
moneda coin
monja nun
monogamia monogamy
monte *m.* mountain
morder (ue) to bite
mordisco bite
morir (ue, u) to die
mosca fly
mostrador *m.* counter
mostrar (ue) to show

mudanza move
mudarse to move, to change
    residence
mudo *adj.* mute, silent
muebles *m. pl.* furniture
muerte *f.* death
muerto *adj.* dead
multitudinario *adj.* multitudinous
mundial *adj.* world
mundo world; **todo el —** everyone

N

nacer (zc) to be born
nacimiento birth
nadar to swim
naranja orange
nariz *f.* nose
natal *adj.* native
natural *m.* native, inhabitant
naturaleza nature; **— muerta** still
    life
navideño *adj.* Christmas
negarse (ie) (gu) to refuse
negocios *m. pl.* business
neutro *adj.* neutral
ni siquiera *adv.* not even
nido nest
niñez *f.* childhood
nivel *m.* level
no obstante nevertheless, however
notarse to show, to be seen
noticia item of news
novedad *f.* news
novicia novice
novio(a) boyfriend, girlfriend
nube *f.* cloud
nuera daughter-in-law
nuevo: de — again

O

obedecer (zc) to obey
obispo bishop
obra work; **— maestra** masterpiece
obrar to work, to do
obrero(a) worker

obstante: no — nevertheless, however

ocasionar to cause

occidental *adj.* western

ocultar to hide

ocuparse to look after

ocurrir to happen, to occur

odiar to hate

odio hatred

odioso *adj.* odious, hateful

oído ear

oír to hear

ola wave

oler (ue) (yo huelo, tú hueles, etc.) to smell

olla pot

olor *m.* smell, odor

oloroso *adj.* fragrant, sweet-smelling

olvidar to forget

opereta operetta

opinar to think, to have an opinion

oponer to put up, to oppose

opuesto opposite

oración *f.* sentence; prayer

oreja ear

orfanato orphanage

orgullo pride

orgulloso *adj.* proud

oriental *adj.* eastern

orilla shore

orinarse to urinate

oro gold

otorgar (gu) to grant, to give

oscilar to oscillate, to fluctuate, to vary

oscurecer (zc) to get dark

oscuridad *f.* darkness

oscuro *adj.* dark

oso bear

oveja sheep

P

pacífico *adj.* peaceful

padecer (zc) to endure, to suffer

paga pay; — extraordinaria bonus

pagar (gu) to pay

paisaje *m.* countryside, landscape

paisano fellow countryman; compatriot

palidecer (zc) to turn pale

paloma dove

pañuelo handkerchief

papel *m.* paper
  hacer un — to play a part

par *m.* pair

paradoja paradox

paraguas *m.* umbrella

pararse to stop

pardo *adj.* brown

parecerse (zc) a to resemble

parecido *adj.* similar

pared *f.* wall

paredón *m.* thick wall

pareja pair; couple

pariente *m. f.* relative

parra grapevine

parsimoniosamente *adv.* calmly, unhurriedly

parte part
  en alguna — somewhere
  por su — for their part

partida game; punto de — starting point

partidario(a) partisan

pasajero(a) passenger

pasarlo bien to have a good time

pasatiempo hobby, pastime

pasear to walk

paseo walk

pasillo passageway, hall

paso step; passage, way; malos —s bad ways

pasta paste

pasto pasture, grass

paz *f.* peace

pecho chest

pedir (i) to ask for; — prestado to borrow

peinado hairdo

peine *m.* comb

pelea fight, quarrel

pelear to fight

peligrar to be in danger

peligro danger

peligroso *adj.* dangerous

pelota ball

peludo *adj.* hairy

pena penalty

penetrar to enter, to go in

pensión *f.* boarding house

perder (ie) to lose, to miss

pérdida loss

perejil *m.* parsley

perezoso *adj.* lazy

permanecer (zc) to remain, to stay

permiso: con — if you don't mind
  — de conducir driver's license

perseguir (i) (g) to pursue, to follow

personaje *m.* character

pesadilla nightmare

pesado *adj.* heavy; boring

pesar: a — de in spite of

pesar to weigh

pescador(a) *m. f.* fisherman / woman

peso weight

pie *m.* foot; al — de la letra literally

piedra stone

piel *f.* skin

pierna leg

pila pile, stack

piladora field

pillar to catch

pintar to paint

pintor(a) *m. f.* painter

pintura painting

piscina pool

piso floor

pizcar (qu) to pick

placentera *adj.* charming, pleasant

planear to plan

plano: en primer — in the foreground

plata money; silver

playa beach

plazo date, time

pleno *adj.* full

pluma feather

población *f.* population

poblado town; village
poder *m.* power
poderoso *adj.* powerful
polémico debate, polemic
policromado *adj.* polychrome, many colored
político politician
polvo dust
pólvora (gun)powder
ponerse to become; to put on
— a to begin
— de pie to stand up
— el sol to set
— en huelga to go (out) on strike
por *prep.*
por desgracia unfortunately
por lo menos at least
por lo tanto so, therefore
porche *m.* arcade, porch
pormenor *m.* detail
portal *m.* porch
portar to wear; —se to behave
porvenir *m.* future
poseer (y) to have, to possess
posterior *adj.* back
postre *m.* dessert
postura position
precisamente *adv.* exactly
precisar: verse precisado a to be forced (obliged) to
preciso *adj.* precise; ser — to be necessary
predecir to predict
premio prize
prenda article of clothing, garment
preocupación *f.* worry
preocuparse to worry
presa prisoner
presenciar to witness
presentar to introduce
presente: tener — to keep in mind
prestado: pedir — to borrow
préstamo loan
prestar to lend; — atención to pay attention
pretendiente *m.* suitor
pretensioso *adj.* pretentious

prevalecer (zc) to prevail, to dominate
primer: en un — instante at first
príncipe *m.* prince
principiar to begin
principio: al — at first
prisa hurry
probar (ue) to taste; to prove
proclama proclamation
procurar to manage, to make sure that
producir to produce
profesorado faculty
prometer to promise
promover (ue) to promote
pronto: de — suddenly, all at once
propicio *adj.* favorable, suitable
propio *adj.* own
proponer to propose, to suggest
propósito purpose
propuesta proposal
proteger (j) to protect
proveer (y) to provide
público audience
pueblo people; town
puesto position, job
puntería aim
punto de partida starting point
puñal *m.* dagger
pupitre *m.* (student) desk
puré *m.* puree

Q

Quattrocento fifteenth century (Italian art)
quedar to remain, to be
—le bien to look good on
—se to remain, to stay
—se con to keep
quejarse to complain
quemar to burn
querer (ie) to want, to wish, to love; — decir to mean
quevedos *m. pl.* pince-nez (glasses)
quitar to take away
quizá(s) maybe, perhaps

R

rabia rage, fury
rabiosamente *adj.* furiously
rabioso *adj.* furious, enraged
ración *f.* portion
rama branch
raro *adj.* strange
rascacielos *m.* skyscraper
rato while
rayo line; ray
realizar (c) to carry out
rebuscar (qu) to search carefully for
recaudar to collect
rechazar (c) to reject
recinto enclosure, area
recoger (j) to gather, to harvest, to pick up
recompensa recompense, reward
reconocimiento recognition
recorrer to go, to travel through, to run through
recorrido tour
recostar (ue) to recline, to rest
recreo recess
recuerdo memory
recuperar to recover, to retrieve
recurso recourse, resource
redondo *adj.* round
reemplazar (c) to replace, to substitute
reestructuración *f.* reorganization
referir (ie, i) to recount, to tell of
reflejar to reflect
refrán *m.* proverb
refugiarse to take refuge
regalar to give (as a gift)
registrarse to be reported
regla rule
regresar to return, to go back
reír(se) (i) to laugh
relámpago lightning bolt
reluciente *adj.* shining
remediar to remedy, to repair
rendija crack
rendimiento performance
renovar (ue) to renew
repartir to distribute, to give out

reparto *m.* distribution
repasar to review
repaso review
repente: de — suddenly
resaltar to stand out
resecar (qu) to dry out
resentido *adj.* resentful
resignado *adj.* resigned
resplandecer (zc) to shine
resumen *m.* summary
resumir to summarize
retener to retain, to keep
retratar to treat
retrato portrait
reunir (ú) to get together; —se to meet
revista magazine
rezar (c) to pray
riesgo risk
rincón *m.* corner
riqueza riches; wealth
risa laughter
ritmo rhythm
rito rite
robar to steal
roble *m.* oak
rodear to surround
rodeo round-up; detour, roundabout way
rodilla knee; de —s on one's knees
rogar (ue) (gu) to pray; to beg
rollizo *adj.* plump
romper to break, to tear (up); — a to burst out
ropa clothing
rosal *m.* rosebush
rostro face
rubio *adj.* blond
ruido noise
rumbo course; — a heading for

S

sábana sheet
saber de memoria to know from memory
sabio(a) wise person, sage

sabor *m.* taste, flavor
sabroso *adj.* tasty
sacar (qu) to take out; to take off
   — un premio to win a prize
sacerdote *m.* priest
sacudir to shake
sagrado *adj.* sacred
salero salt shaker
salida exit
saltar to jump
salud *f.* health
saludo greeting
salvaje *adj.* uncivilized, primitive; wild
salvo *prep.* except for
sangre *f.* blood
secar (qu) to dry
seco *adj.* dry
secuestrar to kidnap
sed *f.* thirst
seguir (i) (g) to follow, to keep on
según according to
segunda: de — second-hand
sello stamp
semblante: tener buen — to look well
semejanza similarity
semisoñado *adj.* half-dreamed
sencillo *adj.* simple
senda path
sensorial *adj.* sensory, sensorial
sentar (ie) to seat; to establish; —se to sit down
sentenciar to judge
sentido sense
sentir(se) (ie, i) to feel, to sense
seña sign, mark
señalar to point out, to signal
Señor *cap.* Lord, God
sequía drought
ser *m.* being
serenarse to calm down
servidumbre *f.* servants
sierra mountain range
siglo century
significar (qu) to mean
siguiente *m.* following
sillón *m.* armchair

sin embargo nevertheless
síncope *m.* sincope, faint
siniestro *adj.* sinister
siquiera: ni — not even
sitio place
situar (ú) to place, to situate
sobrar to be left over, to remain
sobre *prep.* in addition to
sobrenatural *adj.* supernatural
sobrepasar to surpass
sobresaliente *adj.* outstanding
sobretodo overcoat
sol *m.* sun
soledad *f.* loneliness
soler (ue) to be accustomed to, to be in the habit of
solidaridad *f.* solidarity, sympathy
solitario *adj.* lonely; solitaire; hacer un — to play a game by oneself
soltar (ue) to release, to let go, to let loose
soltero *adj.* unmarried, single
sombra shadow
sombrío *adj.* dark
sonar (ue) to sound, to ring
sonido sound
sonoridad *f.* sonorousness
sonreír (i) to smile
sonrisa smile
soñar (ue) to dream
soplar to blow
sordo *adj.* deaf
sorprendente *adj.* surprising
sorpresa surprise
sospechar to suspect
sospechoso *adj.* suspicious
sostener to support, to hold up
subconsciente *m.* subconscious
subir to raise, to go up, to climb, to get in, to get on
súbitamente *adv.* suddenly, all of a sudden
subrayado *adj.* underlined
subversión *f.* subversion
suceder to happen, to occur
sucio *adj.* dirty
sudar to sweat

sudor *m.* sweat
sueldo salary
suelo floor, ground
suelto *adj.* loose
sueño dream, sleep
suerte *f.* luck
sugerencia suggestion
sugerir (ie, i) to suggest
sumarse to join
sumo *adj.* greatest
superficie *f.* surface
suponer to suppose
surgir (j) to arise, to appear
  unexpectedly
suscribir to sign
suspenderse to stop
suspiro sigh
sustantivo noun

T

tablero game board
tácitamente *adv.* tacitly
tal: — como such as
  con — que provided (that)
  — vez maybe, perhaps
tamaño size
tambaleante *adj.* staggering
tambor *m.* drum
tanto *adj.* so much; por lo — so,
  therefore
tardar to delay
tarea task
taurino *adj.* taurine, pertaining to
  bullfighting
teatralerías : en — dramatically
techo roof
tedio tedium
tejabán *m.* roof
tejado roof, tile roof
telón *m.* curtain
tema *m.* theme
temblor *m.* trembling
temer to fear
temor *m.* fear
temporada season
temprano *adj.* early

tender to spread out; —se to
  stretch out
tener to have
  — en cuenta to take into account
  — ganas de to feel like; to long to
  — lástima de to feel sorry for
  — lugar to take place
  — por costumbre to be
    accustomed to
  — presente to keep in mind
  — que ver con to have to do with
tesis *f.* theory, idea
tesoro treasure
testigo *m. f.* witness
tiempo time; weather; (verb) tense
tiernamente *adv.* tenderly
tierra earth, land
timbre *m.* bell
tinta ink, tint
tintero inkwell
tintinear to jingle
tiranizar (c) to tyrannize
tirar to shoot
tirar(se) to throw (oneself)
tiro shot
titán *m.* Titan
tocar (qu) to touch; to play; to
  ring; —le to be his / her turn
todo everything
  — da lo mismo it's all the same
  — el mundo everyone
  de —s modos anyway, anyhow
tomar to take
  — el sol to sunbathe
  — una copita to have a drink
tomatazo blow with a tomato
tonelada ton
tontería foolishness, stupidity
tonto *adj.* foolish, silly
tormenta storm
torero(a) bullfighter
toro bull
torre *f.* tower
torrecita *f.* little tower
tortuga turtle
trabajo: costar — to be difficult
  (for someone)
traducir (zc) to translate

traductor(a) *m. f.* translator
tragar (gu) to swallow
trago swallow
traicionar to betray
traicionero *adj.* traitorous,
  treacherous
traje de baño *m.* swimsuit
tranquilizador(a) *adj.* reassuring
transcurrir to pass, to elapse
transformar to change, to
  transform
transmisor de imágenes image
  transmitter, television
transpirar to perspire
tras *prep.* after
trasero *adj.* rear, back
trasladar to transfer; —se to move,
  to change residence
traspasar to go beyond
trastorno trouble, disturbance
tratar to treat
  — de to try to; to address as
  —se de to be about
trato treatment
través: a — de through
trayecto distance, route
trayectoria trajectory, path, course
triunfo triumph
tronco trunk
tropezar (c) (con) to stumble (upon)
tropezones: a — by fits and starts,
  stumbling
trueno thunderclap
tumba tomb
turnarse to take turns

U

últimamente *adv.* lately
únicamente *adv.* only
único *adj.* only, sole, unique
unidad *f.* unity
unir to unite, to join
uña fingernail
útil *adj.* useful
utilizar (c) to use
uva grape

V

vaca cow
vaciar (í) to empty
vacío *adj.* empty
vacuna vaccination
valentía courage
valer to be worth; — la pena to be worth the trouble
valor *m.* value; courage
valorar to value
válvula valve
variar (í) to vary
varón *m.* man; male
vegetal *adj.* vegetable
veintidós: a las — at 10 P.M.
vejez *f.* old age
vela candle
vencer (z) to conquer, to overcome
veneno poison
vengar (gu) to avenge
venta sale
ventaja *f.* advantage
ventanal *m.* large window
ventilador *m.* fan
ver: tener que — con to have to do with

veraneo summer vacation
verdoso *adj.* greenish
vergüenza shame
veronal *m.* (barbiturate) acid
verosímil *adj.* credible
vértigo dizziness, giddiness
vestido de dressed as, dressed in
vestirse (i) to get dressed
vez *f.* time
  a la — at the same time
  a su — in turn
  de — en cuando from time to time
  de — en — from time to time
  tal — perhaps, maybe
  una — que as soon as, once
viaje *m.* trip, journey
vicisitud *f.* vicissitude
vidriera window
viento wind
viña vineyard
violar to violate, to rape
virtud *f.* virtue
vista sight
vistoso *adj.* colorful, bright, showy
viuda widow

vivienda housing
vivo *adj.* alive
volar (ue) to fly
voltear to turn
volumen *m.* bulk, bulkiness
voluntad *f.* will
volver (ue) to return, to go back
  — a to do again
  — la espalda to turn one's back
  —se to turn; to become
voz *f.* voice
vuelo flight
vuelta return; de — on returning

Y

ya que since
yuca yucca, cassava

Z

zapatillas *f. pl.* slippers
zozobra anguish, anxiety

Credits

Text

Capítulo 2: "Rosa" by Ángel Balzarino. Used by permission of the author. Capítulo 3: "Un oso y un amor" from Primeros Encuentros / First Encounters by Sabine R. Ulibarrí. Bilingual Press / Editorial Bilingüe (1982), Arizona State University. Used by permission. Capítulo 4: "Continuidad de los parques" from Ceremonias. Copyright © 1968 Julio Cortazar and Heirs of Julio Cortazar. Used by permission of Agencia Literaria Carmen Balcells, S.A. Capítulo 5: "Cajas de cartón" by Francisco Jiménez. Used by permission of the author. Bilingual Review / Press. Eastern Michigan University (1977). Capítulo 6: "Jacinto Contreras recibe su paga extraordinaria" from CAFÉ DE ARTISTAS Y OTROS CUENTOS. Copyright © Camilo José Cela, 1953. Used by permission of Agencia Literaria Carmen Balcells, S.A. Capítulo 7: "Nosotros, no" by José Bernardo Adolph. Capítulo 8: "No oyes ladrar los perros" from EL LLANO EN LLAMAS. Copyright © Juan Rulfo, 1953 and Heirs of Juan Rulfo. Used by permission of Agencia Literaria Carmen Balcells, S.A. Capítulo 9: "El árbol de oro" from HISTORIAS DE LA ARTÁMILA by Ana María Matute. Copyright © Ana María Matute. Used by permission of Agencia Literaria Carmen Balcells, S.A. Capítulo 10: "Jaque mate en dos jugadas" by Isaac Aisemberg. Used by permission. Capítulo 11: "La viuda de Montiel" from LOS FUNERALES DE LA MAMÁ GRANDE. Copyright © Gabriel García Márquez, 1962. Used by permission of Agencia Literaria Carmen Balcells, S.A. Capítulo 12: "Cartas de amor traicionado" from CUENTOS DE EVA LUNA. Copyright © Isabel Allende 1990. Used by permission of Agencia Literaria Carmen Balcells, S.A. Capítulo 13: "Emma Zunz" by Jorge Luis Borges from EL ALEPH EN OBRAS COMPLETAS. Copyright © 1995 Maria Kodama, permission of the Wylie Agency, Inc. Capítulo 15: "Me gustas cuando callas" from VEINTE POEMAS DE AMOR Y UNA CANCIÓN DESESPERADA by Pablo Neruda. Used by permission of Agencia Literaria Carmen Balcells, S.A. Capítulo 16: "Adolescencia" by Vicente Aleixandre from AMBITO © 1928. Used by permission of Agencia Literaria Carmen Balcells, S.A. Capítulo 17: "Proverbios y cantares: Poema XXIX" by Antonio Machado. Used by permission of Editorial Biblioteca Nueva, S.L. Capítulo 18: "Despedida" by Federico García Lorca from OBRAS COMPLETAS (Galaxia Gutenberg, 1996 Edition) © Herederos de Federico García Lorca. All rights reserved. Inquiries regarding rights and permissions for works by Federico García Lorca should be addressed to lorca@artslaw.co.uk. Capítulo 19: "Canción de jinete" by Federico García Lorca from OBRAS COMPLETAS (Galaxia Gutenberg, 1996 Edition) © Herederos de Federico García Lorca. All rights reserved. Inquiries regarding rights and permissions for works by Federico García Lorca should be addressed to lorca@artslaw.co.uk. Capítulo 21: "Canción de otoño en primavera" by Rubén Darío. Aguilar, S.A. de Ediciones. Capítulo 22: "Oda al tomate" by Pablo Neruda from ODAS ELEMENTALES. Copyright © 1954. Used by permission of Agencia Literaria Carmen Balcells, S.A. Capítulo 23: "La fiesta de San Fermín" from GEOMUNDO July 1998. Copyright © Geomundo. Marca Registrada. Año 22, núm. 7, julio de 1998. Editorial América, S.A. Capítulo 24: "Fernando Botero, el espejo convexo" from ECOS DE ESPAÑA Y LATINOAMÉRICA. November 1997, www.ecos-online.de. Used by permission. Capítulo 25: "La Tomatina" from GEOMUNDO August 1998. Copyright © Geomundo. Marca Registrada. Año 22, núm. 8, agosto de 1998. Editorial América, S.A. Capítulo 26: "Los indios kunas" from GEOMUNDO May 1999. Copyright © Geomundo. Marca Registrada. Año 23, núm. 5, mayo de 1999. Editorial América, S.A. Capítulo 27: "El delantal blanco" by Sergio Vodanović from EN UN ACTO. Copyright © 1974 by Litton Educational Publishing, Inc. Página 389: "La escuela del futuro" © ECOS de España y Latinoamérica October 2003, www.ecos-online.de. Used by permission. Página 390: "Telemedicina en el Amazonas" © ECOS de España y Latinoamérica January 2004, www.ecos-online.de. Used by permission. Página 391: "Las Senales del

Photos

Illustrations